Ökonomische Effektivität
der gesellschaftlichen Produktion
im entwickelten Sozialismus

Zentralinstitut für Wirtschaftswissenschaften
der Akademie der Wissenschaften der DDR

Institut für Ökonomie der Akademie der Wissenschaften der UdSSR

Institut für Ökonomie des sozialistischen Weltsystems
der Akademie der Wissenschaften der UdSSR

Unter Mitarbeit von Praktikern der Staatlichen Plankommission
der DDR

Diese Schrift ist Bestandteil der internationalen Reihe
„Sozialismus – Erfahrungen, Probleme und Perspektiven"

# Ökonomische Effektivität der gesellschaftlichen Produktion im entwickelten Sozialismus

## Theorie – Planung – Messung

Herausgegeben von
Anneliese Braun
und Harry Maier

Akademie-Verlag · Berlin 1980

Leiter des Autorenkollektivs: A. Braun und H. Maier; für die sowjetischen Beiträge A. J. Notkin

Autoren der einzelnen Abschnitte:

1.1. A. I. Notkin (UdSSR)
1.2. H. Maier
1.3. K. Steinitz
1.4. G. Fröhlich/G. Kohlmey/P. Sydow unter Mitarbeit von B. Stolzenburg
1.5. G. Knobloch
1.6. T. V. Čečeleva (UdSSR)
2.1. S. Maier
2.2. W. Marschall
2.3. A. Braun
2.4. N. V. Pankrat'eva (UdSSR)
2.5.1. R. Schaefer/A. Tomm/J. Wahse (DDR)/L. S. Degtjaŕ (UdSSR)
2.5.2. R. Schaefer/J. Wahse
2.6. W. Krasovskij (UdSSR)
2.7. S. Domin
2.8. M. Mehnert
2.9. H. Roos
3.1. G. Ritzschke
3.2. A. Braun
3.3. R. A. Otsason (UdSSR)
3.4. G. Richter
3.5. S. Maier/L. Wagenführ
3.6. U. Ludwig

Die Übersetzung der sowjetischen Beiträge wurde vorgenommen von V. Dahms, E. Raschke, H. Steckler, W. Telle, W. Trillenberg

Erschienen im Akademie-Verlag, 108 Berlin, Leipziger Str. 3—4

Lizenznummer: 202 · 100/31/80
Umschlag: Rolf Kunze
Gesamtherstellung: VEB Druckerei „Thomas Müntzer", 5820 Bad Langensalza
Bestellnummer: 753 604 8 (6530) · LSV 0325
Printed in GDR
DDR 22,— M

# Inhaltsverzeichnis

# Vorwort der Herausgeber

Die vorliegende Veröffentlichung ist ein Ergebnis der langjährigen Zusammenarbeit des Instituts für Ökonomie der Akademie der Wissenschaften der UdSSR und des Zentralinstituts für Wirtschaftswissenschaften der Akademie der Wissenschaften der DDR. Dabei basieren die Beiträge auf der Auswertung und Verallgemeinerung einer bereits längere Zeit geführten breiten Diskussion zu methodologischen Grundfragen der Effektivität.[1]

Ihr Hauptanliegen sehen die Autoren in einer relativ komplexen Untersuchung der Merkmale, Bedingungen und Faktoren, die für die Effektivität bei der Gestaltung des entwickelten Sozialismus bestimmend sind und dazu beitragen, „umfassend den Kampf um eine hohe Effektivität der gesamten wirtschaftlichen Tätigkeit zu führen".[2] Mit der Vertiefung der Intensivierung entfalten sich die spezifischen Züge der sozialistischen Effektivität immer mehr, und es bilden sich neue Möglichkeiten zur Erschließung von Effektivitätsreserven durch immer bessere Nutzung der Vorzüge des Sozialismus in organischer Verbindung mit der wissenschaftlich-technischen Revolution heraus. Für die marxistisch-leninistische Theorie der Arbeitsproduktivität und Effektivität bedeutet das, bekannte Zusammenhänge zwischen den Elementen, Phasen, Triebkräften und Ergebnissen des Reproduktionsprozesses unter dem Aspekt des komplexen Wirksammachens der Intensivierungsfaktoren neu zu durchdenken. Die bewußte Ausnutzung der Gesetzmäßigkeiten der vorwiegend intensiv erweiterten Reproduktion ist von großer Bedeutung, um die Volkswirtschaft umfassend auf die veränderten Reproduktionsbedingungen einzustellen. Hierbei gilt es vor allem, die ökonomische und soziale Wirksamkeit des wissenschaftlich-technischen Fortschritts in einem solchen Maße zu erhöhen, daß die für die entwickelte sozialistische Gesellschaft notwendige Effektivitätssteigerung gesichert werden kann. Das ist auch deshalb

1 Vgl. Autorenkollektiv, Ėkonomičeskaja ėffektivnost' obščestvennogo proizvodstva v period razvitogo socializma, Moskva 1977.

2 Bericht des Zentralkomitees der Sozialistischen Einheitspartei Deutschlands an den IX. Parteitag der SED, Berichterstatter: E. Honecker, Berlin 1976, S. 71.

wichtig, weil im ökonomischen Wettbewerb mit dem Kapitalismus die Überlegenheit des Sozialismus immer mehr auch durch die qualitativen Faktoren, die Arbeitsproduktivität und Effektivität bestimmt wird. Deshalb behält der Hinweis LENINS gerade für den Übergang zur vorwiegend intensiv erweiterten Reproduktion seine uneingeschränkte Berechtigung: „Die Arbeitsproduktivität ist in letzter Instanz das allerwichtigste, das ausschlaggebende für den Sieg der neuen Gesellschaftsordnung ... Gegenüber der kapitalistischen Arbeitsproduktivität bedeutet der Kommunismus eine höhere Arbeitsproduktivität freiwillig, bewußt, vereint schaffender Menschen, die sich der fortgeschrittenen Technik bedienen."[3]

Für die Nutzung spezifisch sozialistischer Effektivitätsreserven spielt eine große Rolle, daß die Entwicklung von einzelnen Faktoren aus der Sicht der komplexen volkswirtschaftlichen Effektivitätssteigerung beurteilt wird. Die komplexe volkswirtschaftliche Effektivitätsbeurteilung zeigt letztlich, wie die Forderungen des ökonomischen Grundgesetzes des Sozialismus immer besser realisiert werden können. Sie schließt deshalb grundsätzlich die Einheit ökonomischer und sozialer Aspekte ein. Mit der Intensivierung entstehen neue Wirkungsbedingungen für die Einheit von Wirtschafts- und Sozialpolitik. Insbesondere kommen diese zum Ausdruck in der wachsenden Orientierung auf das volkswirtschaftliche Endergebnis, in neuen Wechselbeziehungen zwischen Effektivität und Wirtschaftswachstum, in der Entwicklung neuer Bedürfnisse in Verbindung mit der weiteren Herausbildung des sozialistischen Charakters der Arbeit und der sozialistischen Lebensweise. Konsequenzen für die Reserven und Wege der Steigerung von Arbeitsproduktivität und Effektivität haben ebenfalls veränderte Reproduktionsbedingungen der Naturresourcen, der Rohstoff- und Materialsicherung sowie der Grundfonds und Investitionen. Hierbei geht es letztlich darum, auf Faktoren und Wege aufmerksam zu machen, wie „wir noch zielstrebiger ein Höchstmaß an Effektivität und Qualität der Arbeit sichern und das auf diesem Wege Erreichte voll für die Steigerung des Nationaleinkommens wirksam machen".[4] Die Autoren konzentrieren sich darauf, Voraussetzungen und Probleme der Erschließung tiefer liegender volkswirtschaftlicher Effektivitätsreserven sowie neuer Wege zur Steigerung der Arbeitsproduktivität herauszuarbeiten. Das betrifft z. B. Probleme effektiver Strukturveränderungen bei zunehmender Internationalisierung der Produktion, Herausbildung von rohstoff- und fondssparenden Wegen der Produktivitätssteigerung, Zusammenhänge zwischen Qualität und Effektivität. Dabei werden erste Konsequenzen für die Messung und Planung von Arbeitsproduktivität und Effektivität gezogen. Sicherlich bleiben gerade hier

3 W. I. LENIN, Die große Initiative, in: Werke, Bd. 29, Berlin 1961, S. 416/417.

4 E. HONECKER, Die Aufgaben der Partei bei der weiteren Verwirklichung der Beschlüsse des IX. Parteitages der SED. Aus dem Referat des Generalsekretärs des ZK der SED auf der Beratung mit den Ersten Sekretären der Kreisleitungen, Berlin 1978, S. 31.

hinsichtlich der praktischen Schlußfolgerungen Wünsche offen. Jedoch wurden diese Beiträge als Anregung zur Diskussion mit aufgenommen. Auch eine weitere Auseinandersetzung zu Grundfragen gehört zu den Voraussetzungen praktischer Vervollkommnungen zur Messung und Planung der Effektivität.

Die Autoren sind sich bewußt, daß die neuen Wirkungsbedingungen und Wege der Steigerung von Arbeitsproduktivität und Effektivität bei der Gestaltung des entwickelten Sozialismus noch weiter ausreifen und auch noch tieferer Untersuchungen bedürfen. Zugleich kommt es aber darauf an, bereits gegenwärtig alle Möglichkeiten für eine volkswirtschaftlich effektivere Nutzung und Kombination der Intensivierungsfaktoren zu erschließen. Die Autoren legen hiermit einer breiteren Öffentlichkeit ihre Forschungsergebnisse, die sie in mehreren Zusammenkünften beraten und aufeinander abgestimmt haben, zur Diskussion vor, um einen Teilbeitrag zu leisten für die Unterstützung des Kampfes um die weitere Vertiefung der Intensivierung des Reproduktionsprozesses.

Für die redaktionelle Bearbeitung des Manuskripts sprechen die Herausgeber insbesondere Frau Dipl.-oec. Ch. Pietzsch, Frau G. Ebert und Frau I. Nickel ihren herzlichen Dank aus.

# 1. Inhalt und Funktion der Effektivität in der entwickelten sozialistischen Gesellschaft

## 1.1. Theoretische Grundfragen der ökonomischen Effektivität der sozialistischen Produktion

### Die ökonomische Effektivität als Kategorie der politischen Ökonomie des Sozialismus

Die Entwicklung des intensiven Typs der erweiterten Reproduktion im Interesse der gesamten Gesellschaft ist eine charakteristische Besonderheit der ökonomischen Effektivität als Kategorie der politischen Ökonomie des Sozialismus.

Die gesellschaftliche Produktion kann extensiv wachsen, wenn nur das Produktionsfeld erweitert wird. Sie wächst intensiv, wenn die Produktionsmittel effektiver genutzt werden.[1] Beim extensiven Typ der erweiterten Reproduktion werden die Aufwendungen für das Produktionswachstum durch den gesellschaftlich notwendigen Aufwand der Ausgangsperiode bestimmt. Für den intensiven Typ ist dagegen eine Erhöhung der technischen und organischen Zusammensetzung der Produktion charakteristisch. Die Fondsausstattung der Arbeit steigt. In Verbindung damit sinkt der gesellschaftlich notwendige Aufwand. Die charakteristischen Beziehungen der extensiv erweiterten Reproduktion wurden von K. Marx im zweiten Band des Werkes „Das Kapital" untersucht. Für die intensiv erweiterte Reproduktion entwickelte W. I. Lenin in seiner Arbeit „Zur sogenannten Frage der Märkte"[2] entsprechende Reproduktionsschemata.

Um die gesellschaftlichen Bedürfnisse möglichst vollständig zu befriedigen, nutzt die sozialistische Gesellschaft sowohl den extensiven als auch den intensiven Typ des ökonomischen Wachstums. Jedoch werden die Möglichkeiten des extensiven Wachstums der Produktion immer geringer.

Bei der Intensivierung der Produktion beruht das ökonomische Wachstum auf der Steigerung der Fondsausstattung und der Arbeitsproduktivität. Gegenwärtig sind die Wachstumsmöglichkeiten durch Zunahme von Fondsausstattung und Arbeitsproduktivität unvergleichbar höher als durch eine Erhöhung der Beschäftigtenzahl. Dabei verlangt die Intensivierung jedoch zusätzliche Aufwendungen an vergegenständlichter Arbeit. Unter diesen Bedingungen sinkt der gesellschaftlich notwendige Aufwand nur dann, wenn der zusätzliche Aufwand an

1 Vgl. K. Marx, Das Kapital, Zweiter Band, in: Karl Marx/Friedrich Engels, Werke (im folgenden MEW), Bd. 24, Berlin 1963, S. 172.

2 Vgl. W. I. Lenin, Zur sogenannten Frage der Märkte, in: Werke, Bd. 1, Berlin 1961.

vergegenständlichter Arbeit — der an sich ein extensiver Faktor ist — kleiner ist als die Ökonomie der lebendigen Arbeit. Nur in diesem Fall handelt es sich um den intensiven Typ der erweiterten Reproduktion. Gegenwärtig spielt die fondsaufwendige Form der Intensivierung in den sozialistischen Ländern eine große Rolle bei der Lösung des Arbeitskräfteproblems, insbesondere wenn es darum geht, Arbeitskräfte in bestehenden Betrieben für die Inbetriebnahme von Erweiterungsvorhaben freizusetzen.

Mit der Steigerung der Arbeitsproduktivität werden jedoch noch nicht alle Möglichkeiten zur Intensivierung der Produktion ausgeschöpft. Die weitere Entwicklung der maschinellen Produktion macht deshalb eine höhere Entwicklungsstufe der Intensivierung notwendig. Je höher das Niveau der Fondsausstattung der Arbeit, je höher die technische und organische Zusammensetzung der Produktion sind, desto höher ist der Preis, den die Gesellschaft für die Einsparung an lebendiger Arbeit zahlt. Deshalb steht vor der sozialistischen Gesellschaft in jeder Entwicklungsetappe die Frage nach dem richtigen Verhältnis zwischen Einsparung an lebendiger Arbeit und dafür verausgabtem zusätzlichem Aufwand an vergegenständlichter Arbeit. Diese Frage ist gegenwärtig besonders aktuell, weil die Fondsintensität ein hohes Niveau erreicht hat. Die in den Produktionsgrund- und -umlauffonds vergegenständlichte Arbeit übersteigt um ein Vielfaches die lebendige Arbeit, soweit diese durch das jährliche Nationaleinkommen ausgedrückt wird (in der UdSSR z. B. im jährlichen Durchschnitt von 1961 bis 1975 um das 2,2fache, in der ČSSR um das 3,8fache, in der DDR um mehr als das 3fache).[3]

Die Entwicklung der Produktivkräfte schafft jedoch im 20. Jahrhundert nicht nur Bedingungen, um den zusätzlichen Aufwand an vergegenständlichter Arbeit zu senken, der für die Produktivitätssteigerung notwendig ist. Sie macht auch die gleichzeitige Einsparung an lebendiger und vergegenständlichter Arbeit möglich. Zu diesen Bedingungen gehören:

1. der zunehmende Einfluß auf die Effektivität durch die Ablösung weniger produktiver Maschinen durch Maschinen mit höherer Kapazität gegenüber der primären Mechanisierung der Arbeit;
2. der verstärkte Übergang von einzelnen selbständigen Maschinen zu Maschinensystemen und die Zunahme kontinuierlicher Produktionsprozesse, die zu einer Einsparung an lebendiger und auch vergegenständlichter Arbeit führen;
3. die komplexe Mechanisierung, Automatisierung und Kybernetisierung der Produktion, die besonders durch die wissenschaftlich-technische Revolution in der zweiten Hälfte des 20. Jahrhunderts eine weite Verbreitung erfahren und insbesondere die Produktivität der Arbeitsmittel, ihre Arbeitsgeschwindigkeit und ihren Wirkungsgrad um ein Vielfaches erhöhen wird;

3 Für die DDR ergänzt durch die Herausgeber.

4. die wachsende Rolle der technischen Rekonstruktion und der Modernisierung des Produktionsapparates, wodurch in vielen Fällen der Aufwand für den passiven Teil der Grundfonds gesenkt wird;
5. die Verkürzung der Bauzeiten durch moderne Bauweisen;
6. die Herausbildung neuer Richtungen des technischen Fortschritts, um die Produktions- und Zirkulationszeiten in vielen Zweigen der materiellen Produktion zu verkürzen, den Aufwand an Material zu senken, teure Arbeitsgegenstände durch billigere abzulösen, eine Reihe von Stoffen mehrfach zu nutzen und Abfälle aus Produktion und Konsumtion in den Stoffkreislauf einzubeziehen sowie die Rohstoffkomponenten komplex auszunutzen;
7. Strukturveränderungen in der Volkswirtschaft, wie die Erhöhung des Anteils der verarbeitenden Industrie, die weniger fondsintensiv ist.

Beim gegenwärtigen Produktionspotential und seinen Reserven besitzt die Einsparung nicht nur an lebendiger Arbeit, sondern auch an Produktionsmitteln für die Gestaltung des entwickelten Sozialismus und den Aufbau der materiellen Grundlagen des Kommunismus große Bedeutung. Deshalb stellten der XXIV. und XXV. Parteitag der KPdSU und auch der VIII. und IX. Parteitag der SED sowie die Parteitage anderer Bruderparteien[4] die Aufgabe, zur allseitigen Intensivierung der Produktion überzugehen und damit zum allseitig intensiven Typ der erweiterten Reproduktion. Damit wurde ein neuer Schritt in der Weiterentwicklung der Lehre von Karl Marx über die zwei Typen der erweiterten Reproduktion getan.

Bei der Realisierung der genannten neuen Tendenzen muß von den objektiven Prozessen ausgegangen werden. Da der Übergang zum allseitig intensiven Typ der erweiterten Reproduktion bereits praktische Bedeutung angenommen hat, wird es notwendig, die Entwicklungsstadien dieses Typs zu untersuchen. Im ersten Entwicklungsstadium übertreffen die Maßstäbe und Tempi der Einsparung an lebendiger Arbeit noch immer die Maßstäbe und Tempi der Einsparungen von Arbeit, die in den Produktionsfonds und im Materialverbrauch vergegenständlicht ist. Das zweite Entwicklungsstadium wird durch das quantitative Übergewicht der Tempi und Ausmaße der Einsparung an vergegenständlichter Arbeit (Grund- und Umlauffonds) charakterisiert, was Einzelbeispiele bereits beweisen. Diese beiden Stadien haben einen großen Einfluß auf die Verwendung des Nationaleinkommens für die Akkumulation und Konsumtion und auf die volkswirtschaftlichen Proportionen generell. In der Periode des entwickelten Sozialismus kommt es darauf an, alle diese Varianten auszunutzen, um durch höhere Produktionsergebnisse den Wohlstand des Volkes zu heben.

Das Verhältnis zwischen Aufwand und Ergebnis findet in der politischen Ökonomie des Sozialismus seinen Ausdruck in der Kategorie der ökonomischen

4 Für die DDR erweitert durch die Herausgeber.

Effektivität der gesellschaftlichen Produktion und Reproduktion. Diese Kategorie drückt im Sozialismus gesellschaftliche Verhältnisse aus, die auf die Maximierung der Effektivitätssteigerung auf allen Wirtschaftsebenen gerichtet sind und im Interesse der gesamten Gesellschaft verwirklicht werden. Hierbei wird die Bestimmung der ökonomischen Effektivität der gesellschaftlichen Produktion nicht durch die wirtschaftlich-operative Selbständigkeit von Betrieben und Vereinigungen im Rahmen des Planes begrenzt, sondern sie tritt stets als volkswirtschaftliches Problem auf. Die Volkswirtschaftspläne müssen in der Periode des entwickelten Sozialismus unter Berücksichtigung der Dynamik der Effektivität aufgestellt werden. Deshalb ist es notwendig, an die Bestimmung sowohl des Effekts der gesellschaftlichen Produktion als auch des Aufwands auf allen Ebenen der sozialistischen Wirtschaft vom *volkswirtschaftlichen Standpunkt aus heranzugehen.*

## Das volkswirtschaftliche Herangehen an das Ergebnis (den Effekt) der sozialistischen Produktion

Die ökonomische Effektivität der gesellschaftlichen Produktion als eine der Kategorien der politischen Ökonomie des Sozialismus muß in enger Verbindung mit dem ökonomischen Grundgesetz des Sozialismus untersucht werden. Diese Verbindung besteht darin, daß in der Periode des entwickelten Sozialismus die Steigerung der ökonomischen Effektivität das Hauptmittel ist, um die objektiven Möglichkeiten zur immer besseren Befriedigung der Bedürfnisse der ganzen Gesellschaft zu erweitern. Das heißt, daß sie ein Mittel zur Erreichung des Ziels der sozialistischen Produktion darstellt, das objektiv durch die sozialistischen Produktionsverhältnisse bedingt ist.

Die Bedürfnisse der Gesellschaft sind vielfältig. Nicht alle von ihnen können quantifiziert und mit anderen Bedürfnissen summiert werden. Zum Beispiel kann die allseitige Entwicklung der Persönlichkeit nicht zum Verbrauch materieller Güter addiert werden. Außerdem ist die ökonomische Effektivität der gesellschaftlichen Produktion eine der Kategorien der politischen Ökonomie des Sozialismus, die *unmittelbar* mit der Leitung, Planung und Stimulierung verbunden ist.

Es geht deshalb nicht nur darum, den sozialökonomischen Inhalt dieser Kategorie aufzudecken, sondern auch ein richtiges Herangehen an ihre *quantitative Messung* vorzuschlagen.

Die ökonomischen Verhältnisse, die durch die politische Ökonomie untersucht werden, sind wesentliche Verhältnisse der Menschen im Produktions- und Distributionsprozeß materieller Güter und Dienstleistungen. Die ökonomischen Kategorien, die diese Verhältnisse widerspiegeln, werden nicht nur qualitativ, sondern auch quantitativ ausgedrückt. Darin besteht eine der wichtigen Besonderheiten der politischen Ökonomie und der gesamten Wirtschaftswissenschaft, die ihre Eigenständigkeit im Gesamtsystem der Gesellschaftswissenschaften bestimmen. Dadurch werden die Wirtschaftswissenschaften in die Lage versetzt, sich im Sozialismus eng mit der Volkswirtschaftsplanung zu verbinden, um die ökonomischen Gesetze und Kategorien durch ein System miteinander verbundener Kennziffern auszunutzen und zu quantifizieren. Das bedeutet, daß der Effekt der Produktion durch eine ökonomische Kategorie ausgedrückt werden muß, die unmittelbar mit dem ökonomischen Grundgesetz verbunden ist und es gestattet, Effekte und Aufwendungen auf allen Wirtschaftsebenen gegenüberzustellen. Solch eine Kategorie ist das *gesellschaftliche Nettoprodukt* im physischen Volumen, das die quantitativen Möglichkeiten zur Befriedigung der wachsenden Bedürfnisse der Werktätigen und zur Erweiterung der gesellschaftlichen Produktion bestimmt. Da im Sozialismus das antagonistische Verhältnis zwischen dem notwendigen und dem Mehrprodukt überwunden ist, wird die Erhöhung des Nettoprodukts im physischen Volumen zur Triebkraft und zum Effekt der sozialistischen Produktion.

Wie langjährige Erfahrungen zeigen, wird das Nationaleinkommen bereits seit langem in den Parteibeschlüssen über die Volkswirtschaftspläne, in den Volkswirtschaftsplänen selbst und in den statistischen Jahrbüchern der Zentralverwaltung für Statistik als verallgemeinernde Kennziffer der ökonomischen Entwicklung und besonders des Volkswohlstandes behandelt. Auf dem XXV. Parteitag der KPdSU z. B. wurde aufs neue unterstrichen: „Am vollständigsten werden die Ergebnisse der ökonomischen Entwicklung durch das Nationaleinkommen des Landes als Quelle der Konsumtion der Bevölkerung und der Mehrung des nationalen Reichtums ausgewiesen.“[5] In dieser Formulierung wird die besondere Rolle des Nationaleinkommens als verallgemeinernde Kennziffer der ökonomischen Entwicklung im Sozialismus und sein Zusammenhang mit dem ökonomischen Grundgesetz des Sozialismus deutlich.

Seit Anfang der 50er Jahre wird z. B. das Nationaleinkommen zur Messung des Nutzeffekts der Investitionen in der Volkswirtschaft angewendet. In den 60er Jahren wurde die Maximierung des Nationaleinkommens im Verhältnis zum laufenden Aufwand und den benötigten Ressourcen in einer Reihe von Arbeiten als Optimalitätskriterium der ökonomischen Entwicklung im Sozialismus vorgeschlagen.

5 XXV. Parteitag der KPdSU. Die Hauptrichtungen der Entwicklung der Volkswirtschaft der UdSSR von 1976 bis 1980. Berichterstatter: A. N. Kossygin, Berlin 1976, S. 11.

Die Wirtschaftswissenschaft mißt der Kategorie des gesellschaftlichen Nettoprodukts schon lange eine besondere Bedeutung bei. Jedoch wird seine Verbindung mit dem ökonomischen Grundgesetz häufig ignoriert und manchmal sogar verneint. Diese Verbindung ist jedoch das wichtigste politökonomische Argument, das für die Anwendung des gesellschaftlichen Nettoprodukts als volkswirtschaftliches Kriterium für den Effekt der sozialistischen Produktion spricht.

Die Ausnutzung des gesellschaftlichen Nettoprodukts (des Nationaleinkommens) als Maßstab für den Effekt der Produktion kann noch durch eine Reihe weiterer Argumente begründet werden:

— Das Nettoprodukt spiegelt den Effekt der Produktion in diesem oder jenem Zeitabschnitt wider. Es entspricht der Summe der materiellen Güter und der materiellen Dienstleistungen, in denen sich der neugeschaffene Wert darstellt, d. h. dem physischen Volumen des Nettoprodukts.

— Im Nettoprodukt und seinem Wachstum wird die Einheit der Interessen auf allen Wirtschaftsebenen realisiert. Dabei ist es möglich, den Beitrag jeder Wirtschaftseinheit bei der Produktion des Nettoprodukts zu berücksichtigen.

— Das physische Volumen des Nationaleinkommens unterscheidet sich quantitativ vom Aufwand für seine Produktion. Es kann deshalb mit diesem Aufwand verglichen werden.

— Die Kategorie des Nationaleinkommens und sein Pro-Kopf-Betrag sind in der statistischen und Planungspraxis der sozialistischen Länder fest eingebürgert. Deshalb zieht die Anerkennung des Nationaleinkommens als Effekt der gesellschaftlichen Produktion keine Veränderungen des Systems der Planung, Rechnungsführung und Statistik nach sich.

— Internationale Vergleiche des Nationaleinkommens der RGW-Länder bilden eine wichtige Grundlage, um auch die ökonomische Effektivität der gesellschaftlichen Produktion zu vergleichen.

In der ökonomischen Literatur wird manchmal anstelle des gesellschaftlichen Nettoprodukts der Konsumtionsfonds als Effekt der Produktion bezeichnet. Dagegen gibt es eine Reihe von Einwänden. Ein solches Herangehen an den Effekt der Produktion ist *statisch*. Der Konsumtionsfonds ist eine Größe, die aus dem Gesamtprozeß der erweiterten Reproduktion herausfällt, „verbraucht" wird. Vom Standpunkt der materialistischen Dialektik muß jedoch das Ergebnis jedes Produktionszyklus die Elemente und Bedingungen eines weiteren Produktions- und Konsumtionswachstums beinhalten. Das ist charakteristisch für eine sich entwickelnde Wirtschaft.

Es geht also darum, die Kontinuität hoher Wachstumstempi in der sozialistischen Wirtschaft zu sichern. Diese Kontinuität kann allein durch den Konsumtionsfonds nicht gewährleistet werden. Der Effekt der gesellschaftlichen Produktion und Reproduktion im Sozialismus kann deshalb nicht durch den

Konsumtionsfonds ausgedrückt werden, sondern nur durch das gesellschaftliche Nettoprodukt. Vom Volumen des Nettoprodukts hängt sowohl die Befriedigung der laufenden Bedürfnisse des Volkes als auch die erweiterte Reproduktion der sozialistischen Wirtschaft im Interesse der Hebung des Volkswohlstandes in der Zukunft ab.

Außerdem muß beachtet werden, daß für ein durchgehendes Effektivitätskriterium auf allen Wirtschaftsebenen der Konsumtionsfonds am wenigsten geeignet ist. Selbst wenn alle Produktionsbetriebe und -vereinigungen unmittelbar einen Beitrag zum Nationaleinkommen leisten, so produziert nur ein Teil von ihnen direkt den Konsumtionsfonds. Die ökonomische Effektivität der Arbeit vieler Betriebe und Vereinigungen kann nicht unmittelbar an ihrem Beitrag zur Produktion von Konsumtionsmitteln gemessen werden.

Schließlich muß auch berücksichtigt werden, daß es darum geht, den unmittelbaren Effekt der *Produktion* mit den Aufwendungen zu vergleichen. Die Produktion ist die bestimmende Phase des gesellschaftlichen Reproduktionsprozesses. Es wäre deshalb sinnlos, einen unmittelbaren Effekt in anderen Phasen zu suchen, in denen der in der Produktion geschaffene Effekt verteilt, zirkuliert und verbraucht wird.

Zweifellos werden im Wachstum des physischen Volumens des gesellschaftlichen Nettoprodukts nicht alle Seiten der Entwicklung des Volkswohlstandes unmittelbar erfaßt. So kennzeichnet es z. B. nicht den Reichtum des geistigen Lebens der Werktätigen, das Niveau der allseitig entwickelten Persönlichkeit, die Erweiterung ihrer Interessen, die Dauer der Freizeit usw. Jedoch hängen Umfang und Niveau der Befriedigung aller Bedürfnisse des Volkes vom Volumen des Nationaleinkommens und seiner Endverwendung als Konsumtions- und Akkumulationsfonds ab. Gegenwärtig wird das Wachstum des Konsumtionsfonds in einer Reihe von sozialistischen Ländern vor allem vom Anwachsen des Nationaleinkommens bestimmt. Im 10. Fünfjahrplan der UdSSR (1976 bis 1980) ist beispielsweise eine Senkung der Akkumulationsrate von 26,5 auf 25% vorgesehen. Der absolute Zuwachs des Konsumtionsfonds soll ungefähr 76 Mrd. Rubel betragen. Davon werden nur 7 Mrd. Rubel durch die Senkung der Akkumulationsrate erreicht, die restlichen 69 Mrd. Rubel durch den Zuwachs des Nationaleinkommens.[6]

Bei gleichbleibender Rate der produktiven Akkumulation und sonst unveränderten Bedingungen wachsen die Konsumtions- und Akkumulationsfonds im gleichen Maße wie das Nationaleinkommen. Mit der Veränderung der genannten Raten verändern sich auch die Bedingungen, die das Wachstumstempo des Nationaleinkommens bestimmen. Da die produktive Akkumulationsrate und die Wachstumstempi des Nationaleinkommens und Konsumtionsfonds voneinander

6 Vgl. Pravda vom 28. 10. 1976.

abhängen, geht es um die Optimierung von Produktion, Akkumulation und Konsumtion. Wenn z. B. durch eine Erhöhung der Akkumulationsrate und des Wachstumstempos des Nationaleinkommens in einem gegebenen Zeitraum die Konsumtion wesentlich eingeschränkt werden würde, so wäre es notwendig, das Wachstum des Nationaleinkommens etwas zu verlangsamen, um zukünftige und gegenwärtige Interessen miteinander zu verbinden.

Der Effekt des sozialistischen Reproduktionsprozesses muß also unter Berücksichtigung des volkswirtschaftlichen Optimums bestimmt werden. Dieses schließt sowohl übermäßige („überoptimale") ökonomische Wachstumstempi aus, die für längere Zeiträume große Ressourcen beanspruchen und die bessere Befriedigung der wachsenden Bedürfnisse des Volkes an Konsumgütern hinausschieben, als auch einen einseitigen Konsumentenstandpunkt. Dieser würde nicht nur (durch eine Senkung der Akkumulationsrate) den wissenschaftlich-technischen Fortschritt hemmen, sondern letztendlich auch die immer bessere Befriedigung der Bedürfnisse des Volkes an Konsumtionsgütern. Daß die Maximierung des Nationaleinkommens nicht nur von der Akkumulationsrate abhängt, ändert jedoch nichts an der Tatsache, daß das Nationaleinkommen der sozialökonomische Effekt der sozialistischen gesellschaftlichen Produktion ist.

Vom Volumen und den Verwendungsproportionen des Nationaleinkommens wird auch die Entwicklung der nichtproduktiven Sphäre bestimmt. Die Entwicklung der Bildung und des Gesundheitswesens, die Sicherung der rechtlichen, ethischen und ästhetischen Existenzbedingungen der Gesellschaft stellen Anforderungen an das Nationaleinkommen. Die Beschäftigten der nichtproduktiven Sphäre erhalten ihre materiellen Existenzbedingungen (materielle Güter und materielle Dienstleistungen) aus dem Konsumtionsfonds, der den Hauptteil des Nationaleinkommens bildet. Alle materiellen Aufwendungen in gesellschaftlichen Einrichtungen, die der Bevölkerung dienen, in der staatlichen Verwaltung sowie der Zuwachs nichtproduktiver Grundfonds werden aus dem Nationaleinkommen realisiert. Die nichtmaterielle Dienstleistungssphäre, die kein Nationaleinkommen schafft, kann sich nur durch *Umverteilung* eines Teils des Nationaleinkommens entwickeln. Da das gesellschaftliche Nettoprodukt die einzige Quelle ist, um das Sozialprogramm zu verwirklichen, ist sein größtmögliches Wachstum notwendig. Andererseits gehen vom Ziel des Sozialismus und den geplanten sozialen Aufgaben Orientierungen für die Struktur des Nettoprodukts, der materiellen Güter und materiellen Dienstleistungen sowie für die Entwicklungsrelation der produktiven und nichtproduktiven Bereiche aus.

Das gesellschaftliche Eigentum an den Produktionsmitteln bedingt grundsätzlich die Einheit der Interessen auf allen Wirtschaftsebenen vom Betrieb bis zur Volkswirtschaft als Ganzes. In den Fällen jedoch, wo auf Teilgebieten und auf den einzelnen Ebenen der Wirtschaftstätigkeit unterschiedliche Interessen auftreten, müssen diese unter Beachtung des Primats der volkswirtschaftlichen Interessen in Übereinstimmung gebracht werden. In Verbindung damit wächst immer mehr das Bestreben, eine einheitliche Kennziffer des Effekts auf allen Wirtschaftsebenen anzuwenden. Das bedeutet, daß in den Betrieben und Vereinigungen, die nach der wirtschaftlichen Rechnungsführung arbeiten, der Effekt der Produktion nach ihrem Beitrag zur Schaffung des gesellschaftlichen Nettoprodukts gemessen werden muß, d. h. nach dem physischen Volumen der Nettoproduktion.[7] Diesem Herangehen liegt die Auffassung zugrunde, daß nur eine durchgehende Kennziffer des Effekts die Einheit der Interessen auf allen Wirtschaftsebenen gewährleisten kann.

Gleichzeitig ist jedoch zu berücksichtigen, daß die Maximierung des Nettoprodukts in den Betrieben und Vereinigungen eine einseitige Maximierung entweder des notwendigen oder des Mehrprodukts einschließen kann. Um die Interessen der Gesellschaft und ihrer einzelnen nach der wirtschaftlichen Rechnungsführung arbeitenden Einheiten in Übereinstimmung zu bringen, müssen deshalb zwei lokale und einander kontrollierende Kennziffern des Effekts angewendet werden: das Nettoprodukt der Betriebe und der Gewinn. Das Nettoprodukt ist um so größer, je kleiner der Ersatzfonds ist; bei gegebenen Preisen und Löhnen sind Gewinn und Rentabilität um so größer, je mehr Material und Arbeitskräfte eingespart werden. Deshalb müßten auch die Stimulierungsfonds in Abhängigkeit vom Gewinn gebildet werden (bei Erfüllung des vorgegebenen Sortiments und der Qualität der Erzeugnisse). Kriterium ist die Maximierung des physischen Volumens des Nettoprodukts im Verhältnis zum Aufwand der Betriebe. Ein solches System der Stimulierung könnte sowohl die Einsparung materieller Aufwendungen als auch den sparsamen Einsatz der Arbeitskräfte fördern, d. h. die allseitige Intensivierung der Produktion und auf dieser Grundlage die Erhöhung ihrer Effektivität.

## Die Bestimmung des volkswirtschaftlichen Aufwandes für das gesellschaftliche Nettoprodukt und die Aufwand-Ressourcen-Formel der ökonomischen Effektivität der gesellschaftlichen Produktion

Die Auffassung, daß das gesellschaftliche Nettoprodukt den unmittelbaren Effekt der sozialistischen Produktion zum Ausdruck bringt und im Ergebnis der Distribution als Nationaleinkommen auftritt, wird gegenwärtig allgemein anerkannt. Jedoch gibt es Meinungsverschiedenheiten hinsichtlich der Bestimmung des *Aufwandes*, der hierbei zu berücksichtigen ist. So werden in einigen Arbeiten der Ersatzfonds, der jährliche Lohnfonds und die Produktionsfonds zum Aufwand zusammengefaßt. Das ist offensichtlich nicht gerechtfertigt, da hier nicht vergleichbare Größen addiert werden. Während der Ersatzfonds und der Lohn den tatsächlichen laufenden Aufwand eines Jahres ausdrücken, werden die Grundfonds nur teilweise, in Abhängigkeit von ihrem physischen und moralischen Verschleiß im gegebenen Jahr verbraucht. Ihr Verbrauch drückt sich ökonomisch in der Amortisation aus, die aber bereits im Ersatzfonds berücksichtigt wurde. Es gibt auch Vorschläge, nur den Aufwand eines der Produktionselemente zu berücksichtigen: den Aufwand an lebendiger Arbeit oder den Aufwand an Produktionsfonds. Hierbei wird argumentiert, daß sich in der Steigerung der Arbeitsproduktivität oder in der Entwicklung der Fondsquote das Wirken aller Produktionselemente ausdrückt. In dieser Begründung liegt aber nur ein Teil der Wahrheit. Dieser besteht darin, daß eine Steigerung der Arbeitsproduktivität bei gegebenem Umfang an Produktionsfonds die Fondsquote erhöht und zugleich die Erhöhung der Fondsquote bei gegebener Zahl von Arbeitskräften sich in einer steigenden Arbeitsproduktivität ausdrückt. Wird jedoch nur die Steigerung der Kennziffer Arbeitsproduktivität untersucht, so sagt sie noch nichts über die zusätzlichen Produktionsmittel aus, die für diese Steigerung notwendig waren. Deshalb kann, obwohl die Arbeitsproduktivität steigt, die Fondsquote sinken. Die Effektivität der gesellschaftlichen Produktion kann folglich nicht allein mit Hilfe der Kennziffer Arbeitsproduktivität gemessen werden. Ebensowenig ist es richtig, die Kennziffer Nettoproduktion auf den Aufwand an lebendiger Arbeit zu reduzieren. Natürlich ist es richtig, daß das Nettoprodukt wertmäßig den durch lebendige Arbeit geschaffenen Neuwert und nicht die verbrauchte vergegenständlichte Arbeit verkörpert. Jedoch wäre es falsch, diese Tatsache so zu interpretieren, als ob das Nettoprodukt allein ein Produkt der lebendigen Arbeit sei und der Ersatzfonds nicht an der Schaffung des Nationaleinkommens beteiligt ist. Gegenwärtig ist die lebendige Arbeit bereits mit umfangreichen Produktionsfonds ausgerüstet. Damit die Steigerung der Arbeitsproduktivität zum Wachstum des Nationaleinkommens beitragen kann, ist sowohl zusätzlicher Aufwand an lebendiger Arbeit als auch an Produktionsmitteln notwendig. Dabei wächst

7 Mit Hilfe des Nettoprodukts der Betriebe und Vereinigungen wird ihr Beitrag zur Produktion des Nationaleinkommens nicht genau gemessen, da Preise und Umsatzsteuer (in der UdSSR — der Übers.) eine Umverteilung des Mehrprodukts zwischen den Zweigen bewirken. Nichtsdestoweniger ist es die einzige Kennziffer, die die Ergebnisse der Wirtschaftstätigkeit der einzelnen Betriebe und Vereinigungen mit der Produktion des Nationaleinkommens im Maßstab des ganzen Landes verbindet. Als Kennziffer des Produktionseffekts gewinnt das Nettoprodukt auch deshalb immer mehr an Popularität, weil die Kennziffern Brutto- und realisierte Produktion, die gegenwärtig angewandt werden, einen wachsenden Verbrauch an Roh- und Brennstoffen und anderen Materialien stimulieren.

letzterer vorrangig. Deshalb muß unterschieden werden zwischen den Wertbestandteilen des Gesamtprodukts, in diesem Fall dem Neuwert, und den sich darin verkörpernden Gebrauchswerten, wie hier z. B. dem physischen Volumen des gesellschaftlichen Nettoprodukts. Zur Begründung der Aufwand-Ressourcen-Formel der ökonomischen Effektivität ist es zweckmäßig, von den Erfahrungen auszugehen, die bei der Bestimmung der Investitionseffektivität gesammelt wurden.

Im Ergebnis der Diskussion zur Bestimmung der sogenannten absoluten Effektivität der Investitionen wurde folgende Formel vorgeschlagen:

$$E = \frac{\Delta NP}{K},$$

wobei: $E$ = absolute Effektivität der Investitionen
$NP$ = Nettoprodukt oder Nationaleinkommen
$K$ = Investitionen.

Diese Formel ist an sich irrational. Sie schreibt das Wachstum des Nettoprodukts den Investitionen zu. Jedoch muß berücksichtigt werden, daß die Investitionen nicht nur auf den einfachen Zuwachs der Produktionskapazitäten gerichtet sind, sondern zugleich auf die Erhöhung der Fondsausstattung der Arbeit in den bestehenden und neuen Betrieben. Das gehört zu den Voraussetzungen, damit das physische Volumen des Nationaleinkommens in immer größerem Maße durch die Steigerung der Arbeitsproduktivität wächst. Jedoch bleiben diese Zusammenhänge sowohl in der Formel $\frac{\Delta NP}{K}$ als auch in der Formel der Fondsquote

$$FQ = \frac{NP}{F},$$

wobei: $FQ$ = Fondsquote
$F$ = Produktionsfonds

unberücksichtigt. Im Endergebnis zeigt sich bei der Anwendung dieser Formeln folgendes Paradoxon: Der Wirkungsgrad der Investitionen und der Produktionsfonds je Einheit Nettoprodukt kann sinken, obwohl die ökonomische Effektivität dieser Aufwendungen in Verbindung mit der Steigerung der Arbeitsproduktivität zunimmt. Die damit verbundenen Aussagegrenzen der Formel $\frac{\Delta NP}{K}$ lassen jedoch nicht den Schluß zu, daß sie keine praktische Bedeutung besitzt. Vor der sozialistischen Gesellschaft steht die Aufgabe, die effektivste, d. h. optimale Variante auszuwählen, um den geplanten Zuwachs an Nationaleinkommen mit geringsten Investitionen zu sichern. Für solche Zwecke ist diese Kennziffer geeignet. Dabei muß jedoch immer berücksichtigt werden, daß sie — wie auch die Kennziffern der Arbeitsproduktivität und der Fondsquote — nicht die ökonomische Effektivität der sozialistischen Produktion ausdrücken kann.

In all diesen Kennziffern kommen nur Teilkriterien der Effektivität zum Ausdruck.

In der Geschichte der Wissenschaft ist es nicht selten, daß Gesetzmäßigkeiten, die zunächst als universell angesehen wurden, sich als Teile größerer Systeme herausstellten. Ein Beispiel dafür ist das Verhältnis der euklidischen und nichteuklidischen Geometrie. LOBAČEVSKIJ entdeckte die Möglichkeit der nichteuklidischen Geometrie, und RIEMANN bewies, daß nicht der ganze Raum euklidisch ist, daß aber auf einzelne (unendlich kleine) seiner Sphären die euklidische Geometrie anwendbar ist.

Bei der Effektivitätsbeurteilung kann es nicht darum gehen, irgendeine einzelne Kennziffer der Einsparung an lebendiger oder vergegenständlichter Arbeit als *integralen* Ausdruck der ökonomischen Effektivität zu betrachten. Gleichzeitig gilt aber, daß eine integrale Größe alle Einsparungen lebendiger und vergegenständlichter Arbeit zusammenfassen muß. Nur in diesem Fall kann sie die tatsächliche Effektivität der gesellschaftlichen Produktion ausweisen.

Versuche zur Synthese aller Aufwendungen für die Produktion des Nationaleinkommens gingen naturgemäß von der Formel $\frac{NP}{c + v + m}$ aus bzw. ihrer Modifikation (entsprechend der wirtschaftlichen Rechnungsführung) $\frac{NP}{c + v}$. Berechnungen auf Grundlage der Verflechtungsbilanzen der UdSSR von 1959, 1966 und 1972 haben jedoch gezeigt, daß bei der gegenwärtigen Preisbildung mit diesen Formeln die integrale Effektivität nur unvollkommen ausgewiesen werden kann. Das hängt damit zusammen, daß die Aufwendungen gesellschaftlicher Arbeit nur in laufenden Preisen ausgedrückt werden können. Bekanntlich aber werden die Preise nicht laufend verändert. Gleichzeitig wächst die gesellschaftliche Arbeitsproduktivität ständig. Über längere Zeiträume entwickeln sich deshalb die laufenden Preise relativ unabhängig von den Veränderungen im gesellschaftlichen Arbeitsaufwand. Dadurch verändert sich der Preismaßstab. Bei Konstanz der Preise sinkt der Wert der Geldeinheit in jeder folgenden Periode, in ihr ist eine kleinere Menge gesellschaftlicher Arbeit verkörpert. Deshalb kann die Entwicklung der realen Aufwendungen nicht mit Hilfe der Summierung $(c + v + m)$ und $(c + v)$ in laufenden Preisen erfaßt werden.

Die Entwicklung der realen Aufwendungen könnte nur richtig gemessen werden, wenn sich die Preise und ihre Relationen vollständig dem gesellschaftlich notwendigen Aufwand nähern und ihre weitere Entwicklung seiner Veränderung folgt. Im Sozialismus bilden sich die Preise nicht spontan, sondern sind eines der Mittel zur planmäßigen Leitung der Volkswirtschaft. Konstante Preise für ein Planjahrfünft sind deshalb von großer Bedeutung für die Planung der materiellen Proportionen und die Kontrolle ihrer Verwirklichung. Gleichzeitig aber müssen die Preise Informationen darüber enthalten, welche gesellschaftlich notwendigen Aufwendungen in den verschiedenen Zweigen erforderlich sind, um die Proportionalität der gesamten ökonomischen Entwicklung zu sichern. Sie müssen den wissenschaftlich-technischen Fortschritt und die Erhöhung der Qualität der Produktion stimulieren, Informationen für die Bestimmung der ökonomischen Effektivität der Produktion auf allen Wirtschaftsebenen enthalten, der Überwindung wertmäßiger Disproportionen dienen. Die laufenden Preise würden ihrer Aufgabe gerechter werden, wenn sie wenigstens einmal vor Beginn eines jeden neuen Fünfjahrplanes in Übereinstimmung mit dem gesellschaftlich notwendigen Aufwand gebracht werden würden, und wenn nach diesen neuen Preisen der Plan aufgestellt und seine Erfüllung kontrolliert werden würde.

Da bei der gegenwärtigen Preisbildung die genannten Aufwandsformeln die ökonomische Effektivität der gesellschaftlichen Produktion nicht richtig nachweisen, kann die Effektivitätsmessung nicht primär und nicht allein auf laufenden Preisen beruhen.

Die Ausnutzung konstanter Preise spielt eine große Rolle bei der Bildung einer so wichtigen Kennziffer wie der *gesellschaftlichen* Arbeitsproduktivität, welche durch das Verhältnis des produzierten Nationaleinkommens zur Beschäftigtenzahl in der materiellen Produktion bestimmt wird, d. h.

$$AP = \frac{NP}{L},$$

wobei: $AP$ = Arbeitsproduktivität
$L$ = Beschäftigtenzahl in der materiellen Produktion.

Die Kennziffer $\frac{NP}{L}$ wird nach ihrer relativen Veränderung, d. h. ihrer Dynamik beurteilt. Für die Planung und Rechnungsführung ist aber in erster Linie eine Kennziffer wichtig, die aussagt, wie sich die Effektivität der gesellschaftlichen Produktion insgesamt entwickelt.

In der Formel $\frac{NP}{L}$ zeigt der Nenner den Aufwand an lebendiger Arbeit, der durch die Zahl der Beschäftigten oder die geleistete Arbeitszeit in der materiellen Produktion ausgedrückt wird. Dabei kann $L$ als naturales Äquivalent von $(v + m)$ bezeichnet werden, das von der Preisbildung unabhängig ist. Das Nettoprodukt wird als Differenz zwischen dem gesellschaftlichen Gesamtprodukt und dem Ersatzfonds bestimmt. Durch relative Einsparungen des Ersatzfonds erhöht sich das physische Volumen des Nettoprodukts. Der Zuwachs des physischen Volumens des Nationaleinkommens wird deshalb nicht nur durch eine Erhöhung der Beschäftigtenzahl und der Produktivität der lebendigen Arbeit hervorgerufen, sondern auch durch Einsparungen des Ersatzfonds. $\frac{NP}{L}$ *ist des-*

*halb eine der wichtigsten Kennziffern der Effektivitätsentwicklung auf allen Wirtschaftsebenen.* Die Bedeutung der Kennziffer $\frac{NP}{L}$ erschöpft sich jedoch nicht darin, daß sie die Entwicklung des laufenden Aufwands ausdrückt. Sie kennzeichnet auch die Wirksamkeit und Ausnutzung der *Arbeitskräfteressourcen.*

Bei der Effektivitätsbeurteilung muß berücksichtigt werden, daß zwischen den Produktionsressourcen und ihren Aufwendungen ein wesentlicher Unterschied besteht. Während die Produktionsressourcen im Verlaufe eines Jahres oder Jahrfünfts *angewendet*, aber nicht unbedingt innerhalb dieses Zeitraumes ganz verbraucht werden, entspricht der Verbrauch dieser Ressourcen ihren tatsächlichen laufenden Aufwendungen. Die Arbeitskräfteressourcen (*L*) sind die wichtigste Bedingung des Produktionsprozesses, die von einem Produktionszyklus zum anderen übergeht. Gleichzeitig charakterisiert ihre Größe bedingt den Aufwand an lebendiger Arbeit. Deshalb kann die Kennziffer $\frac{NP}{L}$ sowohl als Element der Ressourcen — als auch der Aufwandsformel angesehen werden, wobei im letzteren Fall durch *L* die geleistete Arbeitszeit ausgedrückt werden sollte. Jedoch berücksichtigt die Formel $\frac{NP}{L}$, die die jährlichen Arbeitskräfteressourcen beinhaltet, nicht *die im Verlaufe eines Jahres angewendeten Produktionsfonds.* Es ist also notwendig, die Formel $\frac{NP}{L}$ weiterzuentwickeln.

Beim gegenwärtigen Entwicklungsstand der Wirtschaftswissenschaften ist die Bestimmung der ökonomischen Effektivität der Ressourcennutzung, d. h. der lebendigen Arbeit und der Produktionsfonds herangereift. Die Entwicklung einer solchen Kennziffer, die für die Leitung der Volkswirtschaft von größter Bedeutung ist, wäre ein wesentlicher Fortschritt.

Die Nutzung der Produktionsfonds kann durch die Fondsquote, bezogen auf das Nationaleinkommen, gemessen werden. Es wurde bereits begründet, daß die unmittelbare Summierung des Ersatzfonds, des jährlichen Lohnfonds und der Produktionsfonds (darunter Produktionsgrundfonds) nicht gerechtfertigt ist, weil hierbei tatsächliche laufende Aufwendungen eines Jahres und einmalige Aufwendungen vereinigt werden. Ebenso können die Größe *L*, ausgedrückt in Arbeitskräften, und die Größe *F*, ausgedrückt in Rubeln, nicht addiert werden. Summiert werden können aber die *Einsparungen* lebendiger Arbeit und des Ersatzfonds, ausgedrückt in der Steigerung der gesellschaftlichen Arbeitsproduktivität und die Einsparungen oder die Mehraufwendungen von Produktionsfonds, die durch das Steigen oder Sinken der Fondsquote bestimmt werden. Dadurch können Dynamik der Fondsquote und der Arbeitsproduktivität vergleichbar gemacht und durch ein und dasselbe Maß ausgedrückt werden.

Es wurde bereits darauf hingewiesen, daß es zwischen der Dynamik der Arbeitsproduktivität und der Fondsquote nicht nur Gemeinsamkeiten gibt, sondern auch wesentliche Unterschiede. Bei der Bestimmung der ökonomischen Effektivität der gesellschaftlichen Produktion ist es zunächst notwendig, die Dynamik der Fondsquote selbständig zu untersuchen. Ein Sinken der Fondsquote kann Voraussetzung für die Steigerung der Arbeitsproduktivität sein wie bei der primären Mechanisierung der Handarbeit. In jedem Fall bewirkt es aber, daß eine zusätzliche Akkumulation der Produktionsfonds notwendig ist, um die erreichten Wachstumstempi des Nationaleinkommens zu sichern, oder daß die Wachstumstempi des Nationaleinkommens sinken. Gleichzeitig begrenzen sowohl die zusätzliche Akkumulation als auch die Verlangsamung der Wachstumstempi des Nationaleinkommens in gewissem Maße das Konsumtionswachstum und damit auch die Lösung weiterer sozialer Aufgaben. Deshalb ist die Herstellung eines optimalen Verhältnisses zwischen der Dynamik der Arbeitsproduktivität und der Fondsquote Bedingung für die Erhöhung der gesellschaftlichen Effektivität.

Der Übergang zur allseitigen Intensivierung der gesellschaftlichen Produktion ist nicht nur sehr eng mit dem Kampf um ein beschleunigtes Wachstum der Arbeitsproduktivität verbunden, sondern ebenfalls mit der Erhöhung der Fondsquote. Diejenigen Wirtschaftswissenschaftler, welche die Dynamik der Fondsquote aus der Bestimmung der ökonomischen Effektivität der gesellschaftlichen Produktion ausschließen und diese allein auf das Wachstum der Kennziffer Arbeitsproduktivität reduzieren, leisten der Intensivierung einen schlechten Dienst.

Das Problem besteht jedoch darin, eine Methode zu finden, welche die Dynamik der Arbeitsproduktivität und der Fondsquote vergleichbar macht. Solche Versuche wurden z. B. unternommen, indem die Werte der Produktionsfonds unmittelbar in Arbeitskräfte oder Arbeitsstunden umgerechnet wurden. Hierbei mußten jedoch viele Vereinfachungen in Kauf genommen werden. Im folgenden soll auf weniger komplizierte Weise versucht werden, die Dynamik $\frac{NP}{F}$ mit der Dynamik $\frac{NP}{L}$ zu vergleichen.

Im Wert $F$ ist die im Produktionsprozeß vorgeschossene vergegenständlichte Arbeit verkörpert. Die Menge der verausgabten lebendigen Arbeit wird im Wert des Nettoprodukts (Nationaleinkommen) ausgedrückt. Wenn der Wert der vorgeschossenen Produktionsfonds größer ist als der Wert des Nationaleinkommens, so übersteigt auch die Einsparung von 1% vorgeschossener vergegenständlichter Arbeit die Einsparung von 1% lebendiger Arbeit. Davon ausgehend, kann bestimmt werden, welchen Beitrag die Einsparung der vergegenständlichten und der lebendigen Arbeit zur Gesamteinsparung und damit zur Erhöhung der Effektivität der gesellschaftlichen Produktion leistet. Nach unseren Berechnungen betrug das Verhältnis des jahresdurchschnittlichen Werts der

Produktionsfonds zum Nationaleinkommen in der UdSSR im Durchschnitt des Zeitraums 1961 bis 1975 2,2. Das heißt, daß eine Erhöhung der Fondsquote um 1% gleichbedeutend war mit einer Steigerung der Arbeitsproduktivität um 2,2%, eine Senkung der Fondsquote um 1% war einer Verringerung der Arbeitsproduktivität um 2,2% gleichzusetzen. Auf diese Weise können Dynamik der Fondsquote und der Arbeitsproduktivität vergleichbar gemacht werden.

In der UdSSR erhöhte sich von 1960 bis 1975 die Größe $\frac{NP}{L}$ ungefähr um 125%, $\frac{NP}{F}$ sank in der gesamten materiellen Produktion um 23%. Diese Senkung entspricht in etwa einer Verringerung der Arbeitsproduktivität um 5,1%. Der Wachstumsindex der Arbeitsproduktivität muß um die Auswirkungen der gesunkenen Fondsquote korrigiert werden. Somit wuchs die Effektivität der gesellschaftlichen Produktion unter Berücksichtigung der gesunkenen Fondsquote in 15 Jahren um 74%. Das entspricht einer durchschnittlichen jährlichen Steigerung um 3,7%.

Die genannte Berechnungsmethode schließt den Einfluß der Preisbildung nicht aus. Jedoch wird ihre Wirkung stark abgeschwächt, weil es nicht notwendig ist, den Ersatzfonds direkt zu berücksichtigen und im Nenner anstelle $(v + m)$ die Größe $L$ unmittelbar in Arbeitskräften ausgedrückt wird. Die Produktionsfonds werden nur über Veränderungen der Fondsquote berücksichtigt, die Veränderungen des Ersatzfonds werden nur über eine Einsparung oder seinen zusätzlichen Verbrauch einbezogen.

Auf der Grundlage der bisher entwickelten Zusammenhänge nimmt die Formel *der Dynamik der ökonomischen Effektivität* folgende Form an:

$$E' = \frac{NP}{L} \pm \alpha \cdot \frac{NP}{F},$$

wobei $\alpha$ = der Überführungskoeffizient $\frac{NP}{F}$ zu einem einheitlichen Maßstab mit der Dynamik (der Zuwachsrate) von $\frac{NP}{L}$;

$E'$ = Dynamik der ökonomischen Effektivität.

Diese Formel ermöglicht eine Gesamtaussage über die Dynamik der Produktivität der lebendigen Arbeit, der Senkung der Materialintensität des Nationaleinkommens und der Fondsquote, das heißt, sie tritt als einheitliche Aufwand-Ressourcen-Formel auf. Mit Hilfe dieser Formel kann auf allen Wirtschaftsebenen die Entwicklung der Effektivität der gesellschaftlichen Produktion ausgedrückt werden.

Die Berechnungen zeigen, daß die Steigerung der Kennziffer Arbeitsproduktivität und die Erhöhung der ökonomischen Effektivität der Produktion unterschiedliche Größen sind. Sie sind nur dann gleich, wenn sich die Fondsquote nicht verändert. Deshalb darf die Rechnung nicht so interpretiert werden, als ob der Zuwachs der gesellschaftlichen Arbeitsproduktivität von 1961 bis 1975 nicht 125%, sondern 74% betrug. Das Wachstum des Nationaleinkommens betrug in der gleichen Periode (zu vergleichbaren Preisen) 162%, davon 125% durch die Steigerung der Arbeitsproduktivität. Das Zuwachstempo der Effektivität der gesellschaftlichen Produktion, die sowohl die Dynamik der Arbeitsproduktivität als auch der Materialintensität und Fondsquote berücksichtigt, betrug 74%. Der Vergleich mit dem Wachstumstempo des Nationaleinkommens von 1961 bis 1975 zeigt, daß dieses zu ungefähr 46% durch den intensiven Typ der erweiterten Reproduktion erreicht wurde, d. h. durch einen Anstieg der gesellschaftlichen Arbeitsproduktivität unter Berücksichtigung der Senkung der Fondsquote.

Das Wachstum des Nationaleinkommens ermöglichte im untersuchten Zeitraum von 15 Jahren eine bedeutende Erhöhung der Konsumtionsfonds (in laufenden Preisen von 104,5 Mrd. Rubel 1960 auf 266,6 Mrd. Rubel 1975).

Gleichzeitig steht vor der Volkswirtschaft die Aufgabe der allseitigen Erhöhung der ökonomischen Effektivität der gesellschaftlichen Produktion durch ihre weitere Intensivierung, durch den Übergang zum allseitig intensiven Typ der erweiterten Reproduktion.

## 1.2. Ziel und Rationalität des ökonomischen Wachstums im Sozialismus

### Ökonomische Rationalität, Wachstum und Effektivitätsrechnung

Der Inhalt des ökonomischen Wachstums besteht vom Standpunkt des gesellschaftlichen Fortschritts letztlich darin, daß die Menschheit in Auseinandersetzung mit der Natur darum ringt, die Mittel für die Befriedigung ihrer Bedürfnisse mit einem ständig geringeren Aufwand an lebendiger und vergegenständlichter Arbeit sowie natürlicher Ressourcen zu erzeugen, um Zeit und Mittel freizusetzen für die Befriedigung neuer Bedürfnisse. Dies ist der entscheidende Maßstab für Rationalität oder Irrationalität des ökonomischen Wachstums vom Standpunkt des gesellschaftlichen Fortschritts. Langfristig ist ein kontinuierliches ökonomisches Wachstum unmöglich ohne die Senkung des

Reproduktionsaufwandes pro Einheit der für die Bedürfnisbefriedigung notwendigen Güter. Nur ein solches ökonomisches Wachstum bringt eine Vorwärtsentwicklung der menschlichen Produktivkräfte zum Ausdruck, eine immer vollkommenere Durchsetzung der ökonomischen Rationalität (d. h. des „Gesetzes der Ökonomie der Zeit") im Stoffwechsel des Menschen mit der Natur und in den Beziehungen der Menschen in der Produktion. Nur durch höhere Rationalität des ökonomischen Handelns lassen sich Engpässe und Schranken für das ökonomische Wachstum überwinden. Die Senkung des Aufwandes gesellschaftlicher Arbeit pro Produktionseinheit ist also ein entscheidendes Kriterium für ein langfristig stabiles und effektives ökonomisches Wachstum. Die Fähigkeit einer Gesellschaftsformation, in diesem Sinne ein rationales ökonomisches Wachstum zu sichern, ist somit ein entscheidendes Kriterium ihrer Stellung im Prozeß des historischen Fortschritts.[8]

Ein rationales ökonomisches Wachstum ist mit einer Erhöhung des Mehrprodukts verbunden, das in der antagonistischen Klassengesellschaft zwar die Ausbeuterklassen auf Grund ihres Privateigentums den unmittelbaren Produzenten entreißen, welches aber auch hier bereits die Grundlage der Entwicklung der menschlichen Kultur und der Wissenschaft — wenn auch in einer den Werktätigen entfremdeten Form — abgibt. Erst der Sozialismus überwindet durch Aufhebung des Privateigentums an den Produktionsmitteln den antagonistischen Widerspruch von notwendiger und Mehrarbeit, vergegenständlichter und lebendiger Arbeit, indem er die durch die Senkung des Aufwandes gesellschaftlicher Arbeit wachsende disponible Zeit zum Mittel für die allseitige Entwicklung aller Mitglieder der Gesellschaft macht. Somit verwirklicht der Sozialismus/Kommunismus mit der Entfaltung seiner Wesenszüge eine neue, höhere Stufe der ökonomischen Rationalität.

Diese ist vor allem durch zwei Momente gekennzeichnet: Das erste Moment ist das sich aus ihrem Wesen ergebende neue Ziel für das ökonomische Handeln. Es ist nicht mehr die Schaffung eines der Maximierung des Profits dienenden stofflichen Reichtums der Selbstzweck der Produktion, sondern dieser Reichtum ist hier Mittel zur allseitigen Entwicklung aller Mitglieder der Gesellschaft. Damit ist auch ein eindeutiges „Maß des Reichtums", nämlich die „disposable time aller"[9] zur Befriedigung ihrer materiellen und kulturellen Bedürfnisse gegeben, das zum entscheidenden Kriterium und damit ausschlaggebend für das Tempo und die Struktur des ökonomischen Wachstums im Sozialismus wird. Ein zweiter Charakterzug der im Sozialismus/Kommunismus erreichten neuen Stufe der ökonomischen Rationalität besteht darin, daß hier der

8 Vgl. H. MAIER, Gibt es Grenzen des ökonomischen Wachstums?, Berlin 1977 (Zur Kritik der bürgerlichen Ideologie, 78).

9 K. MARX, Grundrisse der Kritik der Politischen Ökonomie, Berlin 1953, S. 596.

für die kapitalistische Warenproduktion typische antagonistische Widerspruch zwischen der ökonomischen Rationalität im Teilsystem und der Durchsetzung der ökonomischen Rationalität im Gesamtsystem aufgehoben ist. Hierdurch verfügt die sozialistische Gesellschaft über die Möglichkeit, den tatsächlichen Arbeitsaufwand und die Beanspruchung der natürlichen Ressourcen für das Wirtschaftswachstum an das gesellschaftlich notwendige Maß anzunähern, d. h. an das „Vernünftige und Naturnotwendige"[10].

Die Wirtschaftspolitik des sozialistischen Staates ist daher darauf gerichtet, ausgehend von den konkreten, historischen, sozialökonomischen, materiell-technischen und natürlichen Bedingungen sowie vom internationalen Kräfteverhältnis von Sozialismus und Imperialismus, die Wege und Etappen der Erreichung des objektiven Ziels der sozialistischen Gesellschaft herauszuarbeiten und dabei auftretende Hemmnisse und Restriktionen zu überwinden sowie die mit ihnen verbundenen Widersprüche zu lösen. Die objektive Zielstellung des Sozialismus umfaßt zwei wesentliche Seiten des rationalen Handelns:

1. Minimierung des Aufwandes an gesellschaftlicher Arbeit für das Quantum an materiellen Gütern, das notwendig für die beständige Befriedigung der materiellen und kulturellen Bedürfnisse der Mitglieder der Gesellschaft ist.

2. Maximierung der disponiblen Zeit für die Entwicklung der Individuen, um die Entfaltung all ihrer sozialen, produktiven und geistigen Anlagen und Möglichkeiten zu gewährleisten, was nur auf der Grundlage der Minimierung des Arbeitsaufwandes pro Erzeugniseinheit realisierbar ist und „selbst wieder als größte Produktivkraft zurückwirkt auf die Produktivkraft der Arbeit"[11].

Auf dieses Ziel ist das ökonomische Handeln im Sozialismus ausgerichtet. Dies ist hier auch das umfassende Optimalitätskriterium für das ökonomische Wachstum.[12] Marx hat die Bedingungen des optimalen Wachstums mit seinem Begriff der „gesellschaftlich notwendigen Arbeit" zu erfassen gesucht. Er hat hierbei zwei Komponenten, die das Quantum an gesellschaftlich notwendiger Arbeit bestimmen, herausgearbeitet:

— die qualitäts- und bedarfsgerechte Struktur der Produktion vom Standpunkt der Bedürfnisbefriedigung über einen längeren Zeithorizont,
— das Minimum an Gesamtarbeit, das für die Produktion der bedarfsgerechten Erzeugnisse notwendig ist.

Die Verteilung der gesellschaftlichen Arbeit ist dann optimal, wenn das Ziel der sozialistischen Gesellschaft, d. h. die Befriedigung der materiellen und geistigen

10 K. Marx, Brief an Ludwig Kugelmann vom 11. 7. 1868, in MEW, Bd. 32, Berlin 1965, S. 553.

11 K. Marx, Grundrisse der Kritik der Politischen Ökonomie, a. a. O., S. 599.

12 Vgl. H. Maier (Hrsg.), Ziele, Faktoren und Rationalität des ökonomischen Wachstums, Berlin 1961, S. 20ff.

Bedürfnisse, maximiert oder der für eine angestrebte Bedürfnisbefriedigung notwendige Aufwand an lebendiger und vergegenständlichter Arbeit minimiert wird. Das Kernproblem der sozialistischen Leitung und Planung besteht hierbei darin, die Differenz zwischen tatsächlichem Arbeitsaufwand zu dem in dargelegtem Sinne gesellschaftlich notwendigen Arbeitsaufwand zu minimieren, d. h. das tatsächliche ökonomische Wachstum immer mehr an die optimale Wachstumsvariante anzunähern. Dieser Annäherungsprozeß kann natürlich nicht das Ergebnis eines Willensaktes auf der Grundlage eines noch so komplexen Effektivitätskriteriums sein, sondern ist das Ergebnis eines objektiven gesellschaftlichen Prozesses, in dem sich die Rationalität des Handelns jedes einzelnen Werktätigen und der Kollektive in den Betrieben, Vereinigungen und Zweigen der Volkswirtschaft erhöht und der mit Hilfe eines Systems von Kennziffern und Indikatoren von der Gesellschaft bewußt gestaltet werden muß.

Der gesellschaftlich notwendige Arbeitsaufwand ist jedoch keine statische, keine normativ für immer gesetzte Größe. Er verändert sich mit der Änderung der Reproduktionsbedingungen, die durch das erreichte Entwicklungsniveau der Wirtschaft, die vorhandenen natürlichen Ressourcen-Restriktionen, das Wirken solcher aufwand- und strukturbestimmenden Faktoren wie Bedürfnisentwicklung und wissenschaftlich-technischer Fortschritt determiniert sind. Die Effektivitätsrechnung hat deshalb nachzuweisen, wie sich der tatsächliche Aufwand jeweils zum gesellschaftlich notwendigen Arbeitsaufwand verhält und ob die Maßnahmen zur Effektivitätssteigerung dazu beitragen, sich dem gesellschaftlich notwendigen Arbeitsaufwand anzunähern oder sich von ihm zu entfernen. Sie muß also der Leitung und Planung Orientierungen geben, um schrittweise den tatsächlichen Arbeitsaufwand an den gesellschaftlich notwendigen Aufwand anzunähern. Perfektionistische Konzeptionen von der Effektivitätsrechnung beruhen auf der unrealistischen Annahme, daß es möglich sei, durch die Effektivitätsrechnung den Planungsorganen von vornherein die notwendigen Informationen über alle möglichen Variationen der das ökonomische Wachstum bestimmenden Größen zur Verfügung zu stellen, und daß zudem die Möglichkeit besteht, auf auftretende Veränderungen in den Wachstumsbedingungen ohne zeitliche Verzögerung zu reagieren. Solche Annahmen widersprechen natürlich den Möglichkeiten der Effektivitätsrechnung. Die Effektivitätsrechnung muß immer immanenter Bestandteil der bewußten Ausnutzung der ökonomischen Gesetze des Sozialismus sein, wobei ein ständiger Lernprozeß anhand der bei der Realisierung des Plans neu anfallenden Informationen über den Systemzusammenhang ökonomischer Prozesse, die Entwicklung der Variablen und Faktoren des Reproduktionsprozesses, der Entwicklung der äußeren Reproduktionsbedingungen usw. erfolgt, und es darum geht, das Verhalten möglichst effizient zu gestalten. Verzögerte oder gar falsche Reaktionen auf neue Reproduktionsbedingungen entfernen den tatsächlichen gesellschaftlichen Arbeitsaufwand vom gesellschaftlich notwendigen und führen so zu einer sinkenden Effektivität der Volkswirtschaft. Eine rechtzeitige und wirkungsvolle Reaktion auf die neuen Reproduktionsbedingungen führt dagegen zu einem kontinuierlichen Wachstum der Effektivität. Eine wirkungsvolle Effektivitätsrechnung ist also eine notwendige Voraussetzung für die Effektivitätssteigerung selbst. Sie bestimmt damit maßgeblich die Reaktionsfähigkeit der Wirtschaft auf neue Anforderungen mit, die sich aus der Veränderung der inneren und äußeren Bedingungen des Reproduktionsprozesses ergeben. Durch die Berücksichtigung des Zeitfaktors liefert die Effektivitätsrechnung auch Hinweise, um die Reaktionszeit auf neue Anforderungen in allen Stufen des volkswirtschaftlichen Reproduktionsprozesses zu verkürzen, so

- die Zeit, die verstreicht, bis die Informationen über die tatsächlichen Prozesse der Effektivitätsentwicklung vorliegen (Informationsgewinnungszeit);
- die Zeit, die vergeht, um die Informationen auszuwerten und sich ein zuverlässiges Urteil zu bilden (Diagnose-Zeit);
- die Zeit, die man braucht, um auf den einzelnen Stufen des Reproduktionsprozesses auf Grund der Diagnose die notwendigen Entscheidungen zu fällen (Entscheidungszeit);
- die Zeit, die nötig ist, um die getroffenen Entscheidungen in der entsprechenden Breite durchzuführen (Ausführungszeit).

Die neuen Reproduktionsbedingungen stellen ihrerseits spezifische Anforderungen an Inhalt, Struktur und Methodik der Effektivitätsrechnung.[13]

Die praktische Erfassung des politökonomischen Inhalts der Kategorie ökonomische Effektivität der gesellschaftlichen Produktion in einem adäquaten System von Kennziffern und Indikatoren ist ein äußerst kompliziertes Problem. Bei dem erreichten Vergesellschaftungsgrad der Produktion, Arbeit und der Nutzung der Natur ist es unmöglich, eine einzige ideale Kennziffer zu entwickeln, die in der Lage wäre, alle wesentlichen Seiten des erreichten Grades der Rationalität des ökonomischen Handelns auf allen Stufen des gesellschaftlichen Reproduktionsprozesses widerzuspiegeln. Auch kann es kein für alle Zeiten gültiges System von Effektivitätskriterien geben, da sich der Stellenwert der einzelnen Seiten der Entwicklung von Aufwand und Ergebnis verändert und somit auch die Stellung der sie widerspiegelnden Effektivitätskennziffer. Wenn man also über die Aussagefähigkeit der einzelnen Effektivitätskennziffern und ihrer Stellung im System der Effektivitätskennziffern diskutieren will, dann muß man von einer Analyse der wesentlichen Prozesse ausgehen, die sie erfassen und bei deren Lösung sie das ökonomische Handeln orientieren sollen.

13 Zur politökonomischen Kategorie der ökonomischen Effektivität der gesellschaftlichen Produktion vgl. Abschnitt 1.1. dieses Bandes

Im gegenwärtigen Kennziffernsystem werden die neuen Prozesse der Steigerung der ökonomischen Effektivität der gesellschaftlichen Produktion nur unvollkommen erfaßt. Einzelne Seiten der Intensivierung, wie das qualitative und wissenschaftlich-technische Niveau der Produktion, die Relation von kurzfristigen und langfristigen Effektivitätswirkungen, der notwendige Umfang der für eine planmäßig proportionale Entwicklung zu erbringenden Vorleistungen, das erforderliche Tempo der Substitutionsprozesse, die Naturstofföokonomie und effektive Reproduktion der Umwelt, finden im gegenwärtigen Kennziffernsystem nur ungenügende Widerspiegelung. Andererseits können uneffektive ökonomische Handlungen wie hohe Materialintensität der Produktion, extensive Erweiterung der Grundfonds über das effektive Maß hinaus, die Proportionalität der Volkswirtschaft störende Sortimentsverschiebungen, die Erzielung kurzfristiger Effektivitätsgewinne auf Kosten der langfristigen Effektivitätssteigerung, die wachsende Belastung der natürlichen Umwelt u. a. durch die vorhandenen Kennziffern kaum signalisiert werden, ja sie können sogar als positive Resultate der Wirtschaftstätigkeit erscheinen.

Es geht natürlich nicht darum, die bisherigen Kennziffern wie Arbeitsproduktivität, Fondsquote, Materialquote, abgesetze Warenproduktion, Entwicklung des Nationaleinkommens und des Nettogewinns einfach durch andere Kennziffern zu ersetzen. Der Sinn der Vervollkommnung der komplexen Effektivitätsrechnung kann nur darin bestehen, ihren Aussagegehalt klarer zu bestimmen, ihren Informationsgehalt im Hinblick auf die wesentlichen Prozesse der Intensivierung zu erhöhen und die unterschiedlichen Entwicklungsrichtungen dieser Kennziffern genauer vom Standpunkt der Erhöhung der gesellschaftlichen Arbeitsproduktivität und Effektivität zu erfassen.

Gegenwärtig werden die Anforderungen an die Effektivitätsrechnung maßgeblich durch die Notwendigkeit bestimmt, zur intensiv erweiterten Reproduktion überzugehen.

## Grundtypen des ökonomischen Wachstums und Effektivität

Die Intensivierung ist gekennzeichnet durch eine Veränderung des Verhältnisses zwischen dem quantitativen Wachstum der Produktionselemente und dem Wachstum ihrer Effektivität zugunsten der Effektivität. So nimmt die Differenz zwischen dem Produktionswachstum und der Zunahme der genutzten Produktionselemente zu.[14] Es vergrößert sich der durch die Erhöhung der Effektivität

14 Unter Produktionselementen oder Produktionsressourcen verstehen wir die grundlegenden Elemente eines jeden Arbeitsprozesses: Arbeitskräfte und Produktionsmittel (Produktions-

bewirkte Wachstumsanteil der Produktion.[15] Dieser wiederum hängt von zwei wesentlichen Momenten ab — der Senkung des Ressourcenaufwands pro Einheit Produktion bzw. von der Erhöhung des Gebrauchswerts der Produkte, d. h. der Bedürfnisbefriedigung pro Einheit Ressourcenaufwand. Die Höhe dieses Anteils am Gesamtwachstum der Produktion bestimmt auch den Gesamtcharakter des Reproduktionsprozesses. Von vorwiegend extensiv erweiterter Reproduktion sprechen wir dann, wenn die Erweiterung des Umfangs der genutzten Produktionselemente (*R*) die vorherrschende Quelle des Produktionswachstums gegenüber der Zunahme der Effektivität (*E*) ist.

Der Umschlag zur vorwiegend intensiv erweiterten Reproduktion vollzieht sich dann, wenn durch die Wirkung der Intensivierungsfaktoren ein solches Tempo der Effektivitätssteigerung erreicht wird, daß diese zur vorherrschenden Quelle des Produktionswachstums wird.

$$\begin{aligned} \Delta P_{ve/i} &= \Delta R + \Delta E \\ \Delta P_{ve} &\rightarrow \Delta R > \Delta E \\ \Delta P_{vi} &\rightarrow \Delta E > \Delta R, \end{aligned} \tag{1}$$

wobei

$\Delta P_{ve/i}$ = Produktionswachstum bei vorwiegend extensiv bzw. vorwiegend intensiv erweiterter Reproduktion
$\Delta R$ = Ressourcenwachstum
$\Delta E$ = Effektivitätswachstum.

Von einem rein intensiven ökonomischen Wachstum ($P_{ri}$) müssen wir in dem Augenblick sprechen, wenn die Erhöhung der Produktion ausschließlich durch Effektivitätssteigerung bewirkt wird bei gleichbleibendem Volumen der genutzten Ressourcen. Ein rein extensives Wachstum ($P_{re}$) liegt dann vor, wenn das Produktionswachstum ausschließlich durch Ressourcenwachstum bewirkt wird.

$$\begin{aligned} \Delta P_{re} &= \Delta R \\ \Delta P_{ri} &= \Delta E \end{aligned} \tag{2}$$

instrumente, Arbeitsgegenstände, Produktionsgelände und -flächen). Wir sehen bei unserer Darstellung zunächst von der unterschiedlichen Dimension der Produktionselemente als Bestands- und Strömungsgröße ab. Die Strömungsgröße eines Produktionselements stellt seine Nutzung in der Dimension Menge pro Zeiteinheit dar, während die Bestandsgröße nur das Gesamtvolumen des vorhandenen Produktionselements zum Ausdruck bringt. Die Arbeitskräfte kann man als Bestandsgröße in der Zahl der Arbeitskräfte in einem bestimmten Produktionsprozeß zum Ausdruck bringen, während man die von ihnen pro Produktionsperiode geleisteten Arbeitsstunden als Strömungsgröße bezeichnet. Analog gilt dies auch für die Produktionsmittel. Für Bestands- und Strömungsgrößen sagt man auch laufender und einmaliger Aufwand.

15 Vgl. A. Antschischkin/V. T. Issupow, Die Intensivierung der sozialistischen Produktion unter den Bedingungen der ökonomischen Integration der Länder des RGW, in: Wirtschaftswissenschaft, 3/1977, S. 349.

Eine absolute Abnahme der Ressourcen bei steigender Effektivität pro Ressourceneinheit führt dazu, daß extensive Faktoren nicht zum Gesamtwachstum der Produktion beitragen.

In diesem Falle kann man vom „desextensiven" ökonomischen Wachstum ($P_{de}$) sprechen. Andererseits ist auch der Fall des „desintensiven" ökonomischen Wachstums ($P_{di}$) vorstellbar, wo z. B. durch eine enorme, nicht kompensierbare absolute Steigerung der Aufwendungen für die Ressourcensicherung das Produktionswachstum gesichert werden muß durch die quantitative Erweiterung der Produktionselemente bei sinkender Effektivität pro Ressourceneinheit.[16]

Wenn man die erzeugte Produktion ($P$) auf die eingesetzten Produktionselemente ($R$) bezieht, so erhält man die durchschnittliche Effektivität des Ressourceneinsatzes ($E$).

$$E = P/R \tag{3}$$

Der Zuwachs an Effektivität $E$ auf Grund neu eingesetzter Ressourcen lautet dann entsprechend

$$\Delta E = \Delta P/\Delta R \tag{4}$$

und kann als marginale Effektivität des Ressourceneinsatzes bezeichnet werden. Das Verhältnis von marginaler zur durchschnittlichen Effektivität des Ressourceneinsatzes ist dann

$$E/E = (\Delta P/\Delta R)/(P/R) = (\Delta P/P)/(\Delta R/R). \tag{5}$$

Sie kann als Elastizität des Ressourceneinsatzes bezeichnet werden. Die Entwicklung der Produktionselastizitäten gibt uns darüber Aufschluß, ob sich der Intensivierungsgrad der Volkswirtschaft erhöht, gleich bleibt oder verringert. Da die vorwiegend intensiv erweiterte Reproduktion ein widerspruchsvoller Prozeß ist, der weder linear noch rein kumulativ erfolgt, treten in seinem Verlauf sowohl Tendenzen auf, den Intensivierungsgrad der Produktion zu erhöhen, ihn auf einem bestimmten Niveau zu halten als auch ihn zu verringern. Für eine realistische Wirtschaftspolitik ist es daher erforderlich, diese Tendenzen eindeutig zu identifizieren und hiervon ausgehend die entsprechenden Strategien für die weitere Intensivierung der Volkswirtschaft auszuarbeiten.

Bei gleichbleibendem Intensivierungsgrad der Produktion ist die Elastizität des Ressourceneinsatzes gleich 1. Hier ist die durchschnittliche Effektivität der Produktion gleich der marginalen. Eine Erhöhung der genutzten Ressourcen

16 Die Begriffe „desextensives" und „desintensives" ökonomisches Wachstum wurden hier verwendet, um alle Varianten des Wachstums zu charakterisieren. Während der 2. Fall nur über kurzfristige Zeiträume im Rahmen der gesamten Volkswirtschaft denkbar ist, ist der 1. Fall nur über längere Zeiträume bei einer enormen Beschleunigung des wissenschaftlich-technischen Fortschritts vorstellbar. Um ihre ökonomische Bedeutung vollkommen zu erschließen, sind weitere Untersuchungen erforderlich.

um den relativen Betrag $\Delta R/R$ führt zu einer Erhöhung der Produktion um den gleichen relativen Betrag $\Delta P/P$. Hier ist also $\Delta P/P = \Delta R/R$, das heißt, der Anteil der Effektivitätssteigerung am Produktionswachstum bleibt unverändert. Wenn die Produktionselastizität größer als 1 ist, dann übersteigt die marginale Effektivität der Produktion die durchschnittliche. Hier führt eine relative Erhöhung der Ressourcen um $\Delta R/R$ zu einer relativen Zunahme der Produktion ($\Delta P/P$), die größer ist als $\Delta R/R$. Hier ist also $\Delta P/P > \Delta R/R$, wobei sich durch die höhere Effektivität der neu genutzten Ressourcen nach und nach die durchschnittliche Effektivität erhöht. Wir haben es hier mit einer sich vertiefenden intensiv erweiterten Reproduktion zu tun. Hier steigt der Anteil der Effektivitätssteigerung an dem Produktionswachstum ständig, während sich der Beitrag der extensiven Wachstumsfaktoren zum Wachstum verringert. Der theoretische Endpunkt eines solchen Prozesses ist der von uns dargestellte Modellfall der reinen intensiv erweiterten Reproduktion, wo die Produktionssteigerung ausschließlich durch Effektivitätssteigerung erzielt wird. Hier erfolgt quantitativ gesehen nur eine einfache Reproduktion der Ressourcen, während ihre qualitative Veränderung durch das Wirken der Intensivierungsfaktoren, vor allem des wissenschaftlich-technischen Fortschritts, zur alleinigen Quelle des Produktionswachstums wird. Wenn wir es mit einem Wachstum der Produktion zu tun haben, das prozentual langsamer ist als die quantitative Erhöhung der eingesetzten Produktionselemente, dann ist die marginale Effektivität der Produktion geringer als die durchschnittliche. Hiermit wäre die Produktionselastizität kleiner als 1, was bei einem längeren Anhalten dieser Situation zu einer Verringerung der durchschnittlichen Effektivität der Volkswirtschaft führen muß. Hier gilt also $\Delta P/P < \Delta R/R$. Dies entspricht der Erhöhung des Anteils des extensiven Wachstums an der Steigerung der Produktion.

Gerade ein solches Verhältnis von marginaler zur durchschnittlichen Effektivität haben die Verfasser des ersten Berichtes an den Club of Rome, „Grenzen des ökonomischen Wachstums“, zum Grundpfeiler ihrer Aussage über die Zukunft des ökonomischen Wachstums gemacht.[17] Sie haben damit gläubig als Prämisse in ihrem Modell unterstellt, was die bürgerliche Grenznutzentheorie in ihrer Kontroverse mit der Marxschen Werttheorie seit über 100 Jahren behauptet, daß mit der Ausdehnung der Produktion der Grenzertrag der zusätzlich in die Produktion einbezogenen Ressourcen gesetzmäßig niedriger sein muß als bei den bisher genutzten Ressourcen, so daß die marginale Effektivität also immer kleiner als die durchschnittliche zu sein hat.[18] Die logische Konsequenz dieser

17 Vgl. D. Meadows u. a., Grenzen des Wachstums, Stuttgart 1972. Vgl. zur Kritik dieser Schrift: H. Maier, Gibt es Grenzen des ökonomischen Wachstums?, a. a. O.

18 Zur marxistischen Auseinandersetzung mit der Grenznutzentheorie vgl. H. Lehmann, Grenznutzentheorie, Berlin 1968.

Theorie ist ein stationäres Gleichgewicht, also das Nullwachstum. Die Wirklichkeitsfremdheit dieser Theorie zeigt sich darin, daß es trotz dieses angeblichen „Gesetzes“ ständig ein ökonomisches Wachstum in der Geschichte des Kapitalismus gegeben hat, das aber ebenso stetig durch Krisen unterbrochen wurde, die Folge des Wirkens der Gesetzmäßigkeiten der Akkumulation des Kapitals sind und sich an der Oberfläche des kapitalistischen Alltaglebens in abnehmendem Ertragszuwachs des Kapitals widerspiegeln.

Bereits W. I. LENIN wies darauf hin, daß das sogenannte „Gesetz vom abnehmenden Grenzertrag“ eine „völlig inhaltslose Abstraktion darstellt, die das Wichtigste außer acht läßt: das Niveau der Technik, den Stand der Produktivkräfte“[19]. Es erklärt nichts, und es ist daher lächerlich — wie es die bürgerliche Wirtschaftstheorie tut — hier von einem „universellen Gesetz“ zu sprechen.

In der Tat tritt der im sogenannten „Gesetz vom abnehmenden Grenzertrag“ behauptete Zusammenhang nur dann ein, wenn der Effektivitätszuwachs von den neu in die Produktion einbezogenen Ressourcen geringer ist als der erreichte Wirkungsgrad der bereits genutzten, wenn sich also der Aufwand für die Mobilisierung der zusätzlichen Ressourcen schneller entwickelt als das Vermögen, mit Hilfe des wissenschaftlich-technischen Fortschritts ihre Ergiebigkeit zu steigern. Die Entwicklung der marginalen Effektivität der Ressourcennutzung hängt nämlich vor allem von zwei Komponenten ab:

1. der Entwicklung der Aufwendungen für die Gewinnung der Ressourcen, für die Substitution von absolut knappen Ressourcen durch ausreichend vorhandene Ressourcen und von den außenwirtschaftlichen Bedingungen für ihren Erwerb;

2. vom Tempo des wissenschaftlich-technischen Fortschritts und der Wirkung der übrigen Intensivierungsfaktoren, um pro Einheit eingesetzter Produktionselemente eine größere Menge von Produkten in der erforderlichen Qualität und der notwendigen bedarfsgerechten Struktur zu erhalten, d. h. die Grundfonds-, Material- und Energieintensität und Arbeitsaufwendigkeit der Produktion zu senken.

Wenn wir die erste Komponente mit ($\Delta R$) und die zweite Komponente mit ($\Delta F$) bezeichnen, dann können wir den Einfluß ihrer Entwicklung auf die einzelnen Reproduktionstypen folgendermaßen darstellen: Bei $\Delta F - \Delta R = O$ reichen der wissenschaftlich-technische Fortschritt und die Wirkung der übrigen Intensivierungsfaktoren gerade aus, um die aus der Verschlechterung der Ressourcensituation ausgehenden Wirkungen auszugleichen. In einem solchen Fall kann die Produktion nur auf Grund von extensiven Quellen wachsen, und falls solche nicht vorhanden sein sollten, wäre ein weiteres Wachstum überhaupt unmöglich.

Ist $\Delta F - \Delta R < 0$, dann reichen der wissenschaftlich-technische Fortschritt und die Wirkung der anderen Intensivierungsfaktoren nicht aus, um die aus der

19 W. I. LENIN, Die Agrarfrage und die „Marxkritiker“, in: Werke, Bd. 5, Berlin 1955, S. 103.

Verschlechterung der Ressourcensituation ausgehenden Wirkungen auf den Reproduktionsprozeß zu kompensieren. In diesem Fall muß das Produktionswachstum durch die Erweiterung der Produktionsressourcen bei sinkender Effektivität pro Ressourceneinheit gesichert werden. Es ist klar, daß ein solches Wachstum nur kurzfristig möglich sein kann, da es zu einer Senkung der durchschnittlichen Effektivität der Volkswirtschaft und damit zu einem „Substanzverzehr" führen muß.

Bedingungen für eine vorwiegend intensiv erweiterte Reproduktion sind erst bei $\Delta F - \Delta R > 0$ gegeben, wenn also der wissenschaftlich-technische Fortschritt und die Wirkung der übrigen Intensivierungsfaktoren höher ist als die aus der Verschlechterung der Reproduktionsbedingungen resultierenden negativen Effekte. Je positiver die Differenz von $\Delta F - \Delta R$ ist, um so größer ist das Tempo der Intensivierung und um so größer der Spielraum für ein qualitatives Wachstum. Hieraus ergibt sich die entscheidende Rolle des wissenschaftlich-technischen Fortschritts als Intensivierungsfaktor und die Rolle der Qualität der Produktion als eines entscheidenden Indikators der Intensivierung. Die Vertiefung der Intensivierung macht es erforderlich, vor allem die Beschleunigung des wissenschaftlich-technischen Fortschritts und seine höhere volkswirtschaftliche Wirksamkeit in den Mittelpunkt der Wirtschaftstätigkeit der sozialistischen Gesellschaft zu stellen.[20]

Die Autoren des zitierten ersten Berichts an den Club of Rome sehen offensichtlich für die Zukunft nur Möglichkeiten für die beiden zuerst genannten Relationen von $\Delta F$ zu $\Delta R$, während sie die dritte Möglichkeit völlig außer acht lassen. Sie tun das aus Ignoranz gegenüber den Möglichkeiten, wissenschaftlich-technischen und sozialen Fortschritt miteinander in Übereinstimmung zu bringen und die Ressourceneffektivität der Produktion im Interesse des Menschen kontinuierlich zu erhöhen.

Der Prozeß der Erhöhung der Wirksamkeit der eingesetzten Produktionselemente erfolgt sehr differenziert. Die Bedingungen des vorwiegend intensiven ökonomischen Wachstums

$$P_{vi} = \Delta R + \Delta E \quad \text{bei} \quad \Delta E > \Delta R$$

können durch unterschiedliche Relationen in der Dynamik der einzelnen Arten der Produktionselemente und ihrer Effektivität erfüllt werden. Der wachsende Anteil der Gesamteffektivität des Ressourceneinsatzes ($\Delta E$) an der Dynamik der Produktion ($\Delta P_{vi}$) kann und muß entsprechend den konkreten Bedingungen durch unterschiedliche Typen der vorwiegend intensiv erweiterten Reproduktion realisiert werden. Es handelt sich vor allem um folgende zwei Grundtypen der intensiv erweiterten Reproduktion:

20 Vgl. E. Honecker, Die sozialistische Revolution in der DDR und ihre Perspektiven, in: Neues Deutschland vom 27. 9. 1977, S. 4.

1. Typ: arbeitssparend — fondsaufwendig,
2. Typ: arbeitssparend — fondssparend.[21]

Diese beiden Typen der intensiv erweiterten Reproduktion wurden bereits im Abschnitt 1. 1. dieses Bandes charakterisiert. Für den Übergang zum 2. Typ ist von Bedeutung, daß eine Senkung des Gesamtaufwandes an Ressourcen nur bei einem schnelleren Wachstum des Wirkungsgrades der Fonds gegenüber ihrer extensiven Erweiterung realisierbar ist. Unter diesen Bedingungen muß die Freisetzung von Arbeitskräften durch Fonds mit ihrer qualitativen Höherentwicklung — vor allem durch die verstärkte Materialisierung des wissenschaftlich-technischen Fortschritts — verbunden werden, damit sowohl Arbeitsaufwendigkeit als auch zunehmend die Fondsintensität der Produktion sinken können. Die Erhöhung der Qualität der Maschinen und Anlagen, die Steigerung ihres Leistungsniveaus, die Verbesserung des Masse-Leistung-Verhältnisses wird so zu einer wichtigen Voraussetzung für ein weiteres effektives Wachstum der Produktion. Nur so kann der Übergang vom arbeitssparenden und fondsaufwendigen Typ der erweiterten Reproduktion zum arbeits- und fondssparenden Typ vollzogen werden.

Abbildung 1 veranschaulicht den Zusammenhang von Arbeitskräfte- und Grundfondsaufwand bei den einzelnen Typen der erweiterten Reproduktion. Hier sind $x_1$, $x_2$, $x_3$ Isoquanten, d. h. Technologien, die mit unterschiedlichem Aufwand an Arbeitskräften und Grundfonds — also mit einer unterschiedlichen Grundfondsausstattung der Arbeitskräfte — eine gleiche Menge von Produkten hervorbringen. Die Geraden I und II stellen zwei Produktionsvarianten dar. Der Übergang von I zu II wird durch eine unterschiedliche Relation von Arbeitskräften und Grundfonds realisiert, die entscheidend die gesamte Effektivität beeinflußt. Bei Technologie $x_1$ ist der Aufwand an Grundfonds ($\Delta G$) für die Freisetzung von Arbeitskräften genau so groß wie die Erhöhung des Wirkungsgrades ($\Delta E$). Hier ist also $\frac{\Delta G}{G} = \frac{\Delta E}{E}$.

Dies bedeutet, daß sich das Verhältnis von marginaler Effektivität zur durchschnittlichen Effektivität nicht verändert, die Substitution von Arbeitskräften durch Fonds erfolgt also bei gleichbleibender Effektivität. Sie vollzieht sich entlang der Isoquante $x_1$ von Punkt $D$ zu $F$. Wird die Freisetzung von Arbeitskräften bei einem geringeren Wachstum des Freisetzungsaufwandes als des

21 Vgl. A. I. NOTKIN, Die Typen der intensiv erweiterten Reproduktion und die Wechselbeziehungen zwischen den Faktoren der ökonomischen Entwicklung, in: Autorenkollektiv, Faktoren und Kriterien der intensiv erweiterten Reproduktion, Berlin 1972, S. 28 (Schriften des Zentralinstituts für Wirtschaftswissenschaften der AdW der DDR, 34); A. ANTSCHISCHKIN/V. T. ISSUPOW, Die Intensivierung der sozialistischen Produktion unter den Bedingungen der ökonomischen Integration der Länder des RGW, a. a. O., S. 350.

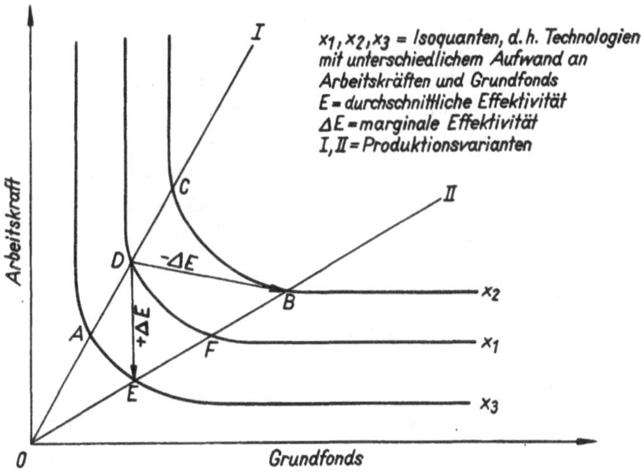


Abb. 1 Beziehung zwischen Effektivitätsentwicklung und Freisetzungsaufwand von Arbeitskräften durch Fonds

hierdurch erzielbaren Zuwachses an Effektivität vollzogen, so haben wir ein schnelleres Wachstum des Wirkungsgrades der Grundfonds als ihrer quantitativen Ausweitung, so daß $\frac{\Delta G}{G} < \frac{\Delta E}{E}$ ist. Dies bedeutet, daß die marginale Effektivität höher ist als die durchschnittliche Effektivität, so daß ein Übergang von der Isoquante $x_1$ zur Isoquante $x_3$, die ein insgesamt höheres Effektivitätsniveau verkörpert, erfolgen kann. Ist dagegen der Substitutionsaufwand an Fonds für die Freisetzung von Arbeitskräften höher als der durch ihn bewirkte Effektivitätszuwachs der Ressourcennutzung, so ist $\frac{\Delta G}{G} > \frac{\Delta E}{E}$. Dies bedeutet, daß die marginale Effektivität geringer als die durchschnittliche ist, so daß langfristig ein Übergang von der Isoquante $x_1$ zur Isoquante $x_2$ erfolgen muß bei einem insgesamt niedrigeren Effektivitätsniveau. Im ersten Fall bleibt auf Grund der Substitution von Arbeitskräften durch Grundfonds der Anteil der Intensivierung am Produktionswachstum unverändert; im zweiten Fall wächst dieser Anteil, wir haben es hier mit einer sich vertiefenden Intensivierung zu tun, und im dritten Fall nimmt dieser Anteil ab, wir haben es also mit einem „desintensiven" Wachstum zu tun. Die Graphik zeigt auch recht anschaulich den Informationsgehalt der Kennziffern Arbeitsproduktivität und Grundfondsquote in bezug auf die Entwicklung des gesamten Aufwandes an Produktionselementen. Im ersten Fall steigt die Arbeitsproduktivität und sinkt die Grundfondsquote bei gleichbleibender Gesamteffektivität. Im dritten Fall steigt die Arbeitsproduktivität und sinkt die Grundfondsquote bei sinkender Gesamteffektivität des Ressourceneinsatzes, wobei hier das Wachstum der Arbeitsproduktivität langsamer und das Sinken der Grundfondsquote schneller erfolgt als im ersten Fall. Im zweiten Fall steigt sowohl die Arbeitsproduktivität als auch die Grundfondsquote, da der durch die Substitution bewirkte Zuwachs der Effektivität größer ist als das quantitative Wachstum der Grundfonds. Ohne Zweifel besteht bei den gegenwärtig erreichten Dimensionen der Grundfondsausstattung der Arbeitskräfte die Notwendigkeit, zu dem hier sichtbar werdenden Typ der intensiv erweiterten Reproduktion, dem arbeits- und fondssparenden Typ, zielstrebig überzugehen, denn der Spielraum für eine Erhöhung der Gesamteffektivität des Ressourceneinsatzes bei sinkender Grundfondsquote verengt sich immer mehr, oder, anders ausgedrückt, es wird immer schwieriger, bei den erreichten Dimensionen der quantitativen Grundfondsausstattung der Arbeitskräfte ein hohes Tempo der quantitativen Ausweitung der Grundfonds mit einem gleichhohen oder gar höherem Tempo der Erhöhung ihres Wirkungsgrades in Übereinstimmung zu bringen.

## Zur bisherigen Entwicklung der Effektivität der einzelnen Produktionselemente in der DDR

Angesichts von veränderten Reproduktionsbedingungen ist für die Erfüllung der Hauptaufgabe eine höhere Stufe der intensiv erweiterten Reproduktion erforderlich. Dies bedeutet, zunehmend bei allen Produktionsressourcen ein schnelleres Wachstum ihres Beitrages zur Effektivitätssteigerung als ihrer quantitativen Ausweitung zu erreichen. Es geht also gegenwärtig darum, den unmittelbaren Beitrag aller Produktionsressourcen zur Effektivitätssteigerung zu erhöhen.

Die Notwendigkeit, zum vorwiegend arbeits- und fondssparenden Typ der erweiterten Reproduktion überzugehen, wird deutlich, wenn wir uns am Beispiel der DDR die drei Dimensionen der Wirkung der einzelnen Produktionselemente auf das Wirtschaftswachstum — extensive Erweiterung, Erhöhung des technisch-ökonomischen Niveaus, bessere Ausnutzung — vergegenwärtigen.[22]

Bei der lebendigen Arbeit ist der Anteil der Arbeitsproduktivitätssteigerung gegenüber ihrer extensiven Erweiterung am Produktionszuwachs in den euro-

22 Vgl. K. Steinitz, Beziehungen zwischen der Intensivierung und der Entwicklung der materiell-technischen Basis des Sozialismus, in: Autorenkollektiv, Das Wechselverhältnis von materiell-technischer Basis, wissenschaftlich-technischem Fortschritt und Persönlichkeitsentwicklung (als Manuskript gedruckt).

päischen RGW-Ländern fast immer vorherrschend gewesen. Er betrug in der DDR ständig über 90%. Auch in den anderen sozialistischen Ländern liegt er bei 80 bis 90%. Trotz einer quantitativen Zunahme der Beschäftigten in der Industrie wird er in der DDR auch im laufenden Fünfjahrplan (1976 bis 1980) bei rund 90% liegen. Auf Grund der demographischen Entwicklung ist abzusehen, daß wir das bereits heute in einer Reihe von Betrieben und Kombinaten erreichte schnellere Wachstum der Arbeitsproduktivität gegenüber der Produktion bis zur Mitte der achtziger Jahre in der gesamten Volkswirtschaft erreicht haben müssen. Dies bedeutet: Die komplexe Effektivitätsrechnung und die Leistungsbewertung der Betriebe und Kombinate muß der systematischen Freisetzung von Arbeitskräften und ihrem Einsatz in für die Produktivitätssteigerung entscheidenden Prozesse einen größeren Stellenwert einräumen.

Die Entwicklung des gesellschaftlichen Arbeitsvermögens ist charakterisiert durch ein starkes Überwiegen seiner qualitativen Höherentwicklung gegenüber der quantitativen Ausweitung. So stieg in der Zeit von 1962 bis 1975 die Zahl der Hoch- und Fachschulkader auf 210%, die der Facharbeiter und Meister auf 157,3%, während die der un- und angelernten Arbeitskräfte auf 55,2% sank. Das wachsende Gewicht der qualifizierten Arbeit im Reproduktionsprozeß spiegelt sich auch im schnellen Wachstum der Bildungsfonds — dies sind die im Qualifikationsniveaus der Werktätigen realisierten Bildungsaufwendungen der Gesellschaft — wider. Sie erhöhten sich von 66,5 Mrd. Mark auf 150,8 Mrd. Mark 1975 und werden 1980 die 200-Milliarden-Grenze überschreiten. Ihre Größe erreicht gegenwärtig ein Viertel des Grundfondsbestandes der Volkswirtschaft. Im Zeitraum 1962 bis 1975 war das Wachstumstempo der Bildungsfonds sogar schneller als das der Grundfonds. Die Bildungsfonds wuchsen in dieser Zeit auf 227%, während sich die Grundfonds auf 201% erhöhten.

Die Forschungsfonds, die die im wissenschaftlich-technischen Niveau der Produktion realisierten Forschungsaufwendung sind, stiegen — nach Berechnungen von H.-D. Haustein — von 1962 bis 1972 auf 333,5%, von 8,7 Mrd. Mark auf 29,1 Mrd. Mark. Die Bildungsfonds bilden gemeinsam mit den Grundfonds und den Forschungsfonds die technologischen Fonds der Gesellschaft, deren Wirkungsgrad immer wichtiger für die Entwicklung der Ressourceneffektivität der Produktion wird. Im Jahre 1972 setzten sich diese technologischen Fonds der Gesellschaft in der DDR zu 73% aus Grundfonds, zu 21% aus Bildungsfonds und zu 6% aus Forschungsfonds zusammen.[23]

Das schnelle Wachstum der Bildungsfonds spiegelt den hohen Anteil der qualitativen Komponenten bei der Reproduktion des Arbeitsvermögens unserer

23 Vgl. H.-D. Haustein, Messung der volkswirtschaftlichen Intensivierung, Berlin 1976, S. 49 (Forschungsberichte des Zentralinstituts für Wirtschaftswissenschaften der Akademie der Wissenschaften der DDR, 17).

Gesellschaft wider. Dies hat zu einem wesentlichen Anstieg der wertschaffenden Potenz des produktiven Gesamtarbeiters der Volkswirtschaft der DDR geführt, die es systematisch für die Erhöhung des „Veredlungsgrades“ der Produktion und damit Senkung ihrer Ressourcenintensität zu nutzen gilt. Eine höhere Wirksamkeit des gestiegenen Bildungs- und Qualifikationsniveaus der Werktätigen hat weitreichende Konsequenzen für die von uns anzustrebenden Richtungen des wissenschaftlich-technischen Fortschritts und die Strukturentwicklung unserer Volkswirtschaft. Erich Honecker hob daher hervor, die Hauptrichtung der Entwicklung der materiell-technischen Basis und damit auch der Struktur unserer Volkswirtschaft wird durch die Notwendigkeit bestimmt, „die Rohstoffe, die Ausgangsmaterialien, über die wir verfügen, durch qualifizierte Arbeit so weit zu veredeln wie möglich und hochwertige Endprodukte herzustellen. Auf diese Weise bringen wir die Vorteile unseres Landes, vor allem die Potenzen seiner erfahrenen und gebildeten Werktätigen, voll zur Geltung“[24]. Eine hohe Wirksamkeit des Bildungs- und Qualifikationsniveaus der Werktätigen setzt gleichzeitig die bessere Ausnutzung der nominalen Arbeitszeit durch WAO, Erhöhung der Arbeitsdisziplin und die Senkung der Stillstands- und Wartezeiten voraus. Die Dimension dieser Aufgabenstellung wird offenbar, wenn man bedenkt, daß 1976 eine Minute Ausfall- und Stillstandszeit eine industrielle Produktion von über 1,6 Mio Mark verkörperte. Im Jahre 1980 werden es bereits 2,2 Mio Mark sein. Die Lösung dieses Problems ist eng verbunden mit der Sicherung einer effektiven Reproduktion der Grundfonds. Ein ausgewogenes Verhältnis von neuen und alten Grundfonds bzw. von Erweiterungs- und Erneuerungsinvestitionen ist von großer Bedeutung zur Vermeidung von Spannungen in der Grundfondsreproduktion, die dazu führen, daß hochproduktive Grundfonds nicht mehrschichtig ausgelastet werden können, weil qualifizierte Arbeitskräfte an veraltete Grundfonds gebunden sind. Hierzu gehört auch die zielgerichtete Reduzierung von Arbeitsplätzen mit erschwerten Arbeitsbedingungen und geringen Qualifikationsanforderungen. Dies betrifft vor allem auch die gezielte Rationalisierung von Tätigkeiten mit geringem Mechanisierungsgrad und geringer Arbeitsproduktivität, um mit gegebenem Fondsaufwand eine hohe Freisetzung von Arbeitskräften zu erreichen. Hierbei gilt es, Arbeitskräfte vor allem in den Hilfs- und Nebenprozessen der Produktion, deren Mechanisierungsgrad oft nur die Hälfte der Hauptprozesse erreicht, sowie in der Verwaltung freizusetzen.

Die Grundfondsentwicklung in der DDR war in den vergangenen Jahren stark dadurch geprägt, daß sie in hohem Maße zur Freisetzung von Arbeitskräften bei sinkender Grundfondsquote im Rahmen steigender Gesamteffektivität beitragen mußte. Von 1960 bis 1976 stieg das Nationaleinkommen auf rund

24 E. Honecker, Aus dem Bericht des Politbüros an das 5. Plenum des Zentralkomitees der Sozialistischen Einheitspartei Deutschlands, Berlin 1977, S. 22.

206,5%, während sich die Grundfonds auf 239,5% erhöhten.[25] Die Grundfondsintensität erhöhte sich also um 15,0%, oder die Grundfondsquote sank auf 86,2%. Der Grundfondsbestand in der materiellen Produktion beträgt das 2,6fache der Nettoproduktion, ein Sinken der Grundfondsquote um 1% hätte im Jahre 1976 ein um 1,2% geringeres Nationaleinkommen oder einen Nationaleinkommensausfall von 1,8 Mrd. Mark zur Folge gehabt. Dagegen würde eine jahresdurchschnittliche Erhöhung der Grundfondsquote um 1% von 1980 bis 1990 im Vergleich zu einer gleichbleibenden Grundfondsquote zu einer „Einsparung" von Investitionen in Höhe von 60 bis 80 Mrd. Mark oder etwa des Anderthalbfachen des Gesamtvolumens an Investitionen in einem Jahr dieses Zeitraumes führen. Wie bereits dargelegt, sind angesichts der erreichten Dimensionen der Grundfondsausstattung der Arbeitskräfte bei gegebenem wissenschaftlich-technischem Niveau der Produktion für eine weitere Substitution von Arbeitskräften durch Fonds im Rahmen des erreichten Niveaus der Gesamteffektivität des Ressourceneinsatzes enge Grenzen gesetzt.[26]

Eine Vertiefung der Intensivierung bedeutet, in enger Verbindung mit dem effektiveren Einsatz der lebendigen Arbeit vorhandene grundfonds- und materialsparende Wege für die Effektivitätssteigerung besser zu nutzen und durch wissenschaftlich-technischen Fortschritt für die Sicherung eines effektiven Verhältnisses von Erweiterungs- und Erneuerungsinvestitionen sowie die Strukturpolitik neue Wege hierfür zu erschließen. Dies muß dazu führen, daß sich das Tempo der Erhöhung des Wirkungsgrades durch Materialisierung des wissenschaftlich-technischen Fortschritts an das Tempo ihrer quantitativen Erweiterung angleicht, um es schließlich schrittweise zu übertreffen.

Bei den Arbeitsgegenständen haben wir eine differenzierte Entwicklung des Verhältnisses zwischen ihrer quantitativen Erweiterung und ihrem Wirkungsgrad. Das Tempo des ökonomischen Wachstums hängt aber immer mehr davon ab, wie es gelingt, pro Einheit Produktion weniger Rohstoffe, Energieträger und Materialien zu verbrauchen. Langfristig gesehen, wird sich das Tempo des ökonomischen Wachstums dem Tempo der Erhöhung des Wirkungsgrades der eingesetzten Rohstoffe, Energieträger und Materialien annähern müssen. Die Messung der Entwicklung des Wirkungsgrades der Arbeitsgegenstände — z. B. auf Basis des gesellschaftlichen Gesamtprodukts und der wertmäßigen Entwicklung des Anteils des Materialverbrauchs — ist kompliziert, da sein Ausweis durch Veränderungen im System der gesellschaftlichen Arbeitsteilung und damit durch Doppelzählungen stark beeinflußt wird. Für die Effektivitätsmessung ist hierbei

25 Vgl. Statistisches Jahrbuch der DDR 1976, Berlin 1976, S. 13/14.

26 Vgl. A. Braun, Arbeitsproduktivität und Effektivität, Berlin 1976, S. 43 (Schriften des Zentralinstituts für Wirtschaftswissenschaften der Akademie der Wissenschaften der DDR, 15).

der Ausweis des spezifischen Verbrauchs an entscheidenden Rohstoffen, Energieträgern und Materialien pro Einheit des Produktionsergebnisses der entscheidende Anhaltspunkt. Es gilt, die Bemühungen zur Senkung des spezifischen Verbrauchs an Rohstoffen, Energieträgern und Material zu verstärken und zu sichern, daß mit dem gegebenen Aufwand an Arbeitsgegenständen eine wachsende Menge von bedarfs- und qualitätsgerechten Produkten erzeugt wird. Im laufenden Fünfjahrplan der DDR (1976 bis 1980) soll das Wachstum der Industrieproduktion von 6,5% nur noch zu etwa 2,5 bis 3% durch Aufkommenssteigerung und durch mindestens 2,8 bis 3% durch spezifische Einsparungen gesichert werden. Bereits im Jahre 1978 wurde das Ziel gestellt, eine 4%ige Senkung des spezifischen Materialaufwandes zu erreichen, das heißt, 65% des zur Sicherung des Produktionswachstums notwendigen Materials müssen durch Senkung des spezifischen Materialverbrauchs erwirtschaftet werden. Damit wurde bereits das Schrittmaß der Erhöhung des Wirkungsgrades von entscheidenden Rohstoffen, Energieträgern und Materialien für die 80er Jahre vorgegeben.

## Die Einheit von Qualität und Quantität unter den Bedingungen der Intensivierung

Höhere Qualität und Effektivität sind die entscheidenden Indikatoren für die Vertiefung der Intensivierung der Produktion, für die wachsende Fähigkeit der Gesellschaft, mit geringerem Aufwand an Ressourcen eine bessere Befriedigung der materiellen und kulturellen Bedürfnisse zu erreichen. Die neuen, höheren Anforderungen an die Qualität ergeben sich unmittelbar aus dem erreichten Entwicklungsniveau unserer Wirtschaft. Sie werden zu einem Problem von großer gesellschaftlicher Tragweite. Gerade in unserer Zeit wächst die Rolle der — wie Marx sagt — gesellschaftlichen Formbestimmtheit des Gebrauchswerts oder vereinfacht ausgedrückt, die gesellschaftliche Determiniertheit der Qualität der Erzeugnisse im umfassenden Sinne des Wortes. Dort, wo der Gebrauchswert der Erzeugnisse lediglich ein Vehikel der Profitmaximierung ist, verläuft seine Entwicklung widersprüchlich. Wachsender wissenschaftlich-technischer Leistungsfähigkeit und Attraktivität stehen die künstliche Verkürzung der Lebensdauer, rein äußerliche Produktveränderung und eine organisierte psychologische Produktveraltung gegenüber, die zu Quellen der Vergeudung gesellschaftlicher Arbeit und natürlicher Ressourcen werden und zur wachsenden Belastung des Menschen und seiner natürlichen Umwelt führen.

Erst wenn die Entwicklung der Erzeugnisqualität in all ihren Dimensionen unmittelbar Gegenstand einer auf die Befriedigung der Bedürfnisse gerichteten planmäßigen Tätigkeit wird, kann sie in vollem Umfang dazu dienen, den Bedürfnissen der Menschen in bestmöglicher Weise und mit geringstem Aufwand an Arbeit und natürlichen Ressourcen zu entsprechen. Hierbei gewinnen solche Dimensionen der Erzeugnisqualität an Bedeutung, wie

- Leistungsfähigkeit, Funktionstüchtigkeit und Zweckmäßigkeit;
- Lebensdauer und Gebrauchssicherheit;
- Formschönheit und ästhetische Attraktivität;
- mustergetreue Fertigung, die Senkung von Ausschuß, Nacharbeit und Garantieleistungen;
- Einfluß auf Arbeits- und Lebensbedingungen des Menschen;
- geringe Ressourcenintensität und Umweltbelastung pro Gebrauchseigenschaft;
- leichte Rückgewinnbarkeit der im Gebrauchsgut enthaltenen natürlichen Ressourcen.

All dies sind Momente, die unmittelbar verbunden sind mit der Erhöhung der gesellschaftlichen Effektivität der Produktion. Deshalb gehen wir in unserer Wirtschaftsstrategie davon aus, „daß die Erhöhung der Qualität der Erzeugnisse zu einer Grundfrage geworden ist, von deren Lösung die Erfüllung unserer volkswirtschaftlichen Ziele entscheidend bestimmt wird“[27].

Die Erhöhung der Qualität der Erzeugnisse ist ein entscheidender Knotenpunkt, in dem sich alle wesentlichen Prozesse der Vertiefung der Intensivierung kreuzen. Es geht hierbei darum, ständig die Einheit von Qualität und Quantität der Produktion bei Beachtung der ausschlaggebenden Rolle der Qualität zu sichern, ohne dabei die große Bedeutung des quantitativen Wachstums zu unterschätzen.

Dies heißt vor allem, alle Fragen der volkswirtschaftlichen Entwicklung vom Standpunkt der Erzielung solcher Endergebnisse der Produktion anzupacken, die ein hohes wissenschaftlich-technisches Niveau, lange Lebensdauer, Funktionstüchtigkeit und gestalterische Attraktivität auszeichnen, und die hierzu notwendigen quantitativen und qualitativen Verflechtungen der Produktion zu gewährleisten.

Die Sicherung der Einheit von Qualität und Quantität der Produktion ist ein ebenso dringendes wie kompliziertes Problem der sozialistischen Planung auf allen Ebenen der Volkswirtschaft. Es geht hierbei darum, ausgehend von der Entwicklung der Bedürfnisse der Bevölkerung, das ihrer Befriedigung entscheidende Volumen und qualitative Niveau der Erzeugnisse rechtzeitig und umfassend zu planen, um sie in rationellerer Weise produzieren zu können. Knappheits- und Überschußsituationen sind ebenso wie Widersprüche von Quantität und Qualität der Erzeugnisse Quellen der Vergeudung von gesellschaftlicher Arbeit.

27 E. Honecker, Zu aktuellen Fragen unserer Innen- und Außenpolitik nach dem IX. Parteitag der SED, Berlin 1976, S. 28.

Eine wichtige Rolle spielt hierbei die Analyse der Erzeugnisse vom Standpunkt ihrer Ressourcenaufwendigkeit im Hinblick auf die Befriedigung bestimmter Bedürfnisse. Eine solche Analyse untersucht, wie die Leistung-Aufwand-Relation so verbessert werden kann, daß die Funktion des Erzeugnisses mit geringerem Ressourcenaufwand erfüllt werden kann. Ein anderer Weg, die Leistung-Aufwand-Relation zu verbessern, besteht darin, durch Funktionserweiterung eine höhere Bedürfnisbefriedigung pro eingesetzter Ressource zu erzielen. Solche Zusatz- und Mehrfachfunktionen tragen dazu bei, pro Ressourceneinsatz ein höheres Qualitätswachstum der Erzeugnisse zu erreichen. Die Erhöhung der Nützlichkeit eines Erzeugnisses ist so eine wichtige Seite der Senkung des Ressourcenaufwandes pro Bedürfniseinheit. Dies ist sowohl von der Entwicklung der Gebrauchswerteigenschaften der Erzeugnisse als auch von den Formen und der Struktur der Konsumtion abhängig. Die Substitution von Erzeugnissen mit niederem Wirkungsgrad für die Bedürfnisbefriedigung durch Produkte, die höhere Bedürfnisbefriedigung mit gegebenem Mittelaufwand sichern, ist eine wichtige Linie der Erhöhung der Effektivität der gesellschaftlichen Produktion.

Die sich anbahnende Umstrukturierung der Rohstoff- und Energiebasis führt zu einer Veränderung der Reproduktionsbedingungen. Diese zeigen sich vor allem auch im wachsenden Aufwand für die Sicherung der einfachen Reproduktion, so zum Beispiel in den wachsenden Aufwendungen pro Energieeinheit, die nur durch einen gezielten wissenschaftlich-technischen Fortschritt und die Erhöhung der Nutzungseffektivität kompensiert werden können. Die Sicherung der einfachen Reproduktion wird dabei zu einem Kernproblem eines effektiven ökonomischen Wachstums. Hierbei gewinnt der für die Sicherung der einfachen Reproduktion bestimmte Anteil an den Bruttoinvestitionen nicht nur an Bedeutung für die Sicherung der Proportionalität und damit der Kontinuität der Produktion, sondern auch direkt für die Erhöhung der Effektivität pro genutzter Ressourceneinheit. Dies kann nur erreicht werden, wenn auch in den für die einfache Reproduktion bestimmten Investitionen der wissenschaftlich-technische Fortschritt in einem hohen Grade materialisiert wird. Nur so kann die einfache Reproduktion mit der qualitativen Höherentwicklung der Produktionselemente verbunden und der gegenwärtig spürbaren Erhöhung der Aufwendungen für die Reproduktion einer Produktionseinheit wirkungsvoll entgegengewirkt werden. Solche grundlegenden Prozesse wie die Erhöhung der Leistungsparameter, die Verbesserung des Leistung-Masse-Verhältnisses der Maschinen und Anlagen sowie der Werkstoffe und die Realisierung effektiver Substitutionsprozesse bei den Rohstoffen und Materialien müssen sowohl für die erweiterte wie einfache Reproduktion bestimmend werden. Nur hierdurch kann erreicht werden, daß ein immer größerer Anteil der qualitativen Vervollkommnung der materiell-technischen Basis im Rahmen der quantitativ einfachen Reproduktion seiner Elemente erfolgen kann. Diese quantitativ einfache und qualitativ erweiterte Reproduktion der Elemente der materiell-technischen Basis muß sich in einer sowohl qualitativen (Gebrauchswerterhöhung) als auch quantitativen (Vergrößerung der Produktionsmenge) Erweiterung der Produktionsresultate realisieren.[28] Das Ausmaß, wie dies gelingt, ist ein entscheidender Gradmesser für die Vertiefung der Intensivierung und das Tempo der Effektivitätsentwicklung.

Gerade die Tatsache, daß der wissenschaftlich-technische Fortschritt die Erhöhung der Qualität und des Gebrauchswerts der Erzeugnisse immer mehr zu dem Hauptträger des intensiven ökonomischen Wachstums macht, charakterisiert ihn als den ausschlaggebenden, qualitativen Wachstumsfaktor. Die Beschleunigung des wissenschaftlich-technischen Fortschritts führt dazu, daß die Gebrauchswerterhöhung zunehmend an Bedeutung gewinnt. So ist z. B. in den letzten Jahren in der DDR die Anzahl der Traktoren und Mähdrescher in der Landwirtschaft zurückgegangen bei gleichzeitiger Erhöhung der Leistungsfähigkeit des gesamten Maschinenparks.

Eine ähnliche Entwicklung zeigt sich bei einer Reihe von Werkzeugmaschinen und bei Ausrüstungen für Kraftwerke. Diese Entwicklungstendenz wird zunehmend auch für hochwertige Konsumgüter charakteristisch, die schon länger produziert werden und bei denen sich Grenzen für eine quantitative Ausweitung abzeichnen. Auch bei Materialien gewinnt sie an Bedeutung. Durch die vorrangige Produktionssteigerung hochwertiger Plasttypen und veredelter Walzstähle wird die Zuwachsrate der Menge an Plasten und Metallen wesentlich geringer sein als die Zunahme am Gebrauchswert.

Insgesamt erfordert die für die Gewährleistung eines effektiven ökonomischen Wachstums notwendige durchgreifende Erhöhung der Erzeugnisqualität und die Senkung der Ressourcenaufwendigkeit der Produktion die Schaffung der entsprechenden Voraussetzungen und damit die erforderlichen Wachstumstempi der Produktion. Deshalb kommt es darauf an, in immer mehr Betrieben, Kombinaten und Zweigen folgende Effektivitätsforderungen zu erreichen:

- pro Einheit Produktion einen höheren Grad der Bedürfnisbefriedigung;
- pro Einheit eingesetzter Produktionselemente eine größere Menge bedarfsgerechter Produktion und eine gegen Null tendierende zusätzliche Belastung der natürlichen Umwelt;
- ein schnelleres Wachstum der Arbeitsproduktivität gegenüber der Fondsausstattung pro Arbeitskraft;
- ein schnelleres Wachstum der Arbeitsproduktivität gegenüber der Steigerung der Warenproduktion;

28 Vgl. K. Steinitz, Beziehungen zwischen der Intensivierung und der Entwicklung der materiell-technischen Basis des Sozialismus, in: Autorenkollektiv, Das Wechselverhältnis von materiell-technischer Basis, wissenschaftlich-technischem Fortschritt und Persönlichkeitsentwicklung (als Manuskript gedruckt).

- das schnellere Wachstum der Warenproduktion gegenüber der Fondsausstattung;
- eine Annäherung des Tempos der Senkung des spezifischen Materialverbrauchs pro Einheit Produktion an das Wachstumstempo der Warenproduktion.

## 1.3. Bedingungen und Tendenzen der langfristigen volkswirtschaftlichen Effektivitätsentwicklung

### Qualitativ neue Aspekte der Wirksamkeit des wissenschaftlich-technischen Fortschritts

Langfristig vollziehen sich einige wesentliche Änderungen in den Bedingungen und Faktoren sowie in den Tendenzen der Steigerung der Effektivität. Diese werden einerseits durch Veränderungen in den objektiven Reproduktionsbedingungen hervorgerufen. Sie beeinflussen anderseits wiederum weitgehend die konkreten Erfordernisse und Proportionen der langfristigen Gestaltung des volkswirtschaftlichen Reproduktionsprozesses.

Zunächst soll versucht werden, für die langfristige Effektivitätsentwicklung wesentliche Tendenzen in den objektiven Reproduktionsbedingungen zu charakterisieren.[29]

*Die grundlegende und wichtigste Aufgabe besteht darin, den wissenschaftlich-technischen Fortschritt energisch zu beschleunigen und seine wirtschaftliche und soziale Wirksamkeit zu erhöhen.*[30] Hinsichtlich der Effektivitätswirkungen des wissenschaftlich-technischen Fortschritts können u. a. folgende qualitativ neue bzw. ein größeres Gewicht erlangende Aspekte hervorgehoben werden:

1. Der wissenschaftlich-technische Fortschritt wird zunehmend als Prozeß der Vervollkommnung, der Veränderung und Erneuerung der materiell-technischen Basis realisiert.[31] Die perspektivische Entwicklung der materiell-tech-

29 Vgl. A. Antschischkin, Die erweiterte Reproduktion unter den Bedingungen des entwickelten Sozialismus, in: Sowjetwissenschaft, Gesellschaftswissenschaftliche Beiträge, 3/1977, S. 225.

30 Vgl. E. Honecker, Aus dem Bericht des Politbüros an die 8. Tagung des ZK der SED, Berlin 1978, S. 28.

31 Dazu heißt es: „Notwendig für uns sind solche Technologien, die der Volkswirtschaft der DDR auf lange Sicht ein hohes Tempo in der Entwicklung der Produktivität und zugleich die bestmögliche Ausnutzung der zur Verfügung stehenden Rohstoffe und Materialien sowie

nischen Basis wird durch wesentliche Prozesse der Vervollkommnung der Produktionsstruktur als direkte Umsetzung neuer wissenschaftlich-technischer Erkenntnisse charakterisiert. Die Auswertung internationaler Entwicklungstendenzen zeigt, daß dabei die Entwicklung neuer Produktionslinien und -kapazitäten für solche Komplexe von besonderer Bedeutung sein wird wie die Mikroelektronik, die technische Mikrobiologie, die Roboter- und Manipulatorentechnik, die Kerntechnik, neue Werkstoffe und Werkstoffkombinationen, Anlagen und Ausrüstungen zur komplexen und effektiveren Nutzung der einheimischen Primär- und Sekundärrohstoffe, neue hochwertige industrielle Konsumgüter.

Ein wesentlicher Aspekt der langfristigen Entwicklung der materiell-technischen Basis besteht darin, daß die Reproduktion der vorhandenen Fonds, der Ersatz der Grundfonds und der Materialbasis zunehmend enger mit dem wissenschaftlich-technischen Fortschritt verbunden wird. Die Effektivitätsentwicklung wird entscheidend davon bestimmt, wie es gelingt, den wissenschaftlich-technischen Fortschritt in die einfache Reproduktion der Elemente der materiell-technischen Basis zu integrieren. Zum Beispiel wird die Entwicklung des Anteils der Plaste am Werkstoffaufkommen zukünftig nicht wie bisher von der Vergrößerung des Erdöleinsatzes, sondern von der Erhöhung des Grades der stoffwirtschaftlichen Verwertung des Erdöls abhängig sein. Die Aussonderung veralteter Grundfonds wird immer mehr als Instrument der Erneuerung der Grundfonds auf einem technisch-ökonomisch höheren Niveau verwirklicht werden müssen.

Mit der Vergrößerung der Maßstäbe der produktiven Fonds wachsen die Anforderungen an deren intensive Nutzung. Die Grundfonds im produzierenden Bereich wuchsen in den 15 Jahren von 1960 bis 1975 von 162 Mrd. auf 367 Mrd. Mark (d. h. ca. 225%). Es kann davon ausgegangen werden, daß sie in den 15 Jahren bis 1990 noch einmal mindestens auf das Doppelte ansteigen. Eine Erhöhung der Grundfondsquote von 1980 bis 1990 um 0,5% jährlich würde gegenüber einem Gleichbleiben der Grundfondsquote einem zusätzlichen Nationaleinkommen im Jahre 1990 von ca. 15. Mrd. Mark entsprechen.

Aus der Analyse der Beziehungen zwischen wissenschaftlich-technischem Fortschritt und Intensivierung ergeben sich für die perspektivische Entwicklung wichtige Schlußfolgerungen:

eine hohe Qualität der erzeugten Produkte sichern. Deshalb muß die Stärkung unserer materiellen Basis vor allem von der Einführung moderner Technologien getragen sein."
G. MITTAG, Zielstrebige Verwirklichung der Hauptaufgabe — objektives Erfordernis der Gestaltung des entwickelten Sozialismus, in: Einheit, 7—8/1978, S. 690.
Vgl. auch H. NICK, Probleme der Vervollkommnung der Leitung des wissenschaftlich-technischen Fortschritts, in: Wirtschaftswissenschaft, 4/1978, S. 401 und 405.

— Es genügt nicht, auf eine möglichst hohe Anzahl überführungsreifer wissenschaftlich-technischer Ergebnisse und neu in die Produktion eingeführter Erzeugnisse und Technologien zu orientieren. Die durch Wissenschaft und Technik erreichbare Effektivitätswirkung wird vor allem und zunehmend von solchen Faktoren abhängig sein, wie

a) dem wachsenden Anteil solcher wissenschaftlich-technischer Ergebnisse, die den fortgeschrittenen internationalen Stand unter Berücksichtigung seiner Dynamik mitbestimmen;
b) der Erreichung wissenschaftlich-technischer Spitzenleistungen auf den für die Lösung der volkswirtschaftlichen Probleme entscheidenden Gebieten, vor allem zur Energie- und Materialeinsparung, Reduzierung von Arbeitsplätzen, Erhöhung der Qualität entscheidender Zulieferungen, Verbesserung der Absatzfähigkeit und Rentabilität der Exportproduktion;
c) der Realisierung der wissenschaftlich-technischen Ergebnisse zum richtigen Zeitpunkt;
d) der Anwendung der wissenschaftlich-technischen Ergebnisse in breitem Umfang und dort, wo sie den höchsten volkswirtschaftlichen Nutzen gewährleisten.

Die ökonomische und soziale Wirksamkeit des wissenschaftlich-technischen Fortschritts hängt wesentlich davon ab, wie es gelingt, die „Tiefenwirkung“ der Erneuerungsprozesse, die vor allem vom Neuheitsgrad und dem schöpferischen Niveau der wissenschaftlich-technischen Leistung abhängig ist, mit der „Breitenwirkung“ dieser Erneuerungsprozesse zu verbinden, die vor allem vom materiell-technischen Potential, das zu seiner Realisierung eingesetzt werden kann, bestimmt wird.
— Im Rahmen des wissenschaftlich-technischen Fortschritts gewinnt der technologische Fortschritt, die Veränderung des technisch-ökonomischen Produktionsniveaus erhöhtes Gewicht. Deshalb ist die Vervollkommnung der Produktionsstruktur und die Investitionspolitik noch konsequenter auf die Schaffung der materiell-technischen Voraussetzungen zur Erhöhung des technologischen Niveaus der Produktion zu konzentrieren. Zum Beispiel werden progressive Verfahren der Ur- und Umformtechnik noch zu wenig angewandt. Progressive, auf nichtmechanischen (elektrischen, chemischen u. a.) Wirkprinzipien beruhende Verfahren der Metallbearbeitung ermöglichen einen Produktivitätszuwachs auf das 3- bis 10fache und zugleich bedeutende material-ökonomische Effekte. Ihr Anteil an der Formgebung in der metallverarbeitenden Industrie ist aber gegenwärtig noch relativ gering.
— Der wissenschaftlich-technische Fortschritt sollte verstärkt so vorbereitet und realisiert werden, daß damit die dialektische Einheit zwischen der Einführung neuer wissenschaftlich-technischer Kenntnisse und der Aussonderung veralteter Erzeugnisse, Technologien und Strukturelemente wirksamer erfolgt. Hierfür ist es

notwendig, nicht vorrangig Einzelaggregate zu ersetzen, sondern verstärkt ganze Maschinensysteme und technologische Ketten im Komplex zu erneuern.[32]

2. Wie die internationale Entwicklung zeigt, werden perspektivisch tiefgreifende, revolutionäre Prozesse des wissenschaftlich-technischen Fortschritts größeres Gewicht für die sozialökonomische Entwicklung gewinnen.[33] Zu diesen revolutionären Prozessen des wissenschaftlich-technischen Fortschritts, die sehr weitgehende ökonomische und soziale Wirkungen hervorrufen und deren Realisierung langfristig hohe wissenschaftlich-technische und materielle Anforderungen stellt, gehören in Auswertung internationaler Entwicklungstendenzen:

— die Entwicklung und Anwendung der Mikroelektronik mit der darauf beruhenden neuen Qualität der Automatisierung, der Informationstechnik und der Beziehungen zwischen stoff-, energie- und informationsverarbeitenden Prozessen sowie den bedeutenden Möglichkeiten zur Einsparung an Material und Energie und zur Reduzierung der Anzahl der Arbeitsplätze;

— die Anwendung der Erkenntnisse der Biowissenschaften, insbesondere für die mikrobiologische Industrie, die Intensivierung der pflanzlichen und tierischen Produktion und die Verbesserung des Gesundheitsschutzes;

— die Entwicklung der Kernenergetik und die Anwendung deren Ergebnisse in der Volkswirtschaft;

— die Entwicklung und Anwendung hochwertiger Werkstoffe und Werkstoffkombinationen.

Bei Hervorhebung der zunehmenden Rolle revolutionierender technologischer Veränderungen muß aber auch langfristig davon ausgegangen werden, daß das Tempo der Produktivitäts- und Leistungsentwicklung nicht nur von solchen neuen Prozessen, sondern entscheidend von der breiten Anwendung vorhandener effektiver Technologien und Verfahren und der Nutzung der vielfältigsten Rationalisierungsmöglichkeiten auf Grundlage der Initiative und des Schöpfertums der Werktätigen im sozialistischen Wettbewerb und in der Neuererbewegung bestimmt wird.

32 Vgl. Krzyzanowski/E. Kühn/W. Salecker, Ökonomische und soziale Probleme des wissenschaftlich-technischen Fortschritts in der entwickelten sozialistischen Gesellschaft, Diskussionsbeiträge auf der 3. Tagung der Ökonomischen Kommission UdSSR/DDR im Dezember 1977 in Moskau, in: Wirtschaftswissenschaft, 4/1978, S. 471—472;
W. J. Budawej, Schritte zur Vervollkommnung der komplexen Planung des wissenschaftlich-technischen Fortschritts in der UdSSR, in: Wirtschaftswissenschaft, 8/1978, S. 947.

33 Vgl. G. Mittag, Zielstrebige Verwirklichung der Hauptaufgabe — objektives Erfordernis der Gestaltung des entwickelten Sozialismus, in: Einheit, 7—8/1978, S. 689.

3. Der wissenschaftlich-technische Fortschritt wird zunehmend von einer höheren Komplexität seiner Vorbereitung und Realisierung gekennzeichnet.[34]

Perspektivisch werden voraussichtlich folgende Tendenzen von besonderer Bedeutung sein: die stärkere Integration der Hilfs- und Nebenprozesse in den technologischen Hauptprozeß — die Entwicklung integrierter Fertigungssysteme —, die Erneuerung und Rekonstruktion größerer, zusammenhängender Produktionskomplexe und die wirksamere Übereinstimmung zwischen Automatisierung, Anwendung progressiver Technologien und Vervollkommnung der Fertigungsorganisation.

Nach internationalen prognostischen Einschätzungen werden bis 1990 mehr als 50% der produzierten Werkzeugmaschinen nicht mehr im Einzelbetrieb verwendet, sondern als Teile integrierter Fertigungssysteme, in denen ein automatischer Werkstücktransport zwischen den einzelnen Bearbeitungsstellen stattfindet und die von einem zentralen Prozeßrechner gesteuert werden.[35]

Nach bisher vorliegenden Erfahrungen im Maschinenbau der DDR beim Einsatz integrierter Fertigungsabschnitte in der Teilefertigung (Klein- und Mittelserienfertigung) ergeben sich insbesondere folgende Effekte:[36]

— Freisetzung von Arbeitsplätzen (40—70% der Arbeitsplätze wurden eingespart);
— Erhöhung des Anteils der Grundzeit an der Gesamtfertigungszeit (von 30—40% auf 50—60%) durch Reduzierung der Hilfszeiten und der Vorbereitungs- und Abschlußzeiten um 40—60%;
— wesentliche Verkürzung der Durchlaufzeiten;
— Einschränkung körperlich schwerer und monotoner Arbeiten, Erhöhung des Anteils geistig-schöpferischer und überwachender Arbeiten (z. B. bei einem Zerspanungsfacharbeiter von 25% auf 80%).

Die Bedeutung integrierter Fertigungsabschnitte ergibt sich auch daraus, daß sie eine dreischichtige Auslastung der hochproduktiven Maschinensysteme bei einem relativ geringen Arbeitskräfteeinsatz, besonders in der dritten Schicht, ermöglichen.

34 Vgl. hierzu L. M. Gatovskij, Der ökonomische Aspekt der Leitung des wissenschaftlich-technischen Fortschritts — Fragen der Methodologie, in: Wirtschaftswissenschaft, 4/1978, S. 433.

35 Vgl. E. Pässler, Entwicklungstendenzen und Erfahrungen bei der Metallbearbeitung in der Klein- und Mittelserienfertigung, Vortrag 2 auf dem internationalen Kongreß Metallbearbeitung 1978 (Manuskript).

36 Vgl. ebenda.

## Veränderungen in den Reproduktionsbedingungen der Rohstoffbasis

Langfristig werden sich weitere Veränderungen in den Reproduktionsbedingungen der Rohstoffbasis vollziehen. Hier sollen die für die Effektivitätsentwicklung wichtigsten Tendenzen hervorgehoben werden.

Nach vorliegenden prognostischen Einschätzungen der UNO und anderer internationaler Organisationen werden sich die Möglichkeiten für die weitere Erhöhung des Aufkommens an Rohstoffen und Energieträgern im Vergleich zur bisherigen Entwicklung verändern. Es muß damit gerechnet werden, daß die Zuwachsraten des Rohstoffaufkommens in den 80er und 90er Jahren zurückgehen. Allein aus einer solchen quantitativen Begrenzung des möglichen Zuwachses, die auch bei erhöhter Nutzung der eigenen Rohstoffe der DDR nicht aufgehoben werden kann, erwachsen steigende Anforderungen an die Rohstoff-, Energie- und Materialökonomie.

Die Erfahrungen — besonders der letzten Jahre — zeigen, daß die spezifischen Aufwendungen für die Rohstoffsicherung sowohl bei den Rohstoffimporten als auch bei den einheimischen Rohstoffen infolge der Verschlechterung der natürlichen Bedingungen bedeutend anwachsen. Dies gilt für die laufenden Aufwendungen (Selbstkosten bzw. Importpreise) und für die einmaligen Aufwendungen (Investitionen für die Nutzung der einheimischen Rohstoffe bzw. Vorleistungen für Rohstoffimporte). Zum Beispiel werden infolge der ständig größeren Menge Abraum pro Tonne Braunkohle die Selbstkosten der Braunkohlenförderung 1980 um ca. $^1/_3$ höher sein als im Jahre 1970.[37]

Im Zusammenhang mit den differenzierten Bedingungen der Erweiterung des Aufkommens und der Erhöhung der spezifischen Aufwendungen bei den einzelnen Rohstoffen vollziehen sich Veränderungen in der Struktur der Rohstoffe, Energieträger und Werkstoffe. Besonders einschneidend werden diese Veränderungen voraussichtlich bei den Energieträgern sein.

Gegenüber einer wesentlichen Erhöhung des Strukturanteils von Erdöl und Erdgas am Primärenergieaufkommen in den letzten Jahrzehnten wird international langfristig damit gerechnet, daß deren Strukturanteil zurückgeht.

Für die Rohstoffsicherung wird die Rolle der Sekundärrohstoffe weiter zunehmen. Hierbei müßten allerdings verschiedene langfristig wirksame Tendenzen differenziert untersucht werden.

37 Vgl. H. Koziolek, Nationaleinkommen — Wachstum — Wohlstand, in: Einheit, 7—8/1978, S. 745.

Einerseits müssen die notwendigen Voraussetzungen geschaffen werden, um den Grad der Erfassung, Aufbereitung und Wiederverwertung der Sekundärrohstoffe zu erhöhen. Eine wesentliche Rolle werden aber auch Veränderungen der relativen Effektivität der Nutzung von Sekundärrohstoffen infolge der Verteuerung der Primärrohstoffe spielen. Je teurer die Primärrohstoffe, desto weiter wird der Grenzbereich, in dem die Aufwendungen für die Wiederaufbereitung und -verwendung von Sekundärrohstoffen noch ökonomisch effektiv ist, ausgedehnt.

Anderseits wird aber mit der komplexen Rohstoffausnutzung, der besseren Verwertung der in den Rohstoffen enthaltenen Komponenten und der sparsameren, abfallärmeren Materialverwertung das Aufkommen an Sekundärrohstoffen teilweise in einem geringeren Tempo anwachsen als bisher.

Aus diesen objektiven Veränderungen in den Reproduktionsbedingungen der Rohstoffbasis und der Naturressourcen[38] ergeben sich weitgehende Konsequenzen für die Effektivitätsentwicklung.[39] Das betrifft vor allem das grundsätzlich größere Gewicht material-ökonomischer Prozesse und die stärkere Orientierung der weiteren Entwicklung der Werkstoffbasis auf die Vervollkommnung der Struktur und die Erhöhung der Qualität.

Aus einem geringeren Zuwachs an Rohstoffen ergibt sich schon objektiv die Notwendigkeit höherer Senkungsraten des spezifischen Materialverbrauchs als Voraussetzung für die Fortführung des stabilen ökonomischen Wachstums. Während im Zeitraum 1965 bis 1975 der Anteil der Senkung des spezifischen Verbrauchs volkswirtschaftlich wichtiger Rohstoffe und Materialien an der materiellen Sicherung des Zuwachses der industriellen Warenproduktion bei ca. 40% lag, soll dieser Anteil nach den Kennziffern der Direktive des Fünfjahrplanes 1976—1980 ca. 50% betragen. In den 80er Jahren müßte er weiter ansteigen. Es wäre aber einseitig, wenn nur dieser Zusammenhang beachtet wird. Mindestens ebenso wichtig, bisher aber in der wirtschaftswissenschaftlichen Literatur zu wenig beachtet, ist der Umstand, daß sich im Zusammenhang mit der Erhöhung der Aufwendungen pro Rohstoffeinheit die ökonomischen Wirkungen der Rohstoffeinsparung bedeutend verstärken. Die Erhöhung der Importpreise für Erdöl und andere Rohstoffe auf das Mehrfache gegenüber 1970 bedeutet, daß auch die Einsparung einer Tonne Erdöl, Koks, Metall u. a. im Vergleich zu 1970 den vielfachen ökonomischen Effekt aufweist. Das heißt, der Einsatz

38 Vgl. Abschnitt 2.9. dieses Bandes.

39 Nick untersucht in seiner Arbeit „Sozialismus und Wirtschaftswachstum“ in Auseinandersetzung mit der bürgerlichen Konzeption von den absoluten Wachstumsgrenzen eine Reihe wichtiger Aspekte der Nutzung der Naturreichtümer und der Beziehungen zwischen Natur und Gesellschaft unter den gegenwärtigen und zukünftigen Entwicklungsbedingungen, die für das Verständnis dieser Problematik von Bedeutung sind.
Vgl. H. Nick, Sozialismus und Wirtschaftswachstum, Berlin 1977, S. 45.

des wissenschaftlich-technischen Potentials und der Investitionen für die Einsparung an Rohstoffen, Energieträgern und Werkstoffen muß unter diesen veränderten Bedingungen neu untersucht, bewertet und wesentlich verstärkt werden.

Die Wirksamkeit der Werkstoffbasis für die intensiv erweiterte Reproduktion wird in stets wachsendem Umfang durch die Vervollkommnung der Struktur und die Verbesserung der Gebrauchswerteigenschaften der Werkstoffe bestimmt. Die Entwicklung der Werkstoffbasis war schon in der Vergangenheit zum großen Teil durch einen schnelleren Zuwachs hochwertiger Werkstoffe gekennzeichnet. Zum Beispiel wuchs im Zeitraum 1960—1976 die Produktion chemischer Faserstoffe insgesamt auf das 1,85fache, während dabei die Produktion synthetischer Faserstoffe auf das 5fache stieg. Die Produktion von warmgewalztem Walzstahl wurde in demselben Zeitraum auf das 1,75fache, die Produktion von Erzeugnissen der zweiten Verarbeitungsstufe der Metallurgie aber auf das 6fache gesteigert.[40]

Eine Grundfrage der zukünftigen Entwicklung der Volkswirtschaft besteht darin, daß diese qualitativen Prozesse, zum Beispiel die Erhöhung des Anteils korrosionsträger Stähle und hochfester, schweißbarer Baustähle an der Stahlproduktion, die Erhöhung des Anteils von Konstruktionsplasten und des Anteils hochwertiger Glas- und keramischer Werkstoffe, ein größeres Gewicht für die Entwicklung der Werkstoffbasis gewinnen. Die Entwicklung der Werkstoffbasis muß in stets wachsendem Ausmaß von der Erhöhung des Gebrauchswertes pro Mengeneinheit getragen werden. Der Zuwachs der Werkstoffe im Wertausdruck — vergleichbare Preise, die die Verbesserung der Gebrauchswerte der Werkstoffe widerspiegeln, vorausgesetzt — muß wesentlich größer sein als der mengenmäßige Zuwachs. Diese Differenz im Zuwachstempo müßte tendenziell stets weiter anwachsen. Hieraus ergibt sich auch, daß die Forderung nach maximaler Veredlung der Rohstoffe sich nicht nur auf Zulieferungen und Finalerzeugnisse bezieht, sondern in hohem Grade in den Bereichen der Grundstoffindustrie realisiert werden muß.

## Veränderungen in der Reproduktion des gesellschaftlichen Arbeitsvermögens

Im Zeitraum der nächsten 15 bis 20 Jahre werden sich wesentliche quantitative und qualitative Veränderungen in der Reproduktion des gesellschaftlichen Arbeitsvermögens vollziehen.

40 Vgl. Statistisches Jahrbuch der DDR 1977, Berlin 1977, S. 123.

Die Entwicklung des gesellschaftlichen Arbeitsvermögens wird territorial recht differenziert erfolgen. Für die Charakterisierung der Anforderungen an die langfristige Effektivitätsentwicklung gilt es, die zukünftige Entwicklung des gesellschaftlichen Arbeitsvermögens differenzierter zu untersuchen.

— Die Verwirklichung der im Programm der SED enthaltenen Zielstellung, in Abhängigkeit vom Entwicklungstempo der Arbeitsproduktivität die weitere differenzierte Verlängerung des Erholungsurlaubs sowie den schrittweisen Übergang zur 40-Stunden-Woche zu erstreben, bewirkt eine Verringerung des Arbeitszeitvolumens pro Berufstätigen. Daraus ergibt sich, daß im Vergleich zur Entwicklung der Anzahl der Berufstätigen der gesellschaftliche Arbeitszeitfonds in den nächsten Jahren nur geringer anwachsen bzw. früher und in einem stärkeren Maße absolut zurückgehen wird.

— In den RGW-Ländern wächst in der Tendenz der Anteil der Beschäftigten in den nichtproduzierenden Bereichen an den Gesamtbeschäftigten. In Tabelle 1

Tabelle 1
Anteil der im nichtproduzierenden Bereich Beschäftigten (in %)

| | 1960 | 1975 |
|---|---|---|
| VRB | 9,2 | 15,7 |
| ČSSR | 14,3 | 19,8 |
| DDR | 15,3 | 20,6 |
| VRP | 10,2 | 13,5 |
| SRR | 7,6 | 11,4 |
| UdSSR | 15,4 | 21,9 |
| UVR | 14,3 | 16,7 |

*Quelle:* Autorenkollektiv, Produktivität, Effektivität, Kontinuität, Berlin 1977, S. 188.

wird von 1960 bis 1975 eine Erhöhung des Anteils der im nichtproduzierenden Bereich Beschäftigten ausgewiesen. Diese Tendenz ergibt sich vor allem aus der hohen Dynamik der geistig-kulturellen und sozialen Bedürfnisse, die durch die Leistungen dieser Bereiche befriedigt werden müssen, und den im Vergleich zur materiellen Produktion relativ geringeren Möglichkeiten der Einsparung an lebendiger Arbeit in diesen Bereichen.

Hieraus ergibt sich, daß die Erweiterungsmöglichkeiten für die Anzahl der im Bereich der materiellen Produktion Tätigen bzw. für den produktiven Arbeitszeitfonds geringer sein werden und die absolute Reduzierung früher und in einem höheren Ausmaß eintreten wird als für die Berufstätigen und den Arbeitszeitfonds insgesamt. Es muß allerdings beachtet werden, daß das Ausmaß der möglichen Entwicklung der Arbeitskräfte in den nichtproduzierenden Bereichen vom Tempo der Steigerung der Arbeitsproduktivität in der materiellen Produktion bestimmt wird.

— Infolge des Rückganges der Geburten bis 1974 geht die Anzahl der Schulabgänger der 10. Klassen und damit die Anzahl der Lehrlinge in den 80er Jahren zurück. Die steigenden Geburten in den Jahren ab 1976 werden sich erst in den 90er Jahren auf den Zugang an Facharbeitern auswirken. Damit verringert sich die Reproduktionsquote der Berufstätigen (Anteil der neu eine Berufstätigkeit Aufnehmenden am Bestand der Berufstätigen). Aus der Verringerung der absoluten Größenordnung der Zugänge an Facharbeitern aus der Berufsbildung ergeben sich Probleme in der Disponibilität des gesellschaftlichen Arbeitsvermögens, da Maßnahmen zur Veränderung der territorialen, zweiglichen und Berufsstruktur der Arbeitskräfte am günstigsten über Zugänge an Absolventen der Bildungseinrichtungen, der Hoch- und Fachschulen und der Berufsausbildung realisiert werden können. Hieraus erwachsen höhere Anforderungen an die Berufsberatung und die Steuerung des Berufsnachwuchses in die strukturellen und territorialen volkswirtschaftlichen Schwerpunkte unter stärkerer Berücksichtigung der langfristigen Entwicklungserfordernisse und -bedingungen.
— Es vollziehen sich langfristig wesentliche Veränderungen in der Qualifikationsstruktur der Werktätigen. Der Anteil der Hoch- und Fachschulkader wird von 4,4% im Jahre 1955 und 12,5% im Jahre 1970 im Jahre 1980 auf ca. 18 Prozent ansteigen. Er wird auch in den 80er Jahren weiter anwachsen. Die Proportion zwischen Facharbeitern und An- und Ungelernten wird sich durch den sehr starken Rückgang der An- und Ungelernten verändern. Während im Jahre 1955 die Anteile der Facharbeiter und Meister 25% und der An- und Ungelernten 70% an den Berufstätigen betrugen, änderten sie sich bis 1970 auf 49% bzw. 39% und sollen 1980 66% bzw. 16% betragen.[41] Insgesamt werden sich das Bildungs- und Qualifikationsniveau der Werktätigen und damit die produktive Potenz des gesellschaftlichen Arbeitsvermögens weiter wesentlich erhöhen.[42] Hieraus ergeben sich entscheidende Konsequenzen für die Effektivitätsentwicklung.

41 Vgl. G. Winkler, Zu sozialen Aspekten des wissenschaftlich-technischen Fortschritts, in: Wirtschaftswissenschaft, 4/1978, S. 453.

42 Für die langfristige ökonomische und soziale Entwicklung gewinnt die Aufgabe erhöhtes Gewicht, für die bedeutend wachsende Anzahl der Hoch- und Fachschulkader und für die Facharbeiter die Einsatzbedingungen und das Anspruchsniveau im Arbeitsprozeß so zu vervollkommnen, daß das erhöhte Bildungs- und Qualifikationsniveau in einer Beschleunigung des wissenschaftlich-technischen Fortschritts und in einer entsprechenden Steigerung der Effektivität und der Qualität der Produktion realisiert wird.
Vgl. auch Abschnitt 2.5. dieses Bandes.

## Einige Erfordernisse der sozialistischen ökonomischen Integration

Die Bedingungen der langfristigen Effektivitätsentwicklung werden entscheidend von der Vertiefung der sozialistischen ökonomischen Integration und den veränderten außenwirtschaftlichen Bedingungen in den 80er Jahren bestimmt.

Die Ausarbeitung und Verwirklichung des Programms der Spezialisierung und Kooperation zwischen der DDR und der UdSSR für den Zeitraum bis 1990 kann über die engere Verflechtung der Volkswirtschaften beider Länder, die Schaffung günstigerer Bedingungen für die Konzentration und die Zusammenarbeit in Forschung und Produktion sowie die engere Verbindung der Forschungskooperation mit der Produktionskooperation und -spezialisierung günstigere Bedingungen für die Beschleunigung des wissenschaftlich-technischen Fortschritts, die breitere und effektivere Anwendung ihrer Ergebnisse sowie die rationellere Gestaltung der Produktionsstruktur schaffen.

Es muß langfristig davon ausgegangen werden, daß die Anforderungen an die Qualität und an das wissenschaftlich-technische Niveau der Exporte, an die Bereitstellung kompletter technologischer Problemlösungen — vor allem in Form kompletter Anlagen — mit dem erforderlichen know how, an das Tempo der Überleitung und Exportwirksamkeit neuer wissenschaftlich-technischer Ergebnisse, an die Reaktionsfähigkeit und Elastizität der Exportproduktion bedeutend höher werden. Der wachsende Konkurrenzdruck wird eine ständige Tendenz in den 80er Jahren bleiben, mit dem besonders beim Export in das NSW gerechnet werden muß.

Die reale Effektivitätssteigerung in den 80er Jahren, speziell die Erhöhung des für die Inlandsverwendung real verfügbaren Endprodukts, wird sehr stark davon beeinflußt, wie es gelingt, diesen objektiven Erfordernissen in der sozialistischen ökonomischen Integration und der Gestaltung der Außenwirtschaftsbedingungen Rechnung zu tragen. Zunehmende Bedeutung gewinnt die Vervollkommnung der Struktur der Exporte, die mit den erforderlichen wissenschaftlich-technischen Leistungen und der Entwicklung der Produktionskapazitäten beginnt, in Richtung der stärkeren Konzentration der Exporte auf Erzeugnislinien, für die langfristig günstige Absatzmöglichkeiten bestehen und die eine relativ günstige volkswirtschaftliche Effektivität aufweisen. Es müßte stärker berücksichtigt werden, daß es zukünftig noch weniger als gegenwärtig ausreicht, die Vertiefung des Grades der internationalen Arbeitsteilung direkt vom Ausmaß des schnelleren Wachsens des Außenhandelsumsatzes gegenüber der Produktion abzuleiten. Immer größere Bedeutung für die reale, effektivitätswirksame Vertiefung der internationalen Arbeitsteilung wird die Vervollkommnung der Struktur und des wissenschaftlich-technischen Niveaus der Exporte und Importe erlangen, um so die ökonomische und wissenschaftlich-technische Zusammenarbeit auf eine höhere Stufe zu heben.

Die Vervollkommnung der Exportstruktur in Richtung devisenrentabler Erzeugnisse ist auch deshalb so entscheidend, weil damit dem nach allen prognostischen Einschätzungen weiter ansteigenden Aufwand für Rohstoffimporte und dem aus höheren Importaufwendungen resultierenden Abzug vom produzierten Nationaleinkommen entgegengewirkt werden kann.

## Haupttendenzen der langfristigen Effektivitätsentwicklung

Unter Berücksichtigung dieser objektiven Veränderungen wichtiger Reproduktionsbedingungen soll versucht werden, einige Aspekte und Probleme der langfristigen Effektivitätsentwicklung zu charakterisieren.

1. Die grundlegende Tendenz, die weitgehende Auswirkungen auf alle Seiten des volkswirtschaftlichen Reproduktionsprozesses hervorruft, besteht in veränderten Beziehungen zwischen quantitativen und qualitativen Prozessen sowohl bei den Quellen (Faktoren) als auch bei den Resultaten des Wachstums. Auch in Zukunft wird das Wachstum Ergebnis quantitativer und qualitativer Prozesse sein, die Art ihrer Verflechtung wird sich aber wesentlich ändern, das Gewicht der qualitativen Prozesse innerhalb der Quellen und Faktoren muß sich entscheidend erhöhen.

Der *Wachstumsprozeß wird zukünftig* in steigendem Maße *von der qualitativen Entwicklung der Produktionsergebnisse* (Erhöhung des Gebrauchswertniveaus, insbesondere Erhöhung des Anteils von Erzeugnissen mit internationalem Spitzenniveau, und Vervollkommnung der Struktur der Produktionsergebnisse entsprechend der Bedarfsentwicklung) *bestimmt*.

In diesem Zusammenhang ergibt sich die Frage, inwieweit eine Präzisierung des Begriffs des Wirtschaftswachstums erforderlich ist. Nick untersucht diese Problematik in seiner Arbeit „Sozialismus und Wirtschaftswachstum“.[43] Nachdem er die Rolle der qualitativen Resultate des Wirtschaftsprozesses, besonders die Effektivität und die Qualität der Erzeugnisse behandelt, kommt er zu der etwas inkonsequenten Feststellung: „Wir sollten dabei bleiben: Wirtschaftswachstum ist das Wachstum der Produktionsmenge.“[44] Die qualitativen Resultate des Wirtschaftsprozesses betrachtet er nur unter dem Aspekt der Faktoren und Quellen des Wirtschaftswachstums. Natürlich ist es richtig, daß das ökonomische Wachs-

43 Vgl. H. Nick, Sozialismus und Wirtschaftswachstum, a. a. O., S. 62.
44 Ebenda, S. 64.

tum, widergespiegelt in solchen Kategorien wie Gesamtprodukt oder Warenproduktion, Endprodukt, Nettoprodukt oder Nationaleinkommen, immer eine quantitativ faßbare Größe zum Ausdruck bringt. Das Problem besteht aber darin, daß auch die quantitative Entwicklung dieser Kategorien in zunehmendem Maße nicht nur vom Wachstum der Produktionsmenge, sondern auch von der qualitativen Vervollkommnung der Struktur der Produktion und der Erhöhung des Gebrauchswertniveaus der Erzeugnisse getragen wird. So kann zum Beispiel das Wachstum der Produktion von Werkzeugmaschinen, Mähdreschern, Datenverarbeitungsanlagen u. a. nicht durch die Erhöhung des mengenmäßigen Aufkommens, der Stückzahl, ohne Berücksichtigung der höheren Leistungsfähigkeit real widergespiegelt werden. Das ökonomische Wachstum muß in seinem Kern die gebrauchswertmäßige Entwicklung in der Einheit von Menge und Qualität zum Ausdruck bringen. Das ist aber nicht direkt möglich, sondern nur über die Wertkategorien und daher auch nicht vollständig möglich, sondern nur als bestimmte Annäherung.

2. Im Zeitraum bis 1990 müssen sich neue Tendenzen und teilweise qualitative Umschläge in der Entwicklung der entscheidenden Effektivitätskriterien vollziehen.[45]

— Während in den 70er Jahren und auch noch in den nächsten Jahren die Arbeitsproduktivität die Hauptquelle des Wirtschaftswachstums war bzw. bleiben wird, wird sie perspektivisch zur einzigen Quelle des Wirtschaftswachstums werden. Das bedeutet, daß auch langfristig davon ausgegangen werden muß, die Produktion pro Zeiteinheit schneller zu erhöhen als die Produktion pro Berufstätigen. Die Anforderungen der Produktivitätssteigerung an die Wirksamkeit des wissenschaftlich-technischen Fortschritts sind somit höher, als es in den Kennziffern der Arbeitsproduktivität (Produktion pro Berufstätigen) zum Ausdruck kommt.

— Während bisher insgesamt die Anzahl der Arbeitsplätze gestiegen ist, müssen durch die konsequente Rationalisierung Voraussetzungen geschaffen werden, um die von der Partei auf diesem Gebiet geforderte Wende zu erreichen, d. h. die Anzahl der Arbeitsplätze absolut zu reduzieren.[46] Nur dann kann die notwendige höhere Auslastung der Grundfonds erreicht werden.

— Während die Erhöhung des Rohstoffaufkommens im Zeitraum bis 1975 noch mit über 60% die materiellen Voraussetzungen für das Wirtschaftswachstum (Zuwachs der industriellen Warenproduktion) schuf, muß zukünftig angestrebt werden, diesen Anteil auf unter 30% zu reduzieren.

— Während bisher die Grundfondsquote im Durchschnitt der Industrie und der

45 Vgl. A. Antschischkin, Die erweiterte Reproduktion unter den Bedingungen des entwickelten Sozialismus, a. a. O., S. 58.

46 Vgl. E. Honecker, Zügig voran bei der weiteren Verwirklichung der Beschlüsse des VIII. Parteitages der SED, Berlin, 1973, S. 40.

Volkswirtschaft eine sinkende Tendenz aufwies, gilt es langfristig, auf Grundlage der konsequenten Nutzung der Ergebnisse des wissenschaftlich-technischen Fortschritts und der umfassenden Rationalisierung eine Erhöhung anzustreben.

Für die perspektivische Entwicklung könnten die anzustrebenden Wachstumsproportionen (Wachstumstempo des Nationaleinkommens = 1 gesetzt) wie folgt zusammengefaßt werden:

| | |
|---|---|
| — Wachstum der Arbeitsproduktivität (gegen Ende der 80er Jahre) | >1 |
| — Senkung des spezifischen Verbrauchs an Rohstoffen und Energieträgern | >0,6 |
| — Wachstum der Grundfondsquote | >0 |

3. Mit der Beschleunigung des wissenschaftlich-technischen Fortschritts und der Erhöhung des Gewichts der qualitativen Prozesse unterliegen auch die Beziehungen zwischen den Zuwachs- und Bestandsgrößen weiteren Veränderungen. Dies gilt in doppeltem Sinne. Einerseits vollziehen sich die Prozesse der Erhöhung des technisch-ökonomischen Niveaus der Produktion in verstärktem Maße nicht nur über die Zuwachsgrößen — die Akkumulation, die Ausbildung neuer Kader —, sondern über die Reproduktion (Erneuerung) der vorhandenen Fonds und die Weiterbildung der eingesetzten Kader. Anderseits ergibt sich vor allem aus der Begrenztheit der natürlichen Ressourcen, daß größere geistige und materielle Anforderungen (Aufwendungen) notwendig sind, nicht nur für die Erweiterung der Produktion, sondern auch für die Erhaltung des schon erreichten Niveaus (besonders offensichtlich bei den wichtigsten primären Rohstoffen und Energieträgern). Daher sollten die Untersuchungen zur Leistungs- und Effektivitätsentwicklung nicht nur auf die Wachstumsgrößen gerichtet werden, sondern müßten den gesamten Reproduktionsprozß, nicht nur die neuen Fonds (Akkumulation), sondern die Gesamtheit der Fonds, den gesamten Nationalreichtum zum Gegenstand haben.

ANČIŠKIN schreibt zu dieser Problematik: „In dem Maße, wie die steigende Effektivität der Produktion allmählich zur Hauptquelle des Wirtschaftswachstums wird und sich die Dynamik der Produktionsressourcen in bestimmtem Maße verlangsamt, verändert sich die ökonomische Rolle der sogenannten einfachen Reproduktion. Unter den Bedingungen der Intensivierung werden die schnelle Erneuerung und die qualitative Vervollkommnung der bereits vorhandenen Produktionsressourcen zur wichtigsten Quelle des wirtschaftlichen Wachstums.“[47]

4. Die Effektivitätsentwicklung wird — insgesamt, aber auch in den Teilprozessen — vor allem im Zusammenhang mit den tiefgreifenden wissenschaft-

47 A. ANTSCHISCHKIN, Die erweiterte Reproduktion unter den Bedingungen des entwickelten Sozialismus, a. a. O., S. 235; vgl. auch S. ŠATALIN, Ėkonomika SSSR — edinyj narodnochozjajstvennyj kompleks, in: Kommunist, Moskva, 3/1978.

lich-technischen und ökonomischen Veränderungen in der Struktur und im Niveau des Reproduktionsprozesses zunehmend das Resultat der komplexen, in sich verflochtenen Wirkung aller wesentlichen Effektivitätsfaktoren sein. Das Niveau der Erfassung der notwendigen Proportionen und der Verflechtungen zwischen den verschiedenen Faktoren und Prozessen sowie die Möglichkeiten ihrer proportionalen, ausgewogenen und komplexen Gestaltung bestimmen entscheidend den realen Effektivitätszuwachs. Von besonderer Bedeutung für die zukünftige Effektivitätsentwicklung sind u. a. folgende Proportionen und Verflechtungen zwischen den Wachstumsfaktoren:

— Einsatz moderner, hochproduktiver Ausrüstungen in Übereinstimmung mit den Erfordernissen zur Einsparung an Arbeitsplätzen bzw. zur Freisetzung von Arbeitskräften, um eine höhere zeitliche Auslastung der Grundfonds zu gewährleisten;

— Erhöhung des Automatisierungsgrades der Produktion, Entwicklung und Anwendung neuer Technologien und einer solchen Produktionsorganisation, die zu hohen Automatisierungseffekten führen;

— hohes Bildungs- und Qualifikationsniveau der Werktätigen, Entwicklung einer solchen Einsatzstruktur der Arbeitskräfte und eines derartigen Anspruchniveaus der Arbeitsplätze, die dessen effektivere Nutzung gewährleisten;

— Vervollkommnung der Produktionsstruktur hinsichtlich von Erzeugnissen mit hohem Veredelungsgrad und wissenschaftlich-technischem Niveau bei gleichzeitiger Bereitstellung der hierfür erforderlichen hochwertigen Werkstoffe und Hilfsmaterialien.

Es kommt darauf an, die voraussichtlichen direkten und indirekten Folgewirkungen der „Erneuerungsprozesse“ einzuschätzen und möglichst komplex und aussagekräftig zu bewerten. Zum Beispiel müßten für die Entwicklung der Mikroelektronik solche Fragen beantwortet werden, wie:

— Welche Auswirkungen auf konventionelle Zulieferungen (mechanische Antriebe, Getriebe, mechanische, hydraulische, pneumatische Steuerungen) ergeben sich durch die Entwicklung der Mikroelektronik, welche Konsequenzen für die Entwicklung des Bedarfs und der Struktur der Produktion?

— In welchen Bereichen und in welchen Dimensionen werden die Wirkungen der Miniaturisierung auf Basis der Mikroelektronik für die Materialökonomie und die Energieökonomie wirksam, welche volkswirtschaftlichen Ergebnisse können daraus abgeleitet werden?

— In welchen Anwendungsgebieten und mit welchen ökonomischen Effekten werden die Ergebnisse der Mikroelektronik, insbesondere Mikroprozessoren, wirksam?

— Welche neuen Verflechtungen und Integrationsbeziehungen ergeben sich zwischen den bauelementefertigenden und den geräteherstellenden Zweigen auf Grundlage der Mikroelektronik?

Dabei ist die ständige Sicherung der Proportionalität des Reproduktionsprozesses in allen seinen Teilen und Phasen eine entscheidende Bedingung für die Realisierung aller Möglichkeiten der Effektivitätssteigerung. Zugleich wird die Erhöhung der Effektivität der Ressourcen immer mehr zu einer unerläßlichen Voraussetzung, um die Proportionalität zu gewährleisten. So wird die Erreichung einer höheren Effektivität der Grundfondsreproduktion und der Investitionen, die Durchsetzung der Rationalisierung als Grundzug der Investitionstätigkeit zunehmend zur entscheidenden Bedingung, um eine Übereinstimmung zwischen Investitionsanforderungen und Investitionsmöglichkeiten zu sichern.

Zugleich werden sich auch die Verflechtungen zwischen Bedürfnisbefriedigung und Effektivität, zwischen Ziel und Mittel der sozialistischen Produktion immer enger gestalten. Dies zeigt sich u. a. darin, daß die Beziehungen und Wechselwirkungen zwischen den ökonomischen und sozialen Aspekten des wissenschaftlich-technischen Fortschritts vielfältiger und intensiver werden.[48]

Zusammengefaßt könnten die Bedingungen der zukünftigen Effektivitätsentwicklung wie folgt charakterisiert werden:

Einerseits werden die Anforderungen an die Effektivitätsentwicklung und die Rolle der Effektivität als Quelle der Leistungssteigerung und der Erhöhung des materiellen und kulturellen Lebensniveaus der Werktätigen objektiv größer, andererseits werden aber die Bedingungen für die Effektivitätsentwicklung bedeutend komplizierter und verschiedene aufwandserhöhende Faktoren zunehmend wirksam.

Die Lösung dieses Widerspruchs erfordert objektiv die Beschleunigung des wissenschaftlich-technischen Fortschritts und die immer bessere Nutzung seiner unerschöpflichen Möglichkeiten für die Effektivitätssteigerung.

48 Vgl. auch Abschnitt 1.6. dieses Bandes; G. M. TSCHERKASSOW, Wesen und Kriterien der sozialen Effektivität, in: Sowjetwissenschaft/Gesellschaftswissenschaftliche Beiträge, 7/1978; S. ŠATALIN, Ėkonomika SSSR — edinyj narodno-chozjajstvennyj kompleks, in: Kommunist, a. a. O., 3/1978; G. WINKLER, Zu sozialen Aspekten des wissenschaftlich-technischen Fortschritts, a. a. O.; W. KRZYZANOWSKI/E. KÜHN/W. SALECKER, Ökonomische und soziale Probleme des wissenschaftlich-technischen Fortschritts in der entwickelten sozialistischen Gesellschaft, Diskussionsbeträge auf der 3. Tagung der Ökonomischen Kommission UdSSR/DDR im Dezember 1977 in Moskau, a. a. O., S. 476; Autorenkollektiv, Produktivität, Effektivität, Kontinuität, Berlin 1977, S. 140.

## 1.4. Effektivität und Internationalisierung der sozialistischen Volkswirtschaft

Die Internationalisierung der sozialistischen Volkswirtschaft insgesamt wie auch ihrer verschiedenen Elemente ist eine Wachstums-, Effektivitäts- und Stabilitätsbedingung, deren Einfluß auf die intensive Reproduktion zunimmt. Dabei spielt für die RGW-Partner die sozialistische internationale Arbeitsteilung die vorrangige Rolle. Aber auch die arbeitsteiligen und Außenhandelsbeziehungen zu kapitalistischen Industriestaaten und zu Entwicklungsländern werden ausgedehnt. Dem tragen die Mitgliedsländer des RGW bei der Verwirklichung des Komplexprogramms der sozialistischen ökonomischen Integration Rechnung. Die Verwirklichung dieses Programms und der langfristigen Pläne der einzelnen RGW-Staaten ist eine der Bedingungen dafür, um die sozialpolitischen Programme der einzelnen Mitgliedsländer in die Tat umzusetzen.

Der Zusammenhang von volkswirtschaftlicher Effektivität und Internationalisierung der sozialistischen Volkswirtschaften ist *doppelter Art*: Einmal geht es um die Wirkungen, die von den außenwirtschaftlichen Beziehungen auf den inneren Reproduktionsprozeß ausgehen, und zum anderen um die Effekte, die von Extensivierung und Intensivierung des inneren Reproduktionsprozesses auf die außenwirtschaftlichen Verflechtungen ausstrahlen.

Sicher ist es methodologisch richtig und bei Optimierungsrechnungen wie auch bei den auf diesen Rechnungen beruhenden volkswirtschaftlichen Entscheidungen notwendig, zwischen *inneren* und *äußeren* Bedingungen des wirtschaftlichen Wachstums und der Verbesserung der Effektivität einer sozialistischen Volkswirtschaft zu unterscheiden. Mehr und mehr aber wäre es theoretisch und wirtschaftspolitisch falsch, diese beiden Bedingungen isoliert voneinander zu untersuchen oder die inneren als *primär*, die äußeren aber als nur *abgeleitet* oder *sekundär* zu behandeln. Die theoretische und wirtschaftspolitische Problematik besteht vielmehr darin, die Effekte der beiden Gruppen von Bedingungen so zu kalkulieren und zu bilanzieren, daß die volkswirtschaftliche Leistungskraft erhöht wird.

Zu beachten wäre schließlich auch, daß im Zuge der weiteren Internationalisierung der wirtschaftlichen Entwicklung sozialistischer Länder das Gewicht immer mehr von den nur *komplementären* Funktionen der internationalen Arbeitsteilung und des Außenhandels zu den *substitutiven* Prozessen verlagert wird, d. h. zu Spezialisierungen und Kooperationen, zu gemeinsamen Vorhaben in den Bereichen von Forschung, Investitionen, Produktion, Infrastruktur und Sozialpolitik zwischen den RGW-Ländern.

Gegenwärtig kann es keine Verbesserung der Effektivität einer sozialistischen Volkswirtschaft ohne Verbesserung ihrer internationalen Beziehungen geben, und umgekehrt ist eine weitere Vervollkommnung der internationalen Beziehungen, besonders der Integrationsprozesse im Bereich des RGW, von einem höheren Grad der Rationalität des Wirtschaftens in den beteiligten Volkswirtschaften abhängig. Je effektiver die sozialistische ökonomische Integration genutzt wurde, desto stärker wirkt das auf das Leistungswachstum der Volkswirtschaft der DDR zurück und schafft damit auch den Spielraum für die weitere erfolgreiche Verwirklichung der Sozialpolitik.[49]

Die Untersuchung der Wechselwirkungen zwischen volkswirtschaftlicher Effektivität und außenwirtschaftlichen Beziehungen (die Ausarbeitung entsprechender Modelle, Kriterien und Kennziffern eingeschlossen) macht bei den heutigen Internationalisierungen von Produktionen, Wissenschaft, Technologien, Investitionen, Transport usw. vervollkommnete Prozeßanalysen und Methodologien erforderlich.

## Neue Prozesse und Aufgaben der sozialistischen Internationalisierung

Zahlreiche neue Prozesse der Internationalisierung der sozialistischen Produktionsverhältnisse sind im Bereich des RGW eingeleitet worden oder sollen in Gang gesetzt werden. Der traditionelle Austausch von Waren (nicht nur von Rohstoffen und Fertigwaren, sondern auch von Lizenzen und wissenschaftlich-technischen Dokumentationen) wird selbstverständlich fortgesetzt, mehr und mehr wird er aber zu einem Element *komplexer* außenwirtschaftlicher Verflechtungen. Die internationalen sozialistischen *Produktions*beziehungen determinieren den Außenhandel der RGW-Partner zunehmend, wobei selbstverständlich die eigenständigen und die Rückkopplungsfunktionen des Außenhandels weiter zu fördern sind. Er spielte und spielt eine außerordentliche Rolle bei der Sicherung der Rohstoff-, Brennstoff- und Energieversorgung der DDR als Grundlage ihres stabilen volkswirtschaftlichen Wachstums, bei Ausbau, Modernisierung und Rationalisierung von Kapazitäten, der Herstellung starker, effektiver Produktionsstrukturen, der Erhöhung des technischen und technologischen Produktionsniveaus, der Einführung neuer Erzeugnisse in die Produktion und nicht zuletzt bei der Versorgung mit Nahrungs- und Konsumgütern. (Zur Entwicklung der Warenstruktur des Außenhandels der DDR vgl. Tabelle 2.)

49 Vgl. E. Honecker, Die Aufgaben der Partei bei der weiteren Verwirklichung der Beschlüsse des IX. Parteitages der SED. Aus dem Referat des Generalsekretärs des ZK der SED auf der Beratung mit den Ersten Sekretären der Kreisleitungen, Berlin 1978, S. 40.

Tabelle 2
Struktur der Ausfuhr und Einfuhr der DDR

| Erzeugnis-hauptgruppe* | 1960 | 1970 | 1971 | 1972 | 1973 | 1974 | 1975 | 1976 | 1977 |
|---|---|---|---|---|---|---|---|---|---|
| | Basis effektive Preise (in %) | | | | | | | | |
| *Ausfuhr* | | | | | | | | | |
| Maschinen, Ausrüstungen und Transportmittel | 49,0 | 51,7 | 51,8 | 51,3 | 51,4 | 48,2 | 50,7 | 51,2 | 53,4 |
| Brennstoffe, mineralische Rohstoffe, Metalle | 15,7 | 10,1 | 9,9 | 10,0 | 10,8 | 14,2 | 12,1 | 11,3 | 11,2 |
| Andere Rohstoffe und Halbfabrikate für Industriezwecke Rohstoffe und Produkte der Nahrungsmittelindustrie | 5,9 | 7,4 | 6,5 | 8,0 | 9,0 | 9,3 | 9,1 | 10,4 | 7,3 |
| Industrielle Konsumgüter | 15,1 | 20,2 | 20,8 | 18,8 | 17,1 | 16,2 | 15,6 | 14,4 | 15,3 |
| Chemische Erzeugnisse, Düngemittel, Kautschuk, Baumaterialien und andere Waren | 14,3 | 10,6 | 11,0 | 11,9 | 11,7 | 12,1 | 12,5 | 12,7 | 12,8 |
| Zusammen | 100 | 100 | 100 | 100 | 100 | 100 | 100 | 100 | 100 |
| *Einfuhr* | | | | | | | | | |
| Maschinen, Ausrüstungen und Transportmittel | 12,7 | 34,2 | 33,5 | 32,1 | 33,0 | 30,3 | 30,8 | 31,5 | 33,3 |
| Brennstoffe, mineralische Rohstoffe, Metalle | 38,5 | 27,6 | 27,8 | 28,1 | 24,4 | 26,8 | 30,5 | 28,9 | 29,0 |
| Andere Rohstoffe und Halbfabrikate für Industriezwecke, Rohstoffe und Produkte der Nahrungsmittelindustrie | 39,2 | 28,1 | 26,1 | 25,4 | 24,7 | 24,7 | 22,6 | 24,9 | 22,0 |
| Industrielle Konsumgüter | 5,3 | 4,5 | 4,7 | 5,6 | 8,4 | 6,6 | 5,6 | 4,8 | 4,6 |

Tabelle 1 (Fortsetzung)

| Erzeugnis-hauptgruppe* | 1960 | 1970 | 1971 | 1972 | 1973 | 1974 | 1975 | 1976 | 1977 |
|---|---|---|---|---|---|---|---|---|---|
| | Basis effektive Preise (in %) | | | | | | | | |
| Chemische Erzeugnisse, Düngemittel, Kautschuk, Baumaterialien und andere Waren | 4,3 | 5,6 | 7,9 | 8,8 | 9,5 | 11,6 | 10,5 | 9,9 | 11,1 |
| Zusammen | 100 | 100 | 100 | 100 | 100 | 100 | 100 | 100 | 100 |

* Entsprechend der Einheitlichen Warennomenklatur des Außenhandels der RGW-Länder.

*Quelle:* Statistisches Jahrbuch der DDR 1978, Berlin 1978, S. 232.

An neueren Internationalisierungsvorgängen im RGW wären hervorzuheben:

— Produktions-, Forschungs- und Entwicklungsspezialisierungen, vor allem *innerhalb* von Erzeugnisgruppen;

— Produktions-, Forschungs- und Entwicklungskooperationen, bei beständiger Zunahme der Lieferungen von Bauteilen und Baugruppen (in rationeller Verbindung mit vertraglich abgestimmten Produktionen und gegenseitigen Lieferungen von Finalprodukten);

— gemeinsame Vorhaben und Einrichtungen (mit koordinierten bzw. gemeinsamen Entscheidungen) von der Forschung und Entwicklung bis zum Absatz;

— Abstimmung von Investitionsmaßnahmen zwischen den Partnerstaaten; Zusammenarbeit bei der Durchführung von Investitionen, besonders im Zusammenhang mit Rationalisierungsmaßnahmen; gemeinsame Investitionen (hierbei entsteht kein sozialistisches Eigentum);

— abgestimmte und gemeinsame Forschungs-, Entwicklungs-, Konstruktions-, Produktions- und andere Tätigkeiten bei der Erschließung neuer Energie-, Nahrungsmittel- und Futtermittelquellen, bei der Entwicklung neuer Technologien, dem Ausbau der Mikro- und Minitechnik, der Infrastruktur, dem Umweltschutz u. a. m.

So ist in der Entwicklung der Wirtschaftsbeziehungen zwischen den RGW-Ländern ein Aufstieg von relativ einfachen Austauschakten (Waren und Dokumentationen) zu komplizierten Integrationsmaßnahmen zu verzeichnen. Damit sind auch den Effektivitäts- und Optimierungsrechnungen neue Aufgaben gestellt, worauf wir noch eingehen werden.

Diese neuen Prozesse der sozialistischen Internationalisierung der Wirtschaft enthalten fast durchgängig eine neue Qualität und einen höheren Grad der internationalen Mobilität der Produktivkräfte (der Produktionsfaktoren). Das alte Problem der Ausnutzung komparativer Vorteile durch internationale Arbeitsteilung und Außenhandel erhält in diesem Zusammenhang zumindest zwei neue Elemente:

1. Die Annahme der internationalen *Immobilität* der Produktivkräfte wird in den relevanten Modellen teilweise gegen die Annahme einer internationalen *Mobilität* ausgewechselt.

2. Die Gewinnung komparativer Vorteile bei den einzelnen traditionellen Produktionsfaktoren wird um den Bereich vieler *technologischer* Vorteile für die Beteiligten erweitert. Gerade hier erschließen sich nennenswerte und zum Teil ganz neue Effektivitätsreserven. (Die Problematik der absoluten Vorteile behandeln wir in diesem Beitrag nicht.)

Es ist unerläßlich, diese beiden Elemente in der wirtschaftlichen Zusammenarbeit der RGW-Länder planmäßig auszunutzen. Das ist auch eine der ausschlaggebenden Bedingungen, um:

— weitere wirtschaftliche Fortschritte im Wettbewerb mit dem internationalen kapitalistischen System zu erzielen,

— die Wirtschaftsbeziehungen mit westlichen Regierungen und Firmen zu erweitern und zu vervollkommnen,

— die Zusammenarbeit mit interessierten Entwicklungsländern schneller auszubauen,

— das Volumen der Exporte der RGW-Länder in das nichtsozialistische Wirtschaftsgebiet zu erweitern und die Strukturen dieser Exporte zu verbessern wie schließlich

— durch eigene volkswirtschaftliche Anstrengungen und durch Zusammenarbeit der Mitgliedsländer des RGW unnötig werdende Einfuhren aus dem kapitalistischen Wirtschaftsgebiet einzusparen.

Um diese Aufgaben zu lösen, sind vertragliche Abstimmungen zwischen den RGW-Partnern erforderlich. Dann können langfristig stabile Strukturen der sozialistischen internationalen Arbeitsteilung, besonders der Integration der dem RGW angehörenden Volkswirtschaften, geformt werden.[50]

Dazu wird ein höherer Grad der Planmäßigkeit angestrebt. Das gilt *erstens* für die *internationale* Ebene, auf der neue Formen der Plankoordinierung und allmählich auch gemeinsame Planungen entwickelt werden. Das gilt *zweitens* für die Planung *innerhalb* der beteiligten Volkswirtschaften, in denen die Planungs-,

50 So wurden u. a. im Ergebnis von zweiseitigen Beratungen zwischen Partei- und Staatsdelegationen der Sowjetunion und der DDR sowie der VR Polen, der ČSSR, der VR Bulgarien und der DDR die Hauptrichtungen für die zweiseitige wirtschaftliche Zusammenarbeit im Zeitraum nach 1980 vereinbart und die Aufgabe gestellt, komplexe langfristige Programme der internationalen Spezialisierung und Kooperation der Produktion zwischen der Sowjetunion und der DDR sowie zwischen anderen RGW-Ländern auszuarbeiten.

Leitungs- und Stimulierungsmechanismen technologiefördernd und integrationsgemäß, den neuen Prozessen der Internationalisierung Rechnung tragend, weiterentwickelt werden.

Um die Effektivität der einzelnen Volkswirtschaften und auch der Internationalisierung der sozialistischen Wirtschaftsbeziehungen zu erhöhen, stehen in den nächsten Jahren, so scheint es uns, vor den Volkswirtschaften der RGW-Staaten und den verschiedenen RGW-Organen und -Einrichtungen *drei wechselseitig verbundene Aufgaben* im Vordergrund:

1. verstärkte Fortschritte im Bereich der *Innovation*, bei der Überführung geeigneter Forschungsergebnisse in die Produktion und bei der Entwicklung wie auch rationellen Einführung moderner (material- und energiesparender) *Technologien*;

2. Verbesserungen im gesamten Komplex der *Investitionen*: Kostensenkung und Einhaltung der Kostenvoranschläge, Verkürzung der Bauzeiten, Verbesserung der technischen und technologischen Parameter der einzelnen Vorhaben, Erhöhung des Ausrüstungsanteils, Ausdehnung des Anteils der Rationalisierungsinvestitionen und verstärkte Internationalisierung der Investitionstätigkeiten;

3. rationellere Gestaltung der volkswirtschaftlichen *Strukturen* im Interesse der Senkung des spezifischen Material- und Energieverbrauchs, einer höheren Qualität und Exportfähigkeit der Erzeugnisse, der Senkung der Selbstkosten und der Steigerung der Arbeitsproduktivität durch stärkere Konzentration der Produktion und Erweiterung der volkswirtschaftlichen und internationalen Spezialisierung/Kooperation der Produktion.

Besonderes Gewicht haben diese Orientierungen *angesichts veränderter außenwirtschaftlicher Bedingungen* für die effektive Stärkung der Exportkraft der RGW-Länder. Sie bildet die Bedingung, um den notwendigen Importbedarf an Rohstoffen und Brennstoffen sowie an modernen Maschinen und Ausrüstungen zu decken.

Es ist absehbar, daß die DDR und auch die übrigen RGW-Länder hierbei in nächster Zeit verschiedene widersprüchliche Prozesse lösen und planmäßig bilanzieren müssen, z. B. zwischen dem volkswirtschaftlichen Bedarf an Maschinen und Ausrüstungen und dem Export gleichartiger Erzeugnisse, um die Rohstoff-, Brennstoff- und Energiezufuhr zu gewährleisten. Größeren Einfluß erlangt gleichzeitig der *Zeitfaktor*, so bei der Ausarbeitung neuer Verfahren und ihrer Anwendung in effektiven Exportproduktionen.

Wichtige ökonomische Maßstäbe für die planmäßige Lösung der Internationalisierungaufgaben sind die zu erwartenden Auswirkungen auf die Zahlungsbilanz nach Währungsgebieten und Ländern sowie auf die Stabilität der volkswirtschaftlichen Reproduktionsprozesse.

Wenn wir diese Maßstäbe anlegen, brauchen wir offensichtlich *zusätzliche* und *neue* Kriterien, um den Grad der effektiven internationalen Verflechtung einer sozialistischen Volkswirtschaft zum Ausdruck zu bringen und zu messen. Bisher übliche (und nach wie vor wichtige) Kriterien waren der Anteil des Exports an den verschiedenen Produktionen und der Anteil des Imports in den verschiedenen Verbrauchsbereichen. Neue Kennziffern wären (in dem Maße, in dem überhaupt quantifiziert werden kann) vor allem:

— der Anteil des internationalen Technologietransfers an der Entwicklung und Ingangsetzung neuer, hochwertiger Technologien;

— der Anteil der international spezialisierten und kooperierten Produktionen an der volkswirtschaftlichen Gesamtproduktion bzw. an einzelnen Produktionen und der Einfluß dieser Spezialisierung/Kooperation auf die Optimierung der im einzelnen ja recht unterschiedlichen Konzentrationsprozesse;

— schließlich der Anteil der Zusammenarbeit auf dem Gebiet der Investitionen, der Anteil der Lieferungen von Investitionsgütern und der Investitionskredite an den volkswirtschaftlichen Investitionen und ihrer Finanzierung.

## Innovation und Technologie

Die Überführung von geeigneten Forschungsergebnissen in die Produktion hat ihre Basis natürlich in der Grundlagenforschung. In diesem Bereich sind die RGW-Länder in den letzten Jahren verstärkt zu mittel- und langfristigen Abstimmungen, gemeinsamen Arbeiten, Koordinierungszentren, Laboratorien usw. übergegangen.

Die zentrale Aufgabe auf dem Gebiet der Innovation besteht zweifellos darin, hocheffektive, material- und energiesparende Technologien zu entwickeln, bei der Überführung in die Produktion mehr Zeit einzusparen wie auch die neue Produktion sofort und auch längerfristig zu stabilisieren und rentabel zu gestalten.

Durch internationale Zusammenarbeit und dabei durch den internationalen Transfer von Information und Technologie kann der Innovationsprozeß der beteiligten Volkswirtschaften der RGW-Länder nennenswert beschleunigt und auch darüber hinaus verbessert werden.

Der internationale Transfer von Information und Technologie wird seit Gründung des RGW als wichtiges Feld der wirtschaftlichen Zusammenarbeit und als Mittel der Angleichung des ökonomischen Entwicklungsniveaus angesehen. Zusammen mit der Plankoordinierung und dem Außenhandel gehört die wissenschaftlich-technische Zusammenarbeit zu den zuerst entwickelten Methoden der wirtschaftlichen Beziehungen zwischen sozialistischen Ländern. Allerdings erfolgte der internationale Transfer von Information und Technologie bereits in den ersten Jahren nicht nur über die WTZ. Andere Kanäle waren die

Lieferungen von Maschinen und Ausrüstungen wie auch die Unterstützung bei der Ausbildung von Fachkräften und der Errichtung von Produktionsanlagen und anderen Einrichtungen.

Ende der sechziger Jahre reichten die damaligen Maßnahmen und Institutionen zu einem Teil nicht mehr aus, um die wirtschaftliche und wissenschaftlich-technische *Integration* der RGW-Länder in die Wege zu leiten. Deshalb wurde 1967 und danach auf verschiedenen Ratstagungen vereinbart, die *bewährten* Formen der WTZ zu vervollkommnen und auch zu *neuen* Formen und Institutionen zu gelangen. Im Grunde ging es darum, Schritt für Schritt von Koordinierungen und vom Austausch fertiger Forschungsergebnisse zu einer langfristig geplanten, abgestimmten und einheitlichen wissenschaftlich-technischen Politik überzugehen. Dazu gehören auch arbeitsteilige und gemeinsame Forschungen.[51]

So zeigt sich auch auf den Gebieten der Innovation und der Technologie der Fortgang vom einfachen internationalen Austausch von Lizenzen und anderen Dokumentationen zu komplexeren und intensiveren Integrationsprozessen. Von deren Qualität wird der notwendige weitere und schnellere technologische Fortschritt zunehmend beeinflußt.

## Investitionen

Für Gegenwart und nächste Zukunft zeichnet sich in den RGW-Ländern das Durchkreuzen zweier Investitionstendenzenn ab. Eine *erste Tendenz* wirkt in der Richtung, daß der Anteil der Investitionen an der Verwendung des Nationaleinkommens im Innern der Volkswirtschaften erhöht wird (Tendenz zur Erhöhung der Akkumulationsrate und des Quotienten $\frac{\textit{Investitionen}}{\textit{Nationaleinkommen}}$). Diese Tendenz ergibt sich aus verschiedenen Faktoren: dem Bau von Wohnungen und sozialen Einrichtungen, dem Ausbau der Infrastruktur, dem Umweltschutz, den erhöhten Aufwendungen im Energie- und Rohstoffbereich, dabei für die Nettoimporteure von Rohstoffen aus den höheren Energie- und Rohstoffpreisen. Die gegenüber den sechziger Jahren wesentlich veränderte Relation der Rohstoffpreise zu den Fertigwarenpreisen dürfte (nicht im einzelnen, aber

51 Wichtige Regelungen empfahl vor allem die 60. Sitzung des Exekutivkomitees des Rates für Gegenseitige Wirtschaftshilfe. Vgl. Anordnung über organisatorisch-methodische, ökonomische und rechtliche Grundlagen der wissenschaftlich-technischen Zusammenarbeit mit den Mitgliedsländern des RGW vom 2. Januar 1973, in: Gesetzblatt der DDR, Sonderdruck 750 vom 9. 2. 1973.

in der Grundrichtung) bis zum Wirksamwerden von Substitutionsforschungen und -investitionen gewiß bis in die neunziger Jahre hinein bestehen bleiben.

Die *zweite Tendenz* führt dahin, die Effektivität der Investitionen bei weiterer Intensivierung der Wirtschaftsprozesse zu erhöhen.

Nun geht es darum, alles zu tun, damit die erste Tendenz in den nächsten Jahren nicht zu sehr dominiert. Um das zu erreichen, ist vor allem die Qualität der Investitionsentscheidungen, ihrer Leitung, Planung, Stimulierung und Durchführung in den einzelnen RGW-Volkswirtschaften zu verbessern.

Ein weiterer Weg besteht darin, die Investitionstätigkeiten weiter zu internationalisieren: Abstimmung von Investitionen, Zusammenarbeit bei Rationalisierungsinvestitionen, Erfahrungsaustausch, gemeinsame Investitionen u. ä.

In den letzten Jahren, im Zusammenhang mit verstärkten Integrationsbemühungen im RGW, hat auch der internationale Transfer von Fonds (als eine der Formen der internationalen Mobilität der Produktionsfaktoren) zugenommen. Dieser Transfer erfolgt von Land zu Land oder über die Internationale Investitionsbank in Moskau. Bei den bilateralen Kreditierungen sind die Investitionsbeteiligungen, also die objektgebundenen Kreditierungen (und Rückzahlungen), wesentlich erweitert worden.

Tabelle 3

Gesamt- und Industrieinvestitionen in der Volkswirtschaft der DDR und Investitionsbeteiligungen der DDR in anderen RGW-Ländern 1965 bis 1976*

| Jahr | Volkswirtschaftliche Gesamtinvestitionen** | Industrieinvestitionen** | Investitionsbeteiligungen+ |
|---|---|---|---|
| 1965 | 20707 | 11291 | 0 |
| 1966 | 22241 | 11847 | 55 |
| 1967 | 24314 | 12363 | 130 |
| 1968 | 26974 | 12942 | 476 |
| 1969 | 31325 | 15257 | 477 |
| 1970 | 33536 | 17254 | 857 |
| 1971 | 33788 | 17729 | 910 |
| 1972 | 35365 | 19022 | 770 |
| 1973 | 38306 | 20904 | 580 |
| 1974 | 39941 | 20515 | 270 |
| 1975 | 42048 | 20983 | 630 |
| 1976 | 45155 | 22720 | 1095 |
| 1977++ | 47615 | 24410 | 1800 |

* Mill. Mark, in vergleichbaren Preisen, Basisjahr 1975.
** Ohne Investitionsbeteiligungen.
\+ In anderen Mitgliedsländern des RGW.
++ Vorläufig.

*Quelle:* Statistisches Jahrbuch der DDR 1977, Berlin 1977, S. 79; 1978, S. 79.

Im Zeitraum 1971 bis 1975 trugen die europäischen RGW-Staaten (ohne UdSSR) mit etwa $3^1/_2$ Mrd. Rubel zur Finanzierung gemeinsamer Objekte in der Sowjetunion bei. Von 1976 bis 1980 sind es mehr als 5 Milliarden. Die Gesamtsumme der *Industrie*investitionen dürfte in den europäischen RGW-Staaten (wiederum ohne UdSSR) im Jahre 1975 vielleicht in der Nähe von 15 Mrd. Rubel gelegen haben. Demnach würden, grob geschätzt und im einzelnen unterschiedlich, die Investitionsbeteiligungen in kurzer Zeit auf 5% der Industrieinvestitionen der Kreditgeber angestiegen sein. Mit diesen Investitionskrediten werden Bezüge von Energie und Rohstoffen aus der Sowjetunion gesichert. Umgekehrt gewährt die Sowjetunion Kredite für Entwicklungsaufgaben und für den Zahlungsbilanzausgleich.

In der DDR (vgl. Tabelle 3) nahm der Anteil der Investitionsbeteiligungen an den inneren Gesamtinvestitionen von 1,44% im Zeitraum 1966/70 auf 1,67% in den fünf Jahren 1971/75 und auf 2,34% im Jahre 1976 zu. Die entsprechenden Anteile an den Industrieinvestitionen sind 2,86, 3,11 und 4,70%.

Da es wohl unumstritten ist, daß der Schlüssel für die Lösung des Energie-, Brennstoff-, Rohstoff- und Materialproblems in der Entwicklung von energie- und materialsparenden Technologien durch die verarbeitende Industrie liegt, sollten Investitionsbeteiligungen und andere Formen der Internationalisierung der Investitionen in der *verarbeitenden* Industrie durchaus auf der Tagesordnung der Weiterentwicklung der sozialistischen internationalen Arbeitsteilung stehen. Das gilt auch für die Investitionen im Bereich der Konsumgüterindustrie, des Wohnungs- und Gesundheitswesens, des Umweltschutzes, der Dienstleistungen und in sonstigen Bereichen der Infrastruktur.

## Rationellere volkswirtschaftliche Strukturen

Die Gestaltung rationellerer volkswirtschaftlicher Strukturen mittels internationaler Arbeitsteilung und ökonomischer Integration im RGW ist eine wichtige Quelle, um die Effektivität der sozialistischen Volkswirtschaften zu verbessern. Dabei geht es besonders um eine stärkere Differenzierung der industriellen Zweigstrukturen mittels langfristiger Spezialisierungen und Kooperationen in Wissenschaft, Technik und Produktion wie auch um eine international abgestimmte Stabilisierung volkswirtschaftlicher Proportionen. Auf diesen Wegen kommt es zu einer effektiven Ergänzung der beteiligten Volkswirtschaften zugunsten des rationelleren Einsatzes der Investitionen, einer stärkeren Exportkraft und einer Verbesserung des wissenschaftlich-technischen Niveaus der Produktionszweige.

Besonders für kleine und mittlere RGW-Länder leistet eine effektive Strukturpolitik einen ganz wesentlichen Beitrag dafür, die gesellschaftliche Arbeitsproduktivität zu steigern, die Selbstkosten zu senken und die Qualität der Erzeugnisse zu verbessern.

Diese Struktureffekte kann man mit der traditionellen Kennziffer Arbeitsproduktivität (Entwicklung der Warenproduktion je Beschäftigten) nicht oder nur begrenzt messen, denn eine Verbesserung dieser Kennziffer können Betriebe in einem bestimmten Umfang auch dann erzielen, wenn veraltete Produktionsstrukturen und überholte Technologien beibehalten werden. Auch bei Nach- und Reparaturarbeiten, die auf schlechte Qualität von Zwischen- und Finalprodukten zurückzuführen sind, können Betriebe Verbesserungen der Arbeitsproduktivität erreichen. Aus diesen Gründen wird es notwendig, an die Berechnung von Nutzeffekten aus Vorhaben der internationalen Spezialisierung und Kooperation höhere Maßstäbe anzulegen. Auf einige damit verbundene Fragen gehen wir im letzten Teil dieses Abschnittes ein.

Gewiß, die Strukturpolitik eines jeden einzelnen RGW-Landes hat in Abhängigkeit von der jeweiligen Größe und Struktur des Wirtschaftspotentials und der natürlichen Ressourcen wie auch in Abhängigkeit vom jeweils erreichten ökonomischen und wissenschaftlich-technischen Entwicklungsniveau besondere Züge und Elemente. Doch gibt es offensichtlich für den vor uns liegenden Zeitraum einige wichtige allgemeine Zielsetzungen:

1. verstärkte Konzentration in Forschung und Entwicklung, bei den Investitionen und in der Produktion, bei Bezug und Absatz. Dafür benötigen wir langfristig stabile *volkswirtschaftliche* und *internationale* Spezialisierungs- und Kooperationsmaßnahmen. Damit wird auf der einen Seite eine Senkung der Selbstkosten und auf der anderen Seite, eben durch verstärkte Konzentration, eine Verbesserung der Qualität der Technologien, der Arbeitsorganisation, der Finalprodukte usw. erreicht. (Wir sind weit davon entfernt, das Kriterium der Konzentration zu absolut aufzufassen. Konzentration bei Standardmaschinen ist etwas anderes als Konzentration bei Spezialmaschinen. Ähnliches gilt für Finalprodukte und Bauteile. Ebenso sind Konzentration, optimale Losgröße, und Betriebsgröße nicht identisch.)

2. Entwicklung von Technologien, Anlagen usw. in der verarbeitenden Industrie, um die *traditionelle* Gewinnung und Verarbeitung von Brenn- und Rohstoffen sowie von Energie zu verbessern, vor allem aber, um im Bereich der Energie- und Rohstoffwirtschaft *Substitutions*prozesse zu fördern, um auf beiden Wegen den spezifischen Verbrauch von Energie und Material zu senken;

3. strukturpolitische Maßnahmen entsprechend den Zielsetzungen der sozialistischen Sozialpolitik (z. B. Wohnungsbau und Gesundheitswesen) im Interesse der Sicherung und Entwicklung der übrigen Bereiche der Infrastruktur wie schließlich für den Umweltschutz;

4. Entlastung des Transportnetzes im Verkehr zwischen den RGW-Ländern

dadurch, daß energie- und materialintensive Produktionen mehr als bisher an den Standort der Gewinnung (oder in die Nähe dieses Standortes) verlagert werden.

Ein weiteres strukturpolitisches Ziel besteht darin, die Wettbewerbsfähigkeit der RGW-Länder auf den internationalen Märkten zu verstärken und die Zusammenarbeit mit interessierten Entwicklungsländern zu fördern.

Eine derartig zunehmende Konzentration und internationale Spezialisierung verlangt von den beteiligten Volkswirtschaften, daß die gesamte Reproduktionskette (von der Grundlagenforschung bis zum Absatz und Service) durch die Leitung, Planung und Stimulierung beherrscht wird. Das gilt für die Leitung, Planung und Stimulierung in den Volkswirtschaften ebenso wie für die Zusammenarbeit der RGW-Länder im Bereich der Planung.

Die Aufgabe von Strukturentscheidungen kann in den RGW-Ländern *nicht* darin bestehen, ganze volkswirtschaftliche Bereiche oder Erzeugnishauptgruppen aus dem Spektrum zu streichen. Es geht vielmehr darum, auf die Produktion bestimmter Erzeugnisgruppen auf Grund vertraglicher Vereinbarungen allmählich zu verzichten[52], und vor allem innerhalb der Zweige und Erzeugnisgruppen verstärkt international zu spezialisieren und zu kooperieren.

Im Laufe der bisherigen Entwicklung gelang es den RGW-Ländern nicht immer reibungslos, alle volkswirtschaftlichen Strukturentscheidungen untereinander langfristig abzustimmen. Es geschah auch, daß einzelne Spezialisierungsvereinbarungen nicht in allen Teilen eingehalten wurden. Ursachen dafür waren u. a. volkswirtschaftliche Entscheidungen infolge der Weiterentwicklung wirtschaftspolitischer Konzeptionen, ferner langfristig oder kurzfristig wirksame volkswirtschaftliche Engpässe. Nicht zuletzt führten auch Zahlungsbilanzschwierigkeiten zu Veränderungen. Eine Reihe weiterer Umstände ließe sich anführen.

Die Erfahrungen zeigen, daß in der heutigen Zeit, da die Volkswirtschaften aller RGW-Länder in diesem oder jenem Grade unter dem objektiven Druck weiterer Internationalisierungen stehen, kein Partnerland Strukturentscheidungen im Alleingang fällen kann. Das ESER-System des RGW und die Investitionsbeteiligungen verschiedener RGW-Staaten in der Sowjetunion und in anderen Partnerländern bestätigen das. Auch die herangereiften Entscheidungen über Bau, Standort, Kapazitäten, Technologien usw. von Atomkraftwerken verlangen komplexe internationale sozialistische Zusammenarbeit. Das sind nur einige von sehr vielen Beispielen, die hier angeführt werden könnten. Keines unserer

52 Wir verweisen ausdrücklich auf die Festlegungen in der DDR, wonach die Produktion von Erzeugnissen erst dann eingestellt werden darf, wenn die zu importierenden Produkte erprobt wurden, kommerzielle Verträge über ihren Import abgeschlossen sind und die planmäßige Belieferung gewährleistet ist; vgl. E. Honecker, Die Aufgaben der Partei bei der weiteren Verwirklichung der Beschlüsse des IX. Parteitages der SED, a. a. O., S. 41.

Länder kann im Grunde (im eigenen Interesse!) Entscheidungen über die Entwicklung von Produktionszweigen unabhängig von Konsultationen mit anderen Partnerländern des RGW fällen.

Unsere Erfahrungen bestätigen ebenfalls, daß größere Strukturveränderungen nur *allmählich* durchgeführt werden können. Die volkswirtschaftlichen und die internationalen, die sozialen, wirtschaftlichen und technischen Mechanismen sind viel zu komplex.

Uns scheint, daß die langfristigen Zielprogramme der Mitgliedsländer des RGW und zweiseitige Programme der Spezialisierung und Kooperation mit der Sowjetunion geeignete Ansatzpunkte für strukturpolitische Entscheidungen der beteiligten Volkswirtschaften bilden müßten. Dazu heißt es im Kommuniqué der XXXI. Tagung des RGW: „Die Ratstagung orientierte darauf, die Anstrengungen vorrangig auf die Vorbereitung von Abkommensentwürfen zu richten, die mit der Ausarbeitung der langfristigen Zielprogramme in den Brennstoff-Energie- und Rohstoffzweigen, bei der Erweiterung der Produktion von Grundnahrungsmitteln sowie mit der Absicherung dieser Aufgaben durch die erforderlichen Maschinen und Ausrüstungen verbunden sind. Besonders wichtig für die komplexe Lösung der mit der Entwicklung der Kernenergetik und dem Brennstoff- und Energieproblem insgesamt verbundenen Fragen ist das Programm der maximal möglichen Entwicklung des Kernkraftwerksmaschinenbaus in den RGW-Ländern. Die Tagung empfahl den Mitgliedsländern des RGW, im Jahre 1978 ein Abkommen über die mehrseitige internationale Spezialisierung und Kooperation der Produktion und die gegenseitigen Lieferungen von Ausrüstungen für Kernkraftwerke für den Zeitraum 1981 bis 1990 abzuschließen."[53]

Vom Problem her und unter Berücksichtigung der Zeithorizonte hat das Programm für das Gebiet der Energie und der Brennstoffe Vorrang.

Bei der Ausarbeitung und Verwirklichung des Programms im Bereich der Energie und Brennstoffe steht die DDR-Volkswirtschaft vor folgender Effektivitätsproblematik:

In Anbetracht der internationalen Situation sind die eigenen Vorkommen in der DDR so weit wie möglich auszuschöpfen. Das ist allerdings mit einer Erhöhung der Selbstkosten und einem Sinken der Fondsquote in der Energie- und Brennstoffwirtschaft (und damit, andere Faktoren ausgeklammert, in der Volkswirtschaft insgesamt) verbunden.

Die aus der Sowjetunion kommenden Einfuhren von Energie und Brennstoffen werden sich in Zukunft beträchtlich langsamer erhöhen als in der Vergangenheit. Das hängt vor allem mit den knapper werdenden Ressourcen und den erhöhten Aufwendungen in der Sowjetunion zusammen. Zusätzliche

53 Kommuniqué der XXXI. RGW-Tagung, in: Neues Deutschland, Ausgabe B, vom 25./26. 6. 1977, S. 6.

Importe aus nichtsozialistischen Ländern wären also in stärkerem Maße notwendig. Für alle diese Einfuhren sind für die nächsten (etwa) 20 Jahre höhere Importpreise zu kalkulieren, als wir sie in den vergangenen 20 Jahren hatten.

Aus beiden Umständen ergibt sich, daß die Volkswirtschaft der DDR in den nächsten Zeiträumen je Zuwachseinheit Nationaleinkommen mehr Aufwendungen im Bereich der Energie und Brennstoffe — ebenso aber auch im Bereich der Rohstoffe und Materialien — aufbringen muß als in der Vergangenheit.

Was ist also zu tun?

Langfristig liegt unserer Meinung nach die Lösung des Problems darin, daß die material- und energiebezogenen Technologien in der verarbeitenden Industrie der DDR (und natürlich nicht nur in der DDR) wesentlich verbessert werden. Das gilt in doppeltem Sinne. Einmal geht es darum, in stärkerem Maße Technologien, Geräte, Anlagen usw. zu entwickeln, mit denen Substitutionsprozesse im Bereich der Energie und Brennstoffe eingeleitet und mit denen die traditionellen Brennstoffe und Rohstoffe rationeller erkundet und gewonnen werden können. Zum anderen aber geht es darum, in der verarbeitenden Industrie mehr Technologien, Geräte, Anlagen usw. einzusetzen, die dazu beitragen, den spezifischen Aufwand an Energie und Material je Einheit Finalprodukt in nennenswertem Maße zu senken. Es sei nur auf den Komplex der Mikro- und Minitechnik verwiesen. Hier liegen beträchtliche Reserven.

In diesem Zusammenhang wird auch daran gedacht, sukzessive und fallweise bestimmte energie- und materialintensive Produktionen aus der DDR (oder auch aus anderen RGW-Mitgliedsländern) in die Nähe der Standorte oder an den Standort der Gewinnung der Energie und Rohstoffe, vor allem in der Sowjetunion, zu verlagern. Das würde helfen, Transportkosten einzusparen und den Energie- und Materialbedarf der DDR relativ zu verringern.

Zu bedenken wäre auch, daß der Bedarf der DDR und einiger anderer RGW-Volkswirtschaften an derartigen energie- und materialintensiven Erzeugnissen und Zwischenprodukten im Verhältnis zum riesigen Bedarf der Volkswirtschaft der UdSSR klein ist. Insofern stößt das Problem einer entsprechenden Kapazitätserweiterung in der UdSSR und der Produktionsverringerung bzw. -einstellung in der DDR (oder etwa in Ungarn) dann nicht auf besondere Schwierigkeiten, wenn die Volkswirtschaft der DDR auf der Grundlage langfristiger Strukturprofilierungen und im Rahmen langfristiger Vereinbarungen und Verträge attraktive Finalprodukte und Bauteile in entsprechender Menge und Qualität anbietet.

Der wichtigste Weg, den die DDR geht, um den erhöhten Importaufwand und die zusätzlichen Investitionen in der Grundstoffindustrie zu finanzieren, besteht darin, die Effektivität der gesamten Produktion und der nichtproduktiven Bereiche zu erhöhen, die Arbeitsproduktivität zu steigern und die Selbstkosten zu senken. Damit wird es möglich, die Exportkraft der Volkswirtschaft zu erhöhen, was allerdings mit vielschichtigen und keineswegs einfachen Problemen verbunden ist. Verwiesen sei vor allem auf die folgenden Punkte:

1. Zwar ist die Exportintensität vieler Produktionen in der DDR schon gegenwärtig hoch, doch werden die internationalen Spezialisierungen und Kooperationen, die notwendig sind, um die Produktion in einer Reihe von Bereichen stärker zu konzentrieren, zu einer Verstärkung der Exportintensität auch bei weiteren Produktionen führen.

2. Für das weiter wachsende Nationaleinkommen und das weiter zunehmende Produktionsvolumen sind zusätzliche Energie- und Materialimporte notwendig, wobei natürlich gleichzeitig auch die Importintensität der Produktion gesenkt werden muß. Hinzu kommen die neuen Relationen von Rohstoff- und Fertigwarenpreisen auf den internationalen Märkten. Es muß somit verstärkt exportiert werden, um die Importe zu bezahlen. So ergibt sich für die nächsten Jahre die alles andere als leichte Aufgabe:

$$\Delta X > \Delta Y > \Delta M.$$

Das bedeutet: Die Exporteinheit $X$ muß schneller wachsen als die des Nationaleinkommens ($Y$) und diese wiederum schneller als die des Imports ($M$).

3. Mit der Exportproduktion und den Ausfuhren sollen sowohl die ökonomische Integration der RGW-Länder gefördert als auch die Zusammenarbeit mit ausgewählten und interessierten Entwicklungsländern weiter vorangebracht werden. Ebenso sollen die Wirtschaftsbeziehungen zu ausgewählten und interessierten kapitalistischen Industriestaaten weiter entwickelt werden, wobei vielfach zusätzliche Exporte notwendig sind, um zu einem allmählichen Ausgleich der Zahlungsbilanz zu kommen. Diese drei regionalen Exportrichtungen sind soweit wie möglich zu harmonisieren.

4. Die Investitionsabstimmungen der RGW-Partner, vor allem Investitionsbeteiligungen und gemeinsame Investitionen, machten bisher vielfach „maßgeschneiderte", also an die jeweiligen Investitionsobjekte gebundene Lieferungen von Anlagen, Maschinen usw. notwendig.

Kurz- und mittelfristig werden vielfach ad hoc-Lösungen im Vordergrund stehen, um diesen erwähnten vier Zielstellungen gerecht zu werden. Langfristig bietet sich eine wohl effektivere Kombination der beiden folgenden Lösungswege an:

*Erster Weg:* Lieferung von „maßgeschneiderten" Technologien, Anlagen, Geräten usw. für lediglich *ausgewählte* Investitionsobjekte, z. B. im Bereich des Baus von Atomkraftwerken, der Gewinnung neuer, nichttraditioneller Energiequellen, der Erschließung des Shelfgebietes, der chemischen Grundstoffindustrie, der Kohleverflüssigung oder der Meeresforschung.

Da die Zahl derartiger gemeinsamer Investitionsobjekte zunehmen wird, besteht natürlich die Gefahr der Zersplitterung im Exportsektor der DDR, wenn wir auf allen Gebieten „mithalten“ wollten. Dann könnte nicht kostengünstig produziert werden. In einigen Fällen hat die DDR solche Produktionen wieder aufgenommen und müßte sie in Zukunft aufnehmen, die früher eingestellt wurden. Deshalb sollte eine international abgestimmte Konzentration erreicht werden, damit jeweils größere Mengen in der erforderlichen Qualität geliefert werden.

*Zweiter Weg:* Qualitativ und quantitativ wären vorhandene (zum Teil auch neue) Institute und Produktionen zu fördern, deren Erzeugnisse (moderne Technologien, Geräte, Anlagen, Maschinen, Teile, Baugruppen) auf den Weltmärkten im Wettbewerb auch gegen scharfe Konkurrenz bestehen und in gewünschter Qualität und in ausreichender Menge angeboten werden können. Unter diesen Bedingungen sind auch gute Verkaufspreise zu erzielen. Wir könnten uns denken, daß ein Integrationspartner auf diese oder jene objektgebundene Anlagenlieferung verzichtet, wenn ihm die DDR hochwertige synthetische Materialien, elektronische Bausteine oder Maschinen und Anlagen aus anderen Industriezweigen anbietet, deren wissenschaftlich-technisches Niveau diese Erzeugnisse zu „harten“ Waren macht.

So zeigt sich, daß die zunehmende Internationalisierung der sozialistischen Produktionsverhältnisse auch die volkswirtschaftlichen Strukturen und die Entscheidungen über sie erfaßt. Das wird in den nächsten Jahren und Jahrzehnten ein weites Feld von sich entwickelnden neuen Wechselbeziehungen von volkswirtschaftlicher Effektivität und sozialistischer Internationalisierung der Wirtschaftsbeziehungen sein.

## Optimierungsrechnungen — Nutzeffektsnachweis

Zu den Grunderkenntnissen der politischen Ökonomie gehört, daß Länder mit einer Beteiligung an der internationalen Arbeitsteilung ökonomischen Nutzen erzielen können. Die Theorie von der sozialistischen Wirtschaft muß über diese Feststellung hinausgehen; sie hat der Wirtschaftspraxis Instrumente zu liefern, die es gestatten, diesen Nutzen konkret nachzuweisen, ihn zu optimieren, um wirtschaftspolitische Entscheidungen fällen zu können. Diese praxisorientierte Untersuchung der Wechselwirkungen zwischen volkswirtschaftlicher Effektivität und außenwirtschaftlichen Beziehungen der sozialistischen Volkswirtschaften (die Ausarbeitung entsprechender Modelle, Kriterien und Kennziffern eingeschlossen) ist damit ein relativ neuer Baustein im Gebäude der ökonomischen Theorie. Mehr noch gilt das für die Erforschung der Effekte, die gemeinsame Vorhaben von RGW-Ländern in den einzelnen Volkswirtschaften und für die sozialistische

Gemeinschaft als Ganzes hervorrufen. Damit wird ein Beitrag zur Effektivitätstheorie der sozialistischen Wirtschaft geleistet.

Im Verlaufe der Untersuchungen hat sich zwischen den Forschern der RGW-Länder eine weitgehende Übereinstimmung darüber herausgebildet, daß es für alle Berechnungen der Nutzeffekte internationaler Spezialisierung und Kooperation ein zusammenfassendes Kriterium gibt, welches für viele Fälle zu variieren ist. Zugleich müßten Zusatzkriterien wie auch spezifische Nebenbedingungen formuliert werden: Produktionsqualität, zusätzliche Investitionen, Veränderungen in Forschung und Entwicklung oder bei den Arbeitskräften und viele andere mehr. Relevante mathematische Darstellungen können der in Anhang 1 (S. 99) angeführten Literatur entnommen werden.

Bei den Untersuchungen zum Nachweis, ob und in welchem Maße die Entwicklung der Exporte und Importe eines Landes als Ganzes und auch einzelne Spezialisierungsmaßnahmen diesem Kriterium entsprechen, ist deutlich ein qualitativer Entwicklungsprozeß erkennbar. Während zunächst versucht wurde, diesen Nachweis im wesentlichen mit Kennziffern zu erreichen, die in der Sphäre des Außenhandels verfügbar waren, wurden später immer mehr auch solche Wirkungen der internationalen Arbeitsteilung erfaßt, die sich direkt in der Produktion zeigen — vor allem durch einen höheren Grad der Konzentration von Forschung, Entwicklung und Produktion.

Beim Studium der Wechselbeziehungen von volkswirtschaftlicher Effektivität und Internationalisierung treten bisher in den Mitgliedsländern des RGW *vier Phasen* hervor.[54] Dabei gab es zwar ein gewisses historisches Nacheinander, aber auch Durchkreuzungen und vor allem eine Übernahme und Weiterentwicklung der Resultate der früheren Phasen in den späteren.

Begonnen wurde in der zweiten Hälfte der fünfziger Jahre mit Untersuchungen über die Rentabilität des Außenhandels. Dabei sollten die Valutaerlöse aus dem Export abzüglich Inlandsaufwand für die Exporte zuzüglich Inlandserlös beim Import abzüglich Valutaaufwand für den Import maximiert werden.

Bei diesen wie bei allen anderen folgenden außenwirtschaftlichen Optimierungsrechnungen besteht eine der Hauptaufgaben (und Hauptschwierigkeiten) darin, sowohl *vergleichbare* als auch befriedigend *genaue* Daten zu finden. (Vergleiche von Valutaerlös und Inlandsaufwand; Ermittlung des Inlandsaufwandes usw.) In diese Forschungen zur Außenhandelsrentabilität wurden im weiteren Verlauf auch die durch Ausfuhr und Einfuhr ausgelösten Veränderungen in der Produktion einbezogen: Veränderungen von Produktionsmenge, Selbstkosten und Inlandsbedarf; zusätzliche Export- und Importeffekte, u. a. m. Zunächst wurden nur

54 Von den zahlreichen sowjetischen Autoren, die sich mit diesem Problem befaßt haben, seien stellvertretend S. Zacharov, G. Žagalov und G. Tučkin genannt. Mehrere Publikationen von DDR-Autoren sind im weiterführenden Literaturverzeichnis aufgeführt, S. 99.

Produktionen berücksichtigt, die *unmittelbar* von Export oder Import beeinflußt wurden. Später konnten auch, soweit möglich, Folgeeffekte einbezogen werden. Hierzu wurden die Verflechtungsbilanzen ausgenutzt.

In einer dritten Phase fanden weitere Elemente der außenwirtschaftlichen Beziehungen sozialistischer Volkswirtschaften Eingang in die Untersuchungen: Kredite, wissenschaftlich-technische Zusammenarbeit, Produktionsspezialisierung und -kooperation. Als eine besonders wichtige Aufgabe erwies sich die Ermittlung der volkswirtschaftlichen Nutzeffekte einer internationalen Spezialisierung der Produktion und von Kooperationsmaßnahmen. Beide, Spezialisierungs- und Kooperationsmaßnahmen, gehen in der Regel mit einer weiteren Konzentration der Produktion und entsprechenden Senkungen der Selbstkosten einher.

In den letzten Jahren hat das Heranreifen von Bedingungen begonnen, die es notwendig machen werden, Einschätzungen zur Effektivität von gemeinsamen Einrichtungen, gemeinsamen Investitionen und anderen gemeinsamen Vorhaben interessierter RGW-Partner vorzunehmen. Dabei „kann man grundsätzlich unterscheiden einmal nach bilateralen oder multilateralen Modellen und andererseits nach Modellen, in denen primär ein Maximum nationaler Nutzeffekt pro Land erzielt werden soll oder primär eine Maximierung des Gesamteffektes aller Länder".[55]

Bei diesen wie bei anderen Optimierungen sind Kriterien der Infrastruktur stärker als früher zu berücksichtigen, ebenso Kriterien des Umweltschutzes, die Bewertungen von Ressourcen und weitere komplizierte Entscheidungsprobleme.

Durch staatliche Regelungen ist in der DDR festgelegt, daß vor der Unterzeichnung von Spezialisierungs- und Kooperationsverträgen mit RGW-Partnerländern ein rechnerisch begründeter Nachweis über den Nutzeffekt und über die Deckung des volkswirtschaftlichen Bedarfs zu führen ist.[56]

Denn: „Je weiter die sozialistische ökonomische Integration fortschreitet, je mehr sie unsere volkswirtschaftliche Entwicklung beeinflußt, desto größere Aufmerksamkeit verlangen natürlich alle damit verbundenen ökonomischen Fragen, verlangt die Effektivität der Zusammenarbeit."[57]

55 G. Otto, Ein lineares Modellsystem im Außenhandel und Probleme beim Aufbau von Modellen der internationalen Arbeitsteilung, in: G. Kohlmey (Hrsg.), Außenwirtschaft und Wachstum, Berlin 1968, S. 179.

56 Detaillierter wird das dargestellt in:
G. Fröhlich, Zum Inhalt und Nachweis der Effektivität von Maßnahmen der sozialistischen internationalen Spezialisierung und Kooperation, in: Wirtschaftswissenschaft, 5/1977.

57 E. Honecker, Die Aufgaben der Partei bei der weiteren Verwirklichung der Beschlüsse des IX. Parteitages der SED, Berlin 1978, S. 41.

Auch in der Planungsordnung der DDR für 1976 bis 1980 wird eine durchgängige Einbeziehung der Ertrags-Aufwands-Kennziffern des Exports und Imports in die Effektivitätsplanung aller Bereiche angestrebt.[58]

Der Effektivitätsnachweis für Maßnahmen der sozialistischen internationalen Spezialisierung und Kooperation sieht vor, daß Erlös- und Aufwandskennziffern in zwei Grundentscheidungsvarianten ermittelt und gegenübergestellt werden:

a) ohne die untersuchte Spezialisierungsmaßnahme;

b) bei Realisierung der vorgeschlagenen Spezialisierungsmaßnahme.

Diese Gegenüberstellung ergibt sich daraus, daß je Einheit an verfügbarem Nationaleinkommenszuwachs der niedrigstmögliche Ressourceneinsatz als Bedingung vorausgesetzt wird. Damit geht es darum, eine Außenhandelsstruktur zu profilieren, mit der für die erforderliche Exportproduktion weniger gesellschaftliche Arbeitszeit aufzubringen ist, als eine Eigenherstellung der für den Import vorgesehenen Güter erfordern würde.

Die genannten Varianten mit unterschiedlichem Umfang an Eigenproduktion, Export und Import schließen als Bedingung eine Warenbereitstellung für die Binnenversorgung in Höhe des volkswirtschaftlich anerkannten (in den Plänen bilanzierten) Bedarfs ein. (Vgl. dazu nochmals Fußnote 56.)

Die dargelegte Ausgangsposition für Effektivitätsermittlungen von Maßnahmen der sozialistischen internationalen Spezialisierung und Kooperation liegt auch den Methodiken zur Effektivitätsentwicklung außenwirtschaftlicher Prozesse, die in der Sowjetunion in Kraft sind, zugrunde.[59] In anderen RGW-Ländern werden gleichfalls ähnliche Berechnungen vorgenommen.

Praktische Ergebnisse zeigen, daß es möglich ist, mit den verfügbaren Kennziffern vor allem *drei Aussagen* zu gewinnen.

1. Verhältnis des Exportvalutagegenwertes (Valutawert × Währungskoeffizient) zu den Inlandsaufwendungen. Das ergibt die Relation der Aufwendungen

58 Vgl. Autorenkollektiv, Effektivität der Außenwirtschaftsbeziehungen einer sozialistischen Volkswirtschaft, Berlin 1977, S. 132.

59 In der Sowjetunion sind in Kraft

- zeitweilige Methodik für die Bestimmung des ökonomischen Nutzeffekts des Außenhandels, bestätigt im Staatlichen Plankomitee der UdSSR im Jahre 1968;
- zeitweilige methodische Hinweise zur Berechnung des ökonomischen Nutzeffekts der Spezialisierung und Kooperation der Produktion mit Mitgliedsländern des RGW, bestätigt am 20. 3. 1973.

Diese Dokumente beruhen auf: „Methodik für die Bestimmung und den Vergleich des ökonomischen Nutzeffekts der Investitionen durch die Mitgliedsländer des RGW", die im Jahre 1967 angenommen und zur Anwendung empfohlen wurden. Die Auswertung der sowjetischen Erfahrungen, der Vorschläge von Wissenschaftlern sowie Erprobungen in der Praxis führten in der DDR zu den 1976 in Kraft gesetzten staatlichen Regelungen, auf die von G. Fröhlich verwiesen wird.

für eine Fremdwährungseinheit (transferabler Rubel, US-Dollar usw.) bei der untersuchten Operation im Vergleich zum volkswirtschaftlichen Durchschnitt. Voraussetzung dabei ist, daß die kommerziellen Umrechnungskoeffizienten mit ausreichender Genauigkeit, die durchschnittliche Kaufkraftparität im Verlauf einer längeren Periode (meist 5 Jahre) zwischen Binnengroßhandels- und Auslandsvalutapreisen des Exportvolumens, das für die Finanzierung effektivitätswirksamer Importe notwendig ist, ausdrücken. Die Praxis der DDR zeigt, daß es möglich ist, solche Koeffizienten festzulegen.

2. Verhältnis des bisherigen Binnenpreises zum Valutagegenwert für einen möglichen Import. Ist der Koeffizient größer und damit günstiger als „Eins", kann durch den Import eine Eigenproduktion ersetzt werden, die aufwendiger wäre als die dafür aufzubringenden Exporte — gemessen am volkswirtschaftlichen Gesamtdurchschnitt für eine längere Periode (lt. Umrechnungskoeffizient).

3. Rate der Selbstkostensenkung durch eine infolge Spezialisierung mögliche höhere Konzentration. Die Multiplikation dieser Rate mit der Größe des Binnenabsatzes der spezialisierten Produktion ergibt die Einsparung, die über die Rentabilität des Exportes hinaus erreicht wird.

In den ersten Schritten zur Untersuchung des Nutzens aus vorgesehenen Integrationsmaßnahmen werden oftmals bestimmte Größen des Erlöses (Valutapreis) und des Aufwands (zu zahlender Valutapreis beim Import oder Produktionsaufwendungen für Exportgüter) zu schätzen sein. Die Berechnungen sind daher mit höherem Genauigkeitsgrad in verschiedenen Vorbereitungsetappen zu wiederholen und zu präzisieren.

In der Wirtschaftspraxis setzt sich immer mehr die Erkenntnis durch, daß es sich bei Berechnungen zur Effektivität von Maßnahmen internationaler Spezialisierung und Kooperation nicht um spezifisch *außen*wirtschaftliche, sondern um *volks*wirtschaftliche Aussagen über Möglichkeiten einer effektiven Nutzung des gesellschaftlichen Arbeitsvermögens und der gesellschaftlichen Fonds handelt. In diese Möglichkeiten ist die Nutzung der sozialistischen internationalen Arbeitsteilung eingeschlossen.

Die hier erläuterten Erlös-Aufwand-Gegenüberstellungen erlauben Aussagen zur ökonomischen Effektivität. Obwohl es sich dabei um das wesentlichste Entscheidungskriterium handelt, sind gerade auf dem Gebiet der Außenwirtschaft vielfältige weitere Aspekte zu beachten.

Für die *weiteren Forschungsarbeiten* treten besonders drei Richtungen hervor:

*Erstens* sind neben dem Nachweis des Nutzens einzelner Spezialisierungsmaßnahmen weitere Überlegungen zur Optimierung volkswirtschaftlicher Strukturen unter Berücksichtigung ihrer internationalen Verflechtung anzustellen.

*Zweitens* geht es darum, wissenschaftlichen Vorlauf und praktische Bedingungen zu schaffen, damit dann Effektivitätsberechnungen gemeinsam durch mehrere

Länder und für die RGW-Länder insgesamt durchgeführt werden können. Das könnte u. a. in internationalen ökonomischen Organisationen erfolgen.

*Drittens* wäre verstärkt daran zu arbeiten, neben Kriterien der ökonomischen Effektivität auch mit der Außenwirtschaft verbundene weitere Entscheidungskriterien zu erfassen, zu quantifizieren und zu optimieren.

## 1.5. Bedürfnisbezogene Effektivitätsbetrachtung unter den veränderten Reproduktionsbedingungen in der entwickelten sozialistischen Gesellschaft

### Auf die Bedürfnisbefriedigung gerichtete Effektivitätsbeziehungen

Eines der Hauptprobleme, die heute zur weiteren Vervollkommnung der volkswirtschaftlichen Effektivitätsrechnung zu lösen sind, besteht darin, die Bedürfnisbefriedigung selbst, insbesondere die Befriedigung der Reproduktionsbedürfnisse in den Mittelpunkt der Effektivitätsbetrachtung zu stellen und die Beurteilung der Effektivität nicht nur, wie es bisher im wesentlichen der Fall war, mit der Produktion der Mittel für die Bedürfnisbefriedigung abzuschließen. Das bedeutet zugleich, sich noch viel gründlicher mit dem Wirkungsmechanismus aller Faktoren und Teilbeziehungen, die die volkswirtschaftliche Effektivität insgesamt bestimmen, auseinanderzusetzen, und zwar im Hinblick auf ihre Gesamtwirkung für die allseitige Bedürfnisbefriedigung. Dabei ist besonders zu berücksichtigen, daß die einzelnen Faktoren und Teilbeziehungen der volkswirtschaftlichen Effektivität oft widersprüchlich wirken und somit in sehr unterschiedlichem Maße zur Gesamteffektivität beitragen.

Bei einer mehr bedürfnis- und reproduktionsbezogenen Betrachtungsweise der volkswirtschaftlichen Effektivität nimmt die Reproduktion der beiden elementaren Faktoren alles gesellschaftlichen Reichtums eine Schlüsselposition ein:

— die Reproduktion des Menschen als Hauptproduktivkraft und Subjekt aller Produktion;

— die Reproduktion der Natur als der objektiven Produktionsbedingung, die sich der Mensch im Produktionsprozeß seinen Bedürfnissen gemäß aneignet und die die stoffliche und energetische Grundlage aller Arbeitsgegenstände und Arbeitsmittel bildet.

Der Reproduktionsprozeß beginnt im Grunde damit, daß diese elementaren Faktoren in den Stoffwechselprozeß der gesellschaftlichen Produktion eintreten, indem die Gebrauchswerte produziert werden, die über die Distributions-, Zirkulations- und Konsumtionsphase mit der Bedürfnisbefriedigung den Menschen und seine natürliche Umwelt wieder reproduzieren, und zwar auf gleicher oder erweiterter Stufenleiter, je nachdem, ob eine einfache oder erweiterte Reproduktion erfolgt. Die produktive Entfaltung des Menschen als Hauptproduktivkraft und Subjekt der Produktion bildet dabei den Brennpunkt, auf den alle die Effektivität bestimmenden Reproduktionsbeziehungen schließlich ausgerichtet sind. Bei einer solchen Betrachtungsweise wäre im Prinzip die Effektivität der gesellschaftlichen Arbeit während eines bestimmten Zeitraumes um so größer, je höher die Entwicklungsstufe ist, die das Hauptelement der gesellschaftlichen Produktivkräfte am Ende des Zeitraumes gegenüber dem Anfangsstand erreicht. Dabei spielen unter den Bedingungen der entwickelten sozialistischen Gesellschaft die qualitativen Aspekte der sozialökonomischen Entwicklung, wie beispielsweise der Veränderung des Charakters der Arbeit, die Überwindung der wesentlichen Unterschiede von geistiger und körperlicher Arbeit, die Angleichung von Stadt und Land, die soziale Sicherheit, der Umweltschutz usw. eine immer größere Rolle.

So aufgefaßt, läßt sich die volkswirtschaftliche Effektivität selbstverständlich nicht anhand einzelner Kennziffern oder eines Systems relativ weniger zusammenfassender Kennziffern ausreichend beurteilen. Ein zuverlässiges Urteil wird erst im Ergebnis umfassender statistischer Analysen und prognostischer Einschätzung der realen Entwicklungsbedingungen des volkswirtschaftlichen Reproduktionsprozesses — auch im internationalen Rahmen — unter Einbeziehung der strategischen Zielsetzung der gesellschaftlichen Entwicklungsprogramme möglich sein.

Welche Faktoren und Teilbeziehungen der Effektivität dabei vor allem erfaßt und berücksichtigt werden müssen und wie diese im Reproduktionsprozeß miteinander verbunden sind, ist in stark vereinfachter Form aus der schematischen Darstellung der Effektivitätsbeziehungen der Bedürfnisbefriedigung im Reproduktionsprozeß (vgl. Abbildung 2) ersichtlich. Diese Abbildung, in der die Zusammenhänge der verschiedenen Effektivitätsbeziehungen aus den objektiv gegebenen Kombinationen der Grundelemente des Arbeitsprozesses abgeleitet werden, verdeutlicht die übergeordnete Rolle, die die Arbeitsproduktivität im Gesamtsystem der Effektivitätsbeziehungen spielt. Die Arbeitsproduktivität, die das Subjekt der Produktion, die Menschen mit ihrer verausgabten Arbeitskraft, zum Resultat des Produktionsprozesses, den erzeugten Gebrauchswerten, in Beziehung setzt, bildet die grundlegende Effektivitätsbeziehung der Produktion. Wie die Abbildung zu erkennen gibt, schließt sie im Prinzip alle anderen noch in der Produktion auftretenden Teilbeziehungen der Effektivität in sich ein, insbe-

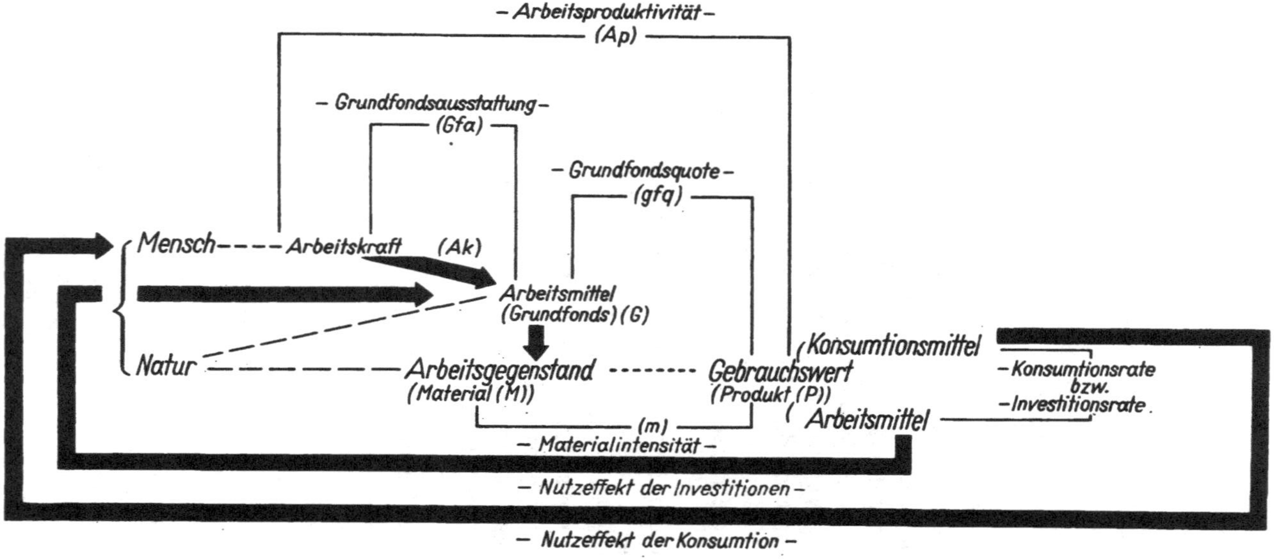


Abb. 2 Effektivitätsbeziehungen der Bedürfnisbefriedigung im Reproduktionsprozeß

sondere auch die Effektivitätsbeziehungen der Produktionsmittel (Grundfondsquote, Materialintensität).

Es ist dazu noch zu vermerken, daß die im Schema dargestellten volkswirtschaftlichen Aggregate der Effektivitätsbeziehungen in der Produktion von vielfältigen Strukturfaktoren und -effekten beeinflußt werden. Dazu gehören insbesondere Strukturveränderungen, die von der Arbeitsteilung und Organisation der gesellschaftlichen Produktion, von der Konsumtion, von den Investitionen und der Reproduktion der Arbeitsmittel, vom Materialverbrauch und nicht zuletzt auch von den Außenwirtschaftsbeziehungen ausgehen. Darüber hinaus kommt in den volkswirtschaftlichen Beziehungen der Grundfondsausstattung der Arbeitskräfte sowie der Grundfondsquote auch die Schichtauslastung zur Wirkung.

Obgleich die Arbeitsproduktivität die wichtigste Effektivitätsbeziehung der gesellschaftlichen Arbeit bildet, darf jedoch nicht übersehen werden, daß ihre Wirkungen für die Bedürfnisbefriedigung und damit auch für die Reproduktion der Hauptelemente der gesellschaftlichen Produktivkräfte noch über eine Reihe anderer Effektivitätsbeziehungen im Gesamtzusammenhang des Reproduktionsprozesses vermittelt werden. Zu diesen gehören, wie auch in der Abbildung dargestellt ist, einesteils die Konsumtionsrate bzw. Investitionsrate (in bezug auf das Endprodukt, in bezug auf das Nationaleinkommen ist es die Akkumulationsrate), anderenteils der Nutzeffekt der Investitionen sowie der Nutzeffekt der Konsumtion. Auch bei diesen Effektivitätsbeziehungen spielen auf volkswirtschaftlicher Ebene strukturelle Faktoren, vor allem Verteilungsstrukturen, eine wesentliche Rolle. Infolge ihrer außerordentlichen Komplexität und Kompliziertheit sind die Wirkungen dieser Effektivitätsbeziehungen volkswirtschaftlich nur sehr schwer einzuschätzen. Der volkswirtschaftliche Nutzeffekt der Konsumtion ist zudem auch noch sehr wenig untersucht worden. Das rechtfertigt aber nicht, diese zweifellos sehr bedeutenden Komponenten für eine bedürfnis- und reproduktionsbezogene Betrachtung der volkswirtschaftlichen Effektivität zu vernachlässigen; es müßte ihnen gerade deshalb mehr Aufmerksamkeit zugewandt werden.

Der Nachweis der Systemzusammenhänge für eine bedürfnis- und reproduktionsbezogene Betrachtung der volkswirtschaftlichen Effektivität müßte selbstverständlich noch weiter vertieft und ausgebaut werden. Dabei wären auch noch weitere wichtige Effektivitätsfaktoren, wie beispielsweise die Vorrats- und Reservehaltung, die Leistungen der nichtproduzierenden u. a. Bereiche, einzubeziehen.

# Zur Einbeziehung der Bedürfnisentwicklung in die volkswirtschaftliche Effektivitätsrechnung

In Untersuchungen wurde nachgewiesen, daß die Bedürfniskomplexe der Konsumtion, mit denen solche verschiedenen Grundbedürfnisse der Menschen wie Ernähren, Bekleiden, Wohnen, Bilden, Gesunderhalten usw. erfaßt werden, die gesellschaftliche Produktion in sehr unterschiedlichem Maße beanspruchen. Diese unterschiedliche Beanspruchung betrifft:

1. die auf die verschiedenen Bedürfniskomplexe entfallenden Produktionsanteile insgesamt;
2. die erzeugnis- und leistungsmäßige Zusammensetzung dieser Produktionsanteile;
3. die durchschnittlichen Einsatz- bzw. Ausnutzungsrelationen der Arbeitskräfte und Grundfonds, der Rohstoff-, Energie- und anderen Ressourcen für die den Bedürfniskomplexen zuzuordnende Produktion.

*Tabelle 4*
Verteilung des Produkts, der Arbeitskräfte und der Grundfonds der materiellen Produktion in der Volkswirtschaft der DDR 1972 auf Bedürfniskomplexe der Konsumtion

| | Bedürfniskomplexe (Konsumtion insgesamt = 100) | | | | |
|---|---|---|---|---|---|
| | Ernährung | Bekleidung | Wohnung | Transport/ Kommunikation | alle übrigen* |
| Endprodukt | 46,8 | 9,5 | 19,2 | 12,1 | 12,4 |
| voller Aufwand für das Endprodukt: | | | | | |
| Gesamterzeugung | 48,5 | 8,8 | 18,9 | 11,4 | 12,4 |
| Arbeitskräfte | 44,8 | 10,1 | 20,1 | 12,6 | 12,4 |
| Produktionsgrundfonds | 42,6 | 7,5 | 20,7 | 15,7 | 13,5 |
| relative Intensität des Aufwands für das Endprodukt | (Durchschnitt der Konsumtion insgesamt = 1,00) | | | | |
| Gesamterzeugung | 1,04 | 1,93 | 0,98 | 0,94 | 1,00 |
| Arbeitskräfte | 0,96 | 1,06 | 1,05 | 1,04 | 1,00 |
| Grundfonds | 0,91 | 0,79 | 1,08 | 1,30 | 1,09 |

* Dazu gehören Bildung, Kultur, Gesunderhaltung, Erholung, Sport und alle anderen Konsumtionsbedürfnisse.

*Quelle:* Berechnungen im Zentralinstitut für Wirtschaftswissenschaften der Akademie der Wissenschaften der DDR.

Tabelle 4 vermittelt eine volkswirtschaftliche Übersicht darüber, in welchen Proportionen sich die materielle Produktion der DDR mit ihren Arbeitskräften und Grundfonds auf die wichtigsten Konsumtionsbedürfnisse verteilt. Die Berechnungen hierzu wurden anhand der volkswirtschaftlichen Verflechtungsbilanz für das Jahr 1972 durchgeführt.[60]

Die Kennziffern für die verschiedenen Bedürfniskomplexe lassen die Problematik erkennen, die sich für die volkswirtschaftliche Effektivitätsbetrachtung ergibt, wenn wesentliche Verschiebungen zwischen den Bedürfniskomplexen im Wachstumsprozeß eintreten. So bleibt beispielsweise, wie heute festzustellen ist, der Ernährungskomplex mit seinen hohen Produktionsanteilen und unterdurchschnittlichen Aufwandsintensitäten gegenüber den anderen Bedürfniskomplexen im Wachstum relativ zurück, weil mit dem wachsenden materiellen Lebensstandard der Pro-Kopf-Verbrauch an Nahrungsgütern infolge zunehmender Bedarfssättigungen immer weniger steigt und auch die Bevölkerung geringer wächst. Auf diese Weise eröffnen sich jetzt größere Möglichkeiten eines schnelleren Wachstums der Produktion für die anderen Bedürfniskomplexe und damit für eine bessere Befriedigung aller gesellschaftlichen Bedürfnisse. Wegen der überdurchschnittlichen Aufwandsintensitäten dieser anderen Bedürfniskomplexe (gemessen am vollen Aufwand für das Endprodukt — vgl. Tabelle 4) können jedoch die gesellschaftlichen Aufwendungen an lebendiger und vergegenständlichter Arbeit relativ — gegenüber dem Wachstum des Endprodukts — schneller zunehmen.

Es wäre offensichtlich falsch, bei einem derart gestalteten Wachstumsprozeß, der der objektiven Bedürfnisentwicklung entspricht und die allseitige Bedürfnisbefriedigung der Gesellschaft besser gewährleistet, dafür aber relativ höhere Aufwendungen erfordert, von vornherein von einer geringer werdenden volkswirtschaftlichen Effektivität zu sprechen. Hier wird deutlich, wie fragwürdig und desorientierend es heute unter den sich ändernden Reproduktionsbedingungen sein kann, wenn sich die Einschätzung der volkswirtschaftlichen Effektivität ausschließlich nach Kennziffern richtet, die auf der bloßen Gegenüberstellung von Ergebnis und Aufwand in der Produktionsphase beruhen.

Falls andererseits mit höheren Steigerungsraten der Arbeitsproduktivität und Grundfondsquote notwendige Reproduktionsbedürfnisse schlechter befriedigt würden, weil die Produktion nicht bedürfnisgerecht erfolgt (was sich mitunter erst später herausstellen kann), dann ist natürlich auch die Effektivitätsentwicklung des gesamten Reproduktionsprozesses geringer einzuschätzen. Je besser

60 Eine Berücksichtigung der hierbei nicht erfaßten Verteilung der Investitionen, die zur einfachen und erweiterten Reproduktion der Grundfonds für die Bedürfniskomplexe erforderlich sind, würde die ausgewiesenen Proportionen nur unwesentlich ändern, da die Zuordnung der Investitionen zu den Bedürfniskomplexen weitgehend den Verteilungsproportionen der Grundfonds folgt.

mit einer bestimmten Effektivitätssteigerung in der Produktionssphäre die notwendigen Reproduktionsbedürfnisse in ihrer Gesamtheit befriedigt werden, um so höher wird auch die Effektivität des Reproduktionsprozesses sein, denn die Produktion ist schließlich nur das Mittel zum Zweck der Bedürfnisbefriedigung, und diese erfolgt wiederum im Interesse des weiteren Wachstums der gesellschaftlichen Produktivkräfte. Je mehr Disproportionen in dieser Hinsicht auftreten, um so weniger effektiv ist schließlich der ganze Reproduktionsprozeß. Ein so umfassendes Herangehen an die volkswirtschaftliche Effektivität wird in Perioden, in denen sich die Reproduktionsbedingungen und damit die notwendigen Reproduktionsbedürfnisse stärker verändern, unumgänglich.

Angesichts der zunehmenden Bedeutung der Bedürfniskomponente stellt sich die Frage, auf welche Weise es überhaupt möglich ist, diese in die volkswirtschaftliche Effektivitätsrechnung einzubeziehen.

Theoretisch ist die Verbindung des Bedürfnisaspektes mit Kategorien, die Effektivitätsbeziehungen der gesellschaftlichen Arbeit umfassen, für die marxistische politische Ökonomie nichts Neues. Als MARX sich mit der Ökonomie der Zeit auseinandersetzte, die das Wesen der hier behandelten volkswirtschaftlichen Effektivität ausmacht, verband er die Zeitersparnis mit dem Erfordernis, daß die Gesellschaft ihre Zeit zweckmäßig einteilen muß, „um eine ihren Gesamtbedürfnissen gemäße Produktion zu erzielen“[61].

Auch bei der Behandlung des Wertgesetzes weist MARX auf die proportionierende Rolle hin, die dabei von den gesellschaftlichen Bedürfnissen ausgeht: „Solange wir nur von den einzelnen Waren handelten, konnten wir unterstellen, daß das Bedürfnis für diese bestimmte Ware . . . vorhanden sei, ohne uns auf das Quantum des zu befriedigenden Bedürfnisses weiter einzulassen. Dies Quantum wird aber ein wesentliches Moment, sobald das Produkt eines ganzen Produktionszweigs auf der einen Seite und das gesellschaftliche Bedürfnis auf der andern Seite steht. Es wird jetzt notwendig, das Maß, d. h. das Quantum dieses gesellschaftlichen Bedürfnisses zu betrachten.“[62]

Praktisch kann die Effektivitätsrechnung das Bedürfnis als die Zwecksetzung der Produktion, als den „idealen, innerlich treibenden Grund der Produktion“[63] jedoch nicht unmittelbar durch Wert- oder Naturalgrößen erfassen, wie das für die Aufwands- oder Ergebniskomponente der Produktion geschieht. Die Bedürfniskomponente läßt sich im Prinzip nur mittelbar berücksichtigen, und zwar über die bereitzustellenden Mittel der Bedürfnisbefriedigung, d. h. über die Konsumtions- und Produktionsmittel, mit denen die Konsumtions- und Produktionsbedürfnisse befriedigt werden. Verändern sich im Prozeß der erweiterten Reproduktion infolge

61 K. MARX, Grundrisse der Kritik der Politischen Ökonomie, a. a. O., S. 476.
62 K. MARX, Das Kapital, Dritter Band, in: MEW, Bd. 25, Berlin 1964, S. 194.
63 K. MARX, Grundrisse der Kritik der Politischen Ökonomie, a. a. O., S. 13.

des Wandels der Reproduktionsbedingungen die verschiedenen Grundbedürfnisse der Menschen mit unterschiedlichem Tempo, dann werden sich auch die Wachstumsproportionen in der Produktion der Mittel, die diese Bedürfnisse befriedigen, anders entwickeln müssen, wenn die erreichte Effektivität der gesellschaftlichen Arbeit, mit der bisher die Bedürfnisse befriedigt worden sind, beibehalten oder weiter gesteigert werden soll.

Unter diesen Gesichtspunkten spielen heute die Wachstumsproportionen zwischen der stofflich-gegenständlichen materiellen Produktion und den Dienstleistungen (materielle Dienste sowie nichtmaterielle Leistungen), durch die jetzt die beschleunigt wachsenden neuen Reproduktionsbedürfnisse der Menschen auf den Gebieten der Bildung und Erziehung, der Kommunikation, der Gesunderhaltung, der Erholung, der Kultur usw. befriedigt werden, eine besonders wich-

*Tabelle 5*

Verteilungsstruktur der Arbeitskräfte und Grundfonds in der Volkswirtschaft der DDR 1972 nach Hauptleistungsarten und Bedürfniskomplexen

| Bedürfniskomplexe | | Hauptleistungsarten stofflich-gegenständliche Produktion | materielle Dienstleistungen | nichtmaterielle Leistungen | Insgesamt |
|---|---|---|---|---|---|
| Ernährung | Ak* | 27,2 | 7,3 | – | 34,5 |
| | Gf** | 20,5 | 5,1 | – | 25,6 |
| Bekleidung | Ak | 5,3 | 2,5 | – | 7,8 |
| | Gf | 3,2 | 1,4 | – | 4,6 |
| Wohnung | Ak | 11,1 | 4,4 | – | 15,5 |
| | Gf | 9,4 | 3,4 | 26,5 | 39,3 |
| Transport/Kommunikation | Ak | 5,5 | 4,2 | – | 9,7 |
| | Gf | 4,7 | 7,0+ | – | 11,7 |
| Bildung/Kultur/Gesunderhaltung, Erholung und übrige | Ak | 6,2 | 3,4 | 22,9 | 32,5 |
| | Gf | 6,1 | 2,2 | 10,5 | 18,8 |
| Insgesamt | Ak | 55,3 | 21,8 | 22,9 | 100++ |
| | Gf | 43,9 | 19,1 | 37,0 | 100++ |

* AK = Arbeitskräfte der produzierenden und nichtproduzierenden Bereiche.

** GF = Grundfonds der produzierenden und nichtproduzierenden Bereiche.

\+ Hier wurden auch die Grundfonds miterfaßt, die sonst unter den Grundfonds der nichtproduzierenden Bereiche ausgewiesen werden (Straßen, Brücken u. a. Verkehrsanlagen).

++ Summe des vollen Aufwands an Arbeitskräften bzw. Grundfonds für die Konsumtion. (Spaltensummen = Anteile der Hauptleistungsarten für alle Bedürfniskomplexe, Zeilensummen = Anteile der Bedürfniskomplexe für alle Leistungsarten).

*Quelle:* Berechnungen im Zentralinstitut für Wirtschaftswissenschaften der Akademie der Wissenschaften der DDR.

tige Rolle für die weitere Vervollkommnung der volkswirtschaftlichen Effektivitätsrechnung. Tabelle 5 zeigt die Verteilungsstruktur der Arbeitskräfte und Grundfonds in der Volkswirtschaft der DDR nach den Hauptproduktions- bzw. Leistungsbereichen — stoffliche Produktion, materielle Dienste, nichtmaterielle Leistungen — und den wichtigsten Bedürfniskomplexen der Konsumtion. Aus diesen Proportionen ergeben sich grundlegende Zusammenhänge, die heute bei der Einschätzung der volkswirtschaftlichen Effektivität in Betracht gezogen werden müssen.

Wie aus Tabelle 5 zu ersehen ist, entfallen die mit Abstand größten Strukturanteile der stofflich-gegenständlichen Produktion auf diejenigen Bedürfniskomplexe, die mehr oder weniger elementare Lebensbedürfnisse (Ernähren, Bekleiden, Wohnen) umfassen. Demgegenüber beanspruchen beispielsweise die in der letzten Gruppe zusammengefaßten Bedürfniskomplexe, zu denen die heute besonders schnell wachsenden wichtigen Reproduktionsbedürfnisse an Bildung, Gesunderhaltung, Erholung, Kultur usw. gehören, relativ geringe Anteile der stofflich-gegenständlichen Produktion und ihrer Arbeitskräfte sowie Grundfonds. Dafür waren hier aber schon 1972 die Strukturanteile der Dienstleistungen bei den Arbeitskräften mehr als viermal und bei den Grundfonds reichlich doppelt so groß wie die entsprechenden Strukturanteile für die stofflich-gegenständliche Produktion. Da diese Bedürfnisse im Reproduktionsprozeß auch weiterhin überdurchschnittlich wachsen, wird der Einfluß der hierbei auftretenden Verteilungsstrukturen auf die volkswirtschaftliche Effektivität immer bedeutender und muß daher auch in der Effektivitätsrechnung ausreichend berücksichtigt werden.

Die entwickelte sozialistische Wirtschaft kann infolge der für sie charakteristischen Vollbeschäftigung Arbeitskräfte für neu auftretende Bedürfnisse im größeren Ausmaße nur dann gewinnen, wenn sie aus anderen Bereichen der Volkswirtschaft freigesetzt werden. Wachsen die Bevölkerung und damit die Beschäftigtenzahl, so erfolgt diese Freisetzung im allgemeinen nur relativ zur Entwicklung der Gesamtbeschäftigten; findet — wie zur Zeit in der DDR — kein wesentliches Bevölkerungs- und Beschäftigtenwachstum statt, dann muß die Freisetzung absolut erfolgen.

Nur wenn durch entsprechend hohe Steigerung der Arbeitsproduktivität für die materielle Produktion relativ weniger Arbeitskräfte benötigt werden, stehen für beschleunigt wachsende nichtmaterielle Leistungen die erforderlichen Arbeitskräfte zur Verfügung. Sind andere Erweiterungen des gesellschaftlichen Arbeitsvermögens nicht möglich, dann muß die Arbeitsproduktivität in der materiellen Produktion so gesteigert werden, daß sie die Arbeitskräfte, die für den wachsenden Bedarf an nichtmateriellen Leistungen benötigt werden, absolut freisetzen kann. Andernfalls könnten notwendige Reproduktionsbedürfnisse nicht befriedigt werden, was objektiv die Effektivitätsentwicklung beeinträchtigt.

Hier zeigt sich sehr deutlich, daß es heute unumgänglich wird, in der volkswirtschaftlichen Effektivitätsrechnung die Anforderungen zu berücksichtigen, die die Entwicklung notwendiger Reproduktionsbedürfnisse an die Wachstumsproportionen der Produktion und damit verbundene spezielle Effektivitätsrelationen stellt. Auf ähnliche Weise werden auch noch andere wichtige, von der Bedürfnisentwicklung abhängige Wachstumsproportionen in die volkswirtschaftliche Effektivitätsbetrachtung einzubeziehen sein.

Die Gesamtheit der Probleme und vor allem auch die dabei zu klärenden methodischen Fragen, die die sich verändernden Reproduktionsbedingungen für die volkswirtschaftliche Effektivität aufwerfen, müssen in der weiteren Forschungsarbeit noch gründlich untersucht werden.

In der kurz- und mittelfristigen Effektivitätsentwicklung der Produktion, an der sich zur Zeit die Jahres- und Fünfjahrplanung der Volkswirtschaft hauptsächlich orientiert, treten diese Momente allerdings weniger stark in Erscheinung und werden deshalb oft vernachlässigt. Gerade das aber kann Illusionen über die tatsächlichen Effektivitätstendenzen in der Volkswirtschaft erwecken, weil so die notwendige Befriedigung wichtiger Reproduktionsbedürfnisse außer acht gelassen wird. Ein Beispiel dafür sind die in den 60er Jahren in der DDR entstandenen Disproportionen in der Entwicklung der Energiebasis und der Zulieferindustrie, die sich während eines Zeitraums verstärkten, der im Unterschied zu anderen Perioden ständig hohe jährliche Steigerungsraten der Arbeitsproduktivität und auch eine zunehmende Tendenz der Grundfondsquote brachte. Bei einer tieferen Analyse der Zusammenhänge erweist es sich allerdings, daß die steigende Grundfondsquote im Durchschnitt der Volkswirtschaft zu einem wesentlichen Teil mit dem Zurückbleiben der sehr grundfondsintensiven Energiebasis verbunden war. Das unterstreicht, wie wichtig ein komplexes Erfassen aller wesentlichen Zusammenhänge des Reproduktionsprozesses ist, um zu zuverlässigen Aussagen über die Entwicklung der volkswirtschaftlichen Effektivität zu gelangen.

## 1.6. Soziale Aspekte der ökonomischen Effektivität bei vorwiegend intensivem Reproduktionstyp

Zwischen dem Produktionswachstum auf vorwiegend intensiver Grundlage und der stärkeren Entfaltung der sozialen Aspekte der ökonomischen Effektivität besteht eine organische Verbindung. In Abhängigkeit davon, wie bestimmte Sättigungsgrenzen bei Konsumgütern zur Befriedigung elementarer Lebensbedürfnisse erreicht werden und sich damit auch traditionelle Vorstellungen über den Reichtum verändern, tritt das Bedürfnis des Menschen an der allseitigen Entwicklung seiner Persönlichkeit in den Vordergrund. Marx hat die kommunistische Gesellschaft als Gesellschaft bezeichnet, in der die Produktion dem wahren, tatsächlichen Reichtum untergeordnet wird, der nichts anderes ist als „das absolute Herausarbeiten seiner [des Menschen] schöpferischen Anlagen ... der Entwicklung aller menschlichen Kräfte als solcher, nicht gemessen an einem vorher gegebenen Maßstab"[64]. Dabei werden die Lebensgrundlagen des Menschen durch rasche Entwicklung seiner Bedürfnisse, d. h. das objektive „Anwachsen der Bedürfnisse"[65] gekennzeichnet. Die praktische Realisierung dieser Konzeption der zukünftigen Entwicklung des Menschen und seiner Bedürfnisse ist nur auf der Grundlage einer ständigen dynamischen Entwicklung der Produktion und einer Vervollkommnung des Menschen selbst möglich. Ausdruck dafür ist, daß im Sozialismus der durch intensiv erweiterte Reproduktion erzielte ökonomische Effekt als zusätzliche Quelle zur Erhöhung der Konsumtion der Bevölkerung und zur qualitativen Vervollkommnung der Arbeitskraft dient, was wiederum eine notwendige Bedingung für die erfolgreiche Wirtschaftsführung auf intensiver Grundlage ist.

Die allgemeinste Entwicklungstendenz der gesellschaftlichen Produktion auf vorwiegend intensiver Grundlage ist das beschleunigte Wachstum der Aufwendungen an vergegenständlichter Arbeit sowie die ständige Veränderung des Verhältnisses zwischen lebendiger und vergegenständlichter Arbeit zugunsten der letzteren. Diese Veränderungen sind objektiv mit der Steigerung der Arbeitsproduktivität verbunden. Vom ökonomischen Standpunkt aus gehören zu den wichtigsten Merkmalen der gegenwärtigen Etappe des wissenschaftlich-technischen Fortschritts:

1. die Beschleunigung seines Tempos;
2. die breitere (massenhafte) Anwendung der Ergebnisse der wissenschaftlich-technischen Revolution;
3. die Charakterisierung der gegenwärtigen Etappe der wissenschaftlich-technischen Revolution als Anfangsstadium.

Daraus folgt, daß die Tendenz zum relativ schnelleren Wachstum der vergegenständlichten Arbeit in seinem gegenwärtigen Tempo nicht nur erhalten bleibt, sondern noch bedeutend verstärkt wird. Hierdurch wird die wachsende Bedeutung der Einsparung des Aufwands an vergegenständlichter Arbeit für die Steigerung der ökonomischen Effektivität der gesellschaftlichen Produktion unter intensiven Entwicklungsbedingungen begründet. Eine Besonderheit des intensiven Reproduktionstyps besteht darin, daß die vergegenständlichte Arbeit verstärkt als Mittel zur Einsparung lebendiger Arbeit und zur Erhöhung der

64 Ebenda, S. 387.
65 W. I. Lenin, Zur sogenannten Frage der Märkte, in: Werke, Bd. 1, a. a. O., S. 98.

ökonomischen Effektivität des Gesamtaufwands an Arbeit wirksam wird. Die gegenwärtige Etappe des wissenschaftlich-technischen Fortschritts eröffnet große Möglichkeiten für die Senkung der Material- und Fondsintensität der Produktion. Gerade die Verstärkung der Intensivierung durch wachsende Einsparung an vergegenständlichter Arbeit verringert die Abhängigkeit der Wachstumstempi des Nationaleinkommens von der Größe und dem Anteil der produktiven Akkumulation. Jedoch müßte sowohl davor gewarnt werden, die Investitionen als einzigen ökonomischen Entwicklungsfaktor zu betrachten, als auch davor, ihre Bedeutung zu unterschätzen. Bisher bestand auch unter den Bedingungen des vorwiegend intensiven Reproduktionstyps insgesamt noch eine ziemlich starke Abhängigkeit zwischen den Wachstumstempi der Investitionen und des Nationaleinkommens. Das erklärt sich dadurch, daß die Investitionen auch beim intensiven Reproduktionstyp Grundbedingung für die Schaffung neuer materiell-technischer Grundlagen der Produktion sind. Es ändert sich jedoch ihre Richtung, und es wächst die Möglichkeit, nichtinvestitive ökonomische Entwicklungsfaktoren auszunutzen. Diese nichtinvestitiven oder „aufwandsarmen" Faktoren sind mit der Vervollkommnung der Organisation der gesellschaftlichen Produktion und der Arbeit verbunden und werden — wie alle organisatorischen Faktoren — nur durch den Menschen erfolgreich realisiert. Mit den Potenzen nichtinvestitiver Faktoren verfügt der intensive Reproduktionstyp über ein bedeutend größeres Potential zur Erhöhung der ökonomischen Effektivität der gesellschaftlichen Produktion als der extensive Reproduktionstyp.

Die Bedeutung der Einsparung vergegenständlichter Arbeit für die Steigerung der ökonomischen Effektivität wird in vielen Arbeiten hervorgehoben. Gleichzeitig wird sie aber sehr oft unabhängig von der Einsparung der lebendigen Arbeit und der produktiven Tätigkeit des Arbeiters betrachtet. Tatsächlich jedoch wird die Einsparung vergegenständlichter Arbeit durch das Wirken der lebendigen Arbeit und die Steigerung ihrer Produktivität hervorgerufen. Eine Senkung der Fondsintensität der Produktion ist nur bei einem schnelleren Wachstum der Produktivität der lebendigen Arbeit gegenüber ihrer Fondsausstattung möglich. Damit die Materialintensität der Produktion sinkt, muß das jährliche Produktionsergebnis schneller als die verarbeiteten Rohstoffe und Materialien wachsen. Mit anderen Worten: Die Erhöhung oder die Senkung der Fonds- und Materialintensität der Produktion, die die Veränderung des Aufwands an vergegenständlichter Arbeit ausdrücken, sind Ergebnis höherer oder niedrigerer Wirkungsgrade der lebendigen Arbeit. Relativ niedrige Wachstumstempi der Produktivität der lebendigen Arbeit beispielsweise erfordern eine Erhöhung der Beschäftigtenzahl, wenn der geplante Produktionsumfang gesichert werden soll. Damit werden aber Anspannungen des Arbeitsvermögens und die Herausbildung eines Arbeitskräftedefizits gefördert.

Bei tieferer Untersuchung der ökonomischen Effektivität der gesellschaftlichen

Produktion erweist sich, daß bei der intensiven Erweiterung der Produktion die Erhöhung der ökonomischen Effektivität Ergebnis des effektiven Zusammenwirkens der lebendigen und vergegenständlichten Arbeit an *jedem* Arbeitsplatz ist. Die Effektivität ist um so höher, je allseitiger sich der Werktätige entwickelt. Eine Einsparung an vergegenständlichter Arbeit wird durch höhere Aktivität, Qualifizierung und Produktivität der lebendigen Arbeit erreicht. Ihrerseits ist die Einsparung an lebendiger Arbeit die Folge einer höheren Leistungsfähigkeit und Qualität der vergegenständlichten Arbeit. Die technischen, ökonomischen und sozialen Parameter der vergegenständlichten Arbeit, die Kennziffern ihrer möglichen ökonomischen und sozialen Wirksamkeit werden vom Werktätigen bestimmt. Natürlich wäre es falsch, eine hohe Effektivität bei der Ausnutzung von qualitativ geringwertigen Rohstoffen und Ausrüstungen zu erwarten, auch wenn dabei hochqualifizierte und an der Arbeit interessierte Werktätige eingesetzt werden. Ein analoges Resultat ergäbe sich auch umgekehrt, wenn hocheffektive Ausrüstungen und Rohstoffe hoher Qualität von wenig qualifizierten und uninteressierten Arbeitern genutzt werden.

Eine der wichtigsten Bedingungen für die erfolgreiche Intensivierung ist deshalb die qualitative Vervollkommnung des subjektiven Faktors. Das ist dadurch begründet, daß die Probleme der Intensivierung und der ökonomischen Effektivität Probleme qualitativen Charakters sind. Die sozialökonomische Realisierung des wissenschaftlich-technischen Fortschritts erfordert immer eine Übereinstimmung mit dem Niveau der Arbeitskräfte. Die gegenwärtige Etappe des wissenschaftlich-technischen Fortschritts — die wissenschaftlich-technische Revolution — erhöht aber nicht nur ungemein die Anforderungen an das Bildungs- und Qualifikationsniveau des Arbeiters, sondern auch an alle seine Qualitäten als sozialistische Persönlichkeit.

Die wachsende Rolle des persönlichen Faktors bei der Intensivierung der Produktion erfordert eine stärkere Aufmerksamkeit für die Bedürfnisse der Werktätigen, für die bessere Befriedigung ihrer materiellen und geistigen Bedürfnisse. Die Arbeits- und Lebensbedingungen beeinflussen die Entwicklung der Persönlichkeit und ihr Verhältnis zur Arbeit sowie die Effektivität der gesellschaftlichen Produktion und die Tempi des gesellschaftlichen Fortschritts. Vom Verständnis dieser Zusammenhänge und ihrer praktischen Realisierung hängt eine sozial und ökonomisch effektive Entwicklung der sozialistischen Gesellschaft wesentlich ab. Gleichzeitig ist auch die gesellschaftliche Produktion mehr denn je auf die Befriedigung materieller und geistiger Bedürfnisse des Menschen gerichtet. Hohe oder niedrige ökonomische Wachstumstempi bedeuten dementsprechend Gewinn oder Verlust an Zeit bei der Realisierung der sozialökonomischen Entwicklungsziele der Gesellschaft.

Wenn von der weiteren Entwicklung der sozialen „Reife“ der sozialistischen Gesellschaft ausgegangen wird, könnten die Etappen unterschiedlich werden, die bei der Herausbildung der vorwiegend intensiv erweiterten sozialistischen Reproduktion durchlaufen werden.[66]

Die *erste Etappe* kann dadurch gekennzeichnet werden, daß für die Erhöhung der ökonomischen Effektivität zentralisierte Leitungsmethoden eine große Rolle spielen. Diese Etappe umfaßt die gesamte Periode des Aufbaus des Sozialismus. Neben überwiegend quantitativen Aufgaben wurden hier ständig auch Aufgaben qualitativen Charakters gelöst, wie die Erhöhung der ökonomischen Effektivität, die Verbesserung der Qualität der Waren und Dienstleistungen. Die überwiegende Beeinflussung der ökonomischen Effektivität „von oben" war in dieser Etappe in der UdSSR u. a. durch folgende Umstände objektiv notwendig und erfolgreich: durch ein ungenügend hohes wirtschaftliches Entwicklungsniveau, wobei die Erweiterungsinvestitionen in allen Produktionszweigen überwogen, durch Warendefizite, durch ein zu niedriges Niveau der Allgemein- und beruflichen Bildung der Arbeiter sowie der Produktions- und Arbeitsorganisation. In dieser Etappe ging es darum, den wissenschaftlich-technischen Fortschritt, d. h. neue Technik, Technologie und Arbeitsmethoden *einzuführen*.

Die *zweite Etappe* kann dadurch charakterisiert werden, daß zentralisierte Methoden der Wirtschaftsführung im schneller wachsenden Maße als bisher mit der örtlichen und persönlichen Initiative zur Steigerung der ökonomischen Effektivität und Qualität der Arbeit verbunden werden. In dieser Etappe werden die weltweiten Errungenschaften des wissenschaftlich-technischen Fortschritts bereits nicht mehr „eingeführt", sondern an jedem Arbeitsplatz ausgenutzt, werden zum inneren Bedürfnis jedes Kollektivs und jedes Arbeiters. Dieses Bedürfnis wird immer mehr zum Hauptmotiv einer hocheffektiven und hochqualitativen Arbeit werden. Der entwickelte Sozialismus hat Aufgaben des Übergangs von der ersten zur zweiten Etappe zu lösen. Der Hauptweg des Übergangs zur zweiten Etappe ist die Entwicklung schöpferischer Kräfte des Menschen und eines schöpferischen Verhältnisses zur Arbeit. Es geht um die generelle Schaffung von Bedingungen für eine solche Arbeit, die den Fähigkeiten des Menschen entspricht, die vom Standpunkt sowohl der ökonomischen als auch der sozialen Effektivität schöpferische Arbeit ist. Schöpferische Arbeit erschließt große Reserven für die Effektivität der Produktion.

Mit ihrer weiteren Ausprägung werden auch sich gegenwärtig verschärfende sozialökonomische Probleme gelöst, wie z. B. die bessere Ausnutzung des vorhandenen Qualifikationsniveaus und des wachsenden Strebens nach höherer Qualifizierung bei den Werktätigen. Dabei darf nicht übersehen werden, daß es

66 In dieser Gliederung nach Etappen wertet der Autor Erfahrungen der Wirtschaftsentwicklung in der UdSSR aus. Es handelt sich ausdrücklich um die persönliche Meinung des Autors (d. Hrsg.).

äußerst schwierig ist, die potentiellen Fähigkeiten des Menschen zur Arbeit zu realisieren und eine Übereinstimmung zwischen der tatsächlich ausgeführten Arbeit und den Fähigkeiten herzustellen. Historisch wurde bis zur Herausbildung der sozialistischen Gesellschaft das natürliche Streben des Menschen zur Selbstverwirklichung in der schöpferischen Arbeit unterdrückt. Die kommunistische Gesellschaft ist berufen, die schöpferischen Fähigkeiten des Menschen zu entwickeln und sie in der Arbeit eines jeden zu realisieren. Jedoch kann der Kommunismus in seiner ersten Entwicklungsphase auf Grund des noch unzureichenden Entwicklungsniveaus der Produktivkräfte noch nicht die vollständige Lösung dieses schwierigen Problems sichern. Für das schöpferische Verhältnis zur Arbeit ist vor allen Dingen notwendig, daß die Arbeit selbst nach den Fähigkeiten verteilt wird. In Abhängigkeit von der Erhöhung des Niveaus der Mechanisierung und Automatisierung der Arbeit, seiner zweiglichen und territorialen Angleichung, der weiteren Erhöhung des Lebensniveaus des Volkes, der Annäherung der sozialen Gruppen und Schichten im Einkommens- und Konsumtionsniveau, der weiteren Entwicklung der Hochschulbildung und ihrer Ausbreitung, der Vervollkommnung der Zweige in der nichtproduktiven Sphäre, die die individuellen Fähigkeiten des Menschen am vollständigsten entwickeln und erschließen, verläuft dieser Prozeß immer intensiver.

Der Übergang zur zweiten Etappe ist die objektiv notwendige Bedingung und Folge des gesellschaftlichen Fortschritts. Gleichzeitig werden die Beschleunigung dieses Prozesses und sein Ergebnis durch eine Menge von sozialökonomischen Faktoren bedingt.

Insbesondere geht es darum, daß jedem bewußt wird, daß Intensivierung und Erhöhung der ökonomischen Effektivität der gesellschaftlichen Produktion langfristige Entwicklungstendenzen sind, die nur erfolgreich durchgesetzt werden können, wenn sich jeder Werktätige voll darauf einstellt, und auch der enge Zusammenhang mit den Fragen des Lebensniveaus des Volkes berücksichtigt wird.

Notwendige Voraussetzungen für dieses Umdenken sind Maßnahmen zur Propagierung der wirtschafts- und sozialpolitischen Bedeutung der Effektivitätssteigerung, Maßnahmen zur Vervollkommnung ihrer Messung und Bewertung, der materiellen und moralischen Stimulierung, der Planung und der Wirtschaftsverträge. Die weitere Erhöhung des ökonomischen Entwicklungsniveaus des Landes und des Niveaus der Einkommen und des Verbrauchs der Bevölkerung bildet eine wichtige materielle Grundlage für die weitere allseitige Entwicklung der Persönlichkeit des Arbeiters. Dieser Prozeß muß planmäßig geleitet und reguliert werden.

Es ist notwendig, das ganze System der Planung, Bewertung und Stimulierung der Arbeit aller Wirtschaftsebenen auf die Erhöhung der ökonomischen Effektivität und Qualität auszurichten. Dazu muß es ständig entsprechend den Veränderungen in der Produktion vervollkommnet werden, es muß anpassungsfähig an neue Bedingungen und entsprechend flexibel sein.

Zusammenfassend kann eingeschätzt werden, daß die weitere progressive Entwicklung der sozialistischen Gesellschaft von der gegenseitig bedingten Wirkung dreier objektiver Prozesse abhängt:

- der Erweiterung der gesellschaftlichen Produktion auf vorwiegend intensiver Grundlage;
- der Erhöhung der ökonomischen Effektivität der Produktion;
- der allseitigen Entwicklung der Persönlichkeit des Arbeiters.

Dabei ist die Erhöhung der ökonomischen Effektivität der gesellschaftlichen Produktion, in der sich das Zusammenwirken aller drei Prozesse zeigt, die materielle Grundlage des gesellschaftlichen Fortschritts. Das schließt ein, daß in einzelnen Entwicklungsperioden Aufgaben des sozialpolitischen Programms vorrangig gelöst werden. Aus dem dialektisch-materialistischen Herangehen an die Untersuchung der ökonomischen Effektivität der gesellschaftlichen Produktion bei Beachtung des Primats der materiellen Faktoren folgt, daß bei einem einseitigen Herangehen ohne entsprechende Berücksichtigung der Kompliziertheit des Problems und seiner Verbindung mit den sozialen Faktoren die Intensivierung nicht richtig verstanden und auch nicht erfolgreich vorangetrieben werden kann.

## Literatur zu Fußnote 54

G. Otto, Optimierung der territorialen Struktur des Außenhandels, in: Außenhandel, 3/1963.

Ders., Ein lineares Modellsystem im Außenhandel und Probleme beim Aufbau von Modellen der internationalen Arbeitsteilung, in: G. Kohlmey (Hrsg.), Außenwirtschaft und Wachstum, Berlin 1968.

K. Gollmer, Modelle für die Optimierung der Regionalstruktur des Außenhandels für Perspektivzeiträume, in: Sozialistische Außenwirtschaft, 5/1968, Sonderbeilage.

K. Apel, Die Anwendung von Optimierungsmodellen bei der Vorbereitung der internationalen Spezialisierung und Kooperation, in: Sozialistische Außenwirtschaft, 8/1968.

G. Grote/D. Schulmeister/G. Umbreit, Ökonomisch-mathematische Modelle in der sozialistischen Außenwirtschaftsplanung, Berlin 1970.

Autorenkollektiv (Ltg. G. Grote), Planung der Außenwirtschaft in der DDR, Berlin 1973.

S. Thede, Zur Effektivitätsermittlung für Kooperationsvorhaben mit RGW-Ländern, in: Volkswirtschaftsplanung. Beiträge zur Theorie und Praxis, hg. vom Ökonomischen Forschungsinstitut der Staatlichen Plankommission, 2/1976.

K. Morgenstern, Analysen und Entscheidungskriterien der sozialistischen internationalen Arbeitsteilung, in: Wirtschaftswissenschaft, 3/1976.

Autorenkollektiv (Ltg. H. Blessing), Effektivität der Außenwirtschaftsbeziehungen einer sozialistischen Volkswirtschaft, Berlin 1977.

G. Fröhlich, Zum Inhalt und Nachweis der Effektivität von Maßnahmen der sozialistischen internationalen Spezialisierung und Kooperation, in: Wirtschaftswissenschaft, 5/1977.

# 2. Hauptfaktoren, Reserven und Wege der Effektivitätssteigerung bei der Vertiefung der Intensivierung

## 2.1. Hauptfaktoren der Produktivitätssteigerung bei vertiefter Intensivierung und ihre Planung

### Neue Anforderungen an die Steigerung der Arbeitsproduktivität

Bei intensiv erweiterter Reproduktion besitzt die Steigerung der Arbeitsproduktivität ein höheres Gewicht im volkswirtschaftlichen Reproduktionsprozeß.

In der DDR ist etwa seit 1955 die Steigerung des Nationaleinkommens fast ausschließlich auf das Wachstum der Arbeitsproduktivität zurückzuführen.

Wie die Entwicklung zeigt, nahm die Zahl der Beschäftigten im materiellen Bereich erst im Zeitraum 1971 bis 1976 — wenn auch geringfügig — so doch wieder zu. Im Fünfjahrplan 1976 bis 1980 sind 85 bis 90% des Zuwachses des produzierten Nationaleinkommens durch Steigerung der Arbeitsproduktivität zu sichern. Das Nationaleinkommen soll in diesem Zeitraum durchschnittlich um 5,1% pro Jahr wachsen. Das erfordert eine Steigerung der industriellen Warenproduktion um 6%, bei einer jährlichen Steigerung der Arbeitsproduktivität in der Industrie um 5,4%.[1]

Im Zeitraum 1985 bis 1990 muß sich jedoch infolge des zu erwartenden Beschäftigungsrückgangs die Arbeitsproduktivität schneller entwickeln als das Nationaleinkommen. Das hat zur Konsequenz, daß nach 1985 ein höheres Tempo der Steigerung der Arbeitsproduktivität erreicht werden müßte, wenn ein gleichbleibend hohes Wachstum des Nationaleinkommens von 5% gesichert werden soll.

Die Arbeitsproduktivität muß unter den gegenwärtigen Bedingungen bei relativer Verknappung der Ressourcen und wachsenden Aufwendungen für ihre Reproduktion gesteigert werden. Das ist im einzelnen darauf zurückzuführen, daß für die Steigerung der Arbeitsproduktivität

— wachsende Vorleistungen auf dem Gebiet von Forschung und Entwicklung sowie Bildung und Qualifikation erforderlich werden,

1 Errechnet nach: Gesetz über den Fünfjahrplan für die Entwicklung der Volkswirtschaft der DDR 1976—1980 vom 15. Dezember 1976, in: Gesetzblatt der Deutschen Demokratischen Republik vom 17. Dezember 1976, Teil I, Nr. 46, S. 520.

- die Reproduktionsaufwendungen für Rohstoff-, Material- und Energieproduktion einschließlich der dafür erforderlichen Importe steigen,
- die Aufwendungen für die Reproduktion der natürlichen Umwelt zunehmen sowie
- der Aufwand für den Ersatz lebendiger Arbeit durch vergegenständlichte wächst.

Diese Bedingungen prägen auf spezifische Weise die Wege zur Steigerung der Arbeitsproduktivität. Sie zu berücksichtigen heißt vor allem, zu fondssparenden und materialsparenden Wegen der Arbeitsproduktivitätssteigerung überzugehen.

*Tabelle 1*
Entwicklung der Arbeitsproduktivität und der Grundfonds

| Zeitraum<br>1 | Entwicklung der Arbeitsproduktivität (NE*/Beschäftigte im materiellen Bereich) (in %)<br>2 | Entwicklung der Grundfonds (in %)<br>3 | Entwicklung der Grundfonds pro 1% Steigerung der Arbeitsproduktivität<br>3:2 |
|---|---|---|---|
| 1955—1960 | 142,55 | 118,26 | 0,83 |
| 1960—1965 | 120,03 | 134,29 | 1,12 |
| 1965—1970 | 129,09 | 126,91 | 0,98 |
| 1970—1975 | 129,65 | 192,87 | 1,03 |

* NE = Nationaleinkommen

*Quelle:* Gesetz über den Fünfjahrplan für die Entwicklung der Volkswirtschaft der DDR 1976—1980, in: Gesetzblatt der Deutschen Demokratischen Republik vom 17. Dezember 1976, Teil I, Nr. 46, S. 592.

Die Erhöhung der Arbeitsproduktivität vollzog sich in der DDR bisher vor allem auf fonds- und materialintensivem Weg. Wie die Entwicklung (vgl. Tabelle 1) zeigt, wurde die Steigerung der Arbeitsproduktivität im letzten Fünfjahrplan bei beschleunigtem Wachstum der Fonds erreicht, d. h., im Zeitraum 1970 bis 1975 war es zur Steigerung der Arbeitsproduktivität um 1% erforderlich, den Grundfondsbestand um 1,03 Punkte zu erhöhen. Im Zeitraum 1976 bis 1980 ist deshalb vorgesehen, durch eine Erhöhung der zeitlichen Auslastung der Grundfonds um 3—4% jährlich und durch die Erhöhung der Leistungsfähigkeit der Grundfonds eine höhere Grundfondsökonomie zu erreichen.

Die Notwendigkeit zur Steigerung der Arbeitsproduktivität und Effektivität besteht bekanntlich in jeder Etappe des sozialistischen Aufbaus. Marx hat folgende Faktoren für die Steigerung der Arbeitsproduktivität als wichtig herausgearbeitet: „Die Produktivkraft der Arbeit ist durch mannigfache Umstände bestimmt, unter anderem durch den Durchschnittsgrad des Geschickes der Arbeiter, die Entwicklungsstufe der Wissenschaft und ihrer technologischen Anwendbarkeit, die gesellschaftliche Kombination des Reproduktionsprozesses, den Umfang und die Wirkungsfähigkeit der Produktionsmittel, und durch Naturverhältnisse."[2]

Gegenwärtig geht es darum, unter Nutzung der Vorzüge sozialistischer Produktionsverhältnisse den wissenschaftlich-technischen Fortschritt in einer größeren Breite und Tiefe als bisher in der Volkswirtschaft durchzusetzen und ihn als Hauptfaktor für die Steigerung der Arbeitsproduktivität und Effektivität wirksam zu machen sowie diesen Prozeß eng mit der Verbesserung der Arbeits- und Lebensbedingungen, der Erhöhung des Lebensniveaus der Bevölkerung überhaupt und der Herausbildung sozialistischer Persönlichkeiten zu verbinden. Auf dem IX. Parteitag der SED wurde daher betont: „Die Vervollkommnung der sozialistischen Gesellschaft stellt höchste Ansprüche an die *Steigerung der Arbeitsproduktivität.* Das Kernproblem besteht deshalb darin, mit Hilfe von Wissenschaft und Technik hohe, stabile Wachstumsraten der Volkswirtschaft, insbesondere der Arbeitsproduktivität, zu gewährleisten und das Verhältnis von Aufwand und Leistung auf allen Gebieten entscheidend zu verbessern."[3]

Wissenschaftlich-technischer Fortschritt als übergreifender Faktor bewirkt vor allem eine Steigerung der Arbeitsproduktivität:

1. indem die lebendige Arbeit unter Nutzung des bereits vorhandenen hohen Qualifikationsniveuas mehr qualitativ hochwertige Erzeugnisse produziert, wenn aus den vorhandenen Rohstoffen und Materialien Produkte mit hohem Veredlungsgrad hergestellt werden, die weltmarktfähig und devisenrentabel sind und die bedarfsgerechte Versorgung der Wirtschaft und der Bevölkerung sichern;

2. wenn die lebendige Arbeit durch Maschinenarbeit ersetzt wird. Dieser Weg, obgleich er fondsintensiv ist, besitzt auch gegenwärtig noch große Bedeutung für die Steigerung der Arbeitsproduktivität, weil ein beträchtlicher Teil der unmittelbar in der Produktion Beschäftigten noch vorwiegend manuelle Arbeit ausführt;

3. wenn die Leistungsfähigkeit der aufgewendeten Maschinen und Anlagen erhöht wird, d. h. die vorhandenen Maschinen und Anlagen durch neue, leistungsfähigere ersetzt werden. Das erfordert, den Mechanisierungs- und Automatisierungsgrad zu erhöhen und dabei Arbeitskräfte absolut freizusetzen. Die Qualitätsentwicklung der Maschinen und Anlagen ist als ein entscheidender Faktor zur Steigerung der Produktivität der lebendigen Arbeit zu nutzen, da solche Merkmale wie Leistungsfähigkeit, Zuverlässigkeit, Bearbeitungsgenauigkeit, Bedienungskomfort, Geräuschpegel, das Masse-Leistungs-Verhältnis, die

2 K. Marx, Das Kapital, Erster Band, in: MEW, Bd. 23, Berlin 1962, S. 54.

3 Direktive des IX. Parteitages der SED zum Fünfjahrplan für die Entwicklung der Volkswirtschaft der DDR in den Jahren 1976—1980, Berlin 1976, S. 17.

Lebensdauer, die Formgestaltung, Reparatur- und Wartungsarbeit wesentlich beeinflussen, in welchem Tempo die Arbeitsproduktivität auf fonds- und materialsparendem Wege erhöht werden kann;

4. wenn material- und zeitsparende Technologien angewendet werden;

5. wenn die Organisation der Produktion sowohl im Betrieb und Kombinat als auch vor allem im Rahmen der gesamten Volkswirtschaft vervollkommnet wird. Dadurch kann eine bessere Nutzung der verfügbaren Arbeitszeit und der vorhandenen Maschinenkapazität erreicht werden. Eine Steigerung der Produktion wird mit den gleichen Arbeitskräften und Grundfonds und ohne zusätzliche Investitionen möglich.

Bei der Erschließung qualitativ neuer Wege zur Steigerung der Arbeitsproduktivität ist vor allem davon auszugehen, daß die Wirtschaft bereits über ein hohes technisch-ökonomisches Wissenschafts- und Bildungspotential verfügt, wodurch die intensive Nutzung des vorhandenen Potentials sowie seine intensive einfache Reproduktion eine entscheidende Bedeutung enthält. Die Realisierung des wissenschaftlich-technischen Fortschritts über die einfache Reproduktion des bereits vorhandenen Grundfonds-, Bildungs- und Wissenschaftspotentials ist ausschlaggebend für das Produktivitätswachstum unter den gegenwärtigen und zukünftigen Bedingungen auf fonds- und materialsparendem Wege.

Qualitativ neue Wege zur Steigerung der Arbeitsproduktivität zu erschließen, erfordert, die Arbeitskraft als Hauptproduktivkraft, d. h. ihre schöpferische Fähigkeit, auf der Grundlage einer hohen Qualifikation, leistungsfähiger Grundfonds und einer sozialistischen Organisation der Arbeit für eine Steigerung der Arbeitsproduktivität stärker zu nutzen. Insbesondere geht es im gegenwärtigen Prozeß der zunehmenden Verflechtung zwischen der sozialen und ökonomischen Seite der Effektivität darum, daß wachsende Zielrealisierung mehr als bisher produktivitätswirksam wird. Das muß sich vor allem in steigenden schöpferischen Leistungen in Forschung, Entwicklung, Konstruktion und Technologie niederschlagen, d. h. in neuen Erzeugnissen von hoher Qualität mit niedrigem Aufwand, die dem wissenschaftlich-technischen Höchststand entsprechen bzw. diesen auf entscheidenden Gebieten mitbestimmen.

## Zur Vervollkommnung der Planung der Arbeitsproduktivität nach Faktoren

Mit der Notwendigkeit, durch die komplexe Nutzung der Intensivierungsfaktoren die Steigerung der Arbeitsproduktivität auf fondssparendem Wege zu erreichen, werden neue Anforderungen an die Leitung, Planung und materielle Stimulierung gestellt. Hierbei gilt es folgendes zu berücksichtigen:

1. Von den Faktoren gehen kurz- und langfristige Wirkungen auf die Steigerung der Arbeitsproduktivität aus. Bei der Vertiefung der Intensivierung geht es um die verstärkte Nutzung langfristig wirkender Faktoren bei voller Ausnutzung der kurzfristig wirkenden. Die intensive Grundfondsreproduktion ist z. B. ein langfristig wirkender Faktor, der nur durch kurzfristig erschließbare Reserven — wie vor allem durch ständige Vervollkommnung der Technologie und Organisation — zur vollen Wirksamkeit für die Steigerung der Arbeitsproduktivität kommen kann.

2. Die Faktoren zur Steigerung der Arbeitsproduktivität wirken auf volkswirtschaftlicher und betrieblicher Ebene unterschiedlich und müssen folglich auch differenziert durchgesetzt werden. Während es im volkswirtschaftlichen Maßstab um die Verteilung der gesellschaftlichen Arbeit zur Entwicklung von effektiven Proportionen geht, die den Bedarf der sozialistischen Gesellschaft und die proportionale Entwicklung der materiell-technischen Basis sichern und damit die Bedingungen für ein volkswirtschaftlich effektives Wirtschaften der Betriebe und Kombinate schaffen, ist im Betrieb konkret über Maßnahmen des wissenschaftlich-technischen Fortschritts eine Steigerung der Arbeitsproduktivität zu erreichen.

Im Zeitraum 1976 bis 1980 wurde die Aufgabe gestellt, 60—70% der Steigerung der Arbeitsproduktivität der Industrie aus Maßnahmen des wissenschaftlich-technischen Fortschritts zu realisieren, was eine Einsparung von 240 bis 260 Mio Stunden erfordert. Die SED hat deshalb immer wieder nachdrücklich unterstrichen, daß die exakte inhaltliche und termingerechte Erfüllung aller Aufgaben der Pläne Wissenschaft und Technik in jedem Kombinat und Betrieb hierfür die entscheidende Voraussetzung ist.

Diese Zielstellungen zu erfüllen, erfordert, die Planung aller Intensivierungsfaktoren zu verbessern und die Steigerung der Warenproduktion, der Arbeitsproduktivität und der Effektivität in Übereinstimmung mit diesen und unter verstärkter Nutzung dieser Faktoren vorzunehmen.

An die Vervollkommnung der Planung der Arbeitsproduktivität nach Faktoren sind folgende Anforderungen zu stellen:

1. Die Planung der Arbeitsproduktivität muß auf der Grundlage der qualitativen Prozesse und Faktoren der Intensivierung erfolgen und diese in ihrer Wirksamkeit ausweisen. Das ist notwendig, um die Steigerung der Arbeitsproduktivität in enger Wechselbeziehung zu den Faktoren und Bedingungen der Intensivierung zu planen und zu realisieren. Auf diese Weise ist es möglich, bereits bei der Planung die Intensivierungsprozesse zu berücksichtigen und auf eine hohe Produktivitätswirksamkeit zu orientieren. Auf dem IX. Parteitag der

SED wurde unterstrichen, daß „der Planung eine Analyse der Hauptfaktoren, die die Steigerung der Arbeitsproduktivität bewirken, zugrunde zu legen"[4] ist.

2. Eine Faktorenplanung muß das komplexe Wirken der Intensivierungsfaktoren sichern. Das erfordert, den inneren Zusammenhang der mit der Intensivierung verbundenen Faktoren zu erkennen und sie komplex über Maßnahmen der sozialistischen Rationalisierung wirksam zu machen. Nur auf dieser Basis sind Reserven zu erschließen und ist der wissenschaftlich-technische Fortschritt produktivitätswirksam zu machen.

3. Die Faktorenplanung muß insbesondere die Initiative der Werktätigen in den einzelnen Kollektiven bis hinunter zum Arbeitsplatz fördern und entwickeln helfen. Hierbei ist die Arbeit der Werktätigen in den Betrieben und Kombinaten immer zielgerichteter auf die Lösung der volkswirtschaftlichen Schwerpunktaufgaben zu orientieren. Sie muß sich niederschlagen in besseren Konsumgütern und Produktionsmitteln, steigendem Export bei sinkenden Kosten, insgesamt in einem größeren, volkswirtschaftlich verfügbaren Endprodukt.

Einen wichtigen Schritt zur Verwirklichung dieser Aufgaben stellt der Beschluß zur Vervollkommnung der Planung der Arbeitsproduktivität in den Betrieben und Kombinaten der Industrie und des Bauwesens in der DDR dar.[5] Er sieht vor, die Planung der industriellen Warenproduktion mit der Planung der Arbeitsproduktivität und ihrer Entwicklung nach Faktoren zu verbinden. In der Ordnung der Planung der Volkswirtschaft der DDR 1976 bis 1980 und in der Rahmenrichtlinie für die Jahresplanung der Betriebe und Kombinate in der Industrie und des Bauwesens ist festgelegt, die Arbeitsproduktivität im Planentwurf nach folgenden Hauptfaktoren zu begründen:

*1. Hauptfaktor*: Erhöhung des wissenschaftlich-technischen Niveaus der Produktion. Hierzu gehört die Erhöhung des technischen Niveaus der Ausrüstungen, die Weiterentwicklung der Technologien und Verfahren, die Erhöhung der Qualität und die Verbesserung der Materialökonomie.

*2. Hauptfaktor*: Vervollkommnung des Niveaus der Organisation und Leitung der Produktion.

*3. Hauptfaktor*: Wissenschaftliche Arbeitsorganisation.

*4. Hauptfaktor*: Veränderung des Produktionsumfangs und der Struktur der Produktion.

*5. Hauptfaktor*: Produktivere Nutzung der nominellen Arbeitszeit.

*6. Hauptfaktor*: Zweigspezifische Faktoren einschließlich Naturbedingungen.

4 Ebenda, S. 169.

5 Vgl. Anordnung zur Aufdeckung von Reserven zur Steigerung der Arbeitsproduktivität und zu ihrer Begründung nach Hauptfaktoren bei der Planung in der Industrie und im Bauwesen, in: Gesetzblatt der Deutschen Demokratischen Republik vom 2. Juni 1975, Sonderdruck Nr. 795.

Wie die bisherigen Erfahrungen bei der Anwendung der Faktorenbegründung in den Betrieben und Kombinaten zeigen, konnte damit eine Vervollkommnung der Leitung und Planung des Intensivierungsprozesses erreicht werden. Zum ersten Mal wurde vom Betrieb bis zum Ministerium die Wirksamkeit wichtiger Faktoren im Komplex auf die Steigerung der Arbeitsproduktivität sichtbar. Insbesondere wurde es möglich, die Höhe der mit Maßnahmen zu erreichenden Arbeitszeiteinsparungen konkret festzulegen, die sich aus der volkswirtschaftlichen Aufgabenstellung zur Steigerung der Arbeitsproduktivität auf der Basis Warenproduktion für den Betrieb ergibt. Dadurch konnten die Maßnahmen des Planes Wissenschaft und Technik in ihrem Einfluß auf die Steigerung der Arbeitsproduktivität nachgewiesen und damit der Plan Wissenschaft und Technik verstärkt zur Erschließung von Produktivitätsreserven genutzt werden. Es wurde aber auch deutlich, welchen Einfluß Strukturveränderungen der Produktion auf die Entwicklung der Arbeitsproduktivität ausübten.

Die Begründung der Arbeitsproduktivität nach Faktoren weist jedoch vor allem die Wirksamkeit von Maßnahmen und Effekten auf die Steigerung der Arbeitsproduktivität aus. Damit kann noch keine Aussage darüber gegeben werden, unter welchen Bedingungen und mit welchem Aufwand das betriebliche Wachstum der Arbeitsproduktivität erreicht wurde, ob es sich z. B. um einen Betrieb mit hohem technisch-organisatorischem Niveau handelte oder ob im betreffenden Jahr Investitionen zur Verfügung standen usw. Die Faktorenbegründung kann also die Analyse der Reserven zur Steigerung der Arbeitsproduktivität nicht ersetzen, sondern setzt diese vielmehr voraus. Bei der betrieblichen Planung der Arbeitsproduktivitätsentwicklung sind demnach noch folgende Fragen zu beantworten: Wurden von seiten des technischen, technologischen und organisatorischen Niveaus und seiner möglichen Erhöhung durch Rationalisierungsmaßnahmen und -investitionen alle Möglichkeiten zur Steigerung der Arbeitsproduktivität genutzt, und wo liegen die kurz- und langfristig zu erschließenden Reserven für den Produktivitätsfortschritt? Wie wurden die volkswirtschaftlichen Erfordernisse der erhöhten Wirksamkeit der Intensivierungsfaktoren im Betrieb in eine Steigerung der Arbeitsproduktivität umgesetzt?

Die Aussage der Faktorennachweise der Arbeitsproduktivität darf folglich nicht überschätzt werden. Zusammen mit Untersuchungen in einigen Betrieben läßt der Faktorennachweis der Arbeitsproduktivität erste Schlußfolgerungen über die gegenwärtige Wirksamkeit der Faktoren zur Sicherung stabiler Wachstumsraten der Arbeitsproduktivität in der Volkswirtschaft zu.

Insgesamt zeigte sich, daß die Kennziffer der Arbeitsproduktivität sehr stark von Strukturveränderungen der Produktion einschließlich Veränderungen in den Kooperationsleistungen sowie der relativen Einsparung für übrige Beschäftigte bestimmt wird. Über 40% der Erhöhung der Arbeitsproduktivität sind auf diese Einflüsse zurückzuführen, wobei auch negative Wirkungen von diesem Faktor ausgehen können. Sie wären mit Minderungen im Wachstumstempo der Arbeitsproduktivität und Warenproduktion verbunden, wenn es nicht gelingt, durch dauerhafte Veränderungen im technisch-organisatorischen Niveau diesen Einfluß auszugleichen. Gerade durch den Einfluß dieses Faktors (Faktor 4) unterliegt die Produktivitätsentwicklung auch großen Schwankungen.

Demgegenüber bildeten in allen betrieblichen Planentwürfen die Maßnahmen des Planes Wissenschaft und Technik, Investitionen und weitere Rationalisierungsmaßnahmen die stabile Grundlage für den ständigen Produktivitätsfortschritt (Faktoren 1 bis 3). Sie brachten den Hauptanteil an der Steigerung der Arbeitsproduktivität, der sich jedoch infolge der wechselnden Struktureinflüsse und 1977 auch infolge der Wirksamkeit sozialpolitischer Maßnahmen im Anteil ständig veränderte. Er lag zwischen 40 % und infolge negativer Wirkungen anderer Faktoren über 100 %. Die Maßnahmen zur Veränderung der Technik, Technologie, der wissenschaftlichen Arbeitsorganisation sind es im einzelnen, die im Durchschnitt jährlich zu einer Steigerung der Arbeitsproduktivität um 3 bis 5 Prozent geführt haben.

Die Maßnahmen zur Vervollkommnung des technisch-organisatorischen Niveaus durch Anwendung neuester wissenschaftlich-technischer Erkenntnisse werden künftig die entscheidende Quelle für die Steigerung der Arbeitsproduktivität darstellen. Hierbei ist es notwendig, die Produktivitätswirksamkeit des wissenschaftlich-technischen Fortschritts stärker zu erhöhen. Die Veränderung der Technik und Technologie stellt einen Konzentrationspunkt für die Erschließung weiterer Reserven dar. Ihre Wirksamkeit ist noch zu gering.

Künftig stellt die intensive Grundfondsreproduktion ein Schlüsselproblem für langfristig steigende Arbeitsproduktivität auf fondssparendem Wege dar.[6]

Größere Reserven zur Steigerung der Arbeitsproduktivität können — wie die betrieblichen Erfahrungen zeigen — durch Anwendung effektiver Technologien erschlossen werden. Veraltete Sortimente und überalterte Bestände an Grundfonds hemmen häufig die Anwendung effektiver Technologien. Deshalb wird in der Mehrzahl der befragten Betriebe die Einführung neuer Technologien und Verfahren im Zusammenhang mit der Modernisierung und Erneuerung vorhandener Technik kurz- wie auch langfristig als eine bedeutende Reserve zur Steigerung der Arbeitsproduktivität eingeschätzt.

Auf dem 7. Plenum des ZK der SED wurde verstärkt auf die technologische Arbeit orientiert. So heißt es: „Das Politbüro lenkt die Aufmerksamkeit der Leiter ... darauf, in allen Industriezweigen und Betrieben neue technologische Erfahrungen schneller und umfassender in die Produktion einzuführen. Dazu wurden Beschlüsse gefaßt, die auf die Erhöhung des technologischen Niveaus in der Industrie, die Verstärkung der technologischen Forschung sowie die

6 Vgl. Abschnitt 2.7. dieses Bandes.

vorrangige Aus- und Weiterbildung und den Einsatz von Hoch- und Fachschulkadern auf dem Gebiet der Technologie gerichtet sind."[7]

Die betrieblichen Untersuchungen weisen darauf hin, daß Veränderungen im technisch-organisatorischen Niveau bisher vor allem in den Hauptprozessen bei Produktionsgrundarbeitern wirksam wurden. In der komplexen Rationalisierung der Haupt-, Hilfs- und Nebenprozesse liegen noch Reserven für eine weitere Steigerung der Arbeitsproduktivität.

Eine wichtige Reserve zur Steigerung der Arbeitsproduktivität und Freisetzung von Arbeitskräften wird in der Mechanisierung bisher noch überwiegend manuell ausgeführter Arbeiten gesehen. Immerhin ist im Durchschnitt der Industrie ein Drittel der Produktionsarbeiter noch überwiegend manuell tätig. Besonders hoch ist ihr Anteil (über 50%) in den Hilfs- und Nebenabteilungen.

Dafür bildet jedoch die entsprechende materielle Sicherung der Investitionen — sowohl ausrüstungsseitig wie bauseitig — durch unseren Maschinenbau und das Bauwesen die entscheidende Voraussetzung. Es hat sich in diesem Zusammenhang gezeigt, daß an die wissenschaftlich-technischen Parameter neuer Ausrüstungen höhere Anforderungen gestellt werden. Erzeugnisse, die dem wissenschaftlich-technischen Höchststand entsprechen, werden als Bedingung für die weitere Produktivitätsentwicklung eingeschätzt.

Durch die WAO wurden in den Betrieben große Anstrengungen unternommen, um den Arbeitsablauf rationell zu organisieren und ihn eng mit der Vervollkommnung der Arbeits- und Lebensbedingungen zu verbinden. Die erfolgreiche Arbeit zeigt sich u. a. darin, daß durch WAO mit zunehmender Tendenz die Arbeitsproduktivität um durchschnittlich 1 bis 2,5% jährlich gesteigert werden konnte.

Bei der Verwirklichung der WAO geht es auch künftig darum, sie ständig als Quelle der Arbeitsproduktivitätssteigerung zu nutzen und sie eng mit der Verbesserung der Arbeits- und Lebensbedingungen zu verbinden. Die Betriebe schätzen ein, daß auch langfristig die Nutzung der WAO eine große Rolle bei der Arbeitsproduktivitätssteigerung spielen wird. Der Einfluß wird jedoch — nachdem ein gewisser Stand auf diesem Gebiet erreicht wurde — nach 1980 etwa gleichbleiben, wobei sich das Gewicht der WAO besonders in den Hilfsprozessen und Nebenprozessen, aber auch in bestimmtem Umfang in den produktionsvor- und -nachgelagerten Abteilungen verstärken muß.

Insgesamt zeigt sich bei der Durchsetzung der WAO, daß, obgleich viele Arbeitsplätze umgestaltet, insbesondere körperlich schwere verändert bzw. aufgehoben wurden, ihr Freisetzungseffekt noch nicht ausreichend war. Gerade in der Erhöhung des Tempos der Freisetzung liegen noch größere Möglichkeiten, durch

7 Aus dem Bericht des Politbüros an die 7. Tagung des ZK der SED, Berichterstatter: K. Hager, Berlin 1977, S. 23.

WAO bei etwa gleichbleibender Technik Reserven für die Arbeitsproduktivitätssteigerung zu erschließen. Das erfordert aber, die WAO noch mehr als Bestandteil komplexer Intensivierungsmaßnahmen zu verwirklichen.

Ein enger Zusammenhang besteht zwischen der WAO und der effektiven Nutzung der Arbeitszeit. Die gegenwärtige Wirksamkeit ist, gemessen an den bestehenden Möglichkeiten, relativ gering. Von den Betrieben wurde eingeschätzt, daß gerade durch die Senkung der Stillstands- und Wartezeiten, der Zeiten für Ausschuß, Nacharbeit und Garantie, des Krankenstandes sowie anderer beeinflußbarer Ausfallstunden noch erhebliche Produktivitätsreserven zu erschließen sind. Insbesondere geht es in verschiedenen Fällen auch um die Anhebung der Arbeitsintensität auf das gesellschaftliche Normalmaß durch Verbesserung der Arbeitsdiziplin. Die Betriebe wiesen darauf hin, daß die intensive Nutzung der Arbeitszeit für die Steigerung der Arbeitsproduktivität die gleiche hohe Bedeutung besitzt wie die Modernisierung vorhandener Ausrüstungen auf hohem wissenschaftlich-technischem Niveau.

Es ist deshalb erforderlich, durch die wissenschaftliche Arbeitsorganisation als Bestandteil der sozialistischen Rationalisierung diese Produktivitätsreserven zu nutzen. Sozialistische Arbeitsmoral und hohe Arbeitsdisziplin, zusammen mit der rationellen Gestaltung der Arbeitsplätze, effektive Teilung und Kooperation der Arbeit im gesamtbetrieblichen Produktionsprozeß, Sicherung eines kontinuierlichen Produktionsablaufs bei gleichzeitiger Verbesserung der Arbeits- und Lebensbedingungen sind wesentlich für die Erhöhung der produktiv genutzten Arbeitszeit.

Einen negativen Einfluß auf die betriebliche Steigerung der Arbeitsproduktivität besaßen die zweigspezifischen Bedingungen. Sie sind besonders in der modisch bedingten Produktion sehr hoch und müssen für die Sicherung einer bedarfsgerechten Produktion bei der Planung berücksichtigt werden. Es ist jedoch notwendig, diesen Einfluß zu begrenzen und vor allem durch Maßnahmen des Planes Wissenschaft und Technik diese Einflüsse auf die Arbeitszeitentwicklung zu kompensieren.

Eine geringe Wirksamkeit erzielten die Maßnahmen zur Vervollkommnung der Organisation der Produktion und Leitung aus (Faktor 2). Hier liegen zweifellos noch Möglichkeiten zur Steigerung der Arbeitsproduktivität. Es darf jedoch auch nicht übersehen werden, daß es Unsicherheiten in der Erfassung der Wirksamkeit dieser Maßnahmen gibt. Es gilt außerdem zu beachten, daß eine erhöhte Wirksamkeit der produktionsleitenden Bereiche sowie der Bereiche Forschung, Entwicklung und Konstruktion sich in einer erhöhten Produktivität der Produktionsarbeiter bzw. des Produktionspersonals niederschlagen muß. Sie wird als relative Zeiteinsparung für die übrigen Beschäftigten wirksam, wenn nicht die Zunahme dieser Beschäftigtengruppen die Entwicklung der Produktion pro Produktionsarbeiter übersteigt. Die relativen Zeiteinsparungen aus Produktionserhöhung für übrige Beschäftigte haben gegenwärtig eine große Wirksamkeit (Faktoren 4 und 1). Es ist anzunehmen, daß infolge der mit dem wissenschaftlich-technischen Fortschritt vor sich gehenden Strukturveränderungen des produktiven Gesamtarbeiters die relativen Einsparungen für die Arbeitsproduktivitätssteigerung des Betriebes an Bedeutung zunehmen werden. Für die Steigerung der Arbeitsproduktivität ist notwendig, eine effektive Struktur des produktiven Gesamtarbeiters im Betrieb zu erreichen. Hierzu gehört, durch rationelle Organisation in den produktionsleitenden Abteilungen einer Erweiterung des Verwaltungs-, Hilfs- und Abrechnungspersonals entgegenzuwirken. Gleichzeitig ist aber mit einer Ausweitung eines Teils der übrigen Beschäftigten zu rechnen. Das betrifft vor allem das Forschungs- und Entwicklungspotential, und zwar ist dann eine Erweiterung dieser Beschäftigten erforderlich, wenn durch die Nutzung des bestehenden Potentials die Produktivitätsentwicklung des Betriebes langfristig nicht mehr gesichert werden kann.

Bei der Erschließung von Reserven zur Steigerung der Arbeitsproduktivität durch sozialistische Rationalisierung werden von den Betrieben folgende qualitativen Prozesse als Schwerpunkte angesehen:

— Modernisierung der vorhandenen Grundfonds durch Ausrüstungen mit hohem wissenschaftlich-technischem Niveau, die insbesondere durch unseren eigenen Maschinenbau den Betrieben und Kombinaten mehr als bisher zur Verfügung gestellt werden müssen;

— die Entwicklung eines eigenen Rationalisierungsmittelbaus;

— die Nutzung des eigenen Forschungs- und Entwicklungspotentials und seiner teilweisen Erweiterung. Insbesondere ist es erforderlich, ein höheres Niveau in der wissenschaftlich-technischen Arbeit zu erreichen, um den Vorlauf in der Forschung für eine kontinuierliche Qualitätserhöhung und Erzeugniserneuerung zu sichern und eine größere Koordinierung von Produktionsvorbereitung und Produktionsdurchführung zu erreichen;

— die größere Bilanziertheit zwischen den Planteilen, insbesondere des Planes Wissenschaft und Technik mit dem Investitions- und Bauplan.

Mit der Begründung der Arbeitsproduktivität nach Hauptfaktoren wurde ein erster Schritt zur Vervollkommnung der Produktivitäts- und Effektivitätsplanung in den Betrieben und Kombinaten getan. Sie ist zur Erschließung von Produktivitätsreserven, insbesondere bei der Begründung des Planvorschlags, von Bedeutung. Im Beschluß über die Leistungsbewertung der Betriebe und Kombinate wird deshalb betont, daß die Begründung der Steigerung der Arbeitsproduktivität nach Hauptfaktoren stärker für die Begründung und Beurteilung der Planentwürfe der Betriebe und Kombinate zu nutzen ist. Es ist jedoch gleichzeitig zu sehen, daß die Faktorenplanung noch am Anfang steht und sie das Bemühen der Betriebe um die Steigerung der Arbeitsproduktivität nicht ersetzen, sondern nur unterstützen kann.

Weitere Schritte zur Vervollkommnung der Planung müssen folgen, um letztlich ein ständig hohes und stabiles Wachstum der Arbeitsproduktivität zu sichern, wie es für den weiteren sozialökonomischen Fortschritt notwendig ist.[8]

## 2.2. Wissenschaftlich-technischer Fortschritt als entscheidender Faktor für hohe Effektivitätssteigerung

### Funktionen des wissenschaftlich-technischen Fortschritts bei der intensiv erweiterten Reproduktion

Einen zentralen Platz im Rahmen der wirtschaftlichen Entwicklung nahm in allen Phasen des sozialistischen Aufbaus der wissenschaftlich-technische Fortschritt ein. Diente er zunächst dazu, Grundfragen der sozialistischen Industrialisierung in der DDR zu lösen (z. B. Entwicklung und Anwendung eines Verfahrens zur Produktion von hüttenfähigem Koks auf der Basis einheimischer Braunkohle), so wurde er beim weiteren wirtschaftlichen Aufschwung immer mehr zu einer Schlüsselfrage der planmäßigen Entwicklung des Reproduktionsprozesses. Nur durch gezielte Wirksamkeit des wissenschaftlich-technischen Fortschritts war es möglich, die materiell-technische Basis der sozialistischen Volkswirtschaft herauszubilden und so Voraussetzungen dafür zu schaffen, daß mit einem möglichst geringen Arbeitskräfte- und Ressourcenaufwand ein dynamischer wirtschaftlicher Aufschwung verwirklicht werden kann.

Der wissenschaftlich-technische Fortschritt ist die entscheidende Quelle jeglichen progressiven Wandels der materiell-technischen Basis, er ist eine wesentliche Voraussetzung für die Steigerung der Arbeitsproduktivität und Effektivität, für die Entwicklung des Inhalts und des Charakters der Arbeit, er fördert und bedingt zugleich die sozialistische ökonomische Integration und ist mithin ein Hauptfaktor der erweiterten Reproduktion der Produktivkräfte sowie der Vervollkommnung der sozialistischen Produktionsverhältnisse. Die konsequente Erschließung der Wirkungen des wissenschaftlich-technischen Fortschritts auf den Reproduktionsprozeß ist vor allem deshalb so wichtig, weil der wissenschaftlich-technische Fortschritt *erstens* um keinen Betrieb, kein Kombinat, keine Institution einen Bogen macht, sondern überall wirksam wird, weil er *zweitens* alle Formen gesellschaftlicher Arbeit in dieser oder jener Weise ständig beeinflußt und gerade damit zur Quelle ihrer Effektivitätssteigerung wird, weil *drittens*

8 Vgl. Abschnitt 3. 1. dieses Bandes.

nur durch zielstrebige Arbeit seine potenziellen Wirkungen erreicht werden können, die „in der Senkung der Resourcenaufwendigkeit der Produktion bei gleichzeitiger Verbesserung der Gebrauchseigenschaften einschließlich der Qualität der Erzeugnisse“[9] bestehen. Mit der Vervollkommnung der sozialistischen Produktionsverhältnisse wächst das gesellschaftliche Vermögen, alle Faktoren zur Entwicklung des Reproduktionsprozesses maximal wirksam zu machen. Das gilt in besonderer Weise für den wissenschaftlich-technischen Fortschritt, den Hauptfaktor der Intensivierung des Reproduktionsprozesses.

Es kommt heute vor allem darauf an, den sich weltweit vollziehenden Prozeß der wissenschaftlich-technischen Revolution zu nutzen und so in den Reproduktionsprozeß einfließen zu lassen, daß ein wirksamer Beitrag zur Steigerung von Arbeitsproduktivität und Effektivität und damit zum wirtschaftlichen Wachstum geleistet wird. Die „Fragen der Verbindung wissenschaftlich-technischer Neuerungen mit der Veränderung des vorhandenen materiell-technischen Potentials, der Einsteuerung wissenschaftlich-technischer Neuerungen in den vorhandenen Wirtschaftsorganismus, gewinnen gerade unter den Bedingungen der wissenschaftlich-technischen Revolution entscheidende Bedeutung“[10]. „Der Maßstab dafür leitet sich unerbittlich aus dem internationalen Niveau her, das von den Fortschritten der modernen Wissenschaft bestimmt wird. Um Ergebnisse von Wert für unsere Republik zu erzielen, muß man vor dieser Notwendigkeit bestehen. Wer ihr ausweicht, organisiert einen ständigen, verlustreichen Nachlauf.“[11] Deshalb ist heute, angesichts der zunehmenden Dynamik des wissenschaftlich-technischen Fortschritts, die Forderung der Partei, den internationalen Stand auf dem jeweiligen Gebiet zu kennen, aktueller denn je. Den internationalen Stand erkennen, heißt aber nicht, nur die naturwissenschaftlich-technischen Ergebnisse zu studieren. Ebenso notwendig ist es, zu vergleichen, welche ökonomischen Resultate daraus hervorgehen. Wo stehen andere Länder und wie ist im Verhältnis dazu die eigene Leistung einzuschätzen? Diese Frage muß sich heute jeder Leiter vorlegen, ob in der Produktion oder in Forschung und Entwicklung.

9 W. Heinrichs, Hauptwege zur Steigerung der Arbeitsproduktivität für die weitere Erhöhung des materiellen und kulturellen Lebensniveaus des Volkes, in: Wirtschaftswissenschaft, 8/1978, S. 907.

10 H. Nick, Probleme der Vervollkommnung der Leitung des wissenschaftlich-technischen Fortschritts, in: Wirtschaftswissenschaft, 4/1978, S. 401.

11 E. Honecker, Mit Optimismus einem Jahr neuer Kämpfe und Siege entgegen, in: Aus dem Bericht des Politbüros an die Tagung des ZK der SED, Berlin 1978, S. 183.

## Die Mikroelektronik als Modellfall des wissenschaftlich-technischen Fortschritts

Welche gravierende Rolle der wissenschaftlich-technische Fortschritt bei der intensiven Entwicklung des Reproduktionsprozesses spielt, verdeutlicht das Beispiel der Mikroelektronik. Sie ist ein Muster des wissenschaftlich-technischen Fortschritts, ein Modellfall für eine revolutionäre Entwicklung der Produktivkräfte mit tiefgreifenden ökonomischen und sozialen Wirkungen und einem außerordentlich differenzierten Ausbreitungsfeld:

— Sie leistet einen wesentlichen Beitrag zur Intensivierung durch Einsparungen an Material und Energie. Die Kleinheit der Bauelemente bei außerordentlich hohem Funktionsinhalt (bis 1980 rechnet man mit internationalen Spitzenwerten von 1 Mio Transistorfunktionen auf einem Chip, d. h. in einem einzigen Bauelement von wenigen Millimetern Kantenlänge) ermöglicht es, gegenüber traditionellen Technologien bedeutende Mengen vergegenständlichter Arbeit einzusparen.

— Sie bewirkt eine tendenzielle Freisetzung von Arbeitskräften, insbesondere in Bereichen, die Produktionsmittel mit Steuerungen auf der Basis mikroelektronischer Bauelemente einsetzen sowie in Bereichen, in denen Montageprozesse ablaufen, die bei Verwendung von integrierten Bauelementen wesentlich einfacher ablaufen, vor allem, wenn sie — wie üblich — mit der Steckmodultechnik gekoppelt sind. Außerdem wird langfristig ein wirksamer Beitrag zur Verbesserung der Arbeitsbedingungen geleistet.

— Die Funktionssicherheit und Zuverlässigkeit von Baugruppen und Finalerzeugnissen, in die integrierte Schaltungen, Mikroprozessoren und mikroelektronische Speicherbauelemente eingehen, übertrifft wesentlich die von traditionellen elektronischen und vor allem mechanischen Baugruppen bzw. Finalerzeugnissen. Dieser Effekt schlägt vor allem in einer höheren Kontinuität und Stabilität der Produktion und in besseren Leistungsparametern der Produkte zu Buche.

— Die Herstellung mikroelektronischer Bauelemente erfordert technologische Spezialausrüstungen, Siliziumscheiben, Dotierungsmaterialien, Trägerstreifen, Fotolacke und viele andere Materialien und Zulieferungen mit höchster Zuverlässigkeit und Qualität. Die Leistungen verschiedener Industriebereiche für die Elektronik bewirken — ebenso wie die Leistungen der Elektronik für andere Bereiche — einen volkswirtschaftlichen Qualitätsschub.

— Der rasch zunehmende Integrationsgrad der Bauelemente (mehr Funktionsinhalt in einem Bauelement) ermöglicht es, im zunehmenden Maße Probleme zu lösen, die früher überhaupt nicht lösbar gewesen wären, weil die Zahl der zu regelnden Prozeßparameter nahezu beliebig vergrößert werden kann, ohne daß die Kosten proportional ansteigen.

Das Einsatzspektrum mikroelektronischer Bauelemente wird sich künftig außerordentlich rasch verbreitern.[12] Die Konsequenzen für den Reproduktionsprozeß werden um so günstiger sein, je besser und schneller es gelingt, die Prozesse der Mikroelektronik organisch in den volkswirtschaftlichen Mechanismus einzubauen, sie tatsächlich zu einer Quelle der Intensivierung zu machen. Revolutionäre Prozesse — wie die Mikroelektronik — sind Basis für evolutionäre Maßnahmen, die durch ihre Vielzahl, ihre Verzweigtheit, ihre Breitenwirksamkeit hohe gesellschaftliche Konsequenzen besitzen. Das gilt für die Mikroelektronik heute ebenso wie für die Robotertechnik und sicher schon in naher Zukunft für die technische Mikrobiologie. Heute zeichnet sich ein stürmischer Entwicklungsprozeß bei Maschinen für Be- und Entladearbeiten, Beschickungs- und Entnahmevorrichtungen für Werkzeugmaschinen, Verpackungs- oder Farbspritzanlagen deutlich ab. Die Roboter oder Manipulatoren werden als Verbindungsglieder von Be- und Verarbeitungsmaschinen in der automatischen Fabrik von morgen einen wichtigen Platz einnehmen. So wie die Mikroelektronik formalisierbare geistige (aber auch zahlreiche mechanische) Arbeitsprozesse der Menschen übernimmt, wird die Robotertechnik den Menschen endgültig von schweren manuellen, gesundheitsschädigenden und schließlich auch monotonen Arbeiten befreien. Die Robotertechnik ergänzt also in besonders augenscheinlicher Weise die Mikroelektronik. Sie ist als wesentliche Voraussetzung zur Automatisierung komplexer Produktionsprozesse zu werten.

Die zentrale Aufgabe bei der weiteren Entwicklung der Mikroelektronik — und analog bei anderen Richtungen des wissenschaftlich-technischen Fortschritts — besteht darin, ihr optimales Eindringen in den Reproduktionsprozeß zu organisieren. Es hat sich in der Praxis längst als Erfahrung bestätigt, daß wesentliche Neuerungen auf dem Gebiet von Wissenschaft und Technik *einerseits* immer einen Substitutionsprozeß auslösen, d. h. an die Stelle einer bisher gebräuchlichen Technologie tritt eine neue und bisher produzierte Erzeugnisse werden durch andere ersetzt. *Anderseits* erfolgt niemals sofort eine hundertprozentige Substitution, das heißt, die Substitution erstreckt sich zunächst im allgemeinen nur auf Teilgebiete und dehnt sich erst im Verlaufe einer längeren Periode auf die übrigen Gebiete aus. Infolgedessen verbreitert sich das Sortiment der hergestellten Erzeugnisse, und das Spektrum der zu beherrschenden Technologien wird immer umfassender. Gleichzeitig entfallen vielfach mit der Einführung neuer Technologien zahlreiche früher notwendige Kooperationsstufen.[13] So ist bei der Einführung der Mikroelektronik eine deutliche Tendenz der Verlagerung von Prozeßstufen der Geräteherstellung in den Prozeß der Bauelementefertigung

12 Vgl. z. B. G. Merkel, Mikroelektronik und wissenschaftlich-technischer Fortschritt, in: Einheit, 12/1977, S. 1355—1358.

13 Vgl. auch I. Fischer/K. Hartmann, Die Technologie — entscheidendes Kettenglied sozialistischer Rationalisierung, in: Wirtschaftswissenschaft, 10/1978, S. 1157.

zu erkennen. Auf diese Weise sind vielfach mechanische Prozesse durch elektronische abzulösen.

Die Mikroelektronik ist ein kompliziertes technisches Problem mit außerordentlich differenziertem Wirkungsspektrum. Die Zahl der speziell dafür bereitzustellenden Zulieferungen beträgt mehrere hundert, die in vielen Industriezweigen produziert werden. Aber auch das Spektrum der Bauelemente ist vielschichtig und breit. Hinzu kommen die außerordentlich hohen Forschungs- und Entwicklungsaufwendungen, die unerläßlich sind, um den wissenschaftlichen Vorlauf für die Entwicklung der Mikroelektronik zu erarbeiten. Das Sortiment der Finalerzeugnisse verbreitert sich unter dem Einfluß der Mikroelektronik ebenfalls. Dabei ist zu beachten, daß mit der Ausdehnung der Mikroelektronik die Menge und Differenziertheit der diskreten Bauelemente absolut kaum, wenn überhaupt, zurückgeht. Die Mikroelektronik stellt also ein breites Spektrum neuartiger Erzeugnisse her, benötigt neue Technologien, die zusätzlich zu den bisherigen in die Produktion eintreten.

Es bedarf keiner breiten Erläuterungen, um zu begründen, daß auch die Robotertechnik das Spektrum der herzustellenden Erzeugnisse spürbar ausdehnen wird. Die logische Konsequenz kann aber nicht heißen, das Sortiment zu zersplittern, die Vielfalt der Technologien immer weiter auszudehnen, das wissenschaftlich-technische Potential auf Hunderte Themen aufzuteilen, obwohl ein solcher Schluß zunächst notwendig zu sein scheint. Hier wird eine zentrale Problematik des wissenschaftlich-technischen Fortschritts sichtbar. Einerseits birgt er außerordentliche Effektivitätspotenzen, anderseits erfordert er eine Erzeugnisbreite, die ein Land mit dem Wirtschaftspotential der DDR niemals allein aufbringen kann. Selbst Länder wie die UdSSR und die USA streben internationale Arbeitsteilung und Kooperation an. Um so größer ist der Zwang zur Kooperation verständlicherweise für kleinere Länder. Der Entfaltung der sozialistischen ökonomischen Integration kommt unter dem Druck des wissenschaftlich-technischen Fortschritts also wachsende Bedeutung zu.

Doch der Schlüssel zur Lösung des aufgeworfenen Problems liegt nicht allein in der internationalen Arbeitsteilung, so bedeutungsvoll sie ist. Vielmehr gilt es, die Aufnahmefähigkeit der nationalen Wirtschaft für wissenschaftlich-technische Neuerungen bedeutend zu erhöhen, dem wissenschaftlich-technischen Fortschritt mehr Entfaltungsraum im Reproduktionsprozeß zu schaffen. Die Lösung des Widerspruchs liegt im wissenschaftlich-technischen Fortschritt selbst, wenn er so wirksam wird, daß die Effektivität des Reproduktionsprozesses steigt, daß mit weniger lebendiger und vergegenständlichter Arbeit die Bedürfnisse befriedigt werden können. Und gerade dadurch wird die gesellschaftliche Arbeit frei, die notwendig ist, um den wissenschaftlich-technischen Fortschritt zu forcieren, um wissenschaftlichen Vorlauf zu finanzieren, um Investitionen zur Überführung von Neuerungen durchführen zu können. Auf diese Weise bewirkt der wissenschaftlich-technische Fortschritt auch die immer wieder notwendigen Wachstumsimpulse für den Reproduktionsprozeß. So wird unter dem Einfluß des wissenschaftlich-technischen Fortschritts ein progressiver Wandel der materiell-technischen Basis erreicht, eine stärkere Konzentration auf jene Produktionen, die mit wenig Aufwand ein hohes Ergebnis hervorbringen, eine allmähliche Ablösung veralteter Technologien, die Aussonderung von Grundmitteln, die viele Arbeitskräfte binden und ihr Ersatz durch solche mit einem höheren Mechanisierungs- und Automatisierungsgrad. Bezüglich der breiten Einführung der Mikroelektronik in den volkswirtschaftlichen Reproduktionsprozeß der DDR heißt das, sie wird ihrer gesellschaftlichen Funktion als entscheidende Richtung des wissenschaftlich-technischen Fortschritts dann am besten gerecht, wenn ihr Einsatz hilft, einen möglichst nachhaltigen Impuls zur Effektivitätssteigerung auszulösen. Deshalb ist die Ausbreitung der Mikroelektronik kein Zweigproblem, das etwa nur das Kombinat Mikroelektronik angehen würde, sondern es handelt sich dabei um eine grundlegende volkswirtschaftliche Aufgabe. „Die Produktion und Anwendung der Erzeugnisse der Mikroelektronik werden die Veränderungen unserer volkswirtschaftlichen Strukturen wesentlich beeinflussen.“[14]

## Arbeitszeit- und fondssparende intensiv erweiterte Reproduktion

Ein wesentlicher Maßstab für das Entwicklungsniveau des gesellschaftlichen Reproduktionsprozesses ist die Kombination der Elemente des Arbeitsprozesses, die darauf zielt, mit einem möglichst geringen Aufwand an gesellschaftlich notwendiger Arbeit ein möglichst großes Volumen von Gebrauchswerten in bedarfsgerechter Struktur herzustellen. Die Effektivität der gesellschaftlichen Arbeit wird vor allem durch das qualitative Niveau und die Struktur der Arbeitsmittel und Arbeitsgegenstände, durch die Qualifikationsstruktur der Arbeitskräfte und durch die Kombination (sachlich und zeitlich) dieser Faktoren bestimmt. Da der wissenschaftlich-technische Fortschritt heute der wichtigste progressive Faktor im Reproduktionsprozeß ist, muß festgestellt werden, daß es von seinem zielgerichteten Wirksamwerden im Reproduktionsprozeß abhängt, welches Entwicklungsniveau der Reproduktionsprozeß erreicht, welche Effektivität damit verwirklicht werden kann und welches Niveau der Bedürfnisbefriedigung im gesellschaftlichen Maßstab langfristig gesichert ist. Die Mikroelektronik als Entwicklungsrichtung des wissenschaftlich-technischen Fortschritts, die durch

14 E. Honecker, Mit Optimismus einem Jahr neuer Kämpfe und Siege entgegen. Schlußwort auf der 9. Tagung des ZK der SED, a. a. O., S. 184.

den gesamten Reproduktionsprozeß hindurchgreift, beeinflußt den Reproduktionsprozeß in vielfältiger Weise:

a) Als Grundlage für eine hochgradige Mechanisierung und die allmähliche Automatisierung führt sie in der materiellen Produktion zu einer tendenziellen Verlagerung des Anteils der lebendigen Arbeit am Gesamtaufwand an gesellschaftlicher Arbeit auf die vergegenständlichte Arbeit.

b) Als Quelle neuer Gebrauchswerte führt sie

- bei Produktionsmitteln zu einem deutlich steigenden Effektivitätsniveau in der materiellen Produktion, in nichtmateriellen Bereichen, im Dienstleistungswesen;
- bei Konsumtionsmitteln zu einer Erhöhung des Grades der Bedürfnisbefriedigung und zur Herausbildung eines effektiveren Sortiments der hergestellten Konsumgüter;
- bei Exportgütern zur Möglichkeit, vorhandene Absatzmärkte zu erhalten und auszubauen, in günstigstem Falle dazu, neue Absatzmärkte zu erschließen.

c) Als Grundlage zahlreicher neuer Technologien eröffnet sie die Möglichkeit, systematisch veraltete Strukturelemente des Reproduktionsprozesses auszusondern und sie durch effektivere zu ersetzen.

Diesen drei Wirkungsfeldern der Mikroelektronik im Reproduktionsprozeß ist gemeinsam, daß sie nur in gegenseitiger Wechselbeziehung und aus gesamtgesellschaftlicher Sicht richtig bewertet und planmäßig realisiert werden können. Das wichtigste Entscheidungskriterium ist letztlich die Entwicklung des gesellschaftlichen Gesamtaufwandes im Verhältnis zum erreichten Resultat. Nur unter konsequenter Anlegung dieses Maßstabs bei jeder Entscheidung kann der Effekt der Mikroelektronik das mögliche Maximum erreichen. „Die Steigerung der Produktivität der Arbeit besteht eben darin, daß der Anteil der lebendigen Arbeit vermindert, der der vergangenen Arbeit vermehrt wird, aber so, daß die Gesamtsumme der in der Ware steckenden Arbeit abnimmt; daß also die lebendige Arbeit um mehr abnimmt als die vergangene zunimmt.“[15] Das entscheidende Kriterium ist die Gesamtsumme der in einer Ware steckenden Arbeit, nicht die lebendige Arbeit einer Stufe. Diese Erkenntnis von Marx ist heute um so wichtiger, da angesichts der weit fortgeschrittenen Arbeitsteilung die an der Herstellung jedes Gebrauchswertes beteiligten Betriebe recht zahlreich sind. Gleichzeitig ist zu erkennen, daß vielfach Betriebe nur einen quantitativ recht geringen Beitrag zur Herstellung eines Finalerzeugnisses leisten. Das gesellschaftliche Gewicht dieses Beitrages ist dagegen unvergleichlich größer. So hängt die Elektronikproduktion in ganz wesentlichem Maße von der qualitäts- und termingerechten Bereitstellung von Trichlorsilan in der chemischen Industrie ab, das der wichtigste Ausgangsstoff für die Herstellung der Siliziumscheiben

15 K. Marx, Das Kapital, Dritter Band, in: MEW, Bd. 25, Berlin 1964, S. 271.

ist. Überhaupt ist die Mikroelektronik als Zweig nicht denkbar ohne Zulieferungen aus der chemischen Industrie, der Metallurgie, der Glas- und keramischen Industrie, dem wissenschaftlichen Geräte- und Spezialmaschinenbau. Diese Bereiche kooperieren wiederum mit der extraktiven Industrie und dem Bauwesen. Erzeugnisse der Mikroelektronik sind, wie bereits dargestellt, grundsätzlich Zwischenprodukte, die zwar als solche verkauft und auch ex- und importiert werden, die aber ihren Zweck in der Verwendung in Finalerzeugnissen finden. Erst dort ist es letztlich möglich zu beurteilen, ob ein Erzeugnis der Mikroelektronik — die also gewissermaßen „in der Mitte des Reproduktionsprozesses" ihren Platz hat — gesellschaftlich zu einer Effektivitätssteigerung geführt hat.

Das Problem der Erfassung des Gesamtaufwandes an gesellschaftlicher Arbeit zählt nach wie vor zu den kompliziertesten theoretischen Fragen der politischen Ökonomie und hat auch noch keine restlos befriedigende praktische Lösung gefunden. „Angesichts der Reproduktionsbedingungen erweist sich künftig die arbeitszeit- und fondssparende Form immer mehr als der für die Sicherung volkswirtschaftlicher Proportionen wichtigste und vor allem auch reale Weg."[16] Hierbei geht es darum, daß durch konsequente Handhabung des verfügbaren Instrumentariums zur Leistungs- und Effektivitätsbewertung sowie durch verantwortungsvolle Preisbildung für neue Erzeugnisse der Reproduktionsprozeß so geleitet wird, daß das Effektivitätsniveau sich unter dem Einfluß des wissenschaftlich-technischen Fortschritts ständig erhöht.

Zunächst ist zu beachten, daß im Zusammenhang mit der Einführung der Mikroelektronik qualitative Entwicklungssprünge auftreten, wie sie bislang kaum zu erkennen waren. So ist es heute möglich, Mikrocomputer zu bauen, die sich folgerichtig in das Entwicklungskonzept der Computergenerationen einfügen. Ein Mikrocomputer kann auf einer handgroßen Leiterplatte untergebracht werden (er umfaßt Speicher, Mikroprozessoren und weitere integrierte Bauelemente) und besitzt die gleiche Leistungskraft wie der 1946 hergestellte elektronische Großcomputer Eniac, der in einem großen Saal untergebracht wurde. Das Preisverhältnis beträgt 10000:1. Der Leistungsbedarf des Eniac betrug 150 kW. Wenn es schon bald möglich sein wird, den Mikrocomputer noch weiter zu miniaturisieren und zum Ein-Chips-Mikrocomputer überzugehen, der die Größe eines Fingernagels haben soll, wird ein Leistungsbedarf von 0,75 W erwartet. Die Ursachen für die außerordentlich niedrigen Herstellungskosten für Erzeugnisse der Mikroelektronik liegen in der sehr rationellen Gruppentechnologie, die schon heute in einzelnen Prozeßstufen relativ weit automatisierbar ist. Parallel werden in Abhängigkeit vom Durchmesser der bearbeiteten

16 W. Heinrichs, Hauptwege zur Steigerung der Arbeitsproduktivität für die weitere Erhöhung des materiellen und kulturellen Lebensniveaus des Volkes, in: Wirtschaftswissenschaft, 8/1978, S. 909.

Silizium-Scheibe und dem Integrationsgrad der Bauelemente einige 10000, 100000 oder gar Millionen Transistorfunktionen einschließlich der entsprechenden Leiterbahnen hergestellt.

Trotz der sehr großen Effektivitätssprünge im Herstellungsprozeß — in einzelnen Stufen betragen sie bis zu 500% beim Übergang von einer Ausrüstungsgeneration zur nächsten — sind die Gesamtkosten durch die oben angedeutete Preisrelationen nur unvollkommen widergespiegelt. Kompliziert ist nämlich die Erarbeitung von Programmen für Mikrocomputer. Deren Kosten können das 1000fache des eigentlichen Rechnerpreises betragen, sind natürlich parallel in mehreren Rechnern einsetzbar. Eine der kompliziertesten Aufgaben bei der Herstellung von mikroelektronischen Bauelementen, vor allem Mikroprozessoren, ist die Erarbeitung des logischen Schaltungsentwurfs, die praktisch die geistige Vorwegnahme der automatischen Funktion des Bauelements darstellt.

Diese Beispiele verdeutlichen, daß unter solchen Bedingungen der vergegenständlichten Arbeit und in Relation dazu der lebendigen Arbeit ein ganz anderer Stellenwert zukommt, als das im „traditionellen Industriebetrieb" üblich war. Erfolgt die Programmierung in dem Betrieb, der den Mikrocomputer einsetzt, z. B. bei der Herstellung von Steuerungen für Werkzeugmaschinen, entstehen hohe Aufwendungen an lebendiger Arbeit, die Aufwendungen an vergegenständlichter Arbeit sind dagegen, von sonstigen Aufwandskomponenten abgesehen, verhältnismäßig gering. Ebenso ist es möglich, daß das Programm gekauft wird, wofür dann ein gesonderter Softwarenpreis zu zahlen ist. Die Relation von lebendiger und vergegenständlichter Arbeit ändert sich grundlegend.

Der Preisbildung kommt daher heute eine ebenso große Bedeutung zu wie der konsequenten Aufwandserfassung. Es war unter diesen Bedingungen nur konsequent, daß für Erzeugnisse der Mikroelektronik in der DDR das Preis-Leistungs-Verhältnis in modifizierter Form angewendet wird. Andernfalls hätten sich die Preise auf Grund der Entwicklung der Leistungsparameter sehr stark erhöhen müssen. Die neue Technik wäre teurer als die alte, es wäre eine Stimulierung wirksam geworden, die der Ausbreitung des wissenschaftlich-technischen Fortschritts entgegengewirkt hätte. Die rechtzeitig getroffene Entscheidung hat der neuen Technik Bewegungsraum geschaffen und ermöglicht, die lebendige und vergegenständlichte Arbeit realer zu bewerten.

Die Bewertung aller Aufwandskomponenten ist eine wesentliche Voraussetzung für die zielgerichtete Aufwandsverminderung. Nur ein reales Bild vom gesellschaftlichen Wert eines eingesetzten Grundmittels, eines Materials etc. versetzt den Leiter in die Lage, im Rahmen des technisch möglichen Entscheidungsspielraums die effektivste Kombination der Einsatzfaktoren zu realisieren. Auch für die Vorgabe ökonomischer Zielgrößen bei Forschungs- und Entwicklungsarbeiten ist es notwendig, umfassende Kenntnisse über die Aufwandsrelationen der potentiell möglichen Einsatzfaktoren zu besitzen. Durch die theoretische Vorwegnahme der künftigen Produktion im Entwicklungsergebnis wird über deren mögliches Effektivitätsniveau maßgeblich entschieden. Eine zentrale Frage beim Wirksammachen des wissenschaftlich-technischen Fortschritts im Reproduktionsprozeß ist also, welche Veränderungen durch eine Maßnahme in den gesellschaftlichen Aufwendungen an lebendiger und vergegenständlichter Arbeit erreicht werden.

In engem Zusammenhang damit steht die Aufgabe, den Aufwand den potentiellen Möglichkeiten des wissenschaftlich-technischen Fortschritts entsprechend zu vermindern. Der Aufwand zur Befriedigung des gleichen Bedürfnisses muß tendenziell immer sinken. Das ist notwendig, weil das verfügbare Aufwandsvolumen an lebendiger Arbeit und an natürlichen Ressourcen tendenziell sinkt und weil sich das Spektrum und der Umfang der zu befriedigenden Bedürfnisse ständig vergrößert. Die generelle Forderung nach „Verminderung des in die Ware eingehenden Gesamtarbeitsquantums" ist um so besser zu erfüllen, je konsequenter ihr in jedem konkreten Prozeß entsprochen wird, in jedem Betrieb, jedem Kombinat, jedem Industriezweig. In zunehmendem Maße tritt neben die Substitution von lebendiger Arbeit durch Fonds die Substitution vergegenständlichter Arbeit durch effektivere Formen vergegenständlichter Arbeit. Im automatisierten oder hochmechanisierten Arbeitsprozeß ist der Anteil der lebendigen Arbeit bereits recht gering. Hier geht es neben der weiteren Reduzierung der Zahl der Arbeitsplätze darum, solche Arbeitsmittel einzuführen, die einen höheren Produktionsausstoß haben, die die eingesetzten Roh- und Hilfsstoffe besser ausnutzen, die einen geringeren spezifischen Energiebedarf aufweisen. Diese Forderung ist bei der Einführung einer neuen technischen Generation in jedem Fall zu erfüllen.

Die Mikroelektronik deutet auf die heute in einigen Bereichen technisch realisierbaren Größenordnungen der Aufwandsverminderung. Durch die außerordentlich rasche Zunahme des Integrationsgrades der Bauelemente, von 1960 bis 1980 etwa um 6 Zehnerpotenzen, also um den Faktor 1 Million, sowie durch die heute weitgehend ausgereiften Technologien und den recht weit fortgeschrittenen Automatisierungsgrad in der Herstellung der Bauelemente sinken die Kosten im genannten Zeitraum pro Transistorfunktion um 5 Zehnerpotenzen, also von 100000 auf 1. Das sind international übliche Spitzenwerte, die aber auch die Maßstäbe setzen, mit denen die DDR im Außenhandel konfrontiert wird. Gelingt es, diese Werte zu erreichen, so werden der im Inland notwendige Aufwand an Außenmärkten und entsprechende Gewinne realisiert. Jeder Abstrich am erreichten wissenschaftlich-technischen Niveau hat dagegen zwangsläufig Effektivitätseinbußen zur Folge. „Ganz zielstrebig muß die Exportproduktion für das nichtsozialistische Wirtschaftsgebiet organisiert werden . . . Dabei ist zu beachten, daß sich die Nachfrage unserer Kunden immer stärker auf Waren höherer Qualität, ja auf Investitionsgüter allerneuester Technologie richtet, die selbstverständlich auch zu entsprechenden Preisen gehandelt werden."[17] Es geht letztlich um drei eng verflochtene Aufgaben, rechtzeitig an den entscheidenden Druckpunkten ein Spitzenniveau zu erreichen, den Kundenwünschen in Menge und Qualität zu entsprechen und die Kosten so zu entwickeln, daß sich im Gesamtergebnis ein positiver Saldo ergibt. Gerade das letztgenannte Problem bedarf besonderer Aufmerksamkeit in der Wirtschaftsführung. Noch immer werden Spitzenleistungen nicht selten mit Aufwendungen hervorgebracht, die internationalen Maßstäben nur unzureichend genügen, woraus sich notwendigerweise Abstriche am erreichbaren Effektivitätszuwachs ergeben. Es ist zu beachten, daß der Export von Waren sich genauso nachhaltig auf die Effektivität des Reproduktionsprozesses auswirkt wie die Inlandsproduktion. Die Erzielung eines höheren Erlöses pro Erzeugnis beim Export ermöglicht, die Menge der zu exportierenden Güter für eine angestrebte Devisensumme zu vermindern und so insgesamt eine höhere Devisensumme zu erwirtschaften, die für den Kauf von Rohstoffen, Ausrüstungen etc. zur Verfügung steht. Das breite Erzeugnisspektrum der Mikroelektronik macht den Austausch von bestimmten Erzeugnissen über den Außenhandel im Interesse einer hohen zu fertigenden Stückzahl verstärkt notwendig. Das gilt vor allem im Rahmen der Länder des RGW, aber auch für den Warenaustausch mit nichtsozialistischen Ländern. In dem Maße, wie sich mit dem wissenschaftlich-technischen Fortschritt die Bedeutung der internationalen Arbeitsteilung erhöht, entwickeln sich auch die international gesetzten Maßstäbe zu Kriterien der eigenen Effektivität.

## Vervollkommnung der materiell-technischen Basis auf der Grundlage des wissenschaftlich-technischen Fortschritts

Unter dem Einfluß des wissenschaftlich-technischen Fortschritts werden zielstrebig die materiellen Produktionsbedingungen entwickelt, die Voraussetzungen für hohe Ergiebigkeit der im Reproduktionsprozeß eingesetzten Arbeitskräfte, Fonds und Ressourcen sind. Grundlage dafür sind die wissenschaftlichen Erkenntnisse, die in ihrer materialisierten Form den Ausgangspunkt für Veränderungen der materiell-technischen Basis bilden. Sie fließen in den Reproduktionsprozeß als Mittel zur intensiven einfachen Reproduktion (wertmäßiger Ersatz vorhandener

17 E. Honecker, Die Aufgaben der Partei bei der weiteren Verwirklichung der Beschlüsse des IX. Parteitages der SED, Berlin 1978, S. 42.

Fonds durch neue mit einem höheren technisch-ökonomischen Niveau) sowie als Mittel zur intensiv erweiterten Reproduktion (wertmäßige Erweiterung der Fonds an Stellen des Reproduktionsprozesses, die für die Effektivitätssteigerung besonders wichtig sind). Doch die Einführung der neuen Technik allein nützt nur wenig. Sie ist gewissermaßen nur der Anfang des Intensivierungserfolgs. Worauf es insbesondere ankommt, ist die höhere Effektivität, die Umwandlung des technischen Fortschritts in einen ökonomischen Fortschritt. Mitunter ist zu beobachten, daß Neuerungen nur sehr allmählich wirksam werden, daß erst spät die projektierten technischen Parameter und noch später die angestrebten ökonomischen Ziele verwirklicht werden. Der Einfluß auf die Rationalität des Reproduktionsprozesses wird durch eine solche Praxis geschmälert.

Worauf es ankommt ist folgendes:

1. rechtzeitiges Erkennen der entscheidenden Druckpunkte des wissenschaftlich-technischen Fortschritts und zügige Lösung der Forschungs- und Entwicklungsaufgaben. Zeitpunkt und Zeitraum spielen gleichermaßen eine wichtige Rolle;

2. rasche Überführung der Resultate in die Produktion, Realisierung der angestrebten ökonomischen Ziele, Orientierung auf Verkürzung der Einlaufphase in der Produktion bei Neuerungen, d. h. schnelle Erreichung einer ökonomisch zu fertigenden Stückzahl;

3. Bereitstellung solcher Mengen und Qualitäten des neuen Erzeugnisses, die ausreichend sind, um im Inland die Bedürfnisse nach dem neuen Erzeugnis zu befriedigen, im RGW-Bereich die Kooperationsverpflichtungen zu erfüllen und in weiteren Ländern einen Absatzmarkt zu erobern, was vor allem eine hohe Wendigkeit in der Produktion und eine absolute Zuverlässigkeit in der Gewährleistung der Leistungsparameter erfordert;

4. Aussonderung veralteter Strukturkomponenten im Reproduktionsprozeß, was bedingt, längerfristig ebenso gewissenhaft zu planen, welche Ausrüstungen oder Materialien künftig auszusondern sind, wie geplant wird, welche Neuerungen einzuführen sind. Das ist eine wesentliche Voraussetzung für die Senkung der Zahl der Arbeitsplätze bei der Realisierung des wissenschaftlich-technischen Fortschritts und schafft auch bezüglich der materiellen Ressourcen den notwendigen Spielraum für die Einführung der neuen Technik.

Durch ein derartig komplexes Herangehen an die Entwicklung der materiell-technischen Basis unter dem Einfluß des wissenschaftlich-technischen Fortschritts werden Voraussetzungen für die qualitative Vervollkommnung des Reproduktionsprozesses geschaffen und wird eine nachhaltige Effektivitätssteigerung im gesellschaftlichen Maßstab wirksam.

Die Mikroelektronik beeinflußt im dargestellten Sinne die materiell-technische Basis wesentlich, z. B. durch die Herstellung freiprogrammierbarer Steuerungen für Werkzeugmaschinen. Diese Entwicklung basiert auf Mikroprozessoren und anderen mikroelektronischen Bauelementen, die in Mikrorechnern verarbeitet werden. Mehrere derartige Mikrorechner bilden das Kernstück der freiprogrammierbaren Steuerung. Heute sind derartige Steuerungen im Vergleich zu ihrer Leistung bereits beachtlich klein. Künftig werden sie sich mit dem zunehmenden Integrationsgrad der Bauelemente weiterhin verkleinern, so daß sie in absehbarer Zeit in der Werkzeugmaschine selbst unterzubringen sein werden.

Derartige Anlagen haben wesentliche Vorzüge. Sie sind Grundlage der komplexen Automatisierung ganzer Fertigungslinien und werden Voraussetzungen dafür schaffen, daß in naher Zukunft Anlagensysteme unter Inanspruchnahme von Vorratsmaterial in der dritten Schicht ohne Arbeitskräfte tätig sein können. Zweifellos sind solche Elemente der materiell-technischen Basis für die künftige Entwicklung ganz besonders wichtig. Einerseits helfen sie soziale Probleme lösen — der Mensch wird immer mehr aus dem eigentlichen Fertigungsprozeß herausgelöst —, gleichzeitig garantieren sie eine hohe Auslastung der modernen Grundfonds.

Ein weiteres Merkmal der freiprogrammierbaren Steuerungen besteht darin, daß sie im Prinzip nicht nur für Werkzeugmaschinen verwendbar sind, sondern — natürlich unter Verwendung anderer Programme — auch zur Steuerung von Robotern und Handhabeautomaten, als Prozeßsteuerungsanlagen für die chemische Industrie, die Metallurgie etc. Es ist verständlich, daß immer ein System verschiedener Steuerungen gleichzeitig in einer Volkswirtschaft benötigt wird. In diese Richtung laufen auch die Entwicklungsarbeiten in der DDR. Der Steuerungsbau wird so immer mehr zu einem bestimmenden Faktor im Produktionsprofil der DDR werden. Das folgt aus der Struktur des vorhandenen Reproduktionsprozesses, in dem Werkzeugmaschinen, komplette Industrieanlagen u. ä. Ausrüstungen einen zentralen Platz einnehmen. Das folgt auch aus den objektiven Entwicklungstendenzen des wissenschaftlich-technischen Fortschritts — hier konkret dargestellt in Mikroprozessoren, Mikrorechnern, freiprogrammierbaren Steuerungen —, die möglichst schnell und paßgerecht ihren Niederschlag im Reproduktionsprozeß finden sollen. Die bekannte LENINsche These, daß der Sozialismus eine Technik erfordere, „die nach dem letzten Wert modernster Wissenschaft aufgebaut ist“[18], findet durch derartige Entwicklungen ihre praktische Verwirklichung.

## Einflüsse auf die Struktur der lebendigen Arbeit

Wenn von einer dem Sozialismus adäquaten Entwicklung der Produktivkräfte gesprochen wird, so darf die Rolle der Menschen in diesem Prozeß nicht

18 W. I. LENIN, Über „linke“ Kinderei und über Kleinbürgerlichkeit, in: Werke, Bd. 27, Berlin 1960, S. 332.

übersehen werden. Die angedeutete Entwicklung der freiprogrammierbaren Steuerung, die ja nur als Beispiel neuester Technik zu verstehen ist, löst in mehrfacher Hinsicht grundlegende gesellschaftliche Probleme. Das entscheidende Ziel besteht letztlich darin, den Stoffwechsel des Menschen (der Gesellschaft) mit der Natur so zu regeln, daß „die assoziierten Produzenten . . . diesen ihren Stoffwechsel . . . unter ihre gemeinschaftliche Kontrolle bringen, statt von ihm als von einer blinden Macht beherrscht zu werden; ihn mit dem geringsten Kraftaufwand und unter den, ihrer menschlichen Natur würdigsten und adäquatesten Bedingungen vollziehen"[19]. Im einzelnen folgen hieraus zwei Resultate: *Erstens* wird der Mensch aus der Abhängigkeit von der Maschine herausgehoben, er wird immer mehr zum Beherrscher der Technik; *zweitens* erlangt die Gesellschaft zunehmend Freizeit zur allseitigen Persönlichkeitsentfaltung, zur Realisierung der sozialökonomischen Ziele, zur Lösung anderer gesellschaftlicher Verpflichtungen: Entwicklung der Infrastruktur, der nichtmateriellen Bereiche, des Dienstleistungswesens. „Die freie Zeit — die sowohl Mußezeit als Zeit für höhere Tätigkeit ist"[20], zählt zu den wichtigsten Entwicklungskriterien der sozialistischen Gesellschaft. Aber es ist wichtig, wie MARX bereits betont, freie Zeit auch als Zeit für höhere Tätigkeit zu verstehen. Im Konkreten heißt das, Zeit für Arbeiten, die einen höheren gesellschaftlichen Stellenwert haben, die helfen, die im ökonomischen Grundgesetz fixierten sozialökonomischen Ziele umfassend zu verwirklichen. Die der Gesellschaft zur Verfügung stehende Zeit ist also unter Ausnutzung aller Potenzen des wissenschaftlich-technischen Fortschritts jeweils so zu verteilen, daß die materiell-technische Basis und die Verteilungsstruktur des Arbeitszeitfonds zu einer Einheit werden. Sie bilden gemeinsam das neue, höhere Niveau des Reproduktionsprozesses.

Unter diesem Gesichtspunkt kommt der absoluten Arbeitskräftefreisetzung und der Einsparung von Arbeitsplätzen künftig ein großes Gewicht zu. Derzeit werden die verfügbaren Arbeitskräfte vielfach noch als ein zeitlos zur Verfügung gestelltes Anrecht verstanden. Relative Arbeitskräftefreisetzungen werden genutzt um „freie Planstellen" zu besetzen bzw. die Warenproduktion zu erhöhen. Doch unter den Bedingungen des entwickelten Sozialismus ist eine solche Haltung vom Prinzip her nicht mehr ausreichend. Vielmehr ist aus gesellschaftlicher Sicht zu entscheiden, wo vorrangig die freiwerdenden Arbeitskräfte einzusetzen sind. Wenn 1979 in der Industrie und im Bauwesen 350 Millionen Arbeitsstunden einzusparen sind, kann das nicht ohne Konsequenzen für die Verteilung der Arbeitskräfte auf die Bereiche sein.

19 K. MARX, Das Kapital, Dritter Band, in: MEW, Bd. 25, a. a. O., S. 873.
20 K. MARX, Grundrisse der Kritik der Politischen Ökonomie, Berlin 1953, S. 599.

In der Landwirtschaft der DDR wurden von 1950 bis 1975 rd. 1,4 Millionen Arbeitskräfte freigesetzt, also etwa $^2/_3$ aller ursprünglich dort Beschäftigten. In den nächsten Jahrzehnten wird es mit Sicherheit möglich und auch notwendig sein, in der Industrie in ähnlicher Relation Kräfte freizusetzen. Das Wohnungsprogramm erfordert heute primär Arbeitskräfte im Bauwesen, aber parallel dazu wächst der Arbeitskräftebedarf zur sozialen und materiellen Sicherstellung der neuen Stadtteile. Das betrifft den Arbeitskräftebedarf für kulturelle und soziale Einrichtungen, für Schulen, Krankenhäuser, Polikliniken, Schwimmhallen, Einrichtungen des Handels und der kommunalen Versorgung. Selbstverständlich erfordert auch die Wartung und Instandhaltung der geschaffenen Bausubstanz in zunehmendem Maße Arbeitskräfte.

Die bereits angedeutete Relation in den Aufwendungen für die Produktion und die Programmierung eines Mikrorechners verdeutlichen, daß auch die wissenschaftliche Produktionsvorbereitung — dazu gehören auch der Gerätebau sowie die weitere Entwicklung des Bildungswesens, vor allem die berufsbedingte Weiterbildung während des Arbeitslebens — qualitativ und quantitativ höhere Anforderungen an den gesellschaftlichen Arbeitszeitfonds stellen werden.

Das Beispiel der freiprogrammierbaren Steuerung für Werkzeugmaschinen zeigt, welche strukturellen Veränderungen im Arbeitskräftepotential der Volkswirtschaft notwendig sein werden. Konsequent sind die neuen Maschinen so einzusetzen, daß die Einsparungseffekte voll zum Tragen kommen, das heißt, daß in den Betrieben der metallverarbeitenden Industrie tatsächlich Arbeitskräfte freigesetzt werden; und dieser Effekt ist möglichst schnell wirksam zu machen. Dazu gehört vor allem ein konzentrierter Einsatz der neuesten Technik.

Entsprechende Zielsetzungen sind in anderen Bereichen zu formulieren, die mittels freiprogrammierbarer Steuerungen ihre Produktion automatisieren. Heute ist abzusehen, daß ein Teil der freigesetzten Kräfte benötigt wird, um in der elektronischen Industrie und im Steuerungsbau die Voraussetzungen für eine moderne, effektive und für die volkswirtschaftlichen Bedürfnisse ausreichende Produktion zu sichern. Darüber hinaus werden Arbeitskräfte zur Verfügung gestellt, um andere dringende gesellschaftliche Aufgaben zu lösen. Die Umverteilung der Arbeitskräfte ist in diesem Sinn eine zentrale Frage der intensiv erweiterten Reproduktion, die sich letztlich immer an den gesellschaftlichen Bedürfnissen orientieren muß.

Je konsequenter bei der Einführung der neuen Technik Arbeitsplätze eingespart und Arbeitskräfte freigesetzt werden, um so günstiger werden die Voraussetzungen für die Entwicklung der Elektronik im umfassenden Sinne, die sicher ihre Schlüsselstellung im modernen Reproduktionsprozeß weiter ausbauen wird. Hier schließt sich der Kreis. Durch den Ausbau der Elektrotechnik und Elektronik, darunter der Mikroelektronik, werden neue Potenzen für die Automatisierung und damit für die Intensivierung des Reproduktionsprozesses erschlossen. Eine zentrale Aufgabenstellung ist deshalb, derartige Hauptkettenglieder, wie die Elektronik, klar als solche zu identifizieren, sie entsprechend ihrer Funktion im Reproduktionsprozeß zu entwickeln und mit aller Konsequenz die daraus ableitbaren Effekte zu erschließen. Gerade auf diesem Wege wird der Entfaltungsraum für den wissenschaftlich-technischen Fortschritt vergrößert, wird es möglich, dessen Effektivitätspotenzen immer besser zu erschließen.

Es muß aber nachdrücklich darauf verwiesen werden, daß die Ausdehnung des Produktionsfeldes der Elektronik nur unter strikter Beachtung der Erfordernisse einer planmäßig proportionalen Entwicklung der Volkswirtschaft geschehen kann. So wie die Elektronik sich entwickelt, müssen sich proportional hierzu die zuliefernden Zweige und Bereiche wie auch die Abnehmer entwickeln. Außerdem ist es erforderlich, nicht nur moderne, leistungsstarke Steuerungen, Schaltungen und Ausrüstungen zu produzieren. In entsprechender Weise sind die Maschinen als solche, also z. B. die Werkzeugmaschinen, Buchungsautomaten, Setzautomaten, komplex zu entwickeln. So wenig die moderne Maschine ohne leistungsstarke Steuerung nützt, so wenig nützt die Steuerung, wenn sie nicht mit einer entsprechend durchkonstruierten und funktionssicheren Maschine mit hohen Leistungsparametern gekoppelt werden kann. Die Elektronik bringt also nur dann den erwarteten Effekt, wenn die erforderlichen hydraulischen, pneumatischen und mechanischen Baugruppen in entsprechender Qualität zur Verfügung stehen und wenn die zu bearbeitenden Materialien die möglichen höheren Arbeitsgeschwindigkeiten zulassen. Das gilt für die metallverarbeitende Industrie ebenso wie beispielsweise für Druckereien. Eine moderne Druckmaschine kann ihren möglichen Effekt nur entfalten, wenn die Papierqualität ausreichend ist, das Papier also bei der hohen Arbeitsgeschwindigkeit nicht reißt. Die moderne Werkzeugmaschine mit freiprogrammierbarer Steuerung wird nur dann den erwarteten volkswirtschaftlichen Nutzen bringen, wenn die verfügbaren Materialqualitäten den Leistungsparametern der Arbeitsmaschine genügen. Schlackeeinschlüsse im Material o. ä. Mängel machen den Effekt der modernen Anlage zunichte.

Das Hauptkettenglied — als ein solches erweist sich gegenwärtig die Elektronik, namentlich die Mikroelektronik — bestimmt zwar maßgeblich die Entwicklungsdynamik des Reproduktionsprozesses, kann jedoch nur in dem Grade wirksam werden, wie die anderen Bereiche mitentwickelt werden. Die materiell-technische Basis einer Volkswirtschaft unterliegt auf Grund des wissenschaftlich-technischen Fortschritts beständigen Proportionsverschiebungen. Diese müssen sich in den Plänen Wissenschaft und Technik, in Investitionsplänen, in Produktionsplänen, aber ebenso in der Verteilung der Arbeitskräfte auf die Bereiche niederschlagen. Die absolute Freisetzung von Arbeitskräften in einzelnen Bereichen des Reproduktionsprozesses — die Einsparung von Arbeitsplätzen — ist nicht nur ein Erfordernis, das sich aus der unmittelbaren Realisierung sozialökonomischer

Ziele ergibt, sondern eine gesetzmäßige Erscheinung. Intensiv erweiterte Reproduktion im volkswirtschaftlichen Maßstab bedeutet nicht, daß sich alle Zweige mit der gleichen Dynamik entwickeln. Die Erfahrungen der Sowjetunion, der DDR und der übrigen sozialistischen Länder zeigen, daß es immer wieder Bereiche und Zweige gibt, die sich „in den Vordergrund schieben". Sie beeinflussen damit die Entwicklung anderer Bereiche und schaffen dort Bedingungen dafür, daß diese Bereiche selbst zu gegebener Zeit die Schlüsselrolle übernehmen können. Die revolutionäre Entwicklung in einem Bereich des Reproduktionsprozesses löst eine Vielzahl von evolutionären Veränderungen in anderen Bereichen aus. Sie bereitet so den Boden für neue revolutionäre Entwicklungslinien.

Alle derartigen Prozesse verkörpern Aspekte des wissenschaftlich-technischen Fortschritts, die nicht nur grundlegende materielle Konsequenzen im Reproduktionsprozeß haben, sondern, wie bereits skizziert, gesetzmäßig zu einer tendenziellen Neuverteilung der Arbeitskräfte führen. Zu einem bestimmten Teil sind derartige Veränderungen durch die altersbedingte Fluktuation (Abgang ins Rentenalter, Neuzugänge aus der Berufsbildung) abzufangen. Die zunehmende Dynamik des wissenschaftlich-technischen Fortschritts und die stärkeren Effekte, gerade in bezug auf die Arbeitskräfte, bedingen jedoch, daß künftig verstärkt auch personelle Umsetzungen in andere Tätigkeits- und Wirtschaftsbereiche notwendig sein werden. Die sozialistische Gesellschaft besitzt alle Voraussetzungen, um diese Probleme im Interesse der Werktätigen zu lösen.

## Neue Konsumgüter für eine effektivere Verbrauchsstruktur

In analoger Weise, wie die Veränderung der materiell-technischen Basis die Einsatzstruktur des gesellschaftlichen Arbeitsvermögens beeinflußt, verändert sie die Verbrauchsstruktur der Konsumgüter. Waren es in den vergangenen Jahrzehnten das Radio, das Fernsehgerät und verschiedenste elektrische Haushaltsgeräte, die sehr wesentlich die Verbrauchsstruktur veränderten, so erlangen jetzt elektronische Konsumgüter zunehmende Bedeutung. Das gilt insbesondere für die großen Bereiche der Unterhaltungs- und Freizeit-Elektronik sowie der Haushaltselektronik. Daneben erlangen elektronisch gesteuerte Quarzuhren, Taschenrechner und verschiedene Systeme der Kraftfahrzeugelektronik wachsende Bedeutung. Ergänzend sei darauf verwiesen, daß die Mikroelektronik bei Büro- und Verwaltungsarbeiten, in der Nachrichtentechnik, in der Medizintechnik, in Verkehrsleiteinrichtungen große Bedeutung erlangt hat und sich einen zunehmenden Anwendungsbereich erobern wird.

Die damit geschaffenen Möglichkeiten zur Entwicklung des Reproduktionsprozesses sind bedeutungsvoll. Vor allem wird es möglich, Lösungen in den Reproduktionsprozeß einzuführen, die der Intensivierung dienen, z. B. arbeitsplatzsparende und materialökonomisch günstige Technologien sowie Lösungen mit einem geringeren Energieverbrauch. Der im Kombinat Mikroelektronik gefertigte Mikroprozessor U 808 ersetzt etwa 23000 elektronische Bauelemente mit einer Gesamtmasse von über 100 kg Kupfer, Zinn, Stahl, Plaste u. a. Die große Vereinfachung der gesamten Elektronik durch die Integration von immer mehr Funktionen in einem Bauelement und damit verbunden deren Verbilligung ermöglicht ihren immer breiteren Einsatz. So wird es sicher in naher Zukunft möglich sein, auch im Haushalt recht anspruchsvolle, aber dennoch einfach zu bedienende elektronische Geräte zu verwenden. Das verdeutlicht, welches Ausmaß und welche Konsequenzen ein Strukturwandel bei Konsumgütern haben kann.

Die Konsumgewohnheiten werden sich unter dem Einfluß der Mikroelektronik, die, wie gesagt, immer als Modellfall des wissenschaftlich-technischen Fortschritts zu verstehen ist, mit Sicherheit wandeln. Sie werden dies einerseits in dem Sinne tun, daß damit Lösungen zur Bedürfnisbefriedigung wirksam werden, die volkswirtschaftlich effektiver sind. Elektronisch gesteuerte Waschmaschinen beispielsweise realisieren den Waschprozeß mit dem minimal möglichen Energieverbrauch, was in dem insgesamt recht energieintensiven Prozeß von großer Bedeutung ist, insbesondere weil die Zahl der Waschmaschinen, die bei der Bevölkerung vorhanden ist, und die Zahl der wöchentlichen Betriebsstunden recht hoch sind. Die Einführung volltransistorisierter Schwarz-Weiß-Fernsehgeräte (Farbgeräte wurden in der DDR von Anfang an volltransistorisiert produziert) führte z. B. zu einer Senkung der Leistungsaufnahme pro Gerät um ca. 120 W. Durch die stärkere Verwendung integrierter Schaltkreise bei der Fernsehgeräteproduktion wird eine weitere Verminderung des Energiebedarfs bei allen Fernsehgeräten erreicht. Bedenkt man die Vielzahl der elektrisch betriebenen Konsumgüter und berücksichtigt, daß die Einführung mikroelektronischer Lösungen heute noch in einem recht frühen Stadium ist, werden die potentiellen Wirkungen auf den Reproduktionsprozeß abschätzbar.

Doch es genügt sicher nicht, die ökonomischen Effekte für die Volkswirtschaft zu sehen. Ein hohes Angebot von leistungsfähigen und sehr zuverlässigen Konsumgütern kann die Bedarfsstruktur der Bevölkerung zugunsten hochwertiger, langlebiger Industriewaren verschieben. Dadurch wird dem Anliegen der weiteren Entfaltung der entwickelten sozialistischen Gesellschaft entsprochen, eine Bedürfnisstruktur zu gestalten, die das Lebensniveau hebt, die immer besser eine sozialistische Lebensweise gewährleistet. „Die sozialökonomischen Aufgaben, die die Partei in der jeweiligen Etappe des sozialistischen Aufbaus stellt, spiegeln immer vollkommener und in Abhängigkeit von den Ressourcen und ihrer Nutzung das höchste Ziel der gesellschaftlichen Produktion wider, das in der Gewährleistung eines umfassenden Wohlstandes und der freien, allseitigen Entwicklung aller Mitglieder der Gesellschaft besteht."[21] Zweifellos darf man die sozialökonomischen Aufgaben nicht auf Freizeit, Urlaub, Arbeitsbedingungen beschränken. Eine sozialistische Lebensweise schließt eine spezifische Konsumtionsstruktur ein. Die Möglichkeiten, die die Mikroelektronik dazu bietet, sind vielfältig. Es kommt darauf an, sie gezielt zu nutzen. Die weitere Entfaltung der materiell-technischen Basis unter dem Einfluß des wissenschaftlich-technischen Fortschritts, die Hebung des Reproduktionsniveaus der Volkswirtschaft und das qualitativ höhere Niveau der Bedürfnisbefriedigung bilden somit eine untrennbare Einheit. Ihre Stoßrichtung wird — ausgehend vom ökonomischen Grundgesetz — als politische Aufgabe formuliert, die insbesondere „die Bestimmung der Rang- und Reihenfolge in der Befriedigung wesentlicher Bedürfnisse"[22] beinhaltet. Als wesentlichste Rahmenbedingung, die dabei zu berücksichtigen ist, erweisen sich die Dynamik des wissenschaftlich-technischen Fortschritts, namentlich dessen Hauptentwicklungslinien, die das Bild der wissenschaftlich-technischen Revolution prägen.

## Leitung der Erneuerung des Reproduktionsprozesses

Beschleunigung des wissenschaftlich-technischen Fortschritts in der Praxis heißt rasche und wirksame Einführung von neuesten Ergebnissen aus Forschung und Entwicklung in den Reproduktionsprozeß. Dieser Einführungsprozeß verläuft erfahrungsgemäß nicht ohne Schwierigkeiten und nicht immer reibungslos. Faktisch geht es um die Durchsetzung des Neuen gegenüber dem Alten. Durch Leitung, Planung und Stimulierung ist es unter den Bedingungen des entwickelten Sozialismus möglich, die dabei auftretenden Hemmnisse in Grenzen zu halten und einen hohen Beitrag zur Effektivitätsentwicklung zu sichern. „Zweifellos läßt sich sagen: Je mehr sich der wissenschaftlich-technische Fortschritt beschleunigt, desto leichter und schneller muß man über das vorhandene geistige und materielle Potential verfügen können."[23] Um das zu erreichen, ist eine Grundforderung zu erfüllen: Alle an der Realisierung des wissenschaftlich-technischen Fortschritts beteiligten Betriebe, Kombinate und Forschungsinstitute müssen darauf orientiert werden, die neue Technik so in den Reproduktions-

21 Autorenkollektiv, Aktuelle Bedeutung der Marxschen Randglossen zum Gothaer Programm, Berlin 1976, S. 25 (Forschungsberichte des Zentralinstituts für Wirtschaftswissenschaften der Akademie der Wissenschaften der DDR, Nr. 18).

22 Autorenkollektiv, Wissenschaft und Produktion im Sozialismus, Berlin 1976, S. 216.

23 H. Nick, Probleme der Vervollkommnung der Leitung des wissenschaftlich-technischen Fortschritts, in: Wirtschaftswissenschaft, 4/1978, S. 404.

prozeß einzuführen, daß dessen Gesamteffektivität steigt. Aus diesem Grunde sollten künftig verstärkt Bemühungen angestellt werden, den Gesamtaufwand und den Gesamtnutzen bestimmter wissenschaftlich-technischer Maßnahmen zu erfassen, um sie in möglichst günstige Relation zueinander bringen zu können. Im Gesamtsystem der Leitung, Planung und Stimulierung sollte Normativen, die die Wirkungen des wissenschaftlich-technischen Fortschritts auf den vorhandenen Reproduktionsprozeß reflektieren, künftig noch mehr Beachtung geschenkt werden. Das sind Richtwerte, an denen sich die Leitungsaktivitäten orientieren müssen, die auch Grundlage für die Stimulierung der betrieblichen Tätigkeit und der Leistungsbewertung sein können. Entscheidend sind letztlich zwei Größen: das real verfügbare Endprodukt und das vorhandene Effektivitätsniveau des Reproduktionsprozesses. Um sie langfristig und stabil zu vergrößern, ist es erforderlich, die sie bestimmenden Details so zu normieren, daß sie eine optimale Entwicklung garantieren.

In zunehmendem Maße erlangen auf Grund der hohen Dynamik des wissenschaftlich-technischen Fortschritts solche Fragen eine Schlüsselrolle, wie:

— In welchem Tempo erneuert sich im Industriezweig die Produktion, das heißt, nach wieviel Jahren wird ein Spitzenerzeugnis von heute durch ein anderes aus seiner Position verdrängt? Das gleiche gilt für Technologien. Antworten auf diese Fragen sind für die Planung des wissenschaftlich-technischen Fortschritts von vordringlicher Bedeutung. Sie erfordern ein aufmerksames Studium internationaler Entwicklungstendenzen auf dem jeweiligen Gebiet.

— Welche neuen Kooperationsbeziehungen im nationalen und internationalen Maßstab bilden sich mit bestimmten Entwicklungslinien des wissenschaftlich-technischen Fortschritts heraus? Welche alten Kooperationsbeziehungen können einfrieren? Wo sind qualitative Veränderungen in vorhandenen Kooperationsbeziehungen erforderlich?

— Welche Zeitdauer ist bis zum Erreichen der technischen und der ökonomischen Parameter der neuen Produktionsanlage zulässig? Welche Mindestgröße muß die neue Anlage haben (Produktionsausstoß), um rationell fertigen zu können? In welchem Zeitintervall ab Produktionsaufnahme muß dieser Ausstoß erreicht werden?

— Wann wird ein Forschungs- bzw. Entwicklungsthema im Vergleich zum internationalen Stand von Wissenschaft und Technik begonnen, wieviel Zeit ist für seine Bearbeitung zulässig? Wieviel Aufwand (Arbeitskräfte, Fonds, finanzielle Mittel) sind mindestens erforderlich, um in angemessener Zeit zu einem international vergleichbaren Resultat zu gelangen?

Diese Fragenkomplexe zielen darauf, durch gründliche analytische Untermauerung anhand internationaler Vergleichswerte den Prozeß der Einführung des wissenschaftlich-technischen Fortschritts in den Reproduktionsprozeß so zu gestalten, daß er den Erfordernissen der planmäßigen intensiv erweiterten Reproduktion entspricht und dabei Erfordernisse der internationalen Kooperation und Arbeitsteilung berücksichtigt. Die Kombinate, als leistungsstarke Industriezweigleitungen, die sowohl die Produktion, den wissenschaftlichen Vorlauf wie auch die internationalen Beziehungen beherrschen, sind in der Lage, in ihrem Verantwortungsbereich auf der Grundlage dieser allgemeinen Kriterien spezielle Maßstäbe zur Leistungsentwicklung zu erarbeiten, die sowohl die nationalen Möglichkeiten und Erfordernisse als auch die internationalen Entwicklungstendenzen berücksichtigen.

Im engen Zusammenhang mit diesen Fragen stehen solche Probleme wie Anpassung der Amortisationsdauer an die Dynamik des wissenschaftlich-technischen Fortschritts, Minimum des Effektivitätszuwachses, die Maßnahmen des wissenschaftlich-technischen Fortschritts im Reproduktionsprozeß bewirken müssen, Preise für neue Erzeugnisse und Relation dieser Preise zu Preisen für auszusondernde Erzeugnisse.

Eine weitere Gruppe von Kennzahlen, die bei der Leitung des Einführungsprozesses für wissenschaftlich-technische Neuerungen zu beachten ist, sind die zentralen ökonomischen Leistungskriterien Arbeitsproduktivität, Fondsintensität, Nettoprodukt, Warenproduktion sowie Kriterien, in denen sich der Einfluß des wissenschaftlich-technischen Fortschritts auf die Arbeits- und Lebensbedingungen widerspiegelt.

Diese Kennzahlen — bezogen auf den gesamten Reproduktionsprozeß — sind letztlich der entscheidende Maßstab für die Wirksamkeit des wissenschaftlich-technischen Fortschritts. Effektivitätssteigerungen in einer Stufe des Reproduktionsprozesses, die durch Mehraufwendungen in anderen Stufen zunichte gemacht werden, bringen volkswirtschaftlich keinen Nutzen. „Die Leitungs- und vor allem die Planungstätigkeit müssen auf die volkswirtschaftlichen Endergebnisse orientiert sein. Diese Forderung wird in dem Maße besonders aktuell, wie die Wirtschaft wächst und komplizierter wird, wie diese Endergebnisse von einer Vielzahl von Zwischengliedern . . . abhängen. Unter diesen Bedingungen kann es leicht geschehen, daß man auf der Jagd nach Zwischenergebnissen ... die Endresultate außer acht läßt und umgekehrt: Wenn man gewissen Zwischengliedern nicht die gebotene Aufmerksamkeit geschenkt hat, kann man den Gesamteffekt, den Endeffekt großer Anstrengungen und Investitionen zunichte machen.“[24]

Die Mikroelektronik ist ein anschauliches Beispiel, um diesen Sachverhalt zu demonstrieren. Wie bereits skizziert, geht es bei der volkswirtschaftlichen Wirk-

24 XXV. Parteitag der KPdSU. Rechenschaftsbericht des ZK der KPdSU und die nächsten Aufgaben der Partei in der Innen- und Außenpolitik. Berichterstatter: L. I. Breshnew, Berlin 1976, S. 72/73.

samkeit dieser Entwicklungslinie des wissenschaftlich-technischen Fortschritts darum, die Herstellung der Ausgangsstoffe, der Bauelemente, der Finalerzeugnisse, aber ebenso die notwendigen Zulieferungen und technologischen Spezialausausrüstungen proportional zu entwickeln. Nur so ist es möglich, im volkswirtschaftlichen Maßstab den erzielbaren Effektivitätsgewinn zu erschließen. Es kommt also darauf an, in allen hier angedeuteten Stufen — dahinter verbirgt sich in der Praxis eine große Zahl von Betrieben verschiedener Industriezweige und Wirtschaftsbereiche — parallel die erforderlichen Aktivitäten einzuleiten, sie aber nicht aus der spezifischen Sicht dieses oder jenes Betriebes zu bewerten. Oft umfaßt der Anteil des Produktionsausstoßes für die Mikroelektronik nur ein Prozent der Warenproduktion eines Betriebes oder weniger. Die Bedeutung für die Erreichung der ökonomischen Ziele des Betriebes ist also verhältnismäßig gering. Die volkswirtschaftliche Bedeutung ist ungleich größer. Jede Lieferverzögerung, jeder Qualitätsmangel müßte unweigerlich weitreichende Konsequenzen haben, die vor allem volkswirtschaftlich zu Buche schlagen. Hätten die zur Scheibenbearbeitung erforderlichen Ätzgase beispielsweise nicht die geforderte Reinheit, wäre eine Erhöhung des Ausschusses in der Bauelementeproduktion und ein Mangel an Bauelementen in den Folgestufen mit Sicherheit zu erwarten.

Das Beispiel veranschaulicht die mit den gewachsenen volkswirtschaftlichen Verflechtungen größer gewordene Verantwortung jedes Betriebes für das wirtschaftliche Ergebnis seiner Kooperationspartner sowie für das volkswirtschaftliche Endergebnis. Ihr zu entsprechen, ist vordringlich. Es wird künftig darauf ankommen, bei der Bewertung der betrieblichen Leistungen diese Forderung konsequent zu erfüllen. Dazu ist es notwendig, insbesondere die termin- und qualitätsgerechte Planerfüllung zu garantieren. Jeder Abstrich an der Qualität in irgendeiner Hinsicht bedeutet faktisch, daß der Plan nicht erfüllt wird, weil der Partner seine Aufgaben mit Zulieferungen, die Qualitätsmängel aufweisen, nicht erfüllen kann, und sollte bezüglich der an die Planerfüllung gebundenen Zuführungen zu betrieblichen Fonds entsprechende Konsequenzen haben. Bezüglich der termingemäßen Planerfüllung wird es im Interesse einer hohen Wendigkeit sinnvoll sein, einer optimalen Vorratshaltung größere Aufmerksamkeit zu widmen. Das würde auch die Möglichkeit schaffen, bei unvorhergesehenen Störeinflüssen die Produktion weitgehend im geplanten Umfang fortzuführen. Besondere Bedeutung kommt der Erhöhung der Mobilität der Fonds zu sowie der Erhöhung der Fähigkeit, Bedarfsänderungen durch Umstellungen im Produktionsprogramm zu entsprechen. Wenn auf dem Gebiet der Mikroelektronik einige Ausrüstungen eine moralische Lebensdauer von zwei bis drei Jahren haben, wird ersichtlich, welches Tempo bei der Einführung von Neuerungen auf diesem Gebiet notwendig ist. Das gilt besonders für die Kooperation mit anderen Ländern. Ebenso ist es bei der Überführung der Neuerungen in den Reproduktionsprozeß zu beachten, denn die neue Ausrüstungsgeneration setzt sich nur deshalb so schnell durch, weil sie einen entsprechenden Effektivitätsgewinn bringt. Ihre rasche praktische Nutzung ist also für die Intensivierung eine unerläßliche Voraussetzung.

Gleichzeitig darf nicht übersehen werden, daß eine Volkswirtschaft in jedem Zeitraum nur eine bestimmte Menge von Neuerungen aufnehmen kann. Bei allem Streben nach Mobilität dürfen Stabilität und Kontinuität der wirtschaftlichen Entwicklung nicht vernachlässigt werden. Die gleichzeitige Einführung einer zu großen Zahl von Neuerungen würde mit Sicherheit ebenso nachteilig sein wie ein zu langes Festhalten an der alten Technik. Es kommt darauf an, die Aufnahmefähigkeit der Wirtschaft für wissenschaftlich-technische Neuerungen zu erhöhen, und zwar in einem solchen Maße, daß der Beitrag zur Effektivitätssteigerung maximiert wird.

Dieses Bemühen um ein unter den konkreten Bedingungen optimales Erneuerungstempo des Reproduktionsprozesses — was augenscheinlich die wichtigste Bedingung für einen stabilen Effektivitätszuwachs ist — sollte vor allem in der Leitungstätigkeit der Kombinate einen zentralen Platz einnehmen. Dabei ist zu beachten, daß die Kombinate ebenso wie die einzelnen Entwicklungslinien des wissenschaftlich-technischen Fortschritts in vielfältiger Weise untereinander verflochten sind. Entscheidend ist die Entwicklung des volkswirtschaftlichen Reproduktionsprozesses. In diesem Rahmen vollzieht sich die Entwicklung der Kombinate. Durch ein an den gesellschaftlichen Interessen orientiertes Zusammenwirken wird die volkswirtschaftliche Effektivität maximiert.

## 2.3. Wechselbeziehungen zwischen Ökonomie lebendiger und vergegenständlichter Arbeit beim Übergang zur Intensivierung

### Zusammenhänge zwischen Wegen der Produktivitätssteigerung und Fondsvorleistungen

Eine höhere Stufe der Ökonomie vergegenständlichter Arbeit wird vielfach als Kriterium allseitiger Intensivierung angesehen. Sie kann jedoch weder aus der Notwendigkeit noch aus einem Wunschbild allein begründet werden. Deshalb ergibt sich die Frage, unter welchen objektiven und subjektiven Entwicklungsbedingungen eine höhere Stufe der Ökonomie vergegenständlichter Arbeit bei allseitiger Intensivierung notwendig und möglich wird. Um sie zu beantworten, ist es wichtig, die Zusammenhänge zu untersuchen, die zwischen den jeweils vorwiegenden Wegen der Produktivitätssteigerung, ihren Anforderungen an die Entwicklung der Fondsvorleistungen, ihrem Einfluß auf die Entwicklung von Teilkriterien der Effektivität sowie dem Gesamtbeitrag zur volkswirtschaftlichen Effektivitätssteigerung bestehen.

Qualitativ neue Wege der Produktivitätssteigerung werden objektiv notwendig, sobald die Steigerung der Arbeitsproduktivität zur vorwiegenden Quelle für das Wachstum des Nationaleinkommens wird. Obwohl die weitere Mechanisierung auf vielen Gebieten nach wie vor als Quelle der Produktivitätssteigerung von Bedeutung bleibt (wie z. B. die Ablösung von Handarbeit in Transport-, Lager- und Montageprozessen), wird es auf zunehmend mehr Gebieten immer schwieriger, vorwiegend durch Mehreinsatz von Energie und Grundfonds die Wachstumsdynamik aufrechtzuerhalten. Anzeichen dafür gibt es zum Beispiel, wenn die Vorleistungen für eine gegebene Einsparung lebendiger Arbeit steigen, wenn Leistungsfähigkeit und Ausnutzung der Grundmittel sich langsamer entwickeln als ihr Wert, wenn über längere Zeit Disproportionen zwischen der Reproduktion der Grundmittel und der Arbeitskräfte bestehen. Die Extrapolation dieser Tendenzen wäre mit einer Verlangsamung im Tempo der Effektivitätssteigerung und der Bedürfnisbefriedigung verbunden. Aufrechterhaltung der Wachstumsdynamik würde unter solchen Bedingungen nach sich ziehen, daß extensive Wirkungen zunehmen, daß die Ressourcen immer knapper werden, daß schließlich auch Konsumtion und Konsumtionseffekte nur noch verlangsamt wachsen können. Damit würde es aber zugleich auch schwieriger, die notwendigen Voraussetzungen für die weitere Produktivitätssteigerung zu sichern.

Neue Wege der Produktivitätssteigerung bilden sich jedoch keineswegs automatisch auf dem Boden ihrer herangereiften Notwendigkeit heraus. Sie verlangen hohe Vorleistungen an materiellen Mitteln und schöpferischer Arbeit. Sie erfordern damit z. B. eine schnelle Erhöhung der Bildungs- und Wissenschaftsintensität der Arbeit, auch wenn der Anteil der vergegenständlichten Arbeit an den Reproduktionsaufwendungen steigt und gegebenenfalls sogar beschleunigt zunimmt. Das bedeutet, generell höhere Effektivitätsmaßstäbe anzulegen, eingefahrene Geleise des Herangehens zu durchbrechen. Ein langfristig stabiles Wachstum des Nationaleinkommens kann unter diesen Bedingungen gesichert werden, wenn bei Fortsetzung bisheriger Entwicklungstendenzen der einmaligen Aufwendungen die Nettoproduktivität beschleunigt steigt oder wenn bei Beibehaltung bisheriger Steigerungsraten der Nettoproduktivität sich die Fondsökonomie verbessert bzw. wenn sowohl Nettoproduktivität als auch Fondsökonomie sich schneller entwickeln.

Hierbei muß beantwortet werden: *Wie hoch war die Steigerung der Netto-*

*produktivität und was kostete sie?* Wird bei zunächst als gleichbleibend vorausgesetzten Steigerungsraten das Wachstum der Nettoproduktivität teurer,[25] dann muß sich auf die Dauer die *Dynamik* der Produktivitätssteigerung und damit das Wachstum des Nationaleinkommens sowie der gesellschaftlichen Bedürfnisbefriedigung verlangsamen.[26] Deshalb ist für die Reproduktionsdynamik bei vorwiegend intensiv erweiterter Reproduktion nicht nur von Bedeutung, daß die Nettoproduktivität steigt. Ausschlaggebend ist auch, ob die Produktivitätssteigerung in der Tendenz mit höheren oder niedrigeren einmaligen Aufwendungen erkauft wurde.

Wie sich die Fondsvorleistungen für die Steigerung der Nettoproduktivität entwickeln, wird insbesondere bestimmt vom Niveau und Tempo des wissenschaftlich-technischen Fortschritts, von der damit verbundenen Steigerung der organischen Zusammensetzung der Produktion und der Veränderung in der Aufwandsstruktur, von der Entwicklung der Ergebnisgrößen, von der Stärke des Einflusses solcher Produktivitätsfaktoren, die nicht unmittelbar mit zusätzlichen Fondsvorleistungen verbunden sind. Mit zunehmendem Einfluß des wissenschaftlich-technischen Fortschritts geht es hierbei vor allem um die Wechselbeziehungen zwischen der wachsenden unmittelbaren Substitution lebendiger Arbeit durch Technik, die in verteuernder Richtung wirkt, und der steigenden Bildungs- und Wissenschaftsintensität der Arbeit, die über die höhere Leistungsfähigkeit der Fonds die Produktivitätssteigerung verbilligt. Ausschlaggebend ist, mit welcher Stärke objektiv verteuernden Faktoren der Produktivitätssteigerung entgegengewirkt wird. Damit wächst die Bedeutung einer höheren Materialökonomie sowie einer steigenden bzw. zumindest gleichbleibenden Grundfondsquote für ein stabiles Wachstum des Nationaleinkommens.

Neue Anforderungen an die Ökonomie vergegenständlichter Arbeit sind insbesondere durch das hohe Niveau der organischen Zusammensetzung der Produktion und tendenzielle Veränderungen in der Aufwandsstruktur begründet. Das gilt vor allem für sich wandelnde Reproduktionsbedingungen zugunsten schnell wachsender Aufwendungen für Wissenschaft und Bildung bei gleichzeitig steigenden Aufwendungen für die zunehmend intensive Reproduktion der natürlichen Umwelt. Die Anforderungen der Reproduktionsbedingungen an die allseitige Entwicklung der Werktätigen beginnen schneller zu wachsen als an die

25 A. Notkin und T. Čečeleva gehen u. a. auf diese Verteuerung ein. (Vgl. A. Notkin, Tip raširennogo vosproizvodstva pri pazvitom socializme, in: Voprosy ėkonomiki, 8/1975; vgl. T. V. Čečeleva, Intensifikacija proizvodstva u eë ėkonomičeskaja suščnost', in: Vestnik Akademii nauk SSSR, Serija ėkonomičeskaja, 1/1975.)

26 Das ergibt sich aus den spezifischen Anforderungen vorwiegend intensiver Erweiterung an die Wandlungen in der Aufwandsstruktur zugunsten der Wissenschaft und Bildung sowie der natürlichen Umwelt.

Grundfonds.[27] Die intensive Nutzung der Ressourcen verlangt immer stärker eine gleichzeitige, abgestimmte Erweiterung sowohl der produktiven Akkumulation als auch der nichtproduktiven Konsumtion im weiteren Sinne.

Während zum Beispiel die Ausgaben für Wissenschaft und Technik in der DDR von 1966 bis 1970 durchschnittlich 3% des Nationaleinkommens betrugen, waren es seit 1970 mehr als 4% und werden es 1976 bis 1980 etwa 4,2% des Nationaleinkommens sein.[28] Die Bildungsausgaben aus dem Staatshaushalt erhöhten sich von 5,2% des Nationaleinkommens im Zeitraum von 1966 bis 1970 auf 5,6% von 1971 bis 1974. Die Bildungsfonds pro Beschäftigten wuchsen von 1971 bis 1975 mit JD 8,3% beträchtlich schneller als von 1966 bis 1970 (3,1% JD).[29] Die Bildungs- und Wissenschaftsintensität der Arbeit stieg in den letzten zehn Jahren schneller als die Grundfondsausstattung die sich ebenfalls beschleunigt entwickelte. Deshalb müssen objektiv auch neue Quellen der Effektivitätssteigerung erschlossen werden, die den veränderten Reproduktionsbedingungen entsprechen.

Wenn auch davon ausgegangen werden kann, daß die gegenwärtig generell noch steigenden Anteile für Wissenschaft und Bildung am Nationaleinkommen[30]

27 Vgl. z. B. Untersuchungen von H.-D. HAUSTEIN zur Struktur der „technologischen Fonds", in: H.-D. Haustein, Messung der volkswirtschaftlichen Intensivierung. Zur Methodologie, Berlin 1976, S. 54 (Forschungsberichte des Zentralinstituts für Wirtschaftswissenschaften der Akademie der Wissenschaften der DDR, Nr. 17).

28 Vgl. Direktive des IX. Parteitages der SED zum Fünfjahrplan für die Entwicklung der Volkswirtschaft der DDR in den Jahren 1976—1980, Berlin 1976, S. 18.

29 Nach Berechnungen von R. SCHÄFER/J. WAHSE im Zentralinstitut für Wirtschaftswissenschaften der Akademie der Wissenschaften der DDR.

30 Lediglich in den USA blieben diese Anteile seit 1970 mit etwas über 12% annähernd konstant. Nach SUBČAMINOV war in ökonomisch hochentwickelten kapitalistischen Ländern seit 1960 bei sich meist wenig veränderter Rate der produktiven Akkumulation ein beträchtliches Ansteigen des Anteils der Aufwendungen für Wissenschaft und Bildung am Nationaleinkommen zu verzeichnen.

| | Rate der produktiven Akkumulation (in %) | | Anteile der Aufwendungen für Wissenschaft und Bildung aus Nationaleinkommen (in %) | |
|---|---|---|---|---|
| | 1960 | 1973 | 1960 | 1973 |
| USA | 14,0 | 13,8 | 9,7 | 12,2 |
| England | 18,0 | 19,0 | 7,2 | 9,9 |
| Japan | 32,4 | 32,7 | 7,3 | 8,2 |
| BRD | 20,0 | 21,0 | 4,7 | 8,2 |
| Frankreich | 13,3 | 22,0 | 3,9 | 6,0 (1972) |

Quelle: V. V. SUBCAMINOV, Naučnaja dejatelnost' i techničeskij progress v glavnych kapitalističeskich stranach, Moskva 1975, S. 35/36.

sich schließlich auf einem bestimmten Niveau einpendeln werden, bleibt der Druck auf eine hohe Grundfondsökonomie bestehen.

Zu einem Kernproblem der weiteren Intensivierung wird deshalb die raschere Erhöhung der Leistungsfähigkeit der Anlagen und Ausrüstungen. Der wissenschaftlich-technische Fortschritt muß verstärkt zu höherer Qualität der Erzeugnisse und zu verbilligter Herstellung der Produktionsmittel beitragen.[31] Steigende technische Ausstattung gehört zu den Grundvoraussetzungen dazu. Das bedeutet aber, daß relativ steigende Fondsvorleistungen gleichzeitig auch Grundlagen schaffen, damit die Ökonomisierung der Fonds verstärkt werden kann.

Zugleich wächst die Bedeutung der rationelleren Kombination und Nutzung der eingesetzten Arbeitskräfte und Fonds, der Organisations-, Struktur- und anderen Faktoren, die relativ wenig Investitionen erfordern.[32]

Bei der Untersuchung der Möglichkeiten zur relativen Einsparung vergegenständlichter Arbeit muß davon ausgegangen werden, daß steigende Arbeitsproduktivität in der langfristigen Tendenz auch an absolut wachsende materielle Vorleistungen gebunden sowie mit einem höheren Konsumtionsniveau verbunden ist. Das gilt insbesondere für

— steigende Fondsausstattung der Arbeit, darunter der Grundfondsausstattung,
— tendenziell wachsende Bruttoproduktintensität des Endprodukts (sogenannte Umwegproduktion),
— wachsenden Materialverbrauch pro Arbeitskraft,
— steigendes Nettoprodukt, das pro Arbeitskraft für die Konsumtion im weiteren Sinne erwirtschaftet wird,
— zunehmende Bildungs- und Wissenschaftsintensität der Arbeit (vgl. dazu Tabelle 2).

Für die planmäßige Vorbereitung zukünftiger Produktivitätssteigerung muß bekannt sein, wie sich bei den jeweiligen Wegen der Produktivitätssteigerung die Vorleistungen entwickeln. Das betrifft insbesondere die Fondsvorleistungen, die Aufwendungen für die Energie- und Rohstoffsicherung sowie die Aufwendungen für die Entwicklung von Bildung und Wissenschaft.

31 So stellten z. B. sowjetische Ökonomen fest, daß der Wert der Kapazitätseinheit von Jahr zu Jahr sowohl in der Industrie insgesamt als auch in den einzelnen Zweigen, mit Ausnahme der Baustoffindustrie und zeitweise der Elektroenergieerzeugung gewachsen, d. h. die Produktionsmittel teurer geworden sind. (Vgl. Z. Timonova/M. Charlašina, Analiz i metody opredelenija vlijanija na fondootdaču stoimosti vosproizvodstva edinicy moščnosti, in: Planovoe chozjastvo, 4/1974, S. 60.)

32 Jedoch nicht nur unter dem einseitigen Primat, dadurch kurzfristig Investitionen einzusparen, sondern unter dem langfristigen und volkswirtschaftlich hoch bedeutsamen Aspekt, dadurch Bedingungen für rationellere Kombination der Produktionselemente zu schaffen.

*Tabelle 2*
Entwicklung wichtiger Bedingungen und Folgen der Produktivitätssteigerung von 1955 bis 1975 (JD-Tempo in %)

| | 1956—1960 | 1961—1965 | 1966—1970 | 1971—1975 |
|---|---|---|---|---|
| Anteil der Steigerung der Arbeitsproduktivität am Wachstum des Nationaleinkommens (in %) | 95* | 113 | 96 | 97 |
| Arbeitsproduktivität | | | | |
| brutto | | | | |
| produzierender Bereich | 8,4 | 5,5 | 6,0 | 5,75 |
| Industrie | 7,1 | 5,9 | 6,2 | 5,4 |
| netto | | | | |
| produzierender Bereich | 7,5 | 3,95 | 5,0 | 5,25 |
| Industrie | 6,8 | 4,75 | 5,25 | 5,2 |
| Grundfondsausstattung der Arbeit | | | | |
| produzierender Bereich | 3,4 | 6,7 | 4,8 | 5,7 |
| Industrie | 2,15 | 6,4 | 4,6 | 4,85 |
| Materialverbrauch pro Arbeitskraft | | | | |
| produzierender Bereich | 9,2 | 6,7 | 6,5 | 6,1 |
| Industrie | 8,2 | 9,35 | 8,35 | 5,2 |
| Bruttoproduktintensität des Nettoprodukts des produzierenden Bereichs | 0,7 | 1,25 | 0,8 | 0,3 |
| Für die Konsumtion produziertes Nettoprodukt pro Arbeitskraft produzierende Bereiche | 6,4 | 4,6 | 4,3 | 4,8 |
| Anteil der Ausgaben für Bildung, Wissenschaft und Technik am Nationaleinkommen (in %) | — | — | 8,2 | 9,6 |

* 1955—59.

*Quelle:* Statistisches Jahrbuch der DDR 1976, Berlin 1976, S. 13, 44, 37, 41, 126, 288 sowie 1969, 1970, 1971, 1972, 1974, jeweils S. 41 und 1968, S. 42; vgl. H.-D. Haustein, Messung der volkswirtschaftlichen Intensivierung. Zur Methodologie, Berlin 1976, S. 54 (Forschungsberichte des Zentralinstituts für Wirtschaftswissenschaften der Akademie der Wissenschaften der DDR, Nr. 17).

Auf Grund ihres hohen Niveaus und weiterhin relativ schnellen Wachstums nehmen die Fondsvorleistungen nach wie vor einen zentralen Platz ein. Daraus ergibt sich auch die große Bedeutung fondssparender Formen der Produktivitätssteigerung. Es muß jedoch berücksichtigt werden, daß steigende Fondsquote keineswegs von vornherein mit fondssparendem Wachstum und sinkende Fondsquote mit fondsaufwendigem Wachstum gleichgesetzt werden kann. Die Veränderung der Grundfondsquote wirkt dann grundfondssparend auf die Steigerung der Nettoproduktivität, wenn sich die relativen Einsparungen an Grundfonds vergrößern oder die relativen Mehraufwendungen sich verringern. Umgekehrt wird die Steigerung der Nettoproduktivität grundfondsaufwendiger, wenn die relativen Einsparungen an Grundfonds sich verringern oder die Mehraufwendungen an Grundfonds zunehmen. Das heißt aber, daß eine verlangsamt steigende Grundfondsquote sich durchaus als grundfondsaufwendigere Form der Steigerung der Nettoproduktivität und eine verlangsamt sinkende Grundfondsquote sich als grundfondssparende Form herausstellen können. Es geht ja hier immer um den Einfluß von Zuwachsgrößen. Darüber hinaus muß beachtet werden, daß eine teurer werdende Steigerung der Nettoproduktivität noch keineswegs bedeutet, daß auch das Wachstum des Nationaleinkommens teurer geworden ist, Das Wachstum kann sich verbilligen, wenn sich zugleich die Steigerungsrate der Nettoproduktivität erhöht.

## Grundfondssparende und -aufwendigere Formen der Produktivitätssteigerung

Aus dem Vergleich der Steigerung der Nettoproduktivität, der Grundfondsausstattung, der Entwicklung des Grundfondsaufwandes für die relative Einsparung einer Arbeitskraft (Freisetzungsaufwand) und seines Grenzwertes[33] im Zeitraum von 1956 bis 1975 folgt, daß seit 1961 insgesamt grundfondsaufwendigere Formen der Produktivitätssteigerung überwogen (vgl. Tabelle 3).

Ausdruck dafür ist, daß der tatsächliche Grundfondsaufwand für die relative Einsparung einer Arbeitskraft überwiegend schneller stieg als der Grenzwert des Freisetzungsaufwandes. Betrug der tatsächliche Freisetzungaufwand im Durchschnitt des Zeitraums von 1956 bis 1960 etwa 57% des Grenzwertes, so wuchs er bis zum Zeitraum von 1971 bis 1975 auf etwa 76%. Mit zunehmendem Einfluß der Produktivitätssteigerung und insbesondere des wissenschaftlich-technischen Fortschritts auf das Wachstum des Nationaleinkommens zeigten sich also zunächst Tendenzen

— nicht nur absolut, sondern auch relativ steigender Vorschüsse an Grundfonds für die Steigerung der Nettoproduktivität,

33 Der Grenzwert des Freisetzungsaufwandes gibt an, bis zu welcher Größe der tatsächliche Freisetzungsaufwand steigen kann, wenn die Effektivität zumindest gleich bleiben soll. Vgl. Erläuterung 2 auf Tabelle 5.
Im Maschinenbau der UdSSR wird damit gerechnet, daß der Investitionsaufwand für die Freisetzung eines Arbeiters pro Schicht 14000 Rubel nicht übersteigen darf, wenn sich nicht die Gesamtzahl der direkt und indirekt bei der Herstellung einer Produktionseinheit Beschäftigten erhöhen soll. Hier handelt es sich offensichtlich ebenfalls um einen Grenzwert für den Freisetzungsaufwand, wenn auch auf anderer Basis ermittelt. (Vgl. L. VOLČKEVIČ, Uporna avtomatizacija, in: Izvestija vom 13. 2. 1978.)

*Tabelle 3*

Einige zusammenfassende Aussagen zum Einfluß der Grundfondsökonomie auf die Effektivitätssteigerung im produzierenden Bereich

| | 1956—1960 | 1961—1965 | 1966—1970 | 1971—1975 |
|---|---|---|---|---|
| Steigerung der Nettoproduktivität (JD in %) | 7,5 | 4,0 | 5,0 | 5,25 |
| Durch Produktivitätssteigerung relativ eingesparte Arbeitskräfte (in 1000 Personen) | 2969 | 1418 | 1852 | 1975 |
| Steigerung der Grundfondsausstattung (JD in %) | 3,4 | 6,7 | 4,8 | 5,7 |
| Freisetzungsaufwand pro relativ durch Arbeitsproduktivitätssteigerung eingesparte Arbeitskräfte (in 1000 M) | 8,1 | 50,4 | 65,2 | 83,2 |
| Grenzwert des Freisetzungsaufwandes (in 1000 M)* | 14,2 | 64,3 | 89,2 | 110,5 |
| Anteil der Effektivitätssteigerung am Grenzwert des Freisetzungsaufwandes (in %)** | 43 | 21,6 | 26,9 | 23,7 |

| | 1955 | 1960 | 1965 | 1970 | 1975 |
|---|---|---|---|---|---|
| Anteil der Grundfondsausstattung am Grenzwert des Freisetzungsaufwandes (in %) | 73,7 | 71,2 | 75,0 | 74,2 | 74,8 |

* Grenzwert unter Berücksichtigung auch der Veränderungen in den relativen Einsparungen an Grundfonds. Er unterscheidet sich deshalb von früheren Angaben, bei denen diese nicht mit einbezogen waren. Dieser Unterschied gilt auch für den Anteil der Effektivitätssteigerung am Grenzwert.

** Aussage wird u. a. dadurch beeinflußt, daß lediglich der Grundfondseinsatz, nicht aber der Umlaufmitteleinsatz berücksichtigt werden konnte.

*Quelle:* Statistisches Jahrbuch der DDR 1976, Berlin 1976, S. 13, 15, 37, 41, 44, 70 und 1969, 1970, 1971, 1972, 1974, jeweils S. 41 sowie 1968, S. 42. Zu methodologischen Grundlagen der Berechnung vgl. A. Braun, Arbeitsproduktivität und Effektivität, Berlin 1976.

— zunehmenden Einflusses der Ökonomie lebendiger Arbeit auf die Effektivität (der Ressourcennutzung),
— wachsender Anteile der Aufwendungen für die einfache Substitution lebendiger Arbeit durch Technik an den Grundfondsvorschüssen.

Dabei muß berücksichtigt werden, daß im gesamten Zeitraum seit 1956 das Wachstum des Nationaleinkommens bereits überwiegend durch Steigerung der Arbeitsproduktivität gesichert worden ist. Jedoch war seit etwa 1960 die Produktivitätssteigerung relativ weniger durch das Schließen von Engpässen und verhältnismäßig stärker durch wissenschaftlich-technische Entwicklung bedingt.

Die nicht nur absolut, sondern zeitweilig auch relativ steigenden einmaligen Aufwendungen bewirkten, daß die Ökonomie lebendiger Arbeit den Ausschlag für die Steigerung der ökonomischen Effektivität der Ressourcennutzung gab. Während z. B. von 1956 bis 1960 rund 67% der Effektivitätssteigerung aus besserer Ressourcennutzung auf Ökonomie lebendiger Arbeit zurückgingen, waren es 1966 bis 1970 rund 95% und 1971 bis 1975 rund 99%.

Diese Tendenzen lassen darauf schließen, daß der wissenschaftlich-technische Fortschritt bisher vorwiegend über die unmittelbare Substitution lebendiger Arbeit auf die Produktivitätssteigerung wirkte. Ausdruck dafür waren u. a. das schnellere Wachsen der Grundfondsausstattung gegenüber der Arbeitsproduktivität, die relativ langsamere Entwicklung der Bruttoproduktintensität des Endprodukts sowie das im Vergleich mit dem Wachstum der Grundfondsausstattung verlangsamte Steigen des Materialverbrauchs pro Arbeitskraft.

Das bedeutet, daß der quantitative Mehreinsatz von Grundfonds die Produktivitätssteigerung entscheidend beeinflußte. Mit dem größeren Einfluß der Produktivitätssteigerung auf das Wachstum des Nationaleinkommens erhöhte sich der Anteil der Grundfonds, die für die einfache Substitution lebendiger Arbeit durch Technik bestimmt waren (vgl. Tabelle 4).

Wird davon ausgegangen, daß bei einfacher Substitution lebendiger Arbeit durch Technik lediglich Wachstumsfaktoren umgruppiert werden, ohne daß je-

*Tabelle 4*

Entwicklung und Struktur des Grundfondseinsatzes für die einfache Substitution lebendiger Arbeit und die Steigerung der Effektivität von 1956 bis 1975 im produzierenden Bereich

| | JD-Wachstum des Grundfondseinsatzes (in %) | Grundfondsaufwand für die Beschäftigung zusätzlicher Arbeitskräfte sowie die Steigerung der Arbeitsproduktivität = 100 davon Anteile (in %): | | |
|---|---|---|---|---|
| | | für die Beschäftigung zusätzlicher Arbeitskräfte | für die Steierung der Arbeitsproduktivität | darunter: für die einfache Substitution lebendiger Arbeit* |
| 1956—60 | 3,4 | 5,0 | 95,0 | 42,5 |
| 1961—65 | 6,1 | — | 100,0 | 71,3 |
| 1966—70 | 4,85 | — | 100,0 | 69,8 |
| 1971—75 | 5,8 | — | 100,0 | 71,0 |

* Nach Berechnungen für andere RGW-Länder nahm im Bereich der materiellen Produktion z. B. der UdSSR, der ČSSR, der Ungarischen VR in den letzten 10 Jahren der Anteil der Grundfonds für die einfache Substitution lebendiger Arbeit zu.

*Quelle:* Statistisches Jahrbuch der DDR 1976, Berlin 1976, S. 13, 37, 41, 44, 15, 70 und 1969, 1970, 1971, 1972, 1974, jeweils S. 41 sowie 1968, S. 42.

doch die Effektivität steigt, tragen die entsprechenden Grundfondsaufwendungen — wie auch die Grundfonds für die Beschäftigung zusätzlicher Arbeitskräfte — extensiven Charakter. Diese Einschätzung als extensiv resultiert aus dem direkten oder indirekten Beitrag der Grundfonds zur Effektivitätssteigerung. Sie steht zunächst scheinbar im Widerspruch dazu, daß die Steigerung der Grundfondsausstattung in der Regel Ausdruck des technischen Fortschritts und insofern Bestandteil jeder intensiv erweiterten Reproduktion ist. Die Steigerung der Grundfondsausstattung der Arbeit gehört zu den notwendigen Voraussetzungen für die Zunahme der Effektivität. In Abhängigkeit davon, ob sie lediglich indirekt — als quantitativer Faktor der Steigerung der Nettoproduktivität — auf die Effektivität wirkt oder auch direkt (über relative Einsparungen an Grundfonds im Verhältnis zum Produktionswachstum), ergeben sich Unterschiede im Tempo der Effektivitätssteigerung und in den Grundproportionen. Bei gleichbleibendem Arbeitszeitfonds ist die Analyse des extensiven und intensiven Charakters der Grundfondserweiterung insbesondere von Bedeutung, um zu zeigen, welchen Einfluß verschiedene Wege zur Steigerung der Nettoproduktivität auf die Effektivität ausüben. Nur in diesem Zusammenhang hat diese Einschätzung überhaupt Berechtigung. Da mit jeder Produktivitätssteigerung Substitutionsprozesse verbunden sind, ist es gesetzmäßig, daß bis zu einem bestimmten Grade der Anteil extensiver Grundfondsveränderungen zunimmt, wenn sich der Anteil der Produktivitätssteigerung am Wachstum des Nationaleinkommens erhöht. Unter diesen Bedingungen war die Zunahme des Anteils der Grundfondserweiterungen für die einfache Substitution eine Bedingung für die kontinuierliche Steigerung der Effektivität.

Es kann deshalb auch nicht darum gehen, beim Übergang zum vorwiegenden Wachstum durch Produktivitätssteigerung eine Erhöhung des Anteils extensiver Grundfondsveränderungen von vornherein zu verhindern, sondern diese auf das Maß zu reduzieren, das durch das objektive Gewicht der Substitutionsprozesse bedingt ist.

Der zur Steigerung der Arbeitsproduktivität erforderliche Grundfondsaufwand für die einfache Substitution lebendiger Arbeit wird vor allem durch folgende Faktoren bestimmt:

1. durch das Niveau der Grundfondsausstattung der Arbeit (als gewisses Merkmal für das bereits erreichte Niveau der Substitution) und speziell den Anteil der Grundfondsausstattung am Grenzwert des Freisetzungsaufwandes. Der Anteil der Grundfondsausstattung am Grenzwert des Freisetzungsaufwandes stieg im produzierenden Bereich von 1960 bis 1975 von rd. 71 auf rd. 75%. Diese Steigerung war vor allem durch schnelle Entwicklung der Mechanisierung bedingt (z. B. in der Land- und Bauwirtschaft, Ersatz von Handarbeit bei einer Reihe industrieller Prozesse), der Mechanisierungsgrad in der Industrie stieg auf mehr als 54 Prozent. Sie wurde durch absolute Abnahme der Zahl der

Arbeitskräfte und damit verbundene eingeschränkte Ausnutzung der Grundfonds verstärkt;

2. durch die Entwicklung der Grundfondsquote und ihren Einfluß auf den relativen Freisetzungsaufwand. Wenn der tatsächliche Freisetzungsaufwand schneller steigt als sein Grenzwert, dann entfällt von der gesamten Produktivitätssteigerung verhältnismäßig mehr auf die Deckung der Grundfondsaufwendungen für die einfache Substitution.

Grundsätzlich bedeuten steigende Grundfondsausstattung und steigender Freisetzungsaufwand keineswegs von vornherein, daß die Steigerung der Nettoproduktivität sich verteuerte. Der steigende Freisetzungsaufwand ist innerhalb gewisser Grenzen gesetzmäßig.[34] Wenn die Produktivitätssteigerung vorwiegend durch unmittelbare Substitution lebendiger Arbeit gesichert wird, nimmt auch der Anteil der Grundfondsausstattung am Grenzwert des Freisetzungsaufwandes zu. Darin drückt sich mit aus, wie sich Reproduktionsaufwendungen für die lebendige Arbeit und für die Grundfonds zueinander verhalten. Jedoch muß gleichzeitig betont werden, daß der relativ starke extensive Charakter der Grundfondserweiterung im betrachteten Zeitraum keineswegs allein aus dem zunehmenden Einfluß der Substitution lebendiger Arbeit durch Technik zu erklären ist. Deutlich wird das daran, daß sich das Tempo der Effektivitätssteigerung wesentlich stärker verlangsamte, als der Anteil der Fondsausstattung am Grenzwert stieg. Das weist insbesondere auf Reserven bei der Ausnutzung der Grundmittel hin. Es wird bekräftigt, daß es notwendig ist, die Aufmerksamkeit noch mehr auf die Faktoren zu lenken, die eine bessere Ausnutzung der Grundfonds erlauben, wie z. B. Rohstoffsicherung, Bereitstellung von Arbeitskräften, aber auch Vervollkommnung der Produktionsorganisation.

Inwieweit ein höherer direkter Beitrag der Material- und Grundfondsökonomie zur volkswirtschaftlichen Effektivitätssteigerung möglich und erstrebenswert ist, kann letztlich nur daran beurteilt werden, wie die objektiven und subjektiven Bedingungen für qualitative Veränderungen in den *Wegen* der Produktivitätssteigerung herangereift sind. Relative Einsparungen von Fonds und Material beispielsweise, die mit einer Verlangsamung der Produktivitätssteigerung verbunden sind, charakterisieren keine höhere Entwicklungsstufe der Intensivierung. Die Herausbildung einer qualitativ höheren Stufe der Ökonomie vergegenständ-

34 Vgl. D. Palterovič, O. faktičeskoj ėffektivnosti napravlenij techničeskogo progressa, in: Voprosy ėkonomiki, 4/1975, S. 38. Die Tendenz zum steigenden Freisetzungsaufwand bestätigen auch empirische Rechnungen. Gemessen am Produktivitätsniveau des Jahres 1960 war der Freisetzungsaufwand pro relativ eingesparter Arbeitskraft in der materiellen Produktion z. B. 1975 gegenüber 1965 in der VR Polen auf fast das Doppelte, in der UdSSR und der VR Bulgarien auf mehr als das 1,8fache, in der Ungarischen VR auf etwa das 1,7fache, in der DDR auf etwa das 1,6fache gestiegen.

lichter Arbeit kann deshalb nur in Verbindung mit der Steigerung der Nettoproduktivität analysiert und geplant werden, insbesondere mit

- dem Niveau der Produktivität gesellschaftlicher Arbeit und den Faktoren weiterer Produktivitätssteigerung,
- der Beurteilung der Effektivitätswirksamkeit der jeweiligen Steigerung der Arbeitsproduktivität unter Berücksichtigung der gesamten einmaligen Aufwendungen.

Neue Ausgangsbedingungen für die Produktivitätssteigerung beruhen letztlich auf der Vervollkommnung der materiell-technischen Basis als Kernstück der Intensivierung. Sie entwickeln sich deshalb vor allem im Ergebnis der wissenschaftlich-technischen Revolution.[35] Sie entstehen insbesondere mit der Anwendung neuer Naturstoffe und -kräfte, mit der Erhöhung des Wirkungsgrades ihrer Nutzung durch neue Technologien und Verfahren, mit grundlegenden Veränderungen der Technologien in der verarbeitenden Industrie, mit Veränderungen am Erzeugnis und der Verbesserung seiner Qualität. Insbesondere die Kombination neuer, nichtmechanischer Technologien im unmittelbaren Arbeitsprozeß mit dem Prinzip des Automatismus erlaubt qualitative Umwälzungen in den Leistungen der Ausrüstungen und damit eine schnelle Steigerung der Produktivität der gesellschaftlichen Arbeit.[36] Beispiele dafür werden in den Abschnitten 1.3. und 2.2. dieses Bandes genannt.

Bei der Einschätzung der Möglichkeiten neuer Wege zur Produktivitätssteigerung und der dafür zu schaffenden Voraussetzungen muß berücksichtigt werden, daß sich gegenwärtig im internationalen Maßstab neue technologische Entwicklungstendenzen noch in den Anfängen befinden. So wird z. B. damit gerechnet, daß selbst in hochindustrialisierten kapitalistischen Ländern sich gegenwärtig etwa 80 Prozent der Produktion noch der traditionellen Technik bedienen.

Faktoren zu mobilisieren, welche die Grundfondsquote erhöhen, bedeutet vor allem, reale Fortschritte in der Intensivierung der Grundfondsreproduktion zu erreichen. Letztere gehört mit zu den Hauptwegen, um den zur Zeit noch relativ starken Druck auf das mengenmäßige Wachstum der Produktion und damit die Ressourcenanspannung zu mildern. Ohne die große Bedeutung solcher Faktoren, wie z. B. der besseren Grundfondsnutzung, der stärkeren Übereinstimmung zwischen der Reproduktion der Grundfonds und der Arbeitskräfte u. a. zu unterschätzen, muß betont werden, daß das Schlüsselproblem für größere Fortschritte in der Intensivierung der Grundfondsreproduktion in

35 Vgl. IX. Parteitag der SED, Programm der Sozialistischen Einheitspartei Deutschlands; Berlin 1976, S. 28/29.

36 Das schließt die optimale Kombination neuester und traditioneller Wege nicht aus, sondern im Gegenteil ausdrücklich ein, wie z. B. bei der Gestaltung automatischer Linien.

der generellen Beschleunigung und höheren Wirksamkeit des wissenschaftlich-technischen Fortschritts besteht.

Wie hoch die einmaligen Aufwendungen sind, wird bei gleichbleibenden Steigerungsraten der Nettoproduktivität durch die Entwicklung der organischen Zusammensetzung und der Grundfondsquote bestimmt. Die steigende organische Zusammensetzung wirkt in der langfristigen Tendenz in Richtung einer sinkenden Grundfondsquote (vgl. z. B. Grundfondsquote im Verkehrswesen und in der Grundstoffindustrie im Vergleich zur Leichtindustrie, Bau- und Landwirtschaft; vgl. auch das im allgemeinen niedrigere Niveau der Grundfondsquote in Ländern mit höherer technischer Ausstattung der Arbeit und höherer Arbeitsproduktivität). Dieser Tendenz wird vor allem durch weitere Vervollkommnung des jeweiligen wissenschaftlich-technischen Niveaus, höhere Konsumtionseffekte und bessere Ausnutzung der Grundfonds entgegengewirkt. Daraus folgt, daß sich in der Entwicklung der Grundfondsquote sowohl Struktur- als auch Effektivitätskomponenten niederschlagen. Dabei kann davon ausgegangen werden, daß über kurz- und mittelfristige Zeiträume der Einfluß der Effektivitätskomponenten überwiegt.

In der DDR setzte sich in den letzten 20 Jahren bei der Grundfondsquote der Industrie und des produzierenden Bereichs, soweit sie auf die Bruttoproduktion bezogen wird, insgesamt eine steigende Tendenz durch. Auf der Basis des Nationaleinkommens dagegen herrschte im Vergleich zu 1960 eine sinkende Entwicklungstendenz der Grundfondsquote vor.[37] Diese sinkende Tendenz würde noch deutlicher sein, wenn die — bisher positiv wirkenden — Struktureffekte eliminiert werden. Ob über längere Zeiträume eine gleichbleibende oder steigende Grundfondsquote gesichert werden kann, hängt vom jeweiligen Gewicht und Zusammenwirken vieler Faktoren ab. Dazu gehören vor allem das Gewicht der Substitution lebendiger Arbeit durch Grundfonds, darunter der absoluten Freisetzung von Arbeitszeitfonds, der Einfluß der Produktivitätssteigerung auf das Wachstum des Nationaleinkommens, Struktur, wissenschaftlich-technisches Niveau und Ausnutzung des Grundfondsbestandes, Erneuerungsquote sowie wissenschaftlich-technisches Niveau und gesellschaftlich notwendiger Aufwand für die Herstellung neuer Produktionsmittel, Proportionen zwischen den eingesetzten Produktionselementen sowie gesellschaftliche Organisation der Produktion und anderes mehr.

37 Diese Tendenz war auch für die Mehrzahl der RGW-Länder charakteristisch. So war z. B. 1975 die Netto-Grundfondsquote in der VRB, der UVR, der UdSSR niedriger als 1960; lediglich in der VRP und der ČSSR lag sie 1975 über dem Niveau von 1960.

## Bilden sich neue Bedingungen für die Entwicklung der Grundfondsquote heraus?

In Verbindung damit ist es wichtig, ob sich mit der zunehmenden Bedeutung des subjektiven Faktors und der engeren Verschmelzung sozialer und ökonomischer Faktoren *neue Wirkungsbedingungen auch für die Entwicklung der Grundfondsquote herausbilden.* Eine Hypothese läßt sich aufstellen, wenn von den Beziehungen zwischen organischer Zusammensetzung und Grundfondsquote ausgegangen wird. Wird die Produktivitätssteigerung hauptsächlich durch unmittelbare Substitution lebendiger Arbeit durch Grundfonds hervorgebracht, steigen die Reproduktionsaufwendungen für die lebendige Arbeit langsamer als die Grundfondsausstattung.

Inwieweit sich mit der Intensivierung neue Bedingungen für die Entwicklung der Grundfondsquote herausbilden, läßt sich anhand der Einordnung der Grundfondsökonomie in die Steigerung der ökonomischen Effektivität der Ressourcennutzung erkennen. Anhand der komplexen Entwicklung der Effektivitätssteigerung aus besserer Ressourcennutzung in den grundfondsintensiven Zweigen, die zugleich auch ausrüstungsintensiv sind, zeichnet sich folgende Problemstellung ab. Welche Bedingungen bilden sich mit verhältnismäßig hohem Niveau der Grundfondsausstattung für den Beitrag der Grundfondsökonomie zur Effektivitätssteigerung aus besserer Ressourcennutzung heraus? Aus der komplexen Effektivitätsbeurteilung der Ressourcennutzung ergeben sich Anhaltspunkte dafür, daß sich Bedingungen entwickeln, unter denen die steigende Leistungsfähigkeit der Grundfonds größeres Gewicht erhält.

Ausgangspunkt dieser Hypothese kann insbesondere die Analyse des Spielraums sein, den bei gegebener Steigerung der Nettoproduktivität die Grundfondsquote noch zum Sinken besitzt, wenn eine Steigerung bzw. zumindest ein Gleichbleiben der Effektivität aus der Ressourcennutzung gesichert werden soll.

Der Spielraum für das Sinken der Grundfondsquote ist hierbei grundsätzlich durch den Grenzwert des Freisetzungsaufwandes[38] und sein Verhältnis zur Fondsausstattung gegeben. Er hängt vor allem vom Niveau der organischen Zusammensetzung und ihrer Entwicklung ab. Ein wesentlicher Bestimmungsfaktor dieses Spielraums ist die Grundfondsausstattung. Wenn zumindest eine gleichbleibende Effektivität gesichert werden soll, gilt in der Tendenz: Je niedriger bei steigender oder auch bei gleichbleibender organischer Zusammensetzung das Niveau der Grundfondsausstattung, desto mehr kann die Grundfondsquote sin-

38 Bestimmt durch das Nettoprodukt, das bei gleichbleibender Effektivität für die erweiterte Reproduktion erforderlich wäre.

ken, ohne daß auch die Effektivität sinkt. Je höher das Niveau der Grundfondsausstattung, desto weniger kann die Grundfondsquote abnehmen, ohne daß auch die Effektivität sinkt. Der relative Spielraum für die Abnahme der Grundfondsquote ist also hier geringer. Das bedeutet aber zugleich, daß mit steigendem Niveau der Grundfondsausstattung der Arbeit sich der Spielraum für das Sinken der Grundfondsquote verringert. Dieser Spielraum muß eingehalten werden, wenn auch bei sinkender Grundfondsquote noch eine Steigerung bzw. zumindest ein Gleichbleiben der Effektivität erreicht werden soll.

Empirische experimentelle Berechnungen zeigten beispielsweise, daß bei den gegenwärtigen Preisrelationen die Grundfondsquote bei einer angenommenen Steigerung der Nettoproduktivität um 5% in der Grundstoffindustrie 1960 nur noch um weniger als 0,9%, 1975 um etwa 0,7% sinken könnte, wenn die Effektivität nicht absolut abnehmen soll. Für die Leichtindustrie betragen die entsprechenden Spielräume etwa 3,1% für 1960 und mehr als 2,6% für 1975. Bei aller Bedingtheit der Aussagen solcher experimentellen Berechnungen weisen sie aber auf notwendige Differenzierungen in den Wegen zur Produktivitäts- und Effektivitätssteigerung hin.

In dem relativ kleiner werdenden Spielraum für das Sinken der Grundfondsquote in den fondsintensiven Bereichen drückt sich z. B. mit aus, daß die weitere quantitative Zunahme der Grundfonds als wichtiger Faktor der Produktivitätssteigerung hier ihre Wirksamkeit zu erschöpfen beginnt. Die Steigerung der Leistungsfähigkeit der Grundfonds muß deshalb in ihrer Bedeutung zunehmen. Damit entwickeln sich objektive Voraussetzungen für eine tendenziell steigende Grundfondsquote. Gegenüber dem gegenwärtig noch vorwiegenden Einfluß der Einsparung lebendiger Arbeit auf die Effektivität der Ressourcennutzung und die Selbstkostensenkung gewinnt die Einsparung vergegenständlichter Arbeit größere Bedeutung. Das heißt aber auch, daß tendenziell steigende Netto-Grundfondsquote untrennbar mit der schnellen Entwicklung von Wissenschaft, Bildung, Kultur u. a. verbunden ist. Sie stützt sich damit auch auf die immer bessere Befriedigung unmittelbarer elementarer Lebensbedürfnisse der Werktätigen. Engere Verbindung sozialer und ökonomischer Aspekte wirkt grundsätzlich in dieser Richtung, muß aber zukünftig noch wesentlich stärker in Effektivitätssteigerung umgesetzt werden. Eine höhere Stufe der Ökonomie vergegenständlichter Arbeit ist deshalb unter sozialistischen Bedingungen untrennbar mit der weiteren Ausprägung sozialistischer Persönlichkeiten verbunden. Daraus kann jedoch keineswegs der Schluß gezogen werden, daß von einer Vervollkommnung und weiteren Herausbildung sozialistischer Arbeitsinhalte erst nach Schaffung der materiell-technischen Basis des Kommunismus gesprochen werden kann. Es muß berücksichtigt werden, daß die Entwicklung sozialistischer Arbeitsinhalte kein zwangsläufiges, automatisches Resultat technischer Veränderungen allein ist. Die komplexe sozialistische Rationalisierung erhöht bereits heute die qualitativen Anforderungen an jeden Arbeitsplatz, wie im Abschnitt 2.5. dieses Bandes gezeigt wird.

Neue Formen der Arbeitsorganisation beruhen aber auch darauf, daß die Spezialisierung des Arbeiters auf immer weniger enge Teilfunktionen, die ihren höchsten Ausdruck im Fließband fand, keinen großen Spielraum für weitere Produktivitätssteigerungen zuläßt. Einseitige Spezialisierung auf Teiloperationen beginnt immer mehr zum Hemmnis hoher Qualität, Zuverlässigkeit und Effektivität der Produktion zu werden.

Dabei muß berücksichtigt werden, daß die objektiven Bedingungen für eine tendenziell steigende Grundfondsquote in den verschiedenen Bereichen unterschiedlich heranreifen. Hier wirken sich insbesondere Unterschiede im Niveau der Substitution aus. Diese kommen z. B. im unterschiedlichen Niveau der Grundfondsausstattung und des Freisetzungsaufwandes nach Bereichen zum Ausdruck (vgl. Tabelle 5).

*Tabelle 5*

Relatives Niveau von Grundfondsausstattung und Freisetzungsaufwand nach ausgewählten Industriebereichen im Jahre 1974

| Industriebereiche | relatives Niveau (Industrie = 1): | | Anteil der Grundfondsausstattung am Grenzwert des Freisetzungsaufwandes (in %)** |
|---|---|---|---|
| | Grundfondsausstattung | Freisetzungsaufwand* | |
| Energie- und Brennstoffindustrie | 3,7 | 5,4 | 92 |
| Chemische Industrie | 1,8 | 1,6 | 85 |
| Metallurgie | 1,4 | 1,3 | 80 |
| Baumaterialienindustrie | 1,2 | 2,4 | 80 |
| Maschinen- und Fahrzeugbau | 0,5 | 0,7 | 63 |
| Elektrotechnik/Elektronik | 0,4 | 0,2 | 57 |
| Leichtindustrie | 0,5 | 0,4 | 62 |

* Relative Freisetzung der Arbeitskräfte wurde ermittelt auf der Basis der Bruttoproduktivität und der Entwicklung der Grundfondsausstattung. Unterschiede zum relativen Niveau der Grundfondsausstattung sind vor allem durch Veränderungen der Grundfondsquote bedingt. Die Investitionskosten pro relativ eingesparte Arbeitskraft sind für makroökonomische Aussagen trotz gewisser Vereinfachungen geeignet. Für praktische Einschätzungen in der Vorplanperiode müßten jedoch weitere Faktoren berücksichtigt werden, wie die mögliche Erhöhung der zeitlichen Auslastung der Grundfonds, die Lebensdauer der Grundfonds, die Kosten für Reparatur und Instandhaltung der Grundmittel, der Anteil des Einflusses von Produktivitätsfaktoren, die nicht an Investitionen gebunden sind.

** Überschlägige Ermittlungen. Der Grenzwert des Freisetzungsaufwandes wurde vereinfacht ermittelt als Summe von Grundfondsausstattung, Durchschnittslohn der Arbeiter und Angestellten und für gesellschaftliche Konsumtion zu erwirtschaftendes Nettoprodukt pro Beschäftigten (ermittelt als durchschnittlicher Zuschlag auf den Durchschnittslohn).

*Quelle:* Statistisches Jahrbuch der DDR 1976, Berlin 1976, S. 13, 15, 37, 41, 44, 70 und 1969, 1970, 1971, 1972, 1974, jeweils S. 41 sowie 1968, S. 42; ebenfalls 1975, S. 47, 31, 49.

So sind z. B. in der chemischen Industrie Grundfondsausstattung und relativer Freisetzungsaufwand um das 3- bis 4fache höher als in der Leichtindustrie. Die große Bedeutung der Fondsökonomie für den Effektivitätsbeitrag der fondsintensiven Bereiche wird dadurch unterstrichen, daß der Anteil der Grundfondsausstattung am Grenzwert des Freisetzungsaufwandes in der Energie- und Brennstoffindustrie 92%, in der chemischen Industrie 85%, dagegen in der Elektrotechnik/Elektronik 57% und in der Leichtindustrie 62% beträgt.

Die Beachtung dieser Unterschiede ist von großer Bedeutung, um Reserven zu erschließen. Sie bedeutet z. B., daß die unmittelbare Arbeitszeiteinsparung pro Produktionseinheit in verschiedenen Bereichen bereits ihre primäre Bedeutung als Maßstab für die Effektivität des wissenschaftlich-technischen Fortschritts zu verlieren beginnt (z. B. in vielen Bereichen der Energiewirtschaft und chemischen Industrie). Daraus folgt nicht, daß die Arbeitsproduktivität durch die Fondsquote abgelöst wird, sondern die Notwendigkeit einer komplexen Effektivitätsbeurteilung wird noch deutlicher.

Die Erschließung von Effektivitätsreserven schließt selbstverständlich ein, daß Produktivitätssteigerung durch unmittelbare Substitution lebendiger Arbeit nach wie vor von Bedeutung bleibt und sich teilweise sogar verstärkt, wie z. B. in Hilfs- und Nebenabteilungen.

Die Mechanisierung noch verbliebener Handarbeit, insbesondere von Arbeit unter erschwerten Bedingungen und mit niedriger Qualifikation, wie z. B. im innerbetrieblichen Transport, im Lagerwesen, in der Montage, ist auch zukünftig noch eine wichtige Quelle der Produktivitätssteigerung. Während 1977 in den Produktionshauptprozessen der Industrie der Mechanisierungsgrad 67,4% betrug und 1980 etwa 70% erreichen soll, beträgt er in den Instandhaltungsprozessen (in denen jeder sechste Produktionsarbeiter beschäftigt ist) 40% und in den Transport-, Umschlags- und Lagerprozessen 42%.[39]

Inwieweit den genannten Notwendigkeiten und Möglichkeiten einer höheren Stufe in der Grundfondsökonomie tatsächlich entsprochen werden kann, hängt vor allem von der weiteren Erhöhung der technischen Ausstattung der Arbeit und der stärkeren Ausnutzung der damit geschaffenen Möglichkeiten zur Pro-

39 Nach: J. Ölschlägel, Hauptwege zur Steigerung der Arbeitsproduktivität für die weitere Erhöhung des materiellen und kulturellen Lebensniveaus des Volkes. Vortrag im Plenum der Wirtschaftswissenschaftlichen Konferenz der DDR am 21. und 22. 4. 1978 in Berlin. Auch in der sowjetischen Wirtschaft sind durch Mechanisierung noch beträchtliche Produktivitätsreserven erschließbar. Nach Rogovskij sind z. B. in der Industrie der UdSSR allein 18% aller Arbeiter mit Reparaturarbeiten beschäftigt, davon etwa 70% mit Handarbeit. In der Forstwirtschaft leisten mehr als 40% aller Arbeiter Handarbeit. Ein noch niedrigerer Mechanisierungsgrad herrscht im Handel. (Vgl. N. Rogovskij, Mechanizacija ručnogo truda — aktual'naja narodnochozjajstvennaja zadača, in: Planovoe chozjajstvo, 9/1977, S. 18—24.)

duktivitätssteigerung[40] ab. Es gilt insbesondere, die Wirkungsbedingungen für die Grundfondsökonomie zu erweitern. Während z. B. die Kennziffer Arbeitsproduktivität bisher schon unmittelbar mit der Leistungsentwicklung des Betriebes verknüpft wird und ihre Einflußfaktoren in der Regel eine große Rolle zumindest bei der kurzfristigen Aufdeckung von Leistungsreserven spielen, sind die Kennziffern der Grundfondsökonomie zur Zeit faktisch ohne große Bedeutung für die volkswirtschaftliche Effektivitätssteigerung. Gegenwärtig besteht deshalb eines der Kernprobleme darin, die Grundfondsökonomie in die komplexe volkswirtschaftliche Effektivitätsentwicklung einzuordnen. Es geht hier vor allem um ihre Auswirkungen auf die langfristige Bindung von Ressourcen. Generell erfordert das, Bilanzierung und Proportionierung planmäßiger und langfristiger zu gestalten. Es ergeben sich ebenfalls Konsequenzen für die Leistungsbeurteilung und Stimulierung. Damit sind auch methodische Probleme der Vergleichbarkeit und Bewertung der Grundfonds verbunden. Insgesamt handelt es sich bei der stärkeren Förderung fondssparender Wege der Produktivitätssteigerung um ein Teilproblem der generellen Ausdehnung der Wirkungsbedingungen für die Effektivität.

## Zum Verhältnis von Fondsvorleistungen und Steigerungsraten der Arbeitsproduktivität

Wie die Effektivitätssteigerung zum langfristig stabilen Wachstum des Nationaleinkommens beiträgt, hängt nicht nur davon ab, mit welchen Fondsvorleistungen die Steigerung der Nettoproduktivität erkauft wurde, sondern auch von ihren Steigerungsraten.[41] Beide Aspekte bestimmen den *intensiven Zuwachs des Nationaleinkommens*. Dieser drückt aus, wie sich die materiellen Möglichkeiten zur Erweiterung der Konsumtions- und Akkumulationsbasis auf intensivem Wege entwickelten.[42]

40 Auf Effektivitätsreserven weist z. B. der Umstand hin, daß die Unterschiede im Niveau der technischen Ausstattung der Arbeit und in der Grundfondsquote gegenüber zur Zeit noch wissenschaftlich-technisch fortgeschritteneren Ländern geringer sind als bei der Arbeitsproduktivität.

41 Arbeitsproduktivität wird hier im Vergleich mit den Fondsvorleistungen immer als Produktivität der lebendigen Arbeit gefaßt. Wenn es um die politökonomische Kategorie der Arbeitsproduktivität geht, wird in der Regel von Produktivität der gesellschaftlichen Arbeit gesprochen.

42 Weite Verbreitung fanden insbesondere die Arbeiten A. ANTSCHISCHKINS zum intensiven Nationaleinkommenszuwachs. (Vgl. z. B. A. ANTSCHISCHKIN, Methodologische Probleme der Faktorenanalyse der Dynamik der Produktion extensiver und intensiver Wege des ökonomischen Wachstums, in: Wirtschaftswissenschaft, 8/1972, S. 1180.) Vorliegende Berechnungen beruhen jedoch auf der Ausnutzung der Beziehungen zwischen Freisetzungsaufwand und seinem Grenzwert.

Deshalb müßte untersucht werden, ob der Einfluß, den hohe Substitution lebendiger Arbeit auf den intensiven Nationaleinkommenszuwachs ausübt, durch *beschleunigte Raten* der Produktivitätssteigerung ausgeglichen bzw. überkompensiert werden kann. Wenn die Produktivitätssteigerung überwiegend durch unmittelbare Substitution lebendiger Arbeit durch Technik erreicht wird, könnte sogar die Frage entstehen, ob bei relativ schneller wachsenden Fondsvorleistungen überhaupt auf die Dauer höhere Zuwachsraten der Arbeitsproduktivität erreicht werden können.[43] Eine positive Beantwortung dieser Frage setzt vor allem voraus, daß Produktivitätsreserven durch bessere Ausnutzung des Vorhandenen ohne nennenswerte zusätzliche Aufwendungen erschließbar sind. Solche Produktivitätsreserven wie z. B. die bessere Ausnutzung der Arbeitszeit, der qualifikationsgerechtere Einsatz von Arbeitskräften, die rationellere Kombination von Arbeitskräften, Grundfonds und Naturbedingungen im Territorium werden zweifellos auch weiterhin von großer Bedeutung für die Produktivitätssteigerung sein. Deshalb wäre also zeitweilig eine schnellere Steigerung der Nettoproduktivität unter bestimmten Bedingungen auch möglich, wenn der Substitutionsanteil steigt. Zugleich aber muß berücksichtigt werden, daß der wissenschaftlich-technische Fortschritt als Hauptfaktor der Produktivitätssteigerung wesentlich höhere Anforderungen an die Reproduktionsbedingungen der lebendigen Arbeit, aber auch der Produktionsfonds und natürlichen Bedingungen stellt. Dauerhafte Fortschritte in der Intensivierung hängen deshalb immer mehr von der gleichzeitigen Sicherung der Konsumtionsbedürfnisse im weiteren Sinne, insbesondere höherer Bildungs- und Wissenschaftsintensität der Arbeit und der entsprechenden produktiven Akkumulation ab. Weiterhin ist zu beachten, daß ungenügend intensive Grundfondsreproduktion schließlich auch die Ökonomie der lebendigen Arbeit hemmen kann. Das bedeutet, daß sich mit der Intensivierung letztlich Bedingungen herausbilden müssen, die dazu führen, daß die Produktivitätssteigerung mit relativ niedrigeren einmaligen Aufwendungen erreicht wird.

Um einen kontinuierlichen intensiven Zuwachs des Nationaleinkommens zu sichern, müssen deshalb sowohl Produktivitätsreserven stärker genutzt werden, die wenig zusätzliche Aufwendungen erfordern, als auch im zunehmenden Maße die materiellen Voraussetzungen für eine höhere Leistungsfähigkeit der Fonds erweitert werden. Zu den wichtigsten Faktoren gehört nach wie vor die bessere Ausnutzung der vorhandenen Fonds.

43 Von der Beantwortung dieser Frage hängt u. a. auch ab, ob die Schlußfolgerung von KONSTANTINOVA/SOKOLINSKIJ aufrechterhalten werden kann, daß ein Wachstum durch Produktivitätssteigerung bei sinkender Fondsquote weniger ökonomisch ist als ein Wachstum durch Zunahme der Zahl der Arbeitskräfte. (Vgl. Ėkonomičeskaja ėfektivnost' obščestvennogo proizvodstva, Moskva 1974, S. 102.)

*Tabelle 6*
Entwicklung des intensiven Zuwachses des gesellschaftlichen Endproduktes von 1955 bis 1975

| Zeitraum | Gesamtprodukt | Nationaleinkommen | Endproduktion | Entwicklung des gesellschaftlichen Endprodukts pro Beschäftigten im produzierenden Bereich von 1955 bis 1975 (in %) | | Zuwachs der Endproduktion | Zuwachs der Endproduktion infolge Steigerung der Arbeitsproduktivität | intensiver Zuwachs der Endproduktion |
|---|---|---|---|---|---|---|---|---|
| | | | | der Endproduktion pro Beschäftigten | der Endproduktion pro Beschäftigten nach Abzug vergleichbar gemachter Fondsvorleistungen („präzisierte" Steigerung der Arbeitsproduktivität) | | | |
| | Wachstumstempo (JD in %) | | | Steigerung (JD in %) | | kumulativ (1955 = 100) | | |
| 1956—1960 | 8,0 | 7,1 | 7,0 | 7,25 | 6,9 | — | — | — |
| 1961—1965 | 5,0 | 3,45 | 3,7 | 4,2 | 3,7 | — | — | — |
| 1966—1970 | 6,25 | 5,25 | 5,5 | 5,2 | 4,75 | — | — | — |
| 1971—1975 | 5,9 | 5,4 | 5,6 | 5,5 | 4,9 | — | — | — |
| 1955—1960 | — | — | — | — | — | 7,0 | 7,2 | 6,8 |
| 1955—1965 | — | — | — | — | — | 5,3 | 5,5 | 4,3 |
| 1955—1970 | — | — | — | — | — | 5,35 | 5,4 | 4,5 |
| 1955—1975 | — | — | — | — | — | 5,45 | 5,5 | 4,6 |

*Quelle:* Statistisches Jahrbuch der DDR 1976, Berlin 1976, S. 13, 15, 37, 41, 44, 70, und 1969, 1970, 1971, 1972, 1974 jeweils S. 41 sowie 1968, S. 42.

Die Analyse für den Zeitraum von 1955 bis 1975 (vgl. Tabelle 6)[44] geht von vorwiegendem Wachstum des Nationaleinkommens durch Produktivitätssteigerung auf der Basis stärkeren wissenschaftlich-technischen Fortschritts aus. Dabei verlangsamte sich zwar der intensive Zuwachs des Endprodukts im Tempo,[45] jedoch weniger als die Effektivitätssteigerung[46] aus besserer Ressourcennutzung. Das deutet darauf hin, daß relativ steigende Vorleistungen der Produktivitätssteigerung zum Teil durch beschleunigte Steigerungsraten der Arbeitsproduktivität ausgeglichen wurden.

44 Hierbei müssen gewisse Einschränkungen in der Aussage beachtet werden, die sich aus der Bezugsbasis des Endprodukts ergeben. Das Endprodukt wächst infolge des zunehmenden Abschreibungsanteils am Gesamtprodukt schneller als das Nationaleinkommen. Im Interesse einer komplexen Effektivitätsermittlung war es jedoch notwendig, das Endprodukt als Bezugsbasis zu wählen, weil nur auf diese Weise die Gesamtheit der Grundfondsaufwendungen real für die Produktivitätssteigerung einbezogen werden konnte. Jedoch sind die Entwicklungstendenzen weitgehend vergleichbar. Gewisse Vereinfachungen mußten auch bei den Fondsvorleistungen in Kauf genommen werden. Grundlage bildete der Zuwachs der Grundfonds infolge Steigerung der Grundfondsausstattung der Arbeit. Die Beziehung zu den Investitionen wurde über ein durchschnittliches Verhältnis von Grundfondszuwachs und Investitionen hergestellt. Der Zuwachs der Umlaufmittel konnte lediglich in Anlehnung an die Verwendungsstruktur des Nationaleinkommens eingeschätzt werden. Es muß beachtet werden, daß die Berechnungen auf kumulativen Werten beruhen, mit dem Jahr 1955 als Basis. Der intensive Zuwachs der Endproduktion berücksichtigt die Steigerung der Arbeitsproduktivität nach Abzug der vergleichbar gemachten Fondsvorleistungen. Er beruhte auf der Ermittlung des extensiven Zuwachses der Endproduktion, d. h. des Zuwachses, der für Fondsvorleistungen aufgewendet werden mußte. Hierbei waren Auswirkungen von Veränderungen im Wachstumstempo des Endprodukts sowie der Fondsquote zu bereinigen. Der extensive Zuwachs der Endproduktion ergab sich, indem der tatsächliche Fondszuwachs mit einem „Bereinigungs"-Koeffizienten multipliziert wurde. Dieser Koeffizient drückt das Verhältnis aus des „Zuwachses des Fondszuwachses bei gleichbleibender Fondsquote" und des Fondszuwachses bei gleichbleibender Fondsquote. Dadurch werden der Fondszuwachs bzw. die Investitionen vergleichbar mit dem Zuwachs der Endproduktion.

45 Infolge des fast völligen Wegfalls von Wachstumsquellen aus der Zunahme der Zahl der Beschäftigten, der bisher noch nicht durch gesteigerte Leistungsfähigkeit der Fonds ausgeglichen werden konnte, waren seit dem vorwiegenden Wachstum des Nationaleinkommens durch Produktivitätssteigerung die Wachstumsraten des Endprodukts relativ niedriger. Jedoch wurde in den letzten 10 Jahren ein verhältnismäßig stabiles Wachstum des Endprodukts erreicht, das mit geringen jährlichen Schwankungen immer über 5% lag. Dabei muß berücksichtigt werden, daß der Übergang zum vorwiegenden Wachstum des Nationaleinkommens durch Steigerung der Arbeitsproduktivität nicht ausschließlich durch materiell-technische Entwicklungsfaktoren bedingt war, sondern auch historische Faktoren, insbesondere die Verschärfung imperialistischer Machenschaften gegen die DDR, mitwirkten, die Effektivitätsverluste nach sich zogen.

46 Wie sie sich z. B. in der Tabelle 6 in der „präzisierten Steigerung der Arbeitsproduktivität" ausdrückt.

Die Analyse kann beim intensiven Zuwachs des Endproduktes nicht stehenbleiben. Es muß zugleich gezeigt werden, wie damit die Reproduktion der Produktionselemente auf einer höheren Stufenleiter erfolgen kann. Dabei dürfte ein langfristig *kontinuierlicher* intensiver Zuwachs des Endprodukts bereits im starken Maße als Ausdruck dafür angesehen werden, daß durch die Effektivitätssteigerung in der materiellen Produktion die Bedürfnisse der Gesellschaft hinreichend besser befriedigt werden, so daß Triebkräfte und Bedingungen der Effektivitätssteigerung ständig erweitert werden können.

## 2.4. Bevölkerung und Effektivität der gesellschaftlichen Produktion

### Die Effektivität der demographischen Akkumulation

Die Wirkung des demographischen Faktors auf die Effektivität der gesellschaftlichen Produktion kann letztlich anhand von drei Grundrichtungen dargestellt werden: der Effektivität der demographischen Akkumulation, der Effektivität der Aufwendungen, die mit dem quantitativen Wachstum der Bevölkerung verbunden sind, und des unmittelbaren Einflusses der Bevölkerungsentwicklung auf die Beschäftigtenanzahl, die Produktivität der gesellschaftlichen Arbeit und den Beschäftigungsgrad.

Die erweiterte Reproduktion der Bevölkerung und der Arbeitskräfteressourcen setzt im Vergleich zu ihrer einfachen Reproduktion eine zusätzliche Akkumulation voraus, die als demographische Akkumulation bezeichnet wird. Ihre gesonderte Untersuchung ist notwendig, um den Einfluß der Bevölkerungsreproduktion auf die Effektivität nachzuweisen. Die zusätzlichen Aufwendungen für die erweiterte Reproduktion der Bevölkerung setzen sich wie folgt zusammen:

— Aufwendungen für das Wachstum der produktiven Fonds zur notwendigen Erweiterung der Produktion von Konsumtionsgütern,

— Aufwendungen für die Vergrößerung der nichtproduktiven Fonds entsprechend dem Zuwachs der Bevölkerung,

— Aufwendungen für das Wachstum der Fonds im produktiven und nichtproduktiven Bereich in Verbindung mit der Zunahme der Anzahl der Beschäftigten.

Bei der Einschätzung der demographischen Akkumulation muß berücksichtigt werden, daß die Zunahme der Produktion von Konsumgütern unmittelbar mit einer bestimmten Erweiterung der produktiven Fonds und der Einbeziehung zusätzlicher Arbeitskräfte verbunden ist. Ebenfalls steht das Wachstum der nichtproduktiven Fonds für die sich vergrößernde Bevölkerung mit der Zunahme der Beschäftigtenzahl im nichtproduktiven Bereich und der dafür notwendigen Fondsausstattung in Verbindung. Unter Berücksichtigung der genannten Wechselbeziehungen ist es möglich, die demographische Akkumulation zu berechnen.

Die demographische Akkumulation ist unmittelbar mit solchen wichtigen Parametern der sozialistischen erweiterten Reproduktion verbunden wie der Konsumtion und der produktiven und nichtproduktiven Akkumulation.

Die demographische Akkumulation kann in einer zusätzlichen Akkumulationsgröße ausgedrückt werden, die für die Sicherung des erreichten Niveaus der ökonomischen Entwicklung unter den Bedingungen der erweiterten Reproduktion der Bevölkerung notwendig ist. Sie setzt sich aus den Aufwendungen zusammen, die durch die Zunahme der Bevölkerung in den verschiedenen Altersgruppen bedingt sind. Es geht deshalb darum, die Akkumulation zu spezifizieren, die mit der Entwicklung des Anteils der Kinder und der Erwachsenen an der Bevölkerung verbunden ist. Dazu gehört auch die Akkumulation für die zukünftigen Geburten, die auf der Grundlage der Prognose der Geburtenziffern bestimmbar ist, sowie weitere Aufwendungen für Maßnahmen der demographischen Politik, wie für die Erhöhung der Geburten, für die Senkung der Sterblichkeit usw. Jeder der genannten Teile der demographischen Akkumulation wirkt sich spezifisch auf die Entwicklung der Aufwendungen, ihr Volumen und den Zeitpunkt ihres Rückflusses aus.

Bedeutende Unterschiede zwischen den einzelnen Teilen der demographischen Akkumulation ergeben sich aus der Spezifik der demographischen Aufwendungen in Abhängigkeit von der Altersstruktur. Zum Beispiel hängt die Akkumulation für die Schaffung zusätzlicher Arbeitsplätze von der Zunahme der Bevölkerung im arbeitsfähigen Alter ab; die Akkumulation für die Erhöhung der Zahl der Plätze in den Geburtenkliniken von der voraussichtlichen Erhöhung der Geburten oder der Fruchtbarkeitsrate.

In der UdSSR sank von 1960 bis 1975 das Wachstum der Bevölkerung um fast die Hälfte. Der Zuwachs des Nationaleinkommens, der für die Sicherung des erreichten Niveaus der ökonomischen Entwicklung bei dieser Zunahme der Bevölkerung notwendig ist, vergrößerte sich auf das 1,4fache. Das resultierte aus der Erhöhung des produzierten Nationaleinkommens pro Kopf der Bevölkerung. In der gleichen Zeit nahm der Anteil der demographischen Akkumulation am Nationaleinkommen und an der Akkumulation beachtlich ab — entsprechend von 4,4 auf 2,4% und von 16,5 auf 9,2%. Diese Abnahme steht in Verbindung mit der Verringerung des Wachstumstempos der Bevölkerung.

Eine Analyse der demographischen Akkumulation in der UdSSR für die

Periode von 1960 bis 1975 zeigt unterschiedliche Ergebnisse der einzelnen Schätzmethoden:

Wird die demographische Akkumulation über die Vergrößerung des Nationaleinkommens bestimmt, welche durch den Zuwachs der Bevölkerung bedingt war, so ist sie wesentlich geringer, als wenn sie eingeschätzt wird auf der Grundlage des Wachstums des Konsumtionsfonds und der nichtproduktiven Fonds für die sich vergrößernde Bevölkerung und ebenso der Fonds für die Sicherung der zunehmenden Anzahl der Beschäftigten mit Arbeitsplätzen. Die Abweichungen in den Einschätzungen resultieren daraus, daß in der Mehrzahl der Jahre der untersuchten Periode die produktiven Fonds für die Schaffung neuer Arbeitsplätze den Fondszuwachs für die notwendige Vergrößerung des Konsumtionsfonds übersteigen. Zugleich wirkt sich aus, daß der Fondszuwachs für die Zunahme der Beschäftigten in der nichtproduktiven Sphäre bedeutend größer ist als der notwendige Fondszuwachs für die Zunahme der Bevölkerung.

Bedingt durch diese Überschneidungen entspricht die demographische Akkumulation für die Periode von 1960 bis 1975 der Summe der extensiven Teile der produktiven und der nichtproduktiven Akkumulation. Sie dient dazu, zusätzliche Arbeitsplätze für den Zuwachs der Beschäftigten entsprechend dem erreichten Niveau der Fondsausstattung der Arbeit zu sichern. Deshalb kann in dieser Periode als eine der Methoden zur Bestimmung der ökonomischen Effektivität der demographischen Akkumulation die Fondsquote für den entsprechenden Zuwachs der produktiven und nichtproduktiven Fonds herangezogen werden.

Gemessen wird die Effektivität der demographischen Akkumulation demzufolge durch das Verhältnis zwischen dem Wachstum des Nationaleinkommens, welches durch Vergrößerung der Beschäftigtenzahl erreicht wird, und der demographischen Akkumulation.

Wird die demographische Akkumulation als zusätzliche Akkumulation aufgefaßt, die für die Sicherung des erreichten Niveaus der ökonomischen Entwicklung bei gewachsener Bevölkerung notwendig ist, dann ergibt sich folgende Kennziffer der Effektivität:

$$E_e = \frac{p_0 \, \Delta R}{P_0 s^T a} \quad \text{oder} \quad E_e = \frac{br^T}{s^T}, \tag{1}$$

wobei

$E_e$ = die Kennziffer der Effektivität der demographischen Akkumulation,

$P_0$ = die Produktivität der gesellschaftlichen Arbeit im Basisjahr,

$\Delta R$ = der Zuwachs der Beschäftigtenzahl im Bereich der materiellen Produktion,

$P_o$ = die Größe des Nationaleinkommens im Basisjahr,

$s^T$ = das Zuwachstempo der Bevölkerung,

$a$ = die Fondsintensität des Nationaleinkommens,

$b$ = die Grundfondsquote,

$r^T$ = das Zuwachstempo der Beschäftigten im Bereich der materiellen Produktion.

Daraus folgt, daß die Effektivität der demographischen Akkumulation direkt proportional der Grundfondsquote sowie dem Zuwachstempo der Beschäftigten im Bereich der materiellen Produktion ist und umgekehrt proportional — dem Zuwachstempo der Bevölkerung insgesamt.

Nach weiterer Konkretisierung zeigte sich, daß die demographische Akkumulation für die Periode von 1960 bis 1975 von den Kennziffern der Grundfondsausstattung der Arbeit und der Zunahme der Beschäftigtenzahlen im produktiven und nichtproduktiven Bereich abhängt. Die Kennziffer der Effektivität der demographischen Akkumulation wird in diesem Falle wie folgt gebildet:

$$E_e = \frac{p_0 \Delta R}{f_0 \Delta R + d_0 \Delta R_n} \quad \text{oder} \quad E_e = \frac{b_0}{1 + kt}, \qquad (2)$$

wobei

$f_o, d_o$ = die Grundfondsausstattung der Arbeit im produktiven und nichtproduktiven Bereich,

$\Delta R_n$ = der Zuwachs der Beschäftigten im nichtproduktiven Bereich,

$k = d_o : f_o$ = das Verhältnis zwischen der Grundfondsausstattung der Arbeit im nichtproduktiven Bereich und im Bereich der materiellen Produktion,

$t = \frac{\Delta R_n}{\Delta R}$ = das Verhältnis zwischen dem Zuwachs der Beschäftigten im nichtproduktiven Bereich und im Bereich der materiellen Produktion.

Von Bedeutung ist weiterhin die Effektivität der intensiven Erweiterung der Fonds, d. h. der Zunahme der Fonds durch Zuwachs der Grundfondsausstattung der Arbeit. Diese wird wie folgt berechnet:

$$E_i = \frac{b_0 p^T}{f^{T(1+lm)}}, \qquad (3)$$

wobei

$E_i$ = die Kennziffer der ökonomischen Effektivität der intensiven Erweiterung der Fonds,

$p^T$ = das Zuwachstempo der Produktivität der gesellschaftlichen Arbeit,

$f^T$ = das Zuwachstempo der Grundfondsausstattung der Arbeit im produktiven Bereich,

$l = \frac{\Delta d}{\Delta f}$ = das Verhältnis des Zuwachses der Grundfondsausstattung der Arbeit im nichtproduktiven und produktiven Bereich.

$m = \frac{R_{n0}}{R_0}$ = das Verhältnis zwischen der Beschäftigtenzahl im nichtproduktiven Bereich und im Bereich der materiellen Produktion.

Die Effektivität der demographischen Akkumulation unter Berücksichtigung des intensiven Fondszuwachses ist gegenüber der Effektivität der Akkumulation insgesamt von abgeleiteter Bedeutung. Das quantitative Wechselverhältnis zwischen diesen Kennziffern der Effektivität hängt von folgenden Beziehungen ab:

— vom Verhältnis der Zuwachsraten der Produktivität der gesellschaftlichen Arbeit und der Grundfondsausstattung der Arbeit in der materiellen Produktion,

— vom Verhältnis der Grundfondsausstattung der Arbeit und der Beschäftigtenzahl im produktiven und nichtproduktiven Bereich ($k$, $l$, $m$, $t$):

$$E_e : E_i = \frac{f^T(1 + lm)}{p^T(1 + kt)}, \tag{4}$$

wobei

$f^T$ = das Zuwachstempo der Grundfondsausstattung der Arbeit im Bereich der materiellen Produktion,

$p^T$ = das Zuwachstempo der Produktivität der gesellschaftlichen Arbeit.

Die Kennziffer der Effektivität der Akkumulation insgesamt kann dargestellt werden als Summe der Anteile der jeweiligen Elemente der Akkumulation an der Akkumulation insgesamt:

$$E = E_e\beta + E_i(1 - \beta), \tag{5}$$

wobei

$$\beta = \frac{1 + kt}{1 + kt + f^T(1 + lm)}$$

= der Anteil der demographischen Akkumulation an der Zunahme der produktiven und nichtproduktiven Fonds,

$$1 - \beta = \frac{f^T(1 + lm)}{1 + kt + f^T(1 + lm)}$$

= der Anteil der Akkumulation, der das Wachstum der Grundfondsausstattung der Arbeit sichert, an der Akkumulation insgesamt.

Die Einschätzung der dargestellten Kennziffern der Effektivität der demographischen Akkumulation und der intensiven Erweiterung der Fonds in der UdSSR in der Periode von 1960 bis 1975 zeigte:

1. eine Zunahme der Effektivität der demographischen Akkumulation in den Jahren 1960 bis 1971 und eine Senkung in den Jahren 1972 bis 1973;

2. ein bedeutendes Übergewicht der Effektivität der intensiven Erweiterung der Fonds gegenüber den Kennziffern der Effektivität der demographischen Akkumulation, welches für die Periode insgesamt das 1,5fache beträgt;

3. die Entwicklung der Effektivität der Akkumulation insgesamt war mit der Entwicklung ihres intensiven Teils identisch, was durch den hohen Anteil bedingt ist, den die Akkumulation des intensiven Typs einnimmt.

## Der Einfluß der Bevölkerungsentwicklung auf Beschäftigung und Produktivität

Die bisher untersuchte Kennziffer der Effektivität der demographischen Akkumulation charakterisierte die ökonomische Effektivität des quantitativen Zuwachses der Bevölkerung. Jedoch erhalten in der Periode der entwickelten sozialistischen Gesellschaft die qualitativen Veränderungen der Bevölkerung eine immer größere Bedeutung. Die allseitige Intensivierung der gesellschaftlichen Produktion setzt einerseits die neue Rolle des Menschen — der Hauptproduktivkraft — voraus und hat sie anderseits zur Folge. Gegenwärtig erfolgt nicht nur eine Intensivierung der Reproduktion des gesellschaftlichen Produktes, sondern auch der Reproduktion der Bevölkerung und der Arbeitskräfteressourcen. Immer größere ökonomische Bedeutung unter den Kennziffern der Reproduktion der Bevölkerung erhalten deshalb die qualitativen Parameter: Gesundheit, Aktivität, Lebensdauer, Bildung und Qualifizierung. Gerade diese Kennziffern der demographischen Entwicklung bestimmen in ihrer Gesamtheit einen der wichtigsten Faktoren der Produktivität der gesellschaftlichen Arbeit, der durch MARX als „Durchschnittsgrad des Geschickes der Arbeiter“[47] bezeichnet wird.

Große Bedeutung für die qualitative Reproduktion der Bevölkerung besitzen die Erhöhung des Lebensniveaus, die Erleichterung und Verbesserung der Arbeitsbedingungen sowie die Entwicklung des Gesundheitswesens.

Die Verbesserung der Gesundheit der Bevölkerung findet ihren Ausdruck vor allem in der Senkung der Erkrankungen und der Sterblichkeit, aber auch im Anstieg der Lebenserwartung. Die Zunahme der durchschnittlichen Lebenserwartung ist in der UdSSR der bestimmende Faktor für die Zunahme des „Potentials an lebendiger Arbeit“ (Anzahl der Jahre pro Person, bezogen auf eine Generation). So verringerte sich die Zahl der Geborenen im Jahre 1971

47 K. MARX, Das Kapital, Erster Band, in: MEW, Bd. 23, a. a. O., S. 54.

im Vergleich zu denen des Jahres 1913 um fast 40%. Aber die Generation der 1971 Geborenen wird länger leben, ausgehend von der gegenwärtig erreichbaren Lebenserwartung der Bevölkerung. Diese ist gegenwärtig um 32% höher als 1913.

Eine ökonomisch wichtige Folge der höheren Lebenserwartung und der Verbesserung der Gesundheit der Menschen ist die faktische Zunahme der oberen Grenze des arbeitsfähigen Alters. In den letzten 40 Jahren nahm sie schätzungsweise um annähernd fünf Jahre zu. Die Zunahme der Beschäftigung von älteren Menschen im Gefolge verbesserter Gesundheit und in Verbindung mit dem Wunsch nach aktiver Betätigung ist gleichzeitig eine intensive Kennziffer der demographischen Entwicklung und ein extensiver Faktor des ökonomischen Wachstums.

Die Erhöhung des Bildungs- und Qualifikationsniveaus der Bevölkerung gehört ebenfalls zu den intensiven Faktoren der ökonomischen Entwicklung.

Eine Einschätzung der Entwicklung des Bildungspotentials der beschäftigten Bevölkerung (Anzahl der Bildungsjahre pro Person) in der Periode zwischen den Volkszählungen 1959 und 1970 zeigt, daß dieses um 52% wuchs. Dabei erhöhte sich die Anzahl der Beschäftigten mit abgeschlossener Ausbildung um 37,4% bei einer Zunahme der Gesamtzahl der Beschäftigten um 16,3%.

Für die Intensivierung der Reproduktion der Bevölkerung ist charakteristisch, daß die Zunahme des Bildungspotentials stärker durch die Erhöhung des Bildungsniveaus beeinflußt wird als durch das Wachstum der Beschäftigtenzahl. Eine Faktorenanalyse ergab, daß die Zunahme des Bildungspotentials der Bebeschäftigten in der Volkswirtschaft in der Periode 1959 bis 1970 zu 58,3% durch die Erhöhung des Bildungsniveaus bedingt war.[48]

In diesem Sinne hat die Erhöhung der qualitativen Kennziffern der demographischen Entwicklung, die eine Folge der Intensivierung der Prozesse der Reproduktion des gesellschaftlichen Produktes darstellt, bedeutende Auswirkungen auf die Erhöhung der Produktivität der gesellschaftlichen Arbeit und folglich auf die Zunahme der Effektivität der gesellschaftlichen Produktion.

Ein bestimmtes Niveau der Gesundheit und der Lebenserwartung, der Bildung und der Qualifikation ist Resultat der vergangenen Entwicklung und dient gleichzeitig zur Vorbereitung zukünftiger Prozesse der gesellschaftlichen Produktion. Deshalb entsteht die Frage, wie es möglich ist, die Struktur der Aufwendungen für die weitere Entwicklung einzelner qualitativer Kennziffern der Reproduktion der Bevölkerung unter dynamischen Aspekten einzuschätzen. Dabei müssen die Beziehungen zur Struktur des gesellschaftlichen Endproduktes beachtet werden.

Was die konkreten Aufwendungen für die Reproduktion der Bevölkerung und der Arbeitskräfteressourcen betrifft, so muß vom Standpunkt der Befrie-

48 Vgl. dazu Abschnitt 2.5. dieses Bandes.

digung der Nachfrage nach Arbeitskräfteressourcen, deren Zunahme in den kommenden Jahren äußerst begrenzt sein wird, bedeutende Aufmerksamkeit auf die Erhöhung der Aufwendungen zur Senkung der Krankheitsfälle und der Sterblichkeit der Bevölkerung gerichtet werden.

Der Mangel an Arbeitskräfteressourcen kann durch Ausnutzung eines Komplexes von Faktoren überwunden werden: rationellere Ausnutzung der vorhandenen Arbeitskräfteressourcen, Erhöhung des Beschäftigtengrades in Bezirken mit relativ niedrigem Niveau der Beschäftigung, Erhöhung der Grundfondsausstattung der Arbeit und der Arbeitsproduktivität, Senkung der Sterblichkeit und Verbesserung der Gesundheit des Volkes u. a. Der letzte Faktor gehört zu den Problemen der Bevölkerungsreproduktion.

Die Senkung der Sterbeziffer der Bevölkerung ist ein wichtiger Faktor für die Erhöhung der Arbeitskräfteressourcen, die Zunahme des Beschäftigungsgrades der Bevölkerung und die Dauer ihrer Arbeitsfähigkeit. Dabei bewirkt die Senkung der Sterbeziffer im Unterschied zur Erhöhung der Geburtenziffer eine Zunahme der arbeitsfähigen Bevölkerung mit niedrigeren gesellschaftlichen Aufwendungen. Bei Todesfällen im Kindes-, Jugend- oder im arbeitsfähigen Alter verliert die Gesellschaft in Verbindung damit einen Teil ihres potentiellen nationalen Reichtums und ebenso die getätigte Aufwendungen für die Reproduktion dieser Menschen. Außerdem hat die Senkung der Sterbeziffer im Vergleich mit der Erhöhung der Geburtenziffer den Vorteil, daß der Prozeß der Reproduktion der Arbeitskräfteressourcen bedeutend verkürzt wird. Mehr noch, eine gute Gesundheit und eine niedrigere Sterbeziffer der Bevölkerung sind eines der wichtigsten Elemente des Ziels der sozialistischen Produktion.

Die qualitativen und quantitativen Veränderungen des demographischen Faktors wirken auf die Effektivität der gesellschaftlichen Produktion hauptsächlich über die Produktivität der gesellschaftlichen Arbeit, über die Anzahl, die altersmäßige und geschlechtliche Struktur der Bevölkerung und ihren Beschäftigungsgrad.[49]

Eines der dabei zu lösenden Probleme besteht darin, ein optimales Regime der Reproduktion der Bevölkerung zu bestimmen, welches einer maximalen Bevölkerung im arbeitsfähigen Alter entspricht. Das gehört zu den Faktoren, deren Ausarbeitung die Leitung demographischer Prozesse ermöglicht. Die Lösung dieser Aufgabe muß mit allen grundsätzlichen Parametern der sozialökonomischen Entwicklung für eine langfristige Periode verbunden werden.

49 Ebenda.

## 2.5. Produktivitäts- und Effektivitätsreserven durch rationellen Einsatz des gesellschaftlichen Arbeitsvermögens

### 2.5.1. Zusammenhänge zwischen der materiell-technischen Basis, der Entwicklung und Nutzung der Arbeitskräfteressourcen

Die Vertiefung der Intensivierung erfordert, die Hauptwege und -richtungen der rationellen Entwicklung der Arbeitskräfteressourcen eng mit den materiellen Elementen der Erweiterung, Erneuerung und Modernisierung der sozialistischen Wirtschaft zu verbinden. Demzufolge sind die Wege zur rationellen Erschließung der Arbeitskräfteressourcen perspektivisch verstärkt unter dem Aspekt der komplexen Wirkungen und Rückwirkungen zwischen der Entwicklung der Akkumulations- bzw. Investitionskraft und den anderen bestimmenden Intensivierungsfaktoren in der sozialistischen Wirtschaft zu betrachten.

Marx begründete, daß „beständig mit der technischen Grundlage der Produktion die Funktionen der Arbeiter und die gesellschaftliche Kombination des Arbeitsprozesses“[50] umgewälzt werden. In jeder Etappe des sozialistischen Aufbaus sind demzufolge die komplexen Wirkungen und Rückwirkungen zwischen der Entwicklung der materiell-technischen Basis und den grundlegenden Elementen der Arbeitskräfteressourcen, wie dem Einsatz, der Struktur, Nutzung, Bildung und Qualifizierung, Mobilität, Disponibilität, Produktivität und den Reproduktionsbedingungen, planmäßig zu gestalten.

Ein wesentliches Problem in diesem Zusammenhang ist die Bestimmung der effektivsten Grundrichtungen für die Entwicklung der Arbeitskräfteressourcen im Zuge der weiteren Vervollkommnung der materiell-technischen Basis in der sozialistischen Wirtschaft. Dies betrifft zum Beispiel die Prozesse, die

— das Tempo, die Strukturveränderungen einschließlich der Erfordernisse zur weiteren Vertiefung der sozialistischen ökonomischen Integration sowie die Erhöhung der Effektivität der gesellschaftlichen und individuellen Bedürfnisbefriedigung charakterisieren;

— zur Vervollkommnung der Technisierungsstufen, insbesondere zur planmäßigen Einführung komplex mechanisierter und automatisierter Maschinen- bzw. Anlagensysteme führen;

50 K. Marx, Das Kapital, Erster Band, in: MEW, Bd. 23, a. a. O., S. 511.

— wissenschafts-, fonds- und arbeitsintensive Grundrichtungen der Produktions- bzw. Leistungsentwicklung kennzeichnen;

— auf rohstoff- und energiesparenden Technologien, Wirkprinzipien und Organisationsformen beruhen;

— auf die komplexe sozialistische Rationalisierung von manuellen, repetitiven, gleichförmigen und anspruchsarmen intellektuellen Tätigkeiten ausgerichtet werden können;

— Hauptwege zur rationellen Gestaltung arbeitserleichternder, gefahrloser und leistungsstimulierender Arbeitsplätze verbunden mit wachsender Arbeitskultur und verbesserten Arbeitsbedingungen umfassen.

Die Beherrschung des komplizierten Anpassungsprozesses zwischen der Entwicklung der Arbeitskräfteressourcen und der weiteren Vervollkommnung der materiell-technischen Basis macht es notwendig, daß die Produktions- und Arbeitsorganisation, die Proportionalität und Flexibilität der Produktionsfonds, die Substitution der Intensivierungsfaktoren sowie die Kontinuität des zeitlichen und territorialen Produktionsablaufes (im Rahmen der Phasen, Stufen und Leistungsebenen) ständig vervollkommnet werden.

Zunehmende Bedeutung gewinnt die Entwicklung der Arbeitsbedingungen. Der sowjetische Philosoph R. KOSOLAPOV bringt zum Ausdruck, daß sich mit der Vervollkommnung und Festigung des entwickelten Sozialismus „die persönliche materielle Interessiertheit vom Produkt auf den Arbeitsprozeß selbst verlagert“[51]. Zugleich ergaben soziologische Untersuchungen sowjetischer Ökonomen in Arbeitskollektiven eine gewisse Überbetonung der Rolle der materiellen Stimulierung der individuellen Arbeit.[52] Der polnische Ökonom J. PAJESTKA ist deshalb auch der Meinung, daß „die Identifizierung der motivierenden Faktoren lediglich mit begrenzt verstandenen ‚materiellen Stimuli‘ eine gefährliche Entstellung ist, die ... den Sinn des Sozialismus ... untergräbt“[53]. Es ist nicht zufällig, daß gegenwärtig gerade die Bereitstellung von Arbeitskräften für unattraktive Arbeitsplätze ungeachtet des relativ hohen Arbeitslohnes, der oft weder der Kompliziertheit der Arbeit noch dem Qualifikationsniveau des Werktätigen entspricht, eines der größten Probleme ist.

Ein sichtbarer Ausdruck für die erfolgreichen Anstrengungen der Werktätigen, insbesondere der Neuerer und Rationalisatoren, diese Probleme zu lösen, ist die Um- bzw. Neugestaltung von rd. 500000 Arbeitsplätzen im Zeitraum von 1972 bis 1976 hauptsächlich auf dem Wege der WAO sowie des Einsatzes neuer Technik, Technologie und Organisation. Somit wurden fast 10% des Arbeits-

51 R. I. KOSOLAPOV, Socializm — k voprosam teorii, Moskva 1974, S. 288.

52 Vgl. ebenda, S. 280.

53 J. PAJESTKA, Ogolne wspozaleznosci rozwojowe i spoteczne czynniki postepu, in: Ekonomista, Warschau, 1/1973.

platzvolumens in der sozialistischen Wirtschaft der DDR im Zeitraum von 5 Jahren vervollkommnet. Im gleichen Zeitraum wurde auch ein Rückgang von körperlich schwerer Arbeit bei ca. 30% der Arbeitsplätze der Produktionsarbeiter bewirkt. Schwerpunkte der Um- bzw. Neugestaltung von Arbeitsplätzen waren in vielen Kombinaten und Betrieben die durch Lärm, Staub, Hitze und körperlich schwere Tätigkeit belasteten Arbeitsplätze.

Die Erschließung des wesentlichen Teils der oben genannten Reserven erfordert keine zusätzlichen Investitionen und kann mit Hilfe anderer Faktoren, z. B. durch die Verbesserung der Produktionsorganisation und der Planung, auf der Grundlage des vorhandenen technischen Niveaus verwirklicht werden. Faktisch bedeutet die Realisierung dieser Reserven eine rationellere Ausnutzung der Arbeitszeit, die Angleichung der Arbeitsintensität eines jeden Arbeitsplatzes an das gesellschaftlich normale Niveau, das für den Sozialismus vertretbar ist.

Ungeachtet der gewaltigen praktischen Bedeutung der Aufdeckung der in den Betrieben vorhandenen Arbeitskräftereserven und der Schaffung günstiger Bedingungen für ihre Erschließung durch von Investitionen relativ unabhängige Faktoren sind diese Reserven wie alle extensiven Reserven begrenzt. Auf der Grundlage von Untersuchungen in den RGW-Ländern in den letzten Jahren sind die Grenzen dieser Reserven ziemlich genau bestimmbar. So vertritt die Mehrzahl der Wissenschaftler und Spezialisten der RGW-Länder die Meinung, daß die Erschließung extensiver Reserven zur besseren Ausnutzung der gesamten Arbeitszeit nur als innerbetriebliche Form der Freisetzung von Arbeitskräften mit ihrer nachfolgenden Umsetzung innerhalb des gleichen Betriebs von Bedeutung sein kann.

Ein durchgreifender Fortschritt bei der effektiveren Nutzung des gesellschaftlichen Arbeitsvermögens ist letztlich durch weitere Veränderungen in der Struktur der Investitionen und durch Beschleunigung des Tempos des technischen Fortschritts in der Produktion möglich[54]. Bis vor kurzem wurden in der UdSSR in der Regel 70 bis 80 Prozent der Investitionen für den Neubau verwendet. Deshalb hing das Wachstum der Arbeitsproduktivität hauptsächlich von der Inbetriebnahme neuer Betriebe und Industriekomplexe ab und war nur unwesentlich das Ergebnis der Effektivitätssteigerung der Ausnutzung der schon funktionierenden Fonds, der Modernisierung und der Vervollkommnung der Produktionsmethoden. Die Fortsetzung dieser Tendenz kann zu einer weiteren Erhöhung

54 Die Notwendigkeit der Umstrukturierung der Investitionen mit dem Ziel der Vergrößerung des Teils der Investitionen, der für die Modernisierung der existierenden Betriebe verwendet wird, wurde in den Beschlüssen der Parteitage der letzten Jahre und einer Reihe von Plenartagungen der kommunistischen und Arbeiterparteien der RGW-Länder unterstrichen.

des Bedarfs der Volkswirtschaft an Arbeitskräften führen, die die sozialen und demographischen Möglichkeiten ihrer Deckung wesentlich übersteigen.

Aus diesem Grund geht es um die konsequente Durchsetzung der Orientierung, möglichst durch Investitionen Arbeitsplätze einzusparen. Eine solche Tendenz gewährleistet, daß die Proportionalität zwischen dem Umfang und der Struktur des Arbeitsplatzvolumens sowie der Zahl und der bedarfsgerechten Struktur der Arbeitskräfte günstig beeinflußt wird. Dadurch können in der sozialistischen Wirtschaft die Fluktuation weiter eingeschränkt, die Arbeitszeitausnutzung und der Koeffizient der Schichtarbeit verbessert, der Umfang der Überstundenarbeit gesenkt und damit die Arbeits- und Reproduktionsbedingungen der Werktätigen weiter verbessert werden. Die wichtigste Bedingung für die Überwindung des Arbeitskräftedefizits ist die Ausrichtung der Investitionen auf die Rekonstruktion und Modernisierung vor allem der Zweige und Produktionstechnologien, in denen der Einsatz neuer Technik den höchsten Effekt vom Gesichtspunkt der Ökonomie der lebendigen Arbeit mit sich bringt und einen aktiven Prozeß der Arbeitskräftefreisetzung hervorruft. Dabei verfügen die RGW-Länder über bedeutende Möglichkeiten der Arbeitskräftefreisetzung durch die komplexe Mechanisierung der Hilfsarbeiten.

Mit diesen Arbeiten ist in den RGW-Ländern vom Gesichtspunkt der vorhandenen und der international bekannten technischen Mittel, Lösungen und Methoden noch ein zu hoher Teil der Werktätigen beschäftigt. Eine schnellere und komplexere Mechanisierung der Hilfsarbeiten würde zur Freisetzung eines bedeutenden Kontingents von Werktätigen beitragen, was zur Erhöhung des Schichtkoeffizienten, zur Senkung der Wartezeiten und der unvollständigen Ausnutzung der Ausrüstungen wegen fehlender Arbeitskräfte, d. h. zur Beseitigung anderer „Engpässe“ führen kann.

Marx hat besonders der Erforschung der Zusammenhänge zwischen der Entwicklung der materiell-technischen Basis — insbesondere der Arbeitsmittel — sowie der Entwicklung der Arbeitsplätze und Arbeitskräfte eine große Bedeutung beigemessen. So sah er in der Vervollkommnung der Arbeitsmittel einen komplexen Prozeß, der „Ersetzung der Menschenkraft durch Naturkräfte ... bedingt“[55]. An anderer Stelle schrieb er, daß eine Maschine „Arbeit in bestimmten Verhältnissen“[56] ersetzt. Im Prozeß der weiteren Vervollkommnung der Arbeitsmittel ergeben sich vielschichtige Wirkungen (Effekte) im Hinblick auf die Einsparung, den Ersatz- und Erweiterungsbedarf an Arbeitskräften.

Es besteht daher die Aufgabe, diesen Tendenzen in den langfristigen Entwicklungs- bzw. Intensivierungskonzeptionen größere Beachtung beizumessen.

55 K. Marx, Das Kapital, Erster Band, in: MEW, Bd. 23, a. a. O., S. 407.
56 K. Marx, Zur Kritik der Politischen Ökonomie, in: MEW, Bd. 13, Berlin 1961, S. 24.

Zum Beispiel wird der Arbeitskräfteersatz- und Arbeitskräfteerweiterungsbedarf bei der Vervollkommnung des Arbeitsmittelbestandes seitens der Betriebe, Kombinate und Industrievereinigungen meist exakt bestimmt und begründet. Dagegen bleibt die absolute Einsparung von möglichst disponiblen Arbeitskräften und ihr rationeller Wiedereinsatz in gleichen oder auch in anderen Betrieben und Territorien noch weitgehend unberücksichtigt. Auf diesem Gebiet ergibt sich die Aufgabe, die Leitungs-, Planungs-, Analyse- und Kontrolltätigkeit der staatlichen und wirtschaftsleitenden Organe komplexer auszurichten, insbesondere die Zielstellungen der Entwicklung der Investitionen, des Planes Wissenschaft und Technik sowie der WAO stärker mit den Erfordernissen und Möglichkeiten zur rationellen Nutzung der Arbeitskräfteressourcen zu verbinden.

### Vervollkommnung der planmäßigen Entwicklung und rationellen Nutzung der Arbeitskräfteressourcen

Die Verknappung der Arbeitskräfte ist gegenwärtig eines der charakteristischsten Merkmale der quantitativen Nutzung des gesellschaftlichen Arbeitsvermögens in den RGW-Ländern. Die Tendenz zur Verknappung der Arbeitskräfteressourcen entstand für die meisten RGW-Länder schon Mitte der 60er Jahre. Ab Mitte der 70er Jahre wird die überwiegende Mehrheit der RGW-Länder mit einem starken Absinken der Zuwachsraten der arbeitsfähigen Bevölkerung konfrontiert.

Entscheidende Begrenzungen ergeben sich für den Einsatz, die Nutzung und die Struktur der Arbeitskräfteressourcen auf Grund der demographischen Entwicklung des arbeitsfähigen Teils der Bevölkerung und damit des Beschäftigungsgrades. Nach Berechnungen, die auf den Daten der letzten nationalen demographischen Prognosen aufbauen, werden die jahresdurchschnittlichen Zuwachsraten der Bevölkerung im arbeitsfähigen Alter in den RGW-Ländern (ohne Mongolische Volksrepublik und Kuba) 1976 bis 1980 1,4% bis 1985 0,5%, 1985 bis 1990 0,2% betragen, das heißt, sie werden 1981 bis 1985 2,8mal geringer als 1976 bis 1980 und 1986 bis 1990 2,5mal geringer als im vorherigen Fünfjahrzeitraum sein. Dabei wird in der Volksrepublik Bulgarien und in der Ungarischen Volksrepublik für einzelne Zeitabschnitte eine absolute Verminderung der arbeitsfähigen Bevölkerung zu beobachten sein.[57]

Folglich kann gegenwärtig für die überwiegende Mehrheit der RGW-Länder schon nicht mehr von einer Verminderung der Möglichkeiten zur extensiven Erweiterung der Anzahl der Beschäftigten gesprochen werden, sondern praktisch nur von der völligen Ausschöpfung dieser Möglichkeiten.

57 Nach Berechnungen im Zentralinstitut für Wirtschaftswissenschaften an der Akademie der Wissenschaften der DDR.

In der DDR beeinflußten folgende demographische Prozesse bisher erheblich diese Tendenz:

— Die Bevölkerung im arbeitsfähigen Alter nahm von 1950 bis 1978 um rd. 1,4 Millionen Personen (um 11,5%) ab;

— durch die planmäßige Erschließung und Nutzung von Reserven — vor allem in der weiblichen arbeitsfähigen Bevölkerung — betrug jedoch der Zugang von Berufstätigen im gleichen Zeitraum 12,8%;

— in den Jahren zwischen 1966 und 1975 nahm der Beschäftigungsgrad bei den Frauen im arbeitsfähigen Alter um 10,6 Prozentpunkte zu und bei den Männern um 3% ab;

— im gleichen Zeitraum ging bei den Männern im Rentenalter der Beschäftigungsgrad um 8,8% und bei den Frauen im Rentenalter dagegen nur um 3,8 zurück;

— eine rückläufige Tendenz im Beschäftigungsgrad erfolgte bei jugendlichen Berufstätigen beider Geschlechter, da in diesem Zeitraum der Übergang zur 10jährigen polytechnischen Oberschulbildung erfolgte.

Diese demographischen Tendenzen lassen erkennen, daß die Möglichkeiten zur weiteren Erschließung von Arbeitskräfteressourcen (vor allem der Einsatz von Hausfrauen, Rentnern, Saison- und Teilbeschäftigten u. ä.) in den vergangenen Jahren in der Volkswirtschaft der DDR erheblich zurückgegangen sind. In den einzelnen Territorien besteht jedoch eine relativ differenzierte Situation. Zum Beispiel liegt in den Nordbezirken der DDR der Beschäftigungsgrad der Frauen mit ca. 6 bis 10% noch unter dem Durchschnitt der gesamten Volkswirtschaft der DDR gegenwärtig mit etwa 87%. Hieraus ergeben sich spezifische Aufgaben zur weiteren Nutzung von Arbeitskräfteressourcen in bestimmten Territorien. Ihre planmäßige Erschließung ist jedoch an zahlreiche ökonomische und soziale Voraussetzungen, z. B. an die Bereitstellung teils erheblicher materieller und finanzieller Mittel, gebunden.

Die in den nächsten Jahren zu erwartenden Zugänge an Arbeitskräften — überwiegend bedingt durch abgeschlossene Berufsausbildung — sind vor allem für den Einsatz in den volkswirtschaftlichen Schwerpunkten zu gewinnen. Besonders trifft dies für industrielle Ballungsgebiete zu, wo u. a. ihre dauerhafte Ansiedlung zu organisieren ist. Demzufolge wird sich für zahlreiche Betriebe und Wirtschaftszweige, die nicht zu den volkswirtschaftlichen Schwerpunkten zählen, die Zahl des bisherigen Arbeitskräftebestandes in den nächsten Jahren nicht wesentlich verändern. Hieraus resultiert das Erfordernis, einen langfristigen bedarfsgerechten Anpassungsprozeß zwischen den natürlichen, gesellschaftlich notwendigen und nicht notwendigen Abgängen (Fluktuation) sowie den Zugängen (vor allem aus der Berufsausbildung) zu sichern. Auf diese Weise wird die planmäßige proportionale Entwicklung der Berufstätigen in der sozialistischen Wirtschaft positiv beeinflußt.

Die zukünftigen Tendenzen in der langfristigen Entwicklung der Arbeitskräfteressourcen[58] erfordern jedoch, daß sie enger mit den Grundprozessen der vertieften Intensivierung verbunden werden.

Der Umfang und die Tiefe des Intensivierungsprozesses stellen an die rationelle Nutzung der Arbeitskräfteressourcen eine Reihe spezifischer Anforderungen. Dies betrifft zum Beispiel folgende Prozesse:

— den bedarfs- und qualifikationsgerechten Einsatz der jungen Facharbeiter, der Fach- und Hochschulabsolventen, der Entlassenen aus den Streitkräften, der bisher Nichtberufstätigen u. ä.;

— die planmäßige Freisetzung und den bedarfsgerechten Wiedereinsatz disponibler Arbeitskräfte im Zuge der Einsparung, Um- und Neugestaltung von Arbeitsplätzen;

— den rationellen Einsatz von territorialen Arbeitskräftereserven;

— den möglichst störungsfreien Ablauf von natürlichen Arbeitskräfteabgängen, z. B. infolge Invalidität und Erreichung der Altersgrenze;

— die Einschränkung der gesellschaftlich nicht notwendigen Abgänge bzw. der Fluktuation;

— die rationelle Nutzung der Arbeitszeit und die persönlichkeitsfördernde Gestaltung der arbeitsfreien Zeit.

Erhöhte Aufmerksamkeit ist auch der Dynamik der Arbeitskräfte im Zuge der langfristigen Harmonisierung bestimmender Intensivierungsfaktoren in der sozialistischen Wirtschaft beizumessen. Hierbei erhöhen sich die Rolle und Funktionen zur planmäßigen Gestaltung der gesellschaftlich notwendigen und nicht notwendigen Arbeitsmobilität unter den Bedingungen der vertieften Intensivierung der sozialistischen Wirtschaft. Somit werden für die Leitung, Planung und Stimulierung nicht nur des Freisetzungsprozesses von disponiblen Arbeitskräften, sondern auch für die effektive Nutzung aller Ressourcen, Quellen und Reserven der Arbeitsmobilität neue Maßstäbe gesetzt.

### Probleme des effektiven Einsatzes qualifizierter Kader im Reproduktionsprozeß

Zur effektiven Gestaltung des Reproduktionsprozesses ist eine dem volkswirtschaftlichen Bedarf entsprechende Ausbildung der Werktätigen und eine hohe Disponibilität eine wichtige Voraussetzung. Diese Faktoren werden aber erst wirksam durch rationellen Einsatz der Arbeitskräfte, durch den das potentielle Arbeitsvermögen und seine Disponibilität in Arbeitsleistung umgesetzt wird. Der

58 Vgl. dazu Abschnitt 1.3. dieses Bandes.

rationelle Einsatz des Arbeitsvermögens ist ein wichtiges Problem der zukünftigen Gestaltung der Qualifikationsstruktur und damit auch der Bildungspolitik. Erst die Schaffung einer Bildungs- und Qualifikationsstruktur, die den Bedürfnissen des volkswirtschaftlichen Reproduktionsprozesses weitgehend entspricht, ermöglicht es, die ausgebildeten Arbeitskräfte ihrer Qualifikation entsprechend einzusetzen und damit den größtmöglichen Nutzeffekt zu erzielen. Die Beachtung des Gesetzes der Ökonomie der Zeit beim Einsatz des Arbeitskräftepotentials ist somit von größter Bedeutung für die Effektivität des volkswirtschaftlichen Reproduktionsprozesses.

Sicher ist es aus objektiven Gründen nicht erreichbar, daß jeder einzelne Werktätige stets entsprechend seinem Ausbildungsberuf tätig ist. Jedoch sollte angestrebt werden, so weit wie möglich diesem Ziel nahezukommen. Deshalb müssen Bedingungen geschaffen werden, die den Werktätigen daran interessieren, in dem von ihm erlernten Beruf tätig zu sein. Auf diesem Gebiet gibt es noch vielfältige Aufgaben zu lösen. Im bereits vorhandenen Arbeitsvermögen liegen dabei durchaus noch Reserven, um die Einsatzstruktur der Arbeitskräfte den volkswirtschaftlichen Anforderungen noch besser anpassen zu können.

Ein Hilfsmittel, um den qualifikationsgerechten Einsatz der Kader quantitativ bestimmen und beurteilen zu können, ist die Planstellenanalyse.

Am Zentralinstitut für Wirtschaftswissenschaften der Akademie der Wissenschaften der DDR durchgeführte empirische Untersuchungen über Lenkung, Verteilung und Einsatz der ausgebildeten Kader[59] ergaben, daß es auf diesem Gebiet eine Vielzahl von Effektivitätsreserven zu erschließen gilt (vgl. Tabelle 7).

Qualifikationsgerechter Einsatz heißt aber nicht nur Einsatz entsprechend der erreichten Qualifikationsstufe, sondern auch Tätigkeit im erlernten Beruf. Die Analyse auf Basis der statistischen Berichterstattung über vorhandene und besetzte Planstellen kann den berufs- bzw. fachrichtungsgerechten Einsatz der Werktätigen nicht widerspiegeln, weil hier nur die Besetzung nach Qualifikationsstufen und nicht nach Berufen erfaßt wird. Jedoch läßt eine Untersuchung über den berufsgerechten Einsatz der Facharbeiter hierüber bestimmte Aussagen zu.

Nach dieser Analyse waren 1978 etwa 86 % der in der Volkswirtschaft der DDR tätigen Facharbeiter in ihrem erlernten bzw. einem artverwandten Beruf beschäftigt. Dabei treten zwischen den Volkswirtschaftsbereichen bzw. Industrie-

59 Selbstverständlich ist der Ausgangsgehalt einer Analyse, die sich auf die bestehenden Planstellen stützt, in bestimmtem Maße eingeschränkt. Zwar spiegeln die Planstellen sowohl nach ihrer Zahl als auch nach dem verlangten Qualifikationsniveau nicht in jedem Fall den tatsächlichen Kaderbedarf in der Volkswirtschaft wider. Andererseits steht aber fest, daß Zahl und Struktur der Planstellen keine willkürlich festgelegten Größen sind, sondern daß sie — auf Grund langjähriger Erfahrungen entstanden — im großen und ganzen den bestehenden Kaderbedarf zeigen.

*Tabelle 7*
Qualifikationsgerechte Besetzung der Planstellen 1978 (in %)

| | | tatsächliche Besetzung der Planstellen | | | | |
|---|---|---|---|---|---|---|
| | | Hoch-schul-kader | Fach-schul-kader | Mei-ster | Fach-arbeiter | ohne abge-schlossene Berufs-ausbildung |
| Anforderungen der Planstellen | Hochschulkader | 78,8 | 18,4 | 0,4 | 2,0 | 0,4 |
| | Fachschulkader | 5,5 | 73,4 | 3,3 | 13,6 | 4,3 |
| | Meister | 0,3 | 4,2 | 78,4 | 15,6 | 1,6 |
| | Facharbeiter | 0,1 | 0,5 | 1,2 | 77,3 | 21,0 |
| | Ohne abge-schlossene Berufsaus-bildung | 0,0 | 0,1 | 0,1 | 4,5 | 95,4 |

unterhalb der Hauptdiagonale: Vorhandene Qualifikation höher als Anforderungen
oberhalb der Hauptdiagonale: vorhandene Qualifikation geringer als Anforderungen

*Quelle:* Nach Berechnungen des Zentralinstitutes für Wirtschaftswissenschaften der Akademie der Wissenschaften der DDR.

zweigen beträchtliche Differenzen auf. Den höchsten Anteil der Facharbeiter im erlernten bzw. artverwandten Beruf haben die Betriebe und Kombinate des Verkehrswesens, des Bauwesens sowie des Bergbaus und der Energiewirtschaft.

Die Nichtübereinstimmung von Qualifikationsniveau und Anforderungen am Arbeitsplatz ist eine Erscheinung, die oft zu beträchtlichen Effektivitätsverlusten führt, sowohl in ökonomischer Hinsicht als auch infolge negativer Wirkungen auf die Persönlichkeitsentwicklung. Reicht das Qualifikationsniveau der Werktätigen für die von ihnen ausgeübte Arbeit nicht aus, dann kommt es oft zu Störungen im Produktionsprozeß, zu Mängeln in der Qualität der Erzeugnisse. Der Werktätige fühlt sich überfordert. Er ist nur in geringem Maße in der Lage, geistig-schöpferische Anforderungen zu bewältigen und zur Beschleunigung des wissenschaftlich-technischen Fortschritts beizutragen. Negativ kann sich aber auch auswirken, wenn die Qualifikation eines Werktätigen beträchtlich höher ist, als es für seinen Arbeitsplatz erforderlich wäre. Die unzureichende Nutzung seiner Kenntnisse ist für ihn unbefriedigend, die erworbenen Kenntnisse veralten oder geraten in Vergessenheit, abgesehen davon, daß Bildungsmittel unnötig verausgabt wurden. Erhöhte Fluktuation ist in solchen Fällen oft die Folge.

Eine Verbesserung der Situation beim qualifikationsgerechten Einsatz der Kader setzt ein höheres Niveau bei der Planung der Qualifikationsstruktur voraus. Bestimmte Mängel in der Bildungsplanung waren eine Ursache dafür, daß nicht immer in allen Berufen und Fachrichtungen die Kader bedarfsgerecht und mit hoher Qualität ausgebildet wurden. Jedoch haben auch bestimmte Tendenzen im Lohn- und Gehaltssystem und in den sozialen Leistungen unzureichend die materielle und moralische Stimulierung beeinflußt, die zum Teil einen berufsfremden Einsatz von Arbeitskräften nach sich zogen. Zwar ist es erforderlich, einen Qualifizierungsvorlauf zu sichern, damit der Werktätige von neuen technischen oder technologischen Entwicklungen nicht überrascht wird. Der Qualifizierungsvorlauf fördert gleichzeitig auch die Initiativen der Werktätigen zur Weiterentwicklung von Technik und Arbeitsorganisation. Er trägt zur Beherrschung des Produktionsprozesses bei und kann genutzt werden, um die Produktionsbedingungen zu verbessern. Dieser zeitweilig auftretende Widerspruch zwischen wissenschaftlich-technischer Entwicklung und erworbener Qualifikation kann so in vielen Fällen als Triebkraft genutzt werden. Allerdings kann diese nur voll wirksam werden, wenn der Qualifizierungsvorlauf mit den zukünftigen Erfordernissen des wissenschaftlich-technischen Fortschritts abgestimmt ist. Eine Ausbildung für andere und schwierigere Arbeitsaufgaben ist nur dann sinnvoll, wenn dem Werktätigen in absehbarer Zeit eine entsprechende Tätigkeit übertragen werden kann, das heißt, wenn es durch Rationalisierung und Einführung neuer wissenschaftlicher Erkenntnisse in die Produktion möglich sein wird, das erhöhte Qualifikationsniveau bestmöglich zur Wirkung zu bringen.

### 2.5.2. Progressive Arbeitsinhalte und Effektivität

Die sozialistische Gesellschaftsordnung schafft die Bedingungen dafür, daß „die produktive Arbeit statt Mittel der Knechtung, Mittel der Befreiung der Menschen wird, indem sie jedem einzelnen die Gelegenheit bietet, seine sämtlichen Fähigkeiten, körperliche wie geistige, nach allen Richtungen hin auszubilden und zu betätigen, und in der sie so aus einer Last eine Lust wird“[60]. Die sozialistische Produktion ist daher nicht nur Mittel zur Befriedigung der materiellen Bedürfnisse, sie wird immer stärker zu einer Sphäre der Selbstverwirklichung der Werktätigen, der Entwicklung ihrer körperlichen und geistigen Fähigkeiten und damit zu einem Feld der Bedürfnisbefriedigung. Dadurch werden im

60 F. Engels, Herrn Eugen Dührings Umwälzung der Wissenschaft (Anti-Dühring), in: MEW, Bd. 20, Berlin 1062, S. 274.

Produktionsprozeß selbst in zunehmendem Maße Elemente des Ziels der sozialistischen Gesellschaft realisiert. Um diese Bedürfnisse der Werktätigen immer besser zu befriedigen, wird die planmäßige Herausbildung und Entwicklung persönlichkeitsbildender Arbeitsinhalte und Arbeitsbedingungen immer notwendiger. Unter diesem doppelten Aspekt bedeuten progressive Arbeitsinhalte.[61]

— Anreicherung der Arbeit mit Tätigkeiten, die höhere und vielseitigere Anforderungen an Wissen, Fähigkeiten und Fertigkeiten, an die Reife der Persönlichkeit stellen und in hohem Maße geistig-schöpferische Elemente beinhalten;

— Erleichterung der Arbeit, das heißt Verminderung und Beseitigung von Überbeanspruchungen körperlicher und geistiger Art.

Macher geht darüber hinaus, indem er progressive Arbeitsinhalte mit drei Hauptmerkmalen charakterisiert: Sie tragen zur Persönlichkeitsentwicklung bei, sie fördern die Leistung und sie optimieren die Beanspruchung der Werktätigen.[62]

Welche Beziehungen hat die Entwicklung progressiver Arbeitsinhalte zur gesellschaftlichen und zur ökonomischen Effektivität? Welche Einflüsse gehen dabei in welcher Richtung von der Entwicklung der Arbeitsinhalte aus?

Progressive Arbeitsinhalte tragen dazu bei, das Bedürfnis nach günstigen Arbeitsbedingungen und interessanter, vielseitiger Arbeit zu befriedigen. Die Schaffung solcher Arbeitsinhalte ist daher eindeutig darauf gerichtet, ein höheres Niveau der Bedürfnisbefriedigung zu erreichen. Progressive Veränderungen der Arbeitsinhalte sind aber nicht nur ein wichtiger Aspekt der sozialen Entwicklung, sondern ebenso ein Faktor für das Wachstum der ökonomischen Effektivität.

Wenn mit dem erforderlichen Aufwand für die Schaffung progressiver Arbeitsinhalte eine überproportionale Produktivitätssteigerung verbunden ist, dann ist ihre Realisierung allein von der Verfügbarkeit der Ressourcen abhängig. Schwieriger ist das Entscheidungsproblem — und dies dürfte der Normalfall sein —, wenn sich die Schaffung neuer und anspruchsvollerer Arbeitsinhalte nicht, nicht in entsprechendem Maße oder erst in längeren Zeiträumen in einer Produktivitätssteigerung niederschlägt. Dabei wäre es ebenso falsch, die Einführung progressiver Arbeitsinhalte allein von einem entsprechenden unmittelbaren ökonomischen Effekt abhängig zu machen, wie solche Arbeitsinhalte unabhängig von den ökonomischen Erfordernissen allein der Verbesserung der Arbeitsbedingungen wegen anzustreben.

61 Vgl. Wissenschaftlich-technischer Fortschritt und Charakter der Arbeit im Sozialismus, Berlin 1974, S. 17 (Sitzungsberichte der Akademie der Wissenschaften der DDR, Nr. 7).

62 Vgl. F. Macher, Progressive Arbeitsinhalte — eine gesellschaftliche Aufgabe, in: Sozialistische Arbeitswissenschaft, 6/1977, S. 402.

Ausgangspunkt aller Überlegungen auf diesem Gebiet muß zunächst die Verfügbarkeit der Ressourcen sein. Es wäre verfehlt, sich die — an sich wünschenswerte — Aufgabe zu stellen, die Arbeitsinhalte der Mehrzahl der Arbeitsplätze in der unmittelbar vor uns liegenden Zeitperiode entscheidend zu verändern. Eine solche Zielstellung würde die zur Verfügung stehenden Ressourcen überfordern. Es wird auch in absehbarer Zeit noch körperlich schwere oder von der geistigen Beanspruchung her einseitige Arbeitsaufgaben geben, die nicht oder nur unter außerordentlich hohem Aufwand beseitigt werden können. Aber auch wenn die Übernahme solcher Funktionen durch Maschinen oder automatische Anlagen technisch prinzipiell möglich ist — Veränderungen im volkswirtschaftlichen Maßstab können nur schrittweise vollzogen werden. Infolgedessen müssen die ökonomischen Möglichkeiten, die zur progressiven Gestaltung von Arbeitsinhalten vorhanden sind, real eingeschätzt werden. Es sollten aber Prioritäten gesetzt und alle vorhandenen Möglichkeiten — vor allem auf dem Wege der WAO — voll genutzt werden.

Der Arbeitsinhalt ergibt sich zwar zunächst aus der Gesamtheit der Arbeitsfunktionen, ihrer Struktur und ihren Wechselbeziehungen. Jedoch sind auf der Grundlage gleicher Produktionstechnik in Abhängigkeit von der Arbeitsorganisation oft sehr unterschiedliche Arbeitsinhalte möglich (z. B. bei Fließbandproduktion oder bei Gruppenfertigung). Die Arbeitsorganisation schafft Spielräume für Qualifikation und Arbeitsinhalt. Welche technisch-organisatorische Lösung gewählt wird, welche Prozesse mechanisiert oder automatisiert werden, das hängt von den angewandten Auswahlkriterien ab, ob ökonomische oder technische Gesichtspunkte, ob die vorhandene Qualifikation der Werktätigen oder ob die Ansprüche der Arbeiter an ihre Arbeitsinhalte und -bedingungen im Vordergrund stehen.

Unter sozialistischen Produktionsverhältnissen sollte es selbstverständlich sein, dabei in erster Linie eine Variante zu wählen, die anspruchsvolle und gleichzeitig physisch und psychisch leichtere Arbeitsaufgaben mit sich bringt. Sozialistische Lösungen für den wissenschaftlich-technischen Fortschritt können nicht einseitig nach unmittelbaren ökonomischen Effekten bewertet werden. Bei ihnen muß eine Einheit von wachsender Effektivität der Produktion und progressiver Entwicklung der Arbeitsinhalte angestrebt, das heißt, es müssen auch außerökonomische und längerfristig wirkende Momente der Effektivität in Betracht gezogen werden. Dabei können durchaus widersprüchliche Entwicklungen auftreten. Höhere und kurzfristige unmittelbar ökonomische Effekte und progressive Veränderung der Arbeitsinhalte sind nicht immer miteinander verknüpft. In solchen Fällen eine optimale Lösung zu finden, ist nicht leicht. Der Entwicklung der Arbeitsinhalte muß aber mit der Entwicklung des Bedürfnisses der Werktätigen nach anspruchsvoller und abwechslungsreicher Arbeit ein ständig steigender Stellenwert eingeräumt werden. Ausdruck dessen ist es, daß im Gesetz über den Fünfjahrplan für die Entwicklung der Volkswirtschaft der DDR vorgesehen wurde, von 1976 bis 1980 mit Hilfe der WAO in der Industrie und im Bauwesen jährlich mindestens 180000 Arbeitsplätze mit erschwerten Bedingungen (körperlich schwere, gesundheitsgefährdende, monotone Arbeit) um- bzw. neuzugestalten.[63]

Die Gestaltung progressiver Arbeitsinhalte ist oft noch eine Aufgabe, die als Nebenprodukt ökonomisch bedingter Veränderungen in Technik, Technologie und Arbeitsorganisation aufgefaßt wird. Sehr oft entsteht eine solche Auffassung dadurch, daß nur die unmittelbaren ökonomischen Wirkungen (zusätzlicher Aufwand) gesehen werden, daß die indirekten ökonomischen Folgen (geringe Fluktuation, niedrigerer Krankenstand) unterschätzt werden und die positiven Wirkungen auf Arbeitsklima, Arbeitszufriedenheit und Persönlichkeitsentwicklung nur schwer quantifizierbar sind. Ökonomisch nicht oder nur schwer meßbare Effekte müssen aber nicht unbedingt ein geringerer Erfolg der betrieblichen Tätigkeit sein als eindeutig in Zahlen ausweisbare Größen. Tatsächlich trägt die Schaffung progressiver Arbeitsinhalte in der Regel zur Steigerung der gesellschaftlichen Effektivität bei, einerseits wegen ihrer Wirkung auf die Bedürfnisse der Werktätigen im Produktionsprozeß, aber anderseits auch deshalb, weil derartige Maßnahmen — zumindest längerfristig — auch als Triebkraft für eine Erhöhung der ökonomischen Effektivität wirken. Inhaltsreiche Arbeit und hohe Produktivität müssen kein Gegensatz sein. Beide können sich bei richtiger Beherrschung ihrer Zusammenhänge gegenseitig stimulieren.

Außerdem ist zu beachten, daß die ökonomische Effektivität keine Konstante ist. Sie kann sich im Zeitablauf ändern. So kann z. B. Fließbandarbeit zur Zeit ökonomisch noch am rentabelsten sein. Wenn mit den steigenden Ansprüchen der Werktätigen an ihre Arbeit diese Form der Arbeitsorganisation immer weniger attraktiv wird, so daß die Werktätigen nicht länger bereit sind, unter solchen Bedingungen zu arbeiten, dann sinkt auf Grund fehlender Arbeitskräfte die ökonomische Effektivität der Fließbandproduktion. Arbeitsorganisatorische Lösungen, die den Bedürfnissen der Werktätigen besser entsprechen, werden dann ökonomisch effektiver.

Grundlage aller Überlegungen bei der progressiven Veränderung von Arbeitsinhalten muß es sein, daß die ökonomische Effektivität das Kernstück der gesellschaftlichen Effektivität ist. Durch sie werden die Voraussetzungen für die Befriedigung aller Bedürfnisse der Menschen geschaffen. Daher ist es — im volkswirtschaftlichen Maßstab gesehen — auch nicht möglich, außerökonomische Elemente der Effektivität auf Kosten der ökonomischen Effektivität (d. h. durch

63 Vgl. Gesetz über den Fünfjahrplan für die Entwicklung der Volkswirtschaft der DDR 1976 bis 1980 vom 15. Dezember 1976, in: Gesetzblatt der Deutschen Demokratischen Republik (17. Dezember 1976), Teil I, Nr. 46, S. 523.

ihre Senkung) zu entwickeln. Moderne, anspruchsvolle Arbeitsplätze erfordern in der Regel Investitionen. Die Schaffung progressiver Arbeitsinhalte ist daher nur in dem Maße möglich, in dem durch hohe ökonomische Effektivität die Möglichkeiten dafür geschaffen wurden. Das Niveau der ökonomischen Effektivität bildet daher eine Grenze dafür, in welchem Umfang die Bedürfnisse der Werktätigen nach anspruchsvoller, inhaltsreicher Arbeit befriedigt werden können.

Die wissenschaftlich-technische Entwicklung bringt Veränderungen von Arbeitsmitteln und Arbeitsgegenständen mit sich, die sich entscheidend auf die Art der zu lösenden Arbeitsaufgaben und die dafür erforderlichen Qualifikationsanforderungen auswirken. Eine wichtige Rolle spielt dabei die Automatisierung — der Kernprozeß der wissenschaftlich-technischen Revolution.

Automatisierung ist mit beträchtlichen Investitionen, mit einem raschen Wachstum des Aufwands an vergegenständlichter Arbeit verbunden. Der Produktionsprozeß wird zunehmend objektiviert, das heißt, er wird immer direkter von den technisch-ökonomischen Parametern der Produktionsmittel und immer weniger direkt vom menschlichen Arbeitsvermögen bestimmt.[64] Daher trifft man vielfach auf Meinungen, durch Automatisierung gehe die Bedeutung der lebendigen Arbeit zurück. Dies gilt jedoch vorwiegend für das quantitative Verhältnis von lebendiger und vergegenständlichter Arbeit. In seiner qualitativen Rolle gewinnt das subjektive Moment im Arbeitsprozeß an Bedeutung. Die Arbeitskräfte erhalten als Bediener und Überwacher der Maschinensysteme mit der Einführung der Automatisierung eine größere Verantwortung. Traditionelle Steuerungsmöglichkeiten für die lebendige Arbeit, wie Arbeitsnormung oder leistungsabhängige Lohnsysteme, sind kaum noch anwendbar, weil bei normalem, kontinuierlichem Ablauf des Produktionsprozesses die Eingriffsmöglichkeiten des Werktätigen begrenzt sind. Dagegen spielen Wissen, Können, Verantwortungsgefühl und Einsatzbereitschaft die entscheidende Rolle, wenn es um die Weiterentwicklung von Arbeitsmitteln, Technologie und Arbeitsorganisation geht, wenn Umstellungen im Produktionsprozeß erforderlich sind oder wenn Unregelmäßigkeiten oder Havarien auftreten. Hier hängen die ökonomischen Auswirkungen in entscheidendem Maße vom einzelnen Werktätigen ab. Diese Auswirkungen sind in einem automatisierten Produktionsprozeß höher als bisher. Die Grundfondsausstattung an automatisierten Anlagen erhöht sich gegenüber der traditionellen Technik progressiv, ebenso der Produktionsausstoß. Unzureichende Kenntnisse, mangelndes Verantwortungsbewußtsein oder Fehlverhalten eines einzelnen Ar-

64 Vgl. H. Nick/M. Pawloff, Wissenschaftlich-technischer Fortschritt und progressive Gestaltung der Arbeitsinhalte im Sozialismus, in: Sozialistische Arbeitswissenschaft, 6/1977, S. 394—396.

beiters können daher zu wesentlich größeren volkswirtschaftlichen Verlusten als bisher führen.

Es zeigt sich also, daß die Qualifikation der Werktätigen eine entscheidende Rolle für die Effektivität des Reproduktionsprozesses auch und besonders in den Technisierungsstufen spielt, in denen die vergegenständlichte Arbeit ein starkes quantitatives Übergewicht gegenüber der lebendigen Arbeit erhält.

Die Meinungen über den Einfluß der Mechanisierung und Automatisierung auf Bildung und Qualifikation gehen in der internationalen Literatur weit auseinander. Sie reichen von der Auffassung einer linearen Erhöhung der Qualifikation einerseits bis zur Prognose einer ständigen Vereinfachung der Arbeit und einem damit sinkenden Qualifikationsniveau anderseits.

In beiden Tendenzen sind richtige Elemente enthalten, sie verabsolutieren jedoch jeweils nur bestimmte Arbeitssituationen und berücksichtigen nicht die Vielfalt der auftretenden Erscheinungen. Der Einfluß der Mechanisierung und Automatisierung auf die Qualifikation der Werktätigen ist kein widerspruchsfreier Prozeß.

Deshalb geht es hier um eine zielgerichtete und wohlabgewogene Strategie des sozialistischen Staates, die von Umfang und Form der Automatisierung über soziale Momente im Arbeitsprozeß bis zur Qualifikation und qualitativen Abstimmung des gesamten Bildungswesens reicht.

Für den Einfluß von Mechanisierung und Automatisierung auf das Qualifikationsniveau und die Qualifikationsstruktur der Werktätigen gelten folgende Entwicklungstendenzen (vgl. Abbildung 1):

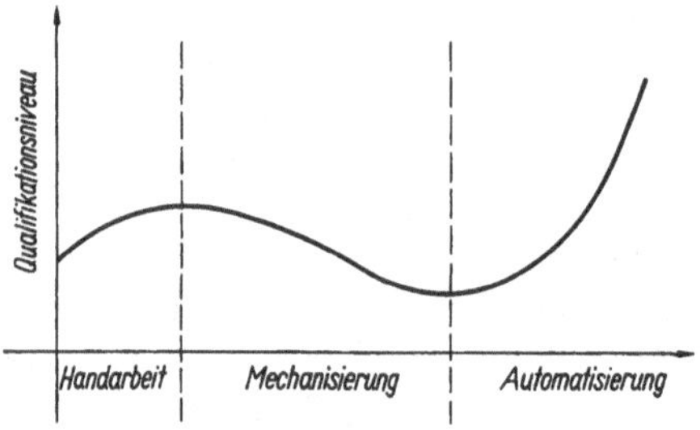


Abb. 1 Entwicklung des durchschnittlichen Qualifikationsniveaus in der Industrie im Verlauf der technischen Entwicklung

Mechanisierung und Automatisierung weisen Unterschiede in ihrem Einfluß auf das Qualifikationsniveau auf.

Die *Mechanisierung* der Produktionsprozesse führt zu einer zunehmenden Aufgliederung des Arbeitsprozesses, zu einer verstärkten Spezialisierung und Vereinfachung der Arbeitsaufgaben. Daraus ergibt sich, daß das technologisch erforderliche Qualifikationsniveau mit steigendem Mechanisierungsgrad sinkt. Das hat zur Folge, daß der Anteil der qualifizierten Arbeit zurückgeht. Diese Entwicklung vollzieht sich in den einzelnen Arbeitsbereichen in differenzierter Form. Diese Tendenzen wurden durch umfangreiche Analysen des Zentralinstituts für Wirtschaftswissenschaften bestätigt (vgl. Abb. 2 und 3).

Empirische Untersuchungen über den Zusammenhang von *Automatisierung* und *Qualifikationsstruktur* im Rahmen der gesamten Volkswirtschaft gibt es bisher nicht. Der Automatisierungsgrad der Arbeit beträgt gegenwärtig in der DDR etwa 12%. Daher sind repräsentative Analysen über die Wirkungen von Automatisierungsprozessen bisher kaum möglich. Aus internationalen Vergleichen, aber auch aus mikroökonomischen Untersuchungen in einzelnen ausgewählten Betrieben, lassen sich aber bereits folgende Tendenzen erkennen: Aussagen über die Veränderung der Qualifikationsstruktur in Abhängigkeit von der Automatisierung sind nicht allgemeingültig für alle Bereiche der Volkswirtschaft und für alle Qualifikationsstufen möglich. Unterschiede gibt es innerhalb der Qualifikationsstufen (Hoch- und Fachschulkader, Facharbeiter usw.). Unterschiede gibt es aber auch zwischen den Arbeitsbereichen, besonders zwischen unmittelbar in der Produktion tätigen Arbeitern und den mittelbaren Produktionsarbeitern, d. h. Arbeitskräften, die in solchen Bereichen tätig sind, wie in Wartung und Instandhaltung sowie im Transport.

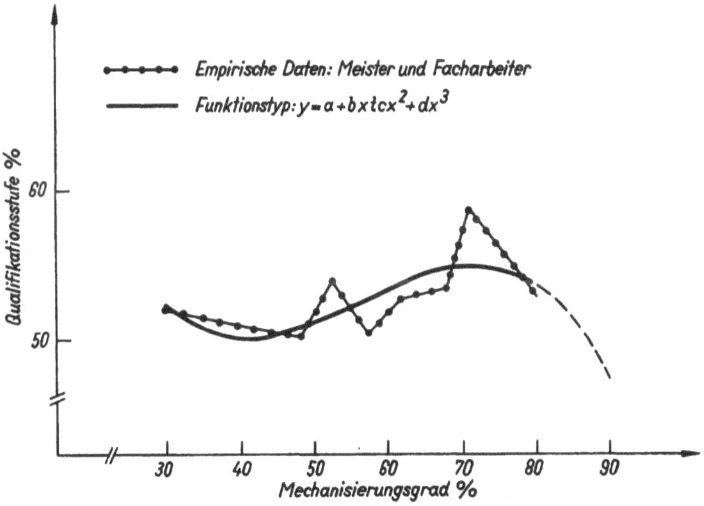


Abb. 2 Anteil der Meister und Facharbeiter an den Beschäftigten und Mechanisierungsgrad in Industrie und Bauwesen

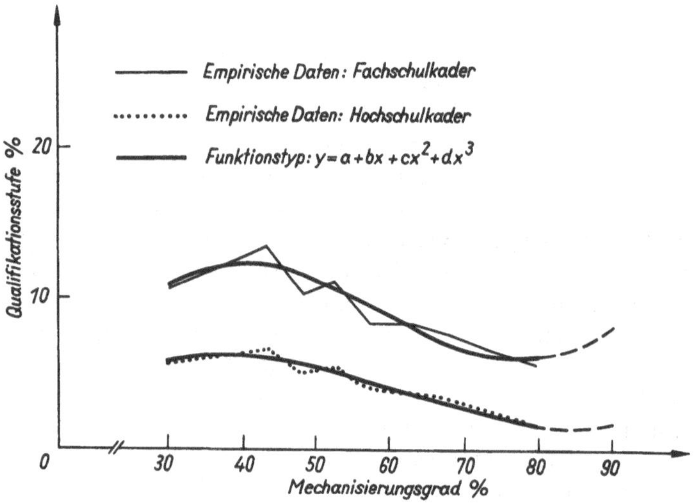


Abb. 3 Anteil der Hoch- und Fachschulkader an den Beschäftigten und der Mechanisierungsgrad in Prozent in Industrie und Bauwesen

Der bestimmende Prozeß bei zunehmender Automatisierung ist die Erhöhung des Gewichts der qualifizierten Arbeit. Sie ist auf die komplexeren, komplizierteren und verantwortungsvolleren Arbeitsaufgaben speziell bei den an Zahl zunehmenden Ausrüstungen mit Anlagencharakter zurückzuführen.

Auch durch Vertiefung der Kommunikationsbeziehungen zwischen den Werktätigen wächst die Rolle der qualifizierten Arbeit. So erfordert die Funktion des Einrichters und Bedieners eine bestimmte Verarbeitung der Ergebnisse des Programmierers einerseits und eine bestimmte Kommunikation mit den Spezialisten der Instandhaltung anderseits.

Die Erhöhung des Stellenwertes der qualifizierten Arbeit bei zunehmender Automatisierung ist zwar die bestimmende Tendenz. Diese Entwicklung verläuft aber nicht linear und ist nicht allgemeingültig. Innerhalb der vorherrschenden Tendenz wirkt ein untergeordneter Prozeß, der gewisse Differenzierungen, insbesondere zwischen einfacher und hochqualifizierter Arbeit im Bereich der unmittelbaren Produktion, mit sich bringt.

Entscheidend für diese Differenzierungen ist, daß von der Erhöhung des Automatisierungsgrades immer nur eine begrenzte Phase des Arbeitsprozesses betroffen wird. Nur in Ausnahmefällen beeinflußt die Automatisierung eines Arbeitsmittels alle damit zusammenhängenden Arbeitsplätze. Die Struktur der gesamten Arbeitsplätze ist beharrlicher, als es der Automatisierungsgrad zum Ausdruck bringt. Eine Reihe von Arbeitsplätzen mit geringen Anforderungen an die

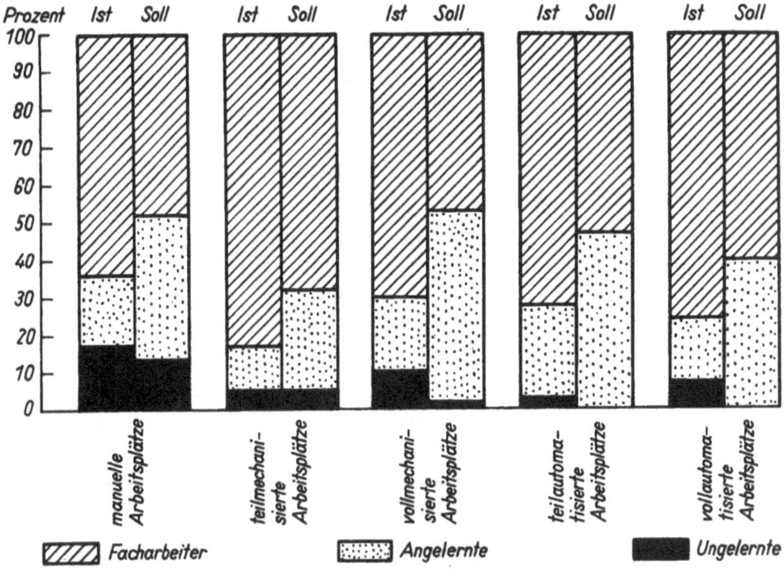


Abb. 4 Vorhandene (Ist) und erforderliche (Soll) Qualifikationsstruktur der Produktionsgrundarbeiter in der Industrie nach Technisierungsstufen

Qualifikation bleibt somit in der alten Form bestehen oder wird sogar in bestimmtem Umfang neu geschaffen.

Soziologische Untersuchungen in der DDR für 1973 (vgl. Abb. 4) haben ergeben, daß bei teilautomatisierten Arbeitsplätzen rund 40% der Produktionsgrundarbeiter unterhalb der Qualifikationsstufe eines Facharbeiters tätig sind. An vollautomatisierten Arbeitsplätzen sind es immer noch rd. 30% der Produktionsgrundarbeiter (7% Ungelernte, 17% Angelernte, 7% Teilfacharbeiter), die keine Facharbeiterqualifikation haben. Ähnliche Tendenzen lassen sich auch aus mikroökonomischen Untersuchungen des Zentralinstituts für Wirtschaftswissenschaften ableiten.

Die Tendenz zur Reproduktion einfacher Arbeit auch bei höheren Stufen der Automatisierung betrifft vorrangig die einseitigen und unkomplizierten Arbeitsaufgaben, die vom technologischen Gesichtspunkt aus — zumindest in absehbarer Zeit — nicht in den Automatisierungsprozeß einzubeziehen sind, sowie bestimmte Hilfsarbeiten wie Reinigen, Sortieren, Transportieren, Verpacken. Damit hierbei keine Mißverständnisse entstehen — der statistische Begriff der Vollautomatisierung beinhaltet zunächst nur, daß über 50% der Arbeitszeit an Automaten geleistet werden. Mit zunehmender Annäherung an eine tatsächlich komplexe Automatisierung, d. h. an die Schaffung von Systemlösungen der Automatisierung in Form von Prozeßautomatisierung, wird die Reproduktion einfacher Arbeit mehr und mehr an Bedeutung verlieren.

Für die Entwicklung der Qualifikationsstruktur bei fortschreitender Automatisierung sind in der unmittelbaren Produktion folgende Tendenzen zu erkennen:

1. Die einfache Handarbeit nimmt ab, bleibt aber in bestimmtem Umfang erhalten.
2. Bei automatisierter Produktion nimmt Steuer- und Führungstätigkeit zunächst noch einen bedeutenden Raum ein. Auf höheren Stufen der Automatisierung werden sich diese Arbeitsaufgaben vermindern, da Automaten ihre Funktion übernehmen.
3. Der Anteil der hochqualifizierten Arbeit nimmt bei steigender Automatisierung zu, das betrifft vor allem die Automatik- und Anlagenkontrolle.

Mit der Automatisierung wird also die unmittelbare Produktionsarbeit in zunehmendem Maße quantitativ eingeschränkt und qualitativ zum Teil in anspruchsvollere Arbeitsaufgaben übergeführt.

Als ein weiteres Charakteristikum der Automatisierung in bezug auf die Anforderungen an die Qualifikation ist ein Rückgang der zweigspezifischen Kenntnisse zu verzeichnen. Zweigspezifische Arbeitsgänge werden immer stärker durch automatisierte Anlagen ausgeführt, deren Bedienung keine zweigspezifische Berufsausbildung erfordert, sondern mehr grundlagenorientierten Charakter und disponible Tätigkeiten verlangt. Dafür ist eine neue Qualität in der Breite der Disponibilität der Arbeitskräfte notwendig.

Eine andere Entwicklung nehmen die Qualifikationsanforderungen in den Bereichen, die nicht unmittelbar zur Produktion gehören, wie z. B. im Reparatur-, Instandhaltungs- und Transportwesen.

Wartungs- und Instandhaltungsarbeiten nehmen einen besonderen Platz im Automatisierungsprozeß ein, da Umfang, Zahl und Kompliziertheit der Aggregate ansteigen. Wegen des hohen Produktionsausstoßes sind minimale Reparaturzeiten und eine erhöhte Bereitschaft der Reparaturkräfte notwendig, da durch Ausfall eines Aggregats bei automatisierter Produktion der gesamte Arbeitsprozeß gehemmt oder unterbrochen wird. Weiterhin erschwert die Kompliziertheit der Anlagen die Fehlersuche und ihre Beseitigung. Neben der eigentlichen Instandhaltung werden darüber hinaus völlig neue Wartungsbereiche geschaffen. Die Bedeutung dieser Bereiche zeigt sich darin, daß der Anteil der Reparaturarbeiter an den Produktionsarbeitern gegenwärtig bereits etwa 17% erreicht.

Die qualitativen Anforderungen an das Instandhaltungspersonal wachsen somit bei fortschreitender Automatisierung. Je komplexer die betreuten Anlagen sind und je differenzierter die dadurch an ihnen auszuführenden Wartungs- und Reparaturarbeiten werden, um so mehr müssen die für sie eingesetzten Fachkräfte umfangreiche und spezielle Kenntnisse besitzen. Auch in den produktionsvorbereitenden Bereichen (Forschung und Entwicklung, Konstruktion, Projektierung, Technologie usw.) nimmt der Anteil hochqualifizierter Arbeit im Verlauf des Automatisierungsprozesses zu. Das betrifft vor allem den Anteil an Hoch- und Fachschulkadern.

Die hier dargelegten Tendenzen, daß einfache Arbeit — vor allem bei steigendem Mechanisierungsgrad, aber auch bei automatisierten Prozessen innerhalb der unmittelbaren Produktion — in bestimmtem Umfang bestehen bleibt bzw. neu geschaffen wird, machen es notwendig, daß der Gefahr von Routinearbeiten, von Monotonie und mangelnder schöpferischer Initiative entgegengewirkt wird. Im folgenden sollen daher einige Aspekte dargestellt werden, wie dem bereits charakterisierten Differenzierungsprozeß innerhalb der Arbeitsanforderungen zu begegnen ist.

1. Eine nur einseitige Anpassung der menschlichen Arbeitskraft an die technischen und technologischen Prozesse muß überwunden werden. Es gilt, von den materiell-technischen und organisatorischen Produktionsbedingungen her sowie unter sozialökonomischen Aspekten Voraussetzungen für Arbeitsaufgaben zu schaffen, die den Bedürfnissen und Ansprüchen der Werktätigen an ihrem Arbeitsplatz entsprechen, das heißt, es müssen in bedeutendem Umfang persönlichkeitsfördernde materiell-technische Produktionsbedingungen entstehen.

2. Wenig qualifizierte Arbeit, die häufig mit Monotonie und Routinetätigkeit verbunden ist, kann durch verschiedene Formen der Kombination der Arbeit anspruchsvoller gestaltet werden. Dazu gehört zum Beispiel die Verminderung monotoner, geistig wenig anspruchsvoller Fließbandarbeit, die zu einer Unterbelastung des körperlichen und geistigen Leistungspotentials führt. Verstärkt sind unter Berücksichtigung der Produktivitätsentwicklung und der vorhandenen materiellen und finanziellen Ressourcen Alternativen zur herkömmlichen Fließbandarbeit zu entwickeln, wie z. B. das Prinzip der Gruppenarbeit, durch das die Verantwortung des Werktätigen erhöht und es ihm ermöglicht wird, Arbeitstempo und -rhythmus in bestimmtem Umfang selbst zu bestimmen.

Es hat sich auch als günstig erwiesen, unqualifizierte und qualifizierte Arbeit zu kombinieren, so zum Beispiel die Tätigkeit als Bediener und als Einrichter einer automatisierten Anlage oder Bedienungsarbeiten mit Instandhaltungsarbeiten zu verbinden. Dies bedeutet aber, daß gering qualifizierte Arbeiten in bestimmtem Umfang auch von höher qualifizierten Gruppen von Arbeitskräften ausgeführt werden, damit eine einseitige Konzentration von technologisch bedingter Routinearbeit verhindert wird.

Diese Kombinationsmöglichkeiten unterschiedlicher Tätigkeiten sprechen nicht gegen eine Spezialisierung, sondern sind einer ihrer Bestandteile. Experimente von Arbeitspsychologen zeigten, daß bei einer flexiblen Tätigkeit gegenüber einer streng limitierten Arbeitsaufgabe sowohl die Fehlerquote zurückging als auch die Arbeitsproduktivität stieg, d. h. auch ökonomisch positive Effekte entstanden.

3. Dem sozialistischen Charakter der Arbeit entspricht auch eine immer

stärkere Identifikation der gesellschaftlichen und individuellen Interessen. Das bedeutet eine umfassendere und tiefere Einbeziehung aller Werktätigen in die Planung und Leitung der Produktionsprozesse und damit eine wachsende Übernahme von Verantwortung. Diese Verantwortung ist ein Element des sozialistischen Charakters der Arbeit. Sie ist Voraussetzung dafür, daß auch bei Arbeitsfunktionen mit relativ geringen geistigen Anforderungen günstige Bedingungen für die Entwicklung schöpferischer Aktivitäten in bezug auf Neuerervorschläge, Rationalisierungsmaßnahmen, vorbeugende Instandhaltung usw. entstehen. Das sozialistische Eigentum an Produktionsmitteln schafft die Voraussetzungen für ein aktives und schöpferisches Verantwortungsbewußtsein der Werktätigen auch über den unmittelbaren Arbeitsplatz hinaus bis hin zur stärkeren Einbeziehung in gesellschaftliche Funktionen.

4. Der planmäßig gestaltete Arbeitsplatzwechsel kann ebenfalls dazu beitragen, der Monotonie und Routinearbeit entgegenzuwirken. Arbeitsplatzwechsel führt oft durch die abwechslungsreiche Gestaltung der Tätigkeiten zu einer steigenden Arbeitsproduktivität. Bei betrieblichen Untersuchungen stellte sich jedoch heraus, daß beim organisierten Arbeitsplatzwechsel durchaus auch Widersprüche zu den betrieblichen Interessen, die sich aus der ökonomischen Zielstellung des Betriebes ergeben, und auch zu der individuellen materiellen Interessiertheit entstehen können. Eine Voraussetzung für den reibungslosen Ablauf derartiger Arbeitsplatzwechsel ist daher eine Lösung dieser Probleme. Arbeitsplatzwechsel ist aber auch nur sinnvoll bei einer hohen Disponibilität der Arbeitskräfte.

Es ist unbestritten, daß die Arbeitsinhalte und damit auch die erforderliche Qualifikationsstruktur in entscheidendem Maße von den objektiven Erfordernissen des Arbeitsprozesses, darunter vor allem dem erreichten Niveau der Produktionsmittel, beeinflußt werden. Die Entwicklung des Charakters der Arbeit ist daher wesentlich davon abhängig, welche sozialen Vorgaben es für die Gestaltung der Arbeitsplätze gibt.

Es wird hier bewußt von Gestaltung gesprochen, weil die technische Entwicklung von selbst nicht in jedem Fall zu höheren Qualifikationsanforderungen führt. Würde man die Qualifikationsentwicklung passiv an die technische und unmittelbar ökonomisch bedingte Entwicklung der Arbeitsmittel und Arbeitsgegenstände anpassen, dann wären Dequalifizierungstendenzen, d. h. sinkende Arbeitsanforderungen geistig-schöpferischer Art, nicht auszuschließen. Solche Tendenzen als Folge des wissenschaftlich-technischen Fortschritts sind mit den Ansprüchen einer sozialistischen Arbeits- und Lebensweise unvereinbar; sie sind aber langfristig gesehen auch ökonomisch nicht effektiv. Es wäre daher falsch, Arbeitsanforderungen und -bedingungen lediglich den Bedürfnissen der Technik anzupassen und Qualifikations- und Bildungserfordernisse einseitig darauf aufbauend zu bestimmen. Es ist jedoch häufig noch so, daß die Veränderung von

Arbeitsinhalten und Qualifikationsanforderungen nur eine Nebenerscheinung eindeutig technologisch begründeter Rationalisierungsmaßnahmen ist. Abwechslungsreiche Arbeitsinhalte zu schaffen, vorhandene Qualifikation auszuschöpfen und neue Qualifikationsmöglichkeiten zu erschließen, wird noch zu selten als Element der gesellschaftlichen Effektivität und damit als eines der Kriterien bei der Durchführung von Rationalisierungsvorhaben herangezogen.

Dies erfordert gezielte Überlegungen im Hinblick auf Arbeitsteilung und Arbeitsorganisation. Verstärkt sollte bereits bei der Konstruktion und Projektierung von Maschinen und Anlagen daran gedacht werden, daß mit ihrer Bedienung, Kontrolle und Wartung anspruchsvolle Arbeitsaufgaben gestellt werden. Es ist schwer und aufwendig, dabei vergebene Möglichkeiten nachträglich im Produktionsprozeß zu realisieren.

## 2.6. Investitionsprogramme und ihre Effektivität

### Inhalt und Bedeutung langfristiger komplexer Investitionsprogramme

Die Zielprogramme für Investitionen sind ein wichtiges Instrument, um die gesamte Wirtschaft auf die Endresultate zu orientieren. Eine ihrer grundlegenden Aufgaben besteht darin, die Umschlagszeit der Produktion zu verringern, Effektivitätsreserven zu erschließen, übermäßige Bindung von Ressourcen einzuschränken.

Die Zielprogramme für Investitionen sollen dazu beitragen, die Forderungen der Endnachfrage zu erfüllen und an den Hersteller heranzutragen. Sie müssen die Bestrebungen von Zwischenproduzenten zurückdrängen, sich auf oft nicht sortimentsgerechte Produktion bzw. solche von minderer Qualität oder auf Materiallieferungen mit überflüssigem Gewicht, aus teuren Rohstoffen usw. beschränken. Ähnlich wie in der Massenfließfertigung die Forderungen der Finalabteilung für die Zulieferer gesetzlich verbindlich sind, so sollen auch im Rahmen großer komplexer Programme die Finalbetriebe, die unmittelbar die Endziele des gesamten Komplexes verwirklichen, die dazu notwendigen Aufgaben für die vorgelagerten Betriebe festlegen. Komplexe Investitionsprogramme dienen zur Abstimmung der Entwicklung aller Zweige, die durch eine gemeinsame Aufgabe verbunden sind. Es geht dabei um die Koordinierung der Produktionspläne der Generalauftragnehmer und Nachauftragnehmer, der Bauwirtschaft und Baumaterialindustrie sowie auch der Kapazitäten für Hilfsleistungen und Reparaturen, der kommunalen Wohnungswirtschaft und der Dienstleistungssphäre. Durch das abgestimmte Herangehen aller an den Investitionsprogrammen Beteiligten kann die Effektivität der Investitionsdurchführung erhöht, die Realisierungszeit der Investitionen verkürzt und ein größerer Zuwachs an Nationaleinkommen gesichert werden. Die komplexen Bauprogramme dienen der weiteren Vervollkommnung der Zweig- und Territorialleitung. Es wäre jedoch falsch, davon auszugehen, daß komplexe Investitionsprogramme nur eine andere Bezeichnung für optimale Zweig-Territorialpläne seien. Obwohl zu letzteren Zusammenhänge bestehen, wie z. B. über die Berücksichtigung der Folgeinvestitionen, haben mehrsektorale langfristige Investitionsprogramme ihre eigene Methodologie und ihre Besonderheiten, u. a.:

1. Die Hauptanstrengungen sind hier auf die Analyse des Prozesses der Investitions*realisierung* gerichtet. Bei der Verwirklichung komplexer Investitionsprogramme bestehen gegenwärtig die größten Schwierigkeiten in der schrittweisen Realisierung der Investitionsvorhaben nach Etappen und Baustufen, im Zusammenwirken mit den vor- und nachgelagerten Investitionen, mit den Auftragnehmern, mit dem Baubetrieb, mit dem Wohnungsbau und vielen anderen Organisationen. Die größten Reserven zur Steigerung der Effektivität der Investitionen liegen in der Rationalisierung gerade dieses Stadiums.

2. Bei der Analyse und Optimierung langfristiger Investitionsprogramme kommt es vor allem darauf an, einen höchstmöglichen Zeitgewinn zu erzielen. Deshalb konzentriert sich die Aufmerksamkeit nicht so sehr auf technologische Varianten (Varianten des Standorts, der optimalen Betriebsgröße), sondern auf Varianten der Realisierung des Investitionsprogramms in der Zeit, auf die Ablaufetappen, auf die zweckmäßigsten Bauabschnitte, auf die Inbetriebnahmekomplexe, auf die Abstimmungen zwischen Objekten aus verschiedenen Zweigen. Größte Bedeutung kommt dabei solchen zwischenzweiglichen Verflechtungen zu, die am wenigsten gesichert sind und wo die größten Verluste auftreten können.

3. Besondere Aufmerksamkeit muß dem Prinzipschema der komplexen Investitionsprogramme, insbesondere der Durcharbeitung der Ausgangskonzeptionen und der Hauptablaufpläne, gewidmet werden. Gegenwärtig werden derartige Schemata äußerst skizzenhaft, in allgemeinsten Formulierungen aufgestellt, sie erreichen selten die Reife eines speziellen Dokuments mit Begründungen, Berechnungen, Grafiken, Alternativen. Am schlechtesten werden organisatorische Fragen, wie Fragen der Koordinierung und Kooperation der verschiedenen Zweige, Gebiete usw., durchgearbeitet. Sogar bei großen Projekten werden die Reihenfolge bei der Inbetriebnahme der Objekte, die zeitlich günstigste Vorbereitung der vor- und nachgelagerten Produktionen, die rechtzeitige Entwicklung des Transportwesens und die Entwicklung der Infrastruktur nicht in der notwendigen Detailliertheit untersucht.

Bereits in einer der ersten Arbeiten zur technisch-ökonomischen Modellierung des Investitionsprogramms für das Ural-Kusnezker-Kombinat[65] wird die Notwendigkeit betont, die Wechselbeziehungen der einzelnen Teile des Programms, die zwischenzweiglichen und kombinatsinternen Beziehungen zu untersuchen. Das Modell, das schon vor 40 Jahren ausgearbeitet worden ist, stellte sich die höchstmögliche Ausnutzung aller Ressourcen und die maximale Verminderung von Verlusten zur Aufgabe.

Bei der Ausarbeitung von mehrsektoralen langfristigen Investitionsprogrammen müssen die verschiedenen Typen und Strukturen der Komplexe berücksichtigt werden.

Diese sind mit Besonderheiten bei der Modellierung, der grafischen Darstellung und der rationellsten Gestaltung verbunden. Generell sind folgende Typen von Investitionsprogrammen zu unterscheiden:

— *monozentrische Programme*, die charakterisiert werden durch das Vorhandensein eines führenden Produktionsvorhabens und einer Anzahl benachbarter Produktionen, die mit dem führenden Zweig fest verbunden sind. Oft haben solche Programme streng begrenzte Leistungsparameter. Beispiele für solche Programme bilden die Komplexe der Energieindustrie von Bratsk und am Nurek;

— *polyzentrische Programme*, die gekennzeichnet sind durch parallele Entwicklungslinien, die relativ verselbständigt und schwach untereinander verbunden sind. Als Beispiel kann das Investitionsprogramm für die Erschließung der Erdöl- und Erdgaslagerstätten in der Westsibirischen Tiefebene dienen, wo einzelne Gruppen von Lagerstätten selbständige Transportverbindungen sowohl nach dem Westen als nach dem Osten haben. Die mit dem Vorhaben verknüpften Betriebe und die nichtproduktive Sphäre werden hier relativ autonom entwickelt;

— *Programme vom „Pendel-Typ“*, in denen die Achse des gesamten Systems eine leistungsfähige Verkehrs-Magistrale bildet, die in beiden Richtungen Güterströme bewältigt. Als Beispiel für ein derartiges Programm können angeführt werden das Ural-Kusnezker-Kombinat mit seinen „pendelartigen“ Kohle- und Erztransporten und auch das moderne Kursker-Magnet-Anomalie-Kusbass, das gewaltige Kohle- und Erzströme bewältigt;

— *Programme, die sich in konzentrischen Kreisen erweitern*, das heißt, bei denen um die Basisproduktionen schrittweise weitere Kapazitäten angesiedelt werden, in Verbindung mit der Vergrößerung der Vorräte an Bodenschätzen, dem Wachstum des Bedarfs an Fertigprodukten usw. Hierzu gehören die Erweiterungen des Magnitogorsker Metallurgischen Kombinats, des Norilsker Bergbau- und Hüttenkombinats u. a.;

— *Programme, die sich kuppelförmig entwickeln*, das heißt, die zunächst durch ein schnelles Wachstum der Produktion gekennzeichnet sind, das sich an-

65 Vgl. Sammelband „Ural-Kusnezker-Kombinat“, Sozekis 1931, S. 4—10.

schließend verlangsamt und schließlich sogar auslaufen kann. Als Beispiel dafür kann die Entwicklung einiger Erdölgebiete der Baschkirischen Autonomen Sozialistischen Sowjetrepublik angeführt werden, in denen verbunden mit der Erschöpfung der Vorräte Fragen der Kaderumschulung, des Schicksals der entstandenen Städte usw. auftreten;

— *Programme vom Pioniertyp und autarkischen Typ*, die charakteristisch sind für Objekte, die vom regulären Transportwesen abgelegen sind. Hier geht es um die Schaffung von entsprechenden Lagerkapazitäten für die notwendigen Vorräte an Materialien, Ausrüstungen, Lebensmitteln usw. Unter diesen Bedingungen, wie sie z. B. für den Norden Sibiriens zutreffen, entstehen neue Fragen für den Städtebau, die nichtproduktive Sphäre, die Landwirtschaft, die Lebensmittelindustrie u. a.;

— *Internationale Programme*, die auf die Lösung komplexer Aufgaben im Interesse einer Reihe von Ländern der sozialistischen Gemeinschaft oder gemeinsame Investitionsmaßnahmen gerichtet sind, wie z. B. die Investitionsprogramme für das Energiesystem „Frieden" und die Erdölleitung „Freundschaft";

— *Programme, die mit einer ortsveränderlichen Produktion verbunden sind*, z. B. in der Holzindustrie, wo eine ständige Verlagerung der Kapazität in Abhängigkeit von den Holzvorräten erfolgt, was ebenfalls Konsequenzen für die Wanderungsbewegung der Bevölkerung, die Entwicklung der nichtproduktiven Sphäre, der Transportverbindungen, der Reparaturkapazitäten u. a. nach sich zieht. Derartige Programme müssen mit den langfristigen Vorstellungen für die Nutzung des gesamten Waldmassivs und den Zyklen seiner Reproduktion und Wiederaufforstung verbunden werden;

— *Programme „vom Reininvestitionstyp"*[66], die auf die massenhafte Aussonderung und den Ersatz von Grundfonds gerichtet sind, die entweder physisch oder moralisch veraltet sind. Als Beispiel dafür kann der Ersatz von Lokomotiven beim Übergang vom Dampf- zum Elektro- oder Dieselantrieb oder der massenhafte Ersatz eines bestimmten Typs von Fertigteilhäusern im Wohnungsbau dienen.

Die Aufstellung langfristiger Investitionsprogramme, die durch eine beträchtliche Zeitverzögerung der Investitionen charakterisiert werden, erfordert es, bei der Aufstellung der Volkswirtschaftsbilanz einige neue Fragen zu berücksichtigen.[67] So müssen zum Beispiel in den Ansatz für die Volkswirtschaftsbilanz die grundlegenden Anschlußstücke der Investitionsprogramme für eine Zeitspanne von 20 bis 25 Jahren mit einer zeitlichen Synchronisierung beim Aufbau der

66 Solche Programme wurden in den Arbeiten von O. Lange vorgeschlagen.

67 Vgl. Ja. Kvaša/V. Krasovskij, Problema laga v dinymičeskoj ėkonomike, in: Voprosy ėkonomiki, 12/1970, S. 78.

verschiedenen Industrien einbezogen werden. Dieser Zeitraum entspricht in etwa der Realisierungszeit der größten Investitionsobjekte, die die zweiglichen und territorialen Produktionsproportionen und die Technik verändern. Die Realisierungszeit eines solchen Generalschemas entspricht etwa der Umschlagsperiode der Produktionsgrundfonds. Die Aufgabe des Generalschemas besteht darin, die notwendige zeitliche Verteilung der Investitions- und anderen Aufwendungen zu bilanzieren. Das gilt auch für die zeitliche Staffelung des Produktionszuwachses entsprechend den jeweiligen Bauzeiten der Investitionsvorhaben.

Bei der Bilanzierung der zwischenzweiglichen Beziehungen muß der Zeitfaktor langfristiger Investitionsprogramme unbedingt berücksichtigt werden. Das stellt neue Anforderungen an die Untersuchung und Planung des Investitionsprozesses.[68]

Insbesondere ist die Modellierung der Investitionsprozesse, die Aufstellung optimaler Netzpläne ein wichtiges Glied in der Vervollkommnung der Investitionsplanung.

Das Problem besteht darin, daß die Ausarbeitung des Ablaufs der Investitionsprogramme in der Zeit besonders wichtig ist. Dabei gibt es bei der Erforschung der Probleme der zwischenzweiglichen Beziehungen, speziell ihres territorialen Aspekts, aber auch in der Erforschung der regionalen Komplexe eine Reihe von Lücken. Was muß für das Investitionsprogramm insgesamt vorbereitet werden, welche Reihenfolge ist bei der Inbetriebnahme der grundlegenden Produktion zu sichern? In welchen Etappen soll die regionale Infrastruktur geschaffen werden? All diese und andere Fragen sind von größter Wichtigkeit für die Aufstellung des Investitionsablaufplans, werden aber im allgemeinen sowohl bei den Projektanten wie bei den Spezialisten der Territorialplanung wenig untersucht.

## Die Effektivität der komplexen Zielprogramme für Investitionen

Die Zielprogramme für Investitionen weisen viele Besonderheiten in der Berechnung ihrer Effektivität auf. Diese Besonderheiten sind bisher ungenügend erforscht worden.

Die Investitionsprogramme an sich garantieren noch keine hohe Effektivität des gesamten Investitionsprojekts, wenn sie z. B. die Verflechtungsbeziehungen und die Ressourcen nicht hinreichend berücksichtigen. Jedoch haben Programme den unzweifelhaften Vorzug, daß sie Parallelarbeiten und die Vielfalt von Ver-

68 Vgl. Problemy ėkonomiki kapital'nych vloženij, Moskva 1967, S. 34—36.

waltungsstellen bei der Lösung großer ökonomischer Probleme beseitigen. Sie ermöglichen es, die Infrastruktur rationell zu gestalten, vor allem die Energieversorgung, die Wasserversorgung, das Transportwesen, die allgemeinen Versorgungsbetriebe und schließlich die Entwicklung des Wohnungsbaus entsprechend den Forderungen des modernen Städtebaus. Die Aufeinanderfolge in der Errichtung einer großen Zahl von Objekten kann in den Investitionsprogrammen zweckmäßiger gelöst werden, was große Einsparungen an Mitteln und Zeit ermöglicht.

Dabei muß jedoch auch beachtet werden, daß die Realisierung großer Programme ohne die notwendige Koordinierung der Aktivitäten zu zusätzlichen Ausgaben für die Volkswirtschaft führen kann, die für einen langen Zeitraum Investitionen einfrieren. Beispielsweise erfolgte in den 50er Jahren der große Eisenbahnbau im Norden des Gebietes von Tjumen und Westsibirien ohne eine komplexe Verbindung mit der ökonomischen Erschließung dieser Gebiete. Das erwies sich als uneffektiv und wurde gestoppt. Jedoch könnten unter den heutigen Bedingungen die damals durchgeführten Investitionen für die Erschließung der Erdgasfelder und Erdgaslagerstätten dieser Gebiete von Nutzen sein.

Die richtige Berechnung der Effektivität eines großen ökonomischen Programms ist angesichts der enormen Mittel, die auf ihre Realisierung verwandt werden, von großer volkswirtschaftlicher Bedeutung.

Deshalb müssen alle Möglichkeiten zur schnellsten Inbetriebnahme einzelner Teile der Programme, von Blöcken und einzelnen Betrieben sorgfältig geprüft werden. Besonders wichtig ist es, Möglichkeiten zu schaffen für die etappenweise Inbetriebnahme von Objekten, wodurch sich das Programm allmählich selbst „finanziert“.

Die Effektivität sollte entweder für die Zeit der Realisierung des gesamten Programms bis zur Inbetriebnahme berechnet werden oder — was vorzuziehen ist — für die Periode der Realisierung und Wirksamkeit des Programms bis zu seiner vollständigen Amortisation.

Von Einfluß auf die Bestimmung der ökonomischen Effektivität ist auch die Art und Weise, wie die Investitionskomplexe geleitet werden. Wenn das ökonomische Programm nach dem Prinzip der Produktionsvereinigung, d. h. nach der wirtschaftlichen Rechnungsführung organisiert wird, dann kann die Effektivität auf der Grundlage der Kennziffern aller der Betriebe bestimmt werden, die Bestandteile des Programms sind. In diesem Fall ist es nicht notwendig, die lokale Effektivität jedes Betriebes zu bestimmen, denn über die Resultate des jeweiligen ökonomischen Programms kann anhand der zusammengefaßten Endeffekte geurteilt werden. Vom volkswirtschaftlichen Standpunkt aus ist eine solche Methode zur Bestimmung der Effektivität eines Programms am zuverlässigsten, denn sie beseitigt Doppelzählungen und gibt eine Information über die abgesetzte Produktion, die den gesellschaftlichen Bedürfnissen entspricht.

Die Bilanz der Produktionsverflechtungen ist grundlegender Ausgangspunkt

1. für die Bestimmung der vollen Investitionsaufwendungen zur Realisierung des Programms,
2. für die Berechnung der laufenden Ausgaben der insgesamt Beteiligten,
3. für die Berechnung des Produktionsvolumens, des Nettoprodukts und des Reineinkommens und damit für die Berechnung der ökonomischen Effektivität.

Vor der Durchführung detaillierter Berechnungen müssen die zwischenzweiglichen Verflechtungen von solchen Betrieben „bereinigt" werden, die für die Errichtung und Inbetriebnahme des neuen Komplexes notwendig sind, aber bereits früher gebaut wurden, freie Kapazitäten besitzen und keine zusätzlichen Aufwendungen erfordern. Dabei geht es insbesondere darum, die völlig neuen Kapazitäten herauszuarbeiten, die im Zusammenhang mit dem gegebenen ökonomischen Programm zu errichten sind. So muß z. B. bei der Konzipierung der Entwicklung von Kernkraftwerken der Schaffung von Kapazitäten des Kernkraftwerksbaus besondere Aufmerksamkeit gewidmet werden, da diese bisher nicht ausreichen. Im Vergleich dazu ist die Entwicklung von Betrieben für Betonfertigteile, Monolithbeton und Eisenbeton von abgeleiteter Bedeutung.

Von besonderer Wichtigkeit für die Effektivitätsrechnung ist das dynamische Herangehen. Wie entwickelt und detailliert das Schema der Produktionsverflechtungen auch sein mag, es kann kein gültiges Dokument für die operative Leitung und ökonomische Berechnung sein, wenn es statisch ist und nicht die Veränderungen der Produktionsverflechtungen in der Zeit zeigt. Mit der Entwicklung des ökonomischen Programms verändern sich ununterbrochen seine zwischenzweiglichen Beziehungen, werden die Investitionen auf neue Art verteilt, entwickelt sich die Effektivität in den jeweiligen Etappen unterschiedlich. Es versteht sich, daß bei der Bestimmung der Effektivität von ökonomischen Zielprogrammen eine Reihe neuer Aufgaben und Schwierigkeiten auftritt. Jedoch kann eingeschätzt werden, daß diese, ausgehend von dem bereits vorhandenen methodischen Potential, gelöst werden können.

Grundsätzlich muß die Effektivität der Zielprogramme sowohl nach der absoluten (oder allgemeinen) Effektivität als auch nach der sogenannten relativen Effektivität gemessen werden. Von großer Bedeutung ist hierbei, daß im breiten Maße die Methodik der Berechnung des allgemeinen (absoluten) Effekts, und besonders des Effekts über die gesamte Periode, des sogenannten integralen Effekts, angewendet wird.

Auch bei der Ermittlung der relativen Effektivität werden einige Ergänzungen notwendig. Da die ökonomischen Zielprogramme jeweils ihre Spezifika besitzen und demzufolge nicht typisierbar sind, ist es schwierig, für jedes einzelne Programm eine Vergleichsbasis der ökonomischen Parameter zu finden.

In der Mehrzahl der Fälle ist es nicht möglich, große mehrsektorale Programme miteinander zu vergleichen. Real sind jedoch Variantenbetrachtungen im Rahmen bereits ausgewählter und geplanter Programme.

Eine weitere Frage bezieht sich darauf, welche normativen Effektivitätskoeffizienten bei der Berechnung der relativen Effektivität der Programme verwendet werden. In den geltenden Methodiken werden sowohl volkswirtschaftliche Koeffizienten als auch zweigliche Präzisierungen dieser Koeffizienten benutzt, die von den Ministerien in Abstimmung mit der Plankommission der UdSSR erarbeitet wurden. Sie liegen im Bereich 0,08; 0,10; 0,20; beim volkswirtschaftlichen Koeffizienten beträgt die Größe 0,12. Für mehrsektorale Programme bei Beteiligung von Betrieben sowohl der Industrie, des Verkehrswesens als auch der Landwirtschaft ist es zweckmäßig, den volkswirtschaftlichen Koeffizienten für alle Teilabschnitte zu verwenden. Für große Programme mit dominierender Bedeutung irgend eines Zweiges, z. B. von Erdöl und Erdgas im Programm des Westsibirischen Erdöl-Erdgas-Komplexes (wo jedoch auch Objekte der Chemie, der Energiewirtschaft und des Verkehrswesens enthalten sind), ist es zweckmäßig, einen Koeffizienten anzunehmen, und zwar den für die Erdöl- und Erdgasindustrie, da diese Zweige die abgesetzte Produktion des ganzen Programms bestimmen.

Die Berechnung des integralen Effekts kann sich nicht auf eine vereinfachte Formel gründen, die den realen Verlauf der Kosten- und Ergebnisentwicklung im Verlauf der langen Periode der Programmrealisierung schlecht erfaßt, sondern muß die unterschiedliche Entwicklung in einzelnen Jahren berücksichtigen, d. h. beispielsweise die Investitionen nach Jahren, ihren kontinuierlichen Übergang in aktivierte Fonds und Kapazitäten, die notwendigen Betriebsaufwendungen und schließlich die in den neuen Betrieben erzielte Brutto- und Nettoproduktion sowie das Reineinkommen. Die Aufgabe besteht darin, für jedes Jahr der Realisierung des ökonomischen Programms die Aufwendungen und Ergebnisse zu ermitteln. Derartige dynamische Berechnungen der Effektivität großer Objekte werden in breitem Maße in einer Reihe sowjetischer Betriebe und im Ausland praktisch angewandt.

## 2.7. Intensivierung der Grundfondsreproduktion durch verstärkte Erneuerung der Grundfonds

### Grundfondssparende Steigerung der Arbeitsproduktivität durch Erneuerung vorhandener Grundfonds

Stärke und Wirksamkeit grundfondssparender Wege zur Steigerung der Arbeitsproduktivität werden entscheidend von der Entwicklung des wissenschaftlich-technischen, ökonomischen und sozialen Niveaus der Grundfonds und seiner Nutzung bestimmt. Die Entwicklung dieses Niveaus und seiner Nutzung ist abhängig von

— der Intensivierung der komplexen Grundfondsreproduktion selbst,

— der Intensivierung aller anderen Seiten des Reproduktionsprozesses als Bedingung eines größeren Beitrages der Grundfonds zur Produktivität und Effektivität.

In diesem Zusammenhang kommt der Erneuerung der Grundfonds eine große Bedeutung zu. Dabei geht es um eine derartige Erhöhung des Anteils derjenigen Grundmittel mit einem überdurchschnittlichen wissenschaftlich-technischen, ökonomischen und sozialen Niveau, bei der die Leistungsfähigkeit der Gesamtheit der Grundmittel steigt. Das wird im folgenden als Erneuerung der Grundfonds im weiteren Sinne bezeichnet. Es ist ein solcher Grad der Erneuerung anzustreben, der gewährleistet, daß die Grundfonds einen optimalen Beitrag zur Erhöhung der Produktivität und Effektivität leisten.[69]

Ein neu einzusetzendes Grundmittel, das in seiner Leistungsfähigkeit bzw. Wirksamkeit hinter den bereits installierten Grundmitteln zurückbleibt, bewirkt keine Erneuerung der Grundfonds, sondern lediglich eine Verbesserung ihrer Altersstruktur.

Die Formen zur Erneuerung der Grundfonds im weiteren Sinne sind:

— Modernisierung von Grundfonds im Rahmen der Instandhaltung,

— Erweiterungsinvestitionen, einschließlich Neubau,

— Ersatz von alten bzw. veralteten Grundfonds durch moderne,

— ersatzlose Aussonderung alter bzw. überalteter Grundfonds.

Bei dem Reifegrad, den die Volkswirtschaft der DDR erreicht hat, setzt sich in immer stärkerem Maße die Erneuerung der Grundfonds über den Ersatz von veralteten durch neue Grundfonds durch. In Anlehnung an Auffassungen in der

69 Vgl. I. V. Kurenkov/D. M. Palterovič, Techničeskij progress i optimal'noe obnovlenie proizvostvennogo apparata, Moskva 1975, S. 208.

Literatur wird diese Form der Erneuerung von der im weiteren Sinne unterschieden und hierfür der Terminus Erneuerung im engeren Sinne verwendet.[70]

Sie wirkt in der Regel in Richtung eines fondssparenden Typs der Reproduktion dadurch, daß eine günstigere Relation zwischen Aufwand (einmaligem und laufendem) und Ergebnis erreicht wird. Dabei spielt u. a. die Verringerung des Bauanteils bei diesen Investitionen gegenüber den Erweiterungsinvestitionen eine wichtige Rolle. In vielen Fällen läßt sich auch eine Verkürzung der Termine der Inbetriebnahme und des Erreichens der projektierten Kapazitäten gegenüber Erweiterungsinvestitionen verwirklichen. Für den fondssparenden Typ der Reproduktion ist jedoch vor allem bedeutsam, daß hierbei nicht primäre Mechanisierung und Automatisierung erfolgt, sondern vorhandene Ausrüstungen ersetzt werden. An die Stelle von überholten maschinen- und anlagegebundenen Technologien treten neue. Das gibt für die Ersparnis von Grundfonds und somit auch von laufendem Aufwand günstige Bedingungen.

Notkin, der diese Zusammenhänge aufdeckt, weist zugleich darauf hin, daß dieser Effekt der Erneuerung der Grundfonds ein wichtiges Moment für die Stabilisierung der Rate der produktiven Akkumulation ist. Denn das Nationaleinkommen wächst hierbei durch den effektiveren Einsatz des Ersatzfonds, d. h. ohne Verwendung von Nationaleinkommen[71] durch intensive einfache Reproduktion.

Das Hauptproblem, das gegenwärtig von Theorie und Praxis zu lösen ist, besteht darin, daß nicht nur hohe Anforderungen an die Erneuerung der Grundfonds im engeren Sinne[72] gestellt werden. Der Ausbau und die Vervollkommnung der materiell-technischen Basis durch die Entwicklung der Struktur der Volkswirtschaft, und insbesondere durch den wissenschaftlich-technischen Fortschritt, stellen auch hohe Anforderungen an die Erweiterung der Grundfonds. Beispielsweise werden für den Ausbau der Energie- und Rohstoffbasis in der DDR im Zeitraum 1976 bis 1980 33% der Investitionen eingesetzt.[73]

Ein hoher Anteil der Investitionskraft der Volkswirtschaft wird also zur Erweiterung der Grundfonds benötigt. Hierbei spielt zwar die Einsparung von laufendem und einmaligem Aufwand bei den einzelnen Vorhaben eine wichtige

70 Vgl. D. A. Baranov, Sroki amortizacii i obnovlenija osnovnych proizvodstvennych fondov, Moskva 1977, S. 215.

71 Vgl. A. I. Notkin, Proporcii vosproizvodstva v periode razvitogo socializma, Moskva 1976, S. 38.

72 Wenn im folgenden nicht ausdrücklich anders vermerkt, sind unter Erneuerung der Grundfonds und Erneuerungsinvestitionen Maßnahmen zur Erneuerung der Grundfonds im engeren Sinne zu verstehen.

73 Gesetz über den Fünfjahrplan für die Entwicklung der Volkswirtschaft der DDR 1976 bis 1980 vom 15. Dezember 1976, in: Gesetzblatt der Deutschen Demokratischen Republik vom 17. Dezember 1976, Teil I, Nr. 46, S. 520.

Rolle, aber nicht die entscheidende. Dessenungeachtet wächst die Notwendigkeit, die Grundfonds zu erneuern, und zwar in dem Maße beschleunigt, wie diejenigen Grundmittel veralten, die seit den 60er und 70er Jahren im Vergleich zu den 50er Jahren verstärkt neu geschaffen bzw. installiert worden sind.[74] Das wird folgerichtig in den vorliegenden Veröffentlichungen übereinstimmend festgestellt.

Bisher noch nicht komplex untersucht worden sind jedoch die Wege, wie dieses Ziel erreicht werden kann. Nicht selten wird sogar der Druck außer acht gelassen, der auf der Volkswirtschaft gegenwärtig und in absehbarer Zukunft lastet, die Grundfonds zu erweitern. Dabei muß hervorgehoben werden, daß kleine Volkswirtschaften mit hohem Entwicklungsstand der Produktivkräfte, einem breiten Produktionssortiment und einem hohen Außenwirtschaftsanteil schwierigen Erfordernissen besonders stark ausgesetzt sind, optimale Strategien zwischen Erweiterung und Erneuerung der Grundfonds zu entwickeln. Je stärker hier durch Erweiterungsinvestitionen das Erzeugnissortiment vergrößert wird, um so weniger ist es möglich, den Anteil von kosten- und qualitätsoptimaler Produktion bei den übrigen Erzeugnissen zu erhöhen.

Es bedarf also auf allen Ebenen der Volkswirtschaft zusätzlicher Anstrengungen und Initiativen, um ein optimales Tempo der Erneuerung der Grundfonds zu bestimmen und zu verwirklichen. Das umfaßt die Vorbereitung und Planung der Investitionen wie der Aussonderungen. Dabei kann man sich nicht auf die Möglichkeiten der Grundfondsreproduktion beschränken. Vielmehr ist der gesamte Reproduktionsprozeß einschließlich seiner außenwirtschaftlichen Verflechtungen in die Betrachtungen einzubeziehen, um sämtliche Intensivierungsfaktoren komplex zu nutzen.

Im Zusammenhang mit der beschleunigten Erneuerung werden die zwei miteinander verbundenen Aufgaben gelöst: verstärkt ausgesondert und dementsprechend intensiv investiert.

1. Mit beschleunigtem wissenschaftlich-technischem Fortschritt erhöhen sich Möglichkeit und Notwendigkeit der Erneuerung des gesamten Produktionsapparates. Demgegenüber gibt es gegenwärtig im Bereich der materiellen Produk-

74 So betrugen allein die Ausrüstungsinvestitionen im Jahre

| | |
|---|---|
| 1960 | 7896 Mio Mark |
| 1965 | 10734 Mio Mark |
| 1970 | 17441 Mio Mark |
| 1975 | 20852 Mio Mark, |

während 1950 die gesamten Investitionen lediglich 3612 Mio Mark betrugen (Angaben ohne Investitionsbeteiligung). Vgl. Statistisches Jahrbuch der Deutschen Demokratischen Republik 1977, Berlin 1977, S. 79.

tion der DDR einen relativ hohen Bestand an verschlissenen und abgeschriebenen Grundfonds.[75]

Im Vordergrund des Interesses steht gegenwärtig die Erneuerung der Ausrüstungen. Dessenungeachtet spielt auch die Erneuerung der Bausubstanz in vielen Fällen eine wichtige Rolle. Zweifellos wird künftig diese Rolle wachsen, insbesondere in dem Maße, in dem moderne Technologien und Formen der Produktionsorganisation eingeführt werden, die in den alten Gebäuden und Baulichkeiten nicht oder nicht ökonomisch rationell untergebracht werden können.

MERKIN schreibt: „In der gegenwärtigen Etappe der wissenschaftlich-technischen Revolution wird die Forderung erhoben, die Nutzungsdauer der Arbeitsinstrumente und der Produktionsgebäude und -baulichkeiten zu synchronisieren. Einer der Wege zur Lösung dieser Aufgabe ist der allmähliche Übergang zu weniger grundfondsintensiven ... funktionalen und ‚beweglichen' Gebäuden und Baulichkeiten, deren Nutzungsdauer der Nutzungsdauer der technologischen Hauptausrüstungen angenähert ist (8—15 Jahre)."[76]

Die Folgen der Überalterung des Grundfondsbestandes sind insbesondere:

— An diesen Grundfonds wird mit erheblich niedrigerer Produktivität und Effektivität gearbeitet als an modernen Grundfonds. Das gilt u. a. für den technisch begründeten Material- und Energieaufwand sowie den Arbeitszeitaufwand je Erzeugniseinheit.

— Diese Grundfonds verursachen erhöhte Instandhaltungs- und Reparaturaufwendungen (in der chemischen Industrie wurden überalterte Anlagen nachgewiesen, bei denen die Reparaturquote ein Mehrfaches des Durchschnitts des Zweiges beträgt); dabei werden Instandhaltung und Reparaturen allgemein mit einer niedrigeren Produktivität und Effektivität als die Arbeiten in den Hauptprozessen durchgeführt.

— Diese Grundfonds rufen höhere Stillstandszeiten und damit höhere Produktionsausfälle hervor.

— An den alten und überalterten Grundfonds entsprechen die Arbeitsbedingungen oft nicht den Anforderungen progressiver Arbeitsinhalte, die zur Entfaltung der Persönlichkeit unter den Bedingungen der weiteren Gestaltung der entwickelten sozialistischen Gesellschaft gestellt werden.

2. Erneuerungsinvestitionen nehmen gegenwärtig im Vergleich zu den Erweiterungsinvestitionen einen zu geringen Raum ein. Die Folgen davon sind:

75 In dem Bericht des Politbüros des ZK der SED an die 5. Tagung wird dazu ausgeführt: „Es wurden bekanntlich viele neue Ausrüstungen installiert. Zugleich blieb der Bestand an überalterten Grundmitteln zu hoch. Es gilt, alle Möglichkeiten zu prüfen, wie diese durch verbesserte Produktionsorganisation und Technologie auszusondern sind." (E. HONECKER, Aus dem Bericht des Politbüros an die 5. Tagung des ZK der SED, a. a. O., S. 20.)

76 P. M. MERKIN, Ėkonomičeskie problemy sokraščenija prodolžitel'nosti stroitel'stva, Moskva 1978, S. 169.

— Es können veraltete Grundfonds nicht im erforderlichen Maße ausgesondert werden. Dadurch wird neben der entgangenen Einsparung von gesellschaftlicher Arbeit die absolute Freisetzung von Arbeitskräften beeinträchtigt;
— es werden zusätzlich Arbeitsplätze geschaffen, die entweder nicht voll ausgenutzt werden können oder die zu einer schlechteren Ausnutzung bereits bestehender hochproduktiver Arbeitsplätze führen.

Es ist daher erforderlich, alle Möglichkeiten der komplexen Grundfondsreproduktion zu nutzen, um die Erneuerung der Grundfonds zu verstärken. Dabei ist diese Erneuerung in richtiger Proportion zu den anderen Formen der Grundfondsreproduktion, insbesondere zu den Erweiterungsinvestitionen, zu verwirklichen. Für die Erneuerungsinvestitionen bedeutet dies, daß sie zunächst schrittweise so zu erhöhen sind, daß sie den erforderlichen (normativen) Aussonderungen entsprechen (unter Berücksichtigung der Preisentwicklung bei Investitionen). Es steht somit die Aufgabe, den relativ hohen Anteil überalteter Grundfonds zu verringern, dann weitgehend abzubauen und hierzu den Anteil der Erneuerungsinvestitionen an den Gesamtinvestitionen zu erhöhen. Im Prognosezeitraum ist darüber hinaus anzustreben, die Erneuerungsinvestitionen so zu erhöhen, daß die normative und tatsächliche Nutzungsdauer der Grundfonds, insbesondere der Ausrüstungen, gesenkt werden können.

## Wichtige Wege zur stärkeren Erneuerung vorhandener Grundfonds

Da es im konkreten Fall keinen absoluten Vorrang der Erneuerungsinvestitionen gegenüber den Erweiterungsinvestitionen gibt, muß jeweils zwischen den Vor- und Nachteilen von Erweiterungsinvestitionen und Erneuerungsinvestitionen abgewogen werden. Dabei müssen die Erneuerungsinvestitionen zielgerichtet in den Schwerpunkten der Intensivierung eingesetzt werden. Lösungswege hierzu sind:

1. Konzentration der Erneuerungsinvestitionen als Bestandteil stabiler Linien der Grundfondsreproduktion auf volkswirtschaftlich wichtige Produktionen mit dem Ziel, unter Nutzung des wissenschaftlich-technischen Fortschritts solche Erzeugnisse herzustellen, die auf den Binnen- und Außenmärkten mit hoher Effektivität abgesetzt werden können, und Berücksichtigung der Erfordernisse der Erneuerung der Grundfonds als einer Bedingung für die effektive Gestaltung des Produktionsprofils der Volkswirtschaft;

2. Erhöhung der Effektivität der Erneuerungsinvestitionen durch Verstärkung der Modernisierung und Rekonstruktion;

3. Erhöhung der Erneuerungsinvestitionen zur Verbesserung der Arbeits- und Lebensbedingungen der Werktätigen;

4. Nutzung der Erneuerungsinvestitionen zur hocheffektiven Einsparung und absoluten Freisetzung von Arbeitskräften;

5. Nutzung der Erneuerungsinvestitionen zur hocheffektiven Einsparung von Material und Energie;

6. Nutzung der Erneuerungsinvestitionen zur Erhöhung der Effektivität von Importen und Exporten;

7. Nutzung der Erneuerung der Grundfonds zum Aufbau kosten- und qualitätsoptimaler Produktionslinien;

8. verstärkte Erneuerung der Grundfonds an jener Stelle, wo sie die nachhaltigste Wirkung auf die Erhöhung der Stabilität und Kontinuität des Reproduktionsprozesses hat;

9. Anpassung der investitionsgüterproduzierenden Zweige und des Bauwesens an die Erfordernisse der verstärkten Erneuerung der Grundfonds und Entwicklung von eigenen Kapazitäten, um bestimmte kombinats- und betriebstypische Rationalisierungsmittel sowie Bauleistungen selbst herzustellen bzw. durchzuführen;

10. Nutzung der territorialen Rationalisierung und Rekonstruktion zur verstärkten Erneuerung der Grundfonds;

11. Weiterentwicklung der Methoden der Leitung und Planung der Prozesse der Erneuerung der Grundfonds.

Im folgenden soll auf diese Wege zur verstärkten Erneuerung der Grundfonds näher eingegangen werden.

Die Grundmittel als der entscheidende Teil der materiell-technischen Basis sind zugleich der entscheidende stoffliche Träger des wissenschaftlich-technischen Fortschritts. In der Literatur wird daher die Forderung erhoben, die Erneuerung der Grundfonds in Annäherung an den Generationswechsel der Arbeitsmittel und die Dauer, in der diese modernen Ausrüstungen effektiv in der Volkswirtschaft Verbreitung finden, durchzuführen.

Der zeitliche Abstand, in dem neue Modelle von Ausrüstungen mit qualitativen Veränderungen ihrer Leistungsparameter aufeinander folgen, wird in der Literatur mit Durchschnittsgrößenwerten unter 10 Jahren angegeben.[77] Das stellt an die Erhöhung der Erneuerungsinvestitionen große Anforderungen.

Die normative Nutzungsdauer der Ausrüstungen in der Industrie der DDR beträgt gegenwärtig 16 Jahre. Die tatsächliche Nutzungsdauer liegt — wie die Bestände an überalterten Grundfonds zeigen — über dieser Größe.

77 So wird diese Größe im Durchschnitt mit 8,2 Jahren für den Zeitraum 1966—1972 bestimmt. Die entsprechenden Größenwerte betragen für den Chemieanlagenbau 5,5 Jahre, den Werkzeugmaschinenbau 6,5 Jahre und für den Schwermaschinen-, Energie- und Transportmaschinenbau 5,3 Jahre. (Vgl. V. SENČAGOV/V. V. OSTAPENKO/V. A. MILJAEV, Amortizacionnyj fond v uslovijach intensifikacii proizvodstva, Moskva 1975, S. 128.)

In der Sowjetunion beträgt die normative Nutzungsdauer der Ausrüstungen der Industrie 14,9 Jahre [78]. Es wird eine Senkung im Verlauf von 2 bis 3 Fünfjahrplanperioden auf 12 bis 13 Jahre und später auf 10 Jahre augestrebt[79]. Eine solche Verkürzung der normativen und tatsächlichen Nutzungsdauer nähert sich beträchtlich an die Dauer der Aufeinanderfolge neuer Modelle von Ausrüstungen und die Dauer, in der diese modernen Ausrüstungen effektiv in der Volkswirtschaft Verbreitung finden, an.

Damit werden für den Prognosezeitraum grundlegende Veränderungen im Tempo der Aussonderungen erwartet. Um in der UdSSR die tatsächliche Nutzungsdauer auf 12 bis 13 Jahre zu verringern, soll die Aussonderungsrate auf 5 bis 5,5% erhöht werden. Die Verringerung der tatsächlichen Nutzungsdauer auf 10 Jahre würde zu einer Aussonderungsrate von 6,5 bis 7% führen.[80]

Um in der DDR den Anforderungen des wissenschaftlich-technischen Fortschritts auf dem Gebiet der Erneuerung der Grundfonds Rechnung zu tragen, ist ebenfalls eine erhebliche Steigerung der Aussonderungen notwendig.

Bei der Begründung dieser kürzeren Nutzungsdauer wird der moralische Verschleiß eine größere Rolle spielen. Das bedeutet zugleich, daß mit der Erneuerung der Grundfonds in diesem raschen Tempo ein außerordentlicher Druck auf die Höhe der zu realisierenden Produktivität und Effektivität erfolgen wird. Es ist somit zu sichern, daß während der Nutzungsdauer die Leistungsparameter der Grundfonds voll genutzt werden, da sonst die Abschreibungen pro Erzeugniseinheit unökonomisch hoch sind und die Produktivität und Effektivität beeinträchtigen. Damit wird u. a. auch ein Druck in Richtung auf Fertigung in ökonomisch rationellen Mengen bzw. Losgrößen ausgeübt.

Für die Volkswirtschaft der DDR leitet sich daraus die Notwendigkeit ab, bei der Bewältigung der Aufgaben des wissenschaftlich-technischen Fortschritts und in der Entwicklung der Produktionsstruktur diese Erfordernisse der Grundfondsreproduktion stärker zu berücksichtigen. Das bedeutet, daß die Grundfonds ein solches wissenschaftlich-technisches, ökonomisches und soziales Niveau aufweisen müssen, daß die Ergebnisse von Forschung und Entwicklung rasch in Erzeugnissen realisiert und diese Erzeugnisse ständig in hoher Qualität hergestellt werden können. Dabei muß die Erneuerung der Grundfonds mit den Anforderungen, die sich aus der Weiterentwicklung der Erzeugnisse und Technologien ergeben, Schritt halten. Umgekehrt müssen Forschung und Entwicklung in wachsendem Maße in ihrer Aufgabenstellung die Nutzung des vorhandenen

78 Vgl. L. M. Gatovskij/E. Ja. Kapustin/S. A. Chejnman, Material'no-techničeskaja baza kommunizma, Bd. 2, Moskva 1977, S. 52.

79 Vgl. ebenda.

80 Vgl. ebenda.

großen Grundfondsbestandes berücksichtigen und zielgerichtet für die Erneuerung der Grundfonds eingesetzt werden.

Für die Intensivierung der Grundfondsreproduktion, insbesondere für die Beschleunigung der Erneuerung, ist auch von Bedeutung, ob der Bedarf aus der Produktion der eigenen Volkswirtschaft oder durch Importe gedeckt wird. Der Aufbau von Kapazitäten für neue Erzeugnisse in neuen Betrieben oder Betriebsabteilungen erfordert die Bindung zusätzlicher Mittel in Erweiterungsinvestitionen. Diese Erweiterungsinvestitionen bringen einerseits große Zuwächse an Produktivität und Effektivität, sie können jedoch anderseits zu Lasten der Erneuerung der Grundfonds gehen. Es gilt also, eine optimale Relation zwischen Erweiterung und Erneuerung der Grundfonds unter Einbeziehung der Außenwirtschaft, insbesondere der sozialistischen ökonomischen Integration, anzustreben. Bei der Ausformung des volkswirtschaftlichen Komplexes ist es daher erforderlich, auch die Anforderungen optimaler Grundfondsreproduktion zu beachten. Die Erneuerung der Grundfonds bietet somit die Möglichkeit, zur Herausbildung einer optimalen Produktionsstruktur beizutragen.[81]

Das Optimum der Grundfondsreproduktion ist im Hinblick auf die Erneuerung der Grundfonds unter doppeltem Aspekt zu betrachten: unter theoretischem und konkret-historischem. Theoretisch ist das Optimum der Erneuerung dann erreicht, wenn die Grundfonds annähernd in dem Tempo erneuert werden, in dem der wissenschaftlich-technische Erkenntnisstand in neuen Generationen von Ausrüstungsmodellen realisiert wird und diese modernen Ausrüstungen effektiv in der Volkswirtschaft Verbreitung finden.

Eine solche theoretische Bestimmung reicht jedoch nicht aus, um unter den jeweiligen konkreten Bedingungen optimale Relationen festzulegen. In dem Maße, in dem der Ausbau der materiell-technischen Basis voranschreitet, wachsen auch die Möglichkeiten, das Tempo der Erneuerungsinvestitionen zu erhöhen. Was optimal ist, muß also in jedem Planungsabschnitt neu beantwortet werden. Der Modernisierung der Grundfonds und der Rekonstruktion kommt bei der Durchsetzung der Erneuerung der Grundfonds eine große Bedeutung zu. Im Programm der SED heißt es: „Die Intensivierung wird vor allem auf Maßnahmen der sozialistischen Rationalisierung und Rekonstruktion der vorhandenen Fonds gerichtet und schließt entsprechend den Erfordernissen die Schaffung neuer Produktionskapazitäten ein."[82]

Die Erneuerung einzelner Objekte, wie Maschinen, Anlagen, Gebäude usw., hat für die Erhöhung der Produktivität und Effektivität große Bedeutung. Hier ist es oft möglich, mit einem relativ geringen Einsatz von Kräften und Mitteln

81 Vgl. W. Effler/G. Langendorf/R. Meissner/H. Peters/W. Voigt, Intensivierung und Vervollkommnung der Produktionsstruktur, in: Wirtschaftswissenschaft, 5/1978, S. 514.
82 Programm der Sozialistischen Einheitspartei Deutschlands, Berlin 1976, S. 27.

hohe ökonomische Effekte zu erzielen. Untersuchungen haben in der chemischen Industrie gezeigt, daß solche Einzelerneuerungen nicht immer zu effektivsten Lösungen führen. So werden dabei häufig keine Freisetzungen von Arbeitskräften oder nur Freisetzungen in einem geringen Umfang erreicht. Daher hat bei dem wachsenden wissenschaftlich-technischen Fortschritt mit seinen rasch aufeinanderfolgenden qualitativen Veränderungen der Ausrüstungen die grundlegende Erneuerung komplexer Produktionsanlagen in größerem Ausmaß im Zusammenhang mit der Rekonstruktion zunehmende Bedeutung.[83]

Bei der komplexen Betrachtung der Erneuerung der Grundfonds gewinnt daher die in der sowjetischen Wissenschaft entwickelte Theorie der technischen Umrüstung des Produktionsapparates an Bedeutung. Diese technische Umrüstung wird als ein Prozeß betrachtet, der die Erneuerung der Grundfonds und der Produktionsprogramme umfaßt.[84] Hierbei wird der Rekonstruktion, die die Erneuerung im engeren Sinne einschließt, große Bedeutung eingeräumt. Sie gibt die Möglichkeit, mit der Erneuerung der Grundfonds den wissenschaftlich-technischen Fortschritt umfassend anzuwenden. Das haben auch Untersuchungen in der DDR bestätigt.[85] Der auf diese Weise gewonnene Zuwachs an Produktionskapazitäten ist häufig billiger als bei reinen Erweiterungsinvestitionen.

Das zeigt sich unter anderem in der Rückflußdauer, die nach sowjetischen Erfahrungen im Durchschnitt bei kleinen Rekonstruktionsmaßnahmen 0,5, bei mittleren 1,5 und nur bei großen Objekten 2,5 Jahre und mehr beträgt.[86]

Rekonstruktionsmaßnahmen solcher Komplexität können über einzelne Betriebe und Kombinate hinausgehen. Hier bietet sich die Möglichkeit, in großem Umfange die Vorzüge der sozialistischen Produktionsverhältnisse zu nutzen.

Allerdings lassen sich nicht in jedem Fall die gestellten Aufgaben auf dem Wege der Erneuerung der Grundfondssubstanz — auch nicht im Rahmen einer Rekonstruktion — durchführen. Der wissenschaftlich-technische Fortschritt zieht z. B. häufig Produktionsmaßstäbe und Anforderungen an die Technologie nach sich, denen im Interesse der Steigerung von Produktivität und Effektivität nur durch Erweiterung und Neubau entsprochen werden kann.

83 „Bei hoher Gebundenheit der Arbeitsmittel tritt die Reproduktion des Einzelgrundmittels mehr und mehr hinter die Reproduktion einer funktional zusammenhängenden Grundmittelmasse. Nicht mehr der theoretisch höchste Effekt der Reproduktion des Einzelgrundmittels ist Richtschnur für die Reproduktionsmaßnahmen, sondern die höchste Effektivität des Gesamtverbandes der Grundmittel." (K. Matterne/S. Tannhäuser, Die Grundmittelwirtschaft in der sozialistischen Industrie der DDR, Berlin 1978, S. 77.)

84 Vgl. V. K. Poltorygin, Ėffektivnost' techničeskogo perevooruženija socialističeskogo proizvodstva, Moskva 1975, S. 65.

85 Vgl. H.-J. Beyer/G. Langendorf, Im Kampf um höhere Grundfondsökonomie, in: Einheit, 11/1976, S. 1232/1234.

86 Vgl. H.-J. Beyer/F. Rossner, Rekonstruktion im Prozeß der Intensivierung, in: Einheit, 12/1975, S. 1391.

Bei der Erneuerung der Grundfonds ist auch ihre soziale Seite zu berücksichtigen, insbesondere dort, wo im Interesse der Verbesserung der Arbeits- und Lebensbedingungen durchgreifende Veränderungen notwendig sind und sich diese Veränderungen nicht ohne den Einsatz von Investitionen herbeiführen lassen.

Obwohl in der DDR bei der Schaffung der Grundlagen des Sozialismus und bei der Gestaltung der entwickelten sozialistischen Gesellschaft in der Verbesserung der Arbeits- und Lebensbedingungen große Erfolge erzielt worden sind, reichte die Investitionskraft bisher nicht aus, um die gesamte Grundfondssubstanz entsprechend sozialistischen Anforderungen umzugestalten. So konnten zahlreiche Betriebe, deren Grundfonds aus dem Kapitalismus übernommen worden sind, noch nicht rekonstruiert werden. Die Erneuerung solcher Grundfonds führt zu wesentlichen Verbesserungen der Arbeits- und Lebensbedingungen. Es geht jedoch dabei nicht allein um soziale Effekte. Diese Verbesserungen haben auch einen starken Einfluß auf die ökonomische Effektivität. So ist die Anziehungskraft, die Arbeitsplätze mit überalterten Grundfonds vor allem auf die mit einem hohen Qualifikationsniveau ausgestatteten jungen Arbeitskräfte ausüben, gering und entspricht nicht der volkswirtschaftlichen Bedeutung, die diese Arbeitsplätze in der gesellschaftlichen Arbeitsteilung einnehmen. Unerwünschte Fluktuation und Schwierigkeiten, diese Arbeitsplätze zu besetzen, fügen der Volkswirtschaft erhebliche Verluste zu.

Dabei ist für die künftige langfristige Entwicklung folgende Hypothese möglich: Die Dringlichkeit, diese überalterten Arbeitsplätze zu erneuern, wird künftig auch in dem Maße wachsen, in dem es der Volkswirtschaft gelingt, die Masse attraktiver Arbeitsplätze zu erweitern. Der Stellenwert des kulturvollen Arbeitsplatzes in der Skala der individuellen Bedürfnisse der Werktätigen wird sich stark erhöhen. Zugleich wird von der Masse kulturvoller Arbeitsplätze eine Sogwirkung sozialen Charakters auf die Beseitigung des Restes überalterter Arbeitsplätze ausgehen.

Es sollte daher im Rahmen der langfristigen Planung und der Prognose die Beschleunigung der Erneuerung dieser Arbeitsplätze berücksichtigt werden.

Die Ausrüstungen produzierenden Industrien haben bei der Durchsetzung einer verstärkten Erneuerung der Grundfonds eine große Bedeutung. Einmal geht es darum, daß diese Orientierung und die daraus resultierende Verringerung des Bauanteils an den Investitionen zu einem wachsenden Bedarf bzw. zu einer Änderung des Bedarfs an Ausrüstungen führt. Einen beträchtlichen Teil dieses Bedarfs deckt der eigene Rationalisierungsmittelbau der Betriebe und Kombinate.

Schließlich erwachsen mit der verstärkten Erneuerung auch dem Bauwesen und den eigenen Bauabteilungen der Betriebe und Kombinate neue bzw. höhere Anforderungen.

Der materiellen Sicherung der Erneuerungsinvestitionen kommt daher in der Leitung, Planung und ökonomischen Stimulierung große Bedeutung zu. Hier sind z. T. komplizierte Probleme zu lösen. Zum Teil liegen hier jedoch noch Reserven, die sich im ersten Zugriff erschließen lassen. So haben Expertenbefragungen ergeben, daß bei besserer Ersatzteilversorgung Erweiterungen bestimmter Ausrüstungen überflüssig sind und die frei werdende Investitionskraft auf die Erneuerung gerichtet werden kann.

Einer der Schwerpunkte der Erneuerung der Grundfonds liegt auf dem Gebiet der territorialen Rationalisierung. Hier können hohe Effekte erzielt werden, wobei der Umfang der Investitionen häufig relativ gering ist. Für die zahlreichen Beispiele erfolgreicher Arbeit auf diesem Gebiet soll die Stadt Eisenberg angeführt werden. Hier wurden im VEB Porzellanwerk Eisenberg innerhalb von zwei Jahren 200 Arbeitskräfte absolut freigesetzt. Die Produktion wurde in zwei günstig zueinander gelegenen Betriebsteilen konzentriert (früher bestanden vier Produktionsstätten). Dabei wurde die vorhandene Bauhülle weitgehend genutzt. Die erforderlichen Bauleistungen von 1 Mio Mark wurden durch das Betriebskollektiv selbst erbracht.

Außerdem wurden von den 13 Rundöfen 10 stillgelegt. Das benötigte Rohporzellan wird nunmehr von einem anderen Kombinatsbetrieb bezogen. Es wurde eine neue vollautomatische Schmelze installiert, an der die Arbeit leichter und interessanter geworden ist. Die gefundenen Lösungen ermöglichen es, die Produktion inmitten einer Wohngegend im alten Stadtkern aufzugeben. Die beiden verbliebenen Betriebsteile liegen am Stadtrand. Dies trägt zu einer wesentlichen Verbesserung des Umweltschutzes in dieser Stadt bei.[87]

## Probleme der Entscheidungsvorbereitung bei der Erneuerung vorhandener Grundfonds

Die oben dargelegten Wege zur Beschleunigung der Erneuerung der Grundfonds im engeren Sinne lassen sich nur dann zügig und mit höchster Produktivität und Effektivität beschreiten, wenn Leitung und Planung weiter qualifiziert werden. Auf diesem Gebiet liegen noch erhebliche Möglichkeiten.

Zwei Wege sind offenbar einzuschlagen, um die entsprechenden Entscheidungen vorzubereiten:

87 Vgl. H. RIECK/H. SINGER, Vorbildliche Partnerschaft bei der Rationalisierung, in: Neues Deutschland vom 4. August 1978, S. 3.

1. Es sind auf betrieblicher und überbetrieblicher Ebene, insbesondere bei größeren Vorhaben der Erneuerung der Grundfonds, hinreichend genaue Berechnungen des Produktivitäts- und Effektivitätsverlustes durch das Betreiben alter Grundfonds bzw. des Effektivitätsgewinnes durch die Erneuerung vorzunehmen. Solche Unterlagen haben für größere Vorhaben zur Entscheidungsvorbereitung auch in Kombinaten, den Ministerien und der Staatlichen Plankommission Bedeutung.

Dabei spielen unter anderem folgende Einzelangaben eine wichtige Rolle:

- Unterschiede in der Produktivität und Effektivität, wie sie sich durch die technischen Parameter der Grundmittel, insbesondere der Ausrüstungen, ergeben;
- Einsparung von Instandhaltungsaufwand;
- Verluste und Ausfälle durch Stillstände usw.;
- zu erzielende Außenwirtschaftseffekte;
- Effekte ökonomischen und sozialen Charakters, wie sie bereits dargelegt worden sind.

Es reicht also nicht aus, sich auf die Warenproduktion und die Einsparung von Arbeitskräften zu beschränken. Die Berechnungen bilden erst dann die erforderliche Grundlage für Entscheidungen, wenn sie die wichtigsten Seiten der Steigerung der Effektivität erkennen lassen und damit zugleich ausreichende Entscheidungshilfen für die Durchsetzung der Proportionalität der volkswirtschaftlichen Entwicklung sind.[88]

2. Wie bei Forschung und Entwicklung müßten auch bei Erneuerung von Grundfonds — soweit es sich um Vorhaben von volkswirtschaftlicher Dimension handelt — Grundrichtungen beschlossen werden, die es über den Rahmen des Fünfjahrplanes hinaus ermöglichen, zielstrebig und mit höchstem Effekt den Erneuerungsprozeß zu leiten. Der Zeitraum eines Fünfjahrplanes reicht häufig nicht aus, diesen Prozeß mit optimalem Effekt zu verwirklichen, zumal viele dieser Maßnahmen Entscheidungen verlangen, die über den jeweiligen Industrie- bzw. Wirtschaftszweig hinausgehen.

Es genügt nicht, im Rahmen der langfristigen Planung auf zentraler Ebene lediglich Aussonderungsquoten und Anteile der Erneuerungsinvestitionen festzulegen. Die normative Nutzungsdauer der Grundfonds, insbesondere der Ausrüstungen, und die in vielen Fällen weit voraussehbaren Konsequenzen für die Produktivität und Effektivität machen es möglich, die langfristigen Entwicklungsziele durch Objekte zu konkretisieren.

Entsprechend dem Charakter der langfristigen Planung kann dies allerdings nicht mit der gleichen Verbindlichkeit erfolgen wie in der Fünfjahrplanung.

88 Vgl. J. V. Kurenkov/D. M. Palterovič, Techničeskij progress i optimal'noe obnovlenie proizvodstvennogo apparata, a. a. O., S. 209.

Über das methodische Herangehen an die Problematik der Erneuerungsinvestitionen im Prognosezeitraum sind noch weitere Untersuchungen erforderlich. Dabei können die in der chemischen Industrie der DDR vorhandenen wertvollen Erfahrungen auf dem Gebiet der zentralen objektkonkreten Planung von Erneuerungs- bzw. Aussonderungsvorhaben genutzt werden.

Im Ministerium für Chemische Industrie werden drei Gruppen von Objekten erfaßt:

1. Aussonderungsobjekte, für die am Standort kein Ersatz notwendig ist,
2. Objekte, bei denen die Investitionen vorher für die Ersatzlösung im Investitionsplan bzw. im Plan der Vorbereitung enthalten sind,
3. Objekte zur Erneuerung der Grundfonds, die grundsätzlich befürwortet sind, aber noch näher zu überprüfen sind.

Im einzelnen werden für die Objekte folgende Angaben ausgewiesen:

— Für die Aussonderungsobjekte
  - Gesamterzeugung (IAP)
  - Arbeitskräfte (Produktionsarbeiter in VEB)
  - Bruttowert der Grundfonds
  - Auszusondernde Grundfonds
  - Aussonderungstermin;

— Für die Erneuerungslösung
  - Gesamterzeugung
  - Investitionsaufwand
  - Baubedarf
  - Importbedarf
  - Absolute und relative Freisetzung von Arbeitskräften (in VEB).

Außerdem liegen noch konkrete Angaben vor, die für die Bilanzierung der Erzeugnisse wichtig sind, u. a.

— wer übernimmt die Produktion?

— Vorschläge für Importlösungen.

Schätzungen zeigen, daß die in der Volkswirtschaft zu erschließende Reserve zur Steigerung der Produktivität und Effektivität durch beschleunigte Erneuerung der Grundfonds beträchtlich ist. Diese Reserve liegt in einer Größenordnung von mehreren Milliarden Mark Nationaleinkommen.

## Probleme der Realisierung beschleunigter Grundfondserneuerung

Soweit zur Erläuterung der wichtigsten Lösungswege der beschleunigten Erneuerung der Grundfonds! Eine Frage bleibt jedoch noch zu beantworten. Es sind noch große Anstrengungen notwendig, um die Wende zur verstärkten Erneuerung in der Volkswirtschaft der DDR zu vollziehen. In der Literatur wird diese Frage des Einstiegs in die forcierte Erneuerung, des Hauptkettengliedes, noch nicht genügend untersucht. Ohne die Klärung dieser Frage bleibt jedoch noch vieles offen, fehlt ein theoretisches Verbindungsstück zur Wirtschaftspraxis.

Aus den oben entwickelten Zusammenhängen wird deutlich, daß die einzuleitenden Schritte und ihre Reihenfolge nicht allein die Grundfonds umfassen, obwohl diese im vorliegenden Beitrag im Vordergrund stehen. Es geht somit hier darum, entsprechende Konsequenzen der umfassenden Rationalisierung unter dem Blickpunkt der Grundfondserneuerung aufzuzeigen. Im folgenden sollen dazu erste Vorstellungen entwickelt werden.

Die oben skizzierten Wege zur Erneuerung der Grundfonds sind nicht vom gleichen Rang, obwohl ihre Komplexität immer zu berücksichtigen ist. Gegenwärtig muß auch bei der Erneuerung der Grundfonds im Vordergrund stehen, daß die sich ständig schwieriger gestaltenden außenwirtschaftlichen Bedingungen eine erhöhte außenwirtschaftliche Effektivität, d. h. insbesondere die Erhöhung der Exportkraft und die verstärkte Ablösung wenig effektiver Importe aus dem nichtsozialistischen Wirtschaftsgebiet, erfordern. Die Erneuerung der Grundfonds, die die außenwirtschaftliche Effektivität bestimmen, hat daher einen Vorrang. Auch hierbei spielt die Rekonstruktion komplexer Produktionsanlagen eine wichtige Rolle. So läßt sich der Gebrauchswert der Erzeugnisse, der häufig im Export entscheidend ist, oft nur dann auf der Höhe der Zeit halten, wenn die Technologien und damit die Grundfonds, vor allem die Ausrüstungen, mit dem wissenschaftlich-technischen Fortschritt erneuert werden.

Die günstigen Absatzmöglichkeiten für solche Erzeugnisse schaffen zugleich die Bedingung, daß in kosten- bzw. qualitätsoptimalen Stückzahlen bzw. Mengen produziert wird, was häufig heißt: in großen Stückzahlen bzw. Mengen. Auch hierfür ist der Einsatz moderner Ausrüstungen notwendig bzw. ökonomisch vorteilhaft. Die Rekonstruktion bestehender Betriebe entspricht diesen Erfordernissen in hervorragender Weise. Die großen Potenzen der sozialistischen Länder zur Spezialisierung und Kooperation im Rahmen der sozialistischen ökonomischen Integration bieten somit eine große Chance, durch Rekonstruktion die Pflege von Erzeugnissen und Technologien bzw. deren Ablösung durch neue aufwands- und fondssparende zu gewährleisten. Allerdings erfordert ein solches Herangehen in der Volkswirtschaft beträchtliche Mittel. Der Spielraum, um die dazu notwendigen Ressourcen bereitzustellen, kann also nur schrittweise erweitert werden.

Die Rekonstruktion der übrigen Produktionsanlagen darf diesen Vorrang der für die Erhöhung der außenwirtschaftlichen Effektivität notwendigen und zugleich ökonomisch vorteilhaften Maßnahmen nicht beeinträchtigen. Das bedeutet vor allem: Nur wenn stabile effektive Exportlinien bestehen, ist die Gewähr gegeben, daß die Rekonstruktion des übrigen Produktionsapparates systematisch erfolgen kann.

Neben der Rekonstruktion spielt die Modernisierung bzw. Rationalisierung durch Erneuerung von einzelnen Grundfonds, insbesondere von Ausrüstungen, eine wichtige Rolle, um den Übergang zur verstärkten intensiven einfachen Reproduktion der Grundfonds zu beschleunigen. Durch gezielten Einsatz solcher Maßnahmen können mit geringem Fondseinsatz hohe Effekte erzielt werden. Die Entwicklung des eigenen Rationalisierungsmittelbaus der Kombinate und Betriebe sowie die Nutzung und der Ausbau der vorhandenen Kapazitäten für die Herstellung von Ausrüstungen, die der Querschnittsrationalisierung dienen, ist daher für die Erneuerung der Grundfonds bei den gegenwärtig eng begrenzten Ressourcen sehr bedeutsam. Auch hier ist die vorrangige Lösung dieser spezifischen Erneuerungsaufgaben in den für die außenwirtschaftliche Effektivität wichtigen Betrieben ökonomisch vorteilhaft.

Das Tempo der Erneuerung der Grundfonds ergibt sich aus volkswirtschaftlichen Strategien zur Erhöhung der gesamten Effektivität. Dabei gilt auch, für eine optimale Verbindung aller Formen der Grundfondsreproduktion anzustreben. Auch hierbei spielen Erweiterungsinvestitionen einschließlich des Neubaus zur Entwicklung der Struktur der Volkswirtschaft und zur Durchsetzung von Neuerungsprozessen, die anders nicht verwirklicht werden können und die eine hohe Effektivität versprechen, darunter auch auf den Außenmärkten, eine wichtige Rolle. Der Übergang zur Beschleunigung der Erneuerung der Grundfonds im engeren Sinne gehört somit wegen der Komplexität der davon berührten Zusammenhänge zu den schwierigsten Problemen bei der umfassenden Rationalisierung. Die ökonomische Forschung hat hierbei ein großes Betätigungsfeld.

## 2.8. Rohstoff- und Materialökonomie als Faktor der Effektivitätssteigerung

### Höherer Beitrag von Wissenschaft und Technik zur Materialökonomie

Die Maßstäbe für die Rohstoff- und Materialökonomie müssen aus den neuen Dimensionen der Wirtschaft in der entwickelten sozialistischen Gesellschaft abgeleitet werden. Sie ergeben sich aus der notwendigen Erweiterung des Spielraums für den kontinuierlichen sozialökonomischen Fortschritt, aus der

Größenordnung der Produktion, aus dem wachsenden Verflechtungsgrad der Produktion und der Arbeit, aus dem veränderten Verhältnis zwischen Arbeitsmitteln und Arbeitsgegenständen und aus den umfangreichen Veränderungen in der Struktur der Arbeitsgegenstände selbst.

Das Gewicht des volkswirtschaftlichen Materialverbrauchs insgesamt im absoluten Umfang von 210,2 Mrd. Mark im Jahre 1975 (in vergleichbaren Preisen auf der Basis 1967) zeigt sich beim Vergleich mit dem Umfang des gesellschaftlichen Gesamtprodukts, der 369,2 Mrd. Mark ausmachte. Für Produktion und Transport von Rohstoffen, Energie und Materialien aller Art ist mehr als die Hälfte der Arbeitskräfte im materiellen Bereich eingesetzt und werden mehr als zwei Drittel der Produktionsgrundfonds der Volkswirtschaft genutzt. Mehr als drei Viertel der gesamten Gütertransportmenge der Volkswirtschaft der DDR sind Rohstoffe und Materialien aller Art.[89] Die Rationalität des Rohstoff- und Materialeinsatzes in den arbeitsteiligen Stufen der materiellen Produktion wird immer wichtiger für die Gesamtentwicklung. Mit der Wirksamkeit in der Beanspruchung und Nutzung der Rohstoff- und Materialressourcen wird in wachsendem Maße auch die Effektivität der lebendigen Arbeit zum Ausdruck gebracht.

Marx machte auf Gesetzmäßigkeiten in der Entwicklung des Materialbedarfs bei steigender Produktivkraft der lebendigen Arbeit aufmerksam und stellte fest: „Z. B. mit der manufakturmäßigen Teilung der Arbeit und der Anwendung von Maschinerie wird in derselben Zeit mehr Rohmaterial verarbeitet, tritt also größere Masse von Rohmaterial und Hilfsstoffen in den Arbeitsprozeß ein."[90] Mit steigender Arbeitsproduktivität in den verarbeitenden Zweigen werden also höhere Anforderungen an die Rohstoff- und Materialbereitstellung geltend gemacht. Dementsprechend war auch bei der Entwicklung des Materialverbrauchs je Arbeitskraft im produzierenden Bereich der Volkswirtschaft eine steigende Tendenz festzustellen. Er erhöhte sich für jeweils eine 1%ige Steigerung der Arbeitsproduktivität 1975 gegenüber 1970 von 1 auf 1,04 Prozent.[91]

Mit der Erhöhung der Materialökonomie kommt es zu einer langsamen relativen Senkung des Materialverbrauchs im Vergleich zum Wachstum der Produktion. Beispielsweise sank der Materialverbrauch je Einheit des Nettoprodukts in der Industrie gegenüber 1970 = 100 im Jahre 1975 auf 99,4; das Wachstum des Nettoprodukts war mit sinkenden jährlichen Zuwachsraten des

89 Vgl. W. Heinrichs, Einführungsvortrag auf der 17. Tagung des Wissenschaftlichen Rates für die wirtschaftswissenschaftliche Forschung, in: Materialökonomie, Energie- und Rohstoffwirtschaft, Berlin 1976, S. 18/19 (Abhandlungen der Akademie der Wissenschaften der DDR, W 4).

90 K. Marx, Das Kapital, Erster Band, in: MEW, Bd. 23, a. a. O., S. 650.

91 Beruht auf Berechnungen im Zentralinstitut für Wirtschaftswissenschaften an der Akademie der Wissenschaften der DDR.

Materialverbrauchs pro Einheit des Nettoprodukts verbunden.[92] Auch der spezifische Verbrauch an volkswirtschaftlich wichtigen Roh- und Werkstoffen und Materialien je Einheit der industriellen Warenproduktion verminderte sich im Zeitraum 1971 bis 1975 jahresdurchschnittlich um 2,8 Prozent.[93]

Die Senkung der Rohstoff-, Material- und Energieintensität der Produktion ist eng verbunden mit dem wissenschaftlich-technischen Fortschritt. Er schafft mit der ständigen Erneuerung der Produktion und Erzeugnisse, mit dem Entstehen neuer Industriezweige sowie mit der Weiterentwicklung von Produktionstechniken und -technologien (beispielsweise Elektrotechnik, Elektronik, Mikroelektronik) bessere Voraussetzungen und Möglichkeiten, Rohstoffe zu gewinnen und zu verarbeiten und das Material im Stufenprozeß der Produktion effektiver zu nutzen. Das gilt auch für die Energiegewinnung, -übertragung und -nutzung. Umgekehrt erwachsen aus der wissenschaftlich-technischen Entwicklung bei Rohstoffen und Material selbst (beispielsweise neue synthetische Werkstoffe und Werkstoffkombinationen, Materialsubstitution, Leichtbau, Miniaturisierung, höhere Stoffveredlung und -ausnutzung, Sekundärrohstoffe) wesentliche Antriebe für eine stärkere Durchsetzung wissenschaftlich-technischer Fortschritte in allen Phasen des Reproduktionsprozesses. Die enge wechselseitige Verbindung, die zwischen der Wirkungsweise des wissenschaftlich-technischen Fortschritts und der Rohstoff- und Materialökonomie besteht, findet ihren konkreten Ausdruck in dem Beitrag, den Wissenschaft und Technik für die Senkung des Verbrauchs volkswirtschaftlich wichtiger Rohstoffe und Materialien pro Einheit industrieller Warenproduktion leisten. Für den Zeitraum von 1971 bis 1975 wird er auf etwa 40—60% beziffert, während für die Jahre 1976 bis 1980 ein Leistungsbeitrag von rund 80% erwartet wird.[94]

Um diese Zielstellung zu realisieren, muß eine neue Einstellung zur vergegenständlichten Arbeit durchgesetzt werden. Es kommt darauf an, Rohstoff- und Materialökonomie, effektive Nutzung der Grundfonds und Steigerung der Produktivität der lebendigen Arbeit als einheitlichen komplexen gesellschaftlichen Prozeß aufzufassen und durchzuführen. Dadurch können zusätzlich Möglichkeiten für das volkswirtschaftliche Wachstum gewonnen werden. In langfristiger Sicht wird eine Verminderung des Drucks auf das Rohstoffaufkommen möglich.

Dabei ist es insbesondere wesentlich, daß Richtungen des wissenschaftlich-technischen Fortschritts verstärkt gefördert werden, die bei relativ vermindertem Wachstum der Rohstoffanforderungen die Voraussetzungen für eine wachsende Materialverarbeitung pro Arbeitskraft schaffen und zugleich auch eine effektive

92 Berechnet nach den Statistischen Jahrbüchern der DDR 1971 bis 1976.

93 Vgl. Direktive des IX. Parteitages der SED zum Fünfjahrplan für die Entwicklung der Volkswirtschaft der DDR in den Jahren 1976—1980, Berlin 1976, S. 12.

94 Vgl. ebenda, S. 29.

Grundfondsnutzung ermöglichen. Die Erhöhung des Niveaus der Ausnutzung der Rohstoffe und die komplexe Nutzung aller Rohstoff- und Materialeigenschaften stellt langfristig dafür den entscheidenden Ausgangspunkt dar. Auch wenn die gegenwärtig realisierbaren Bedingungen der Rohstoffnutzung dies noch nicht oder nur zum Teil ermöglichen, zeichnen sich die zukünftigen Tendenzen rohstoffsparender Wege der Produktivitätssteigerung durch neue komplexe Lösungen der stofflichen Nutzung ab. Damit wirkt der wissenschaftlich-technische Fortschritt auch zurück auf das für die Volkswirtschaft verfügbare Potential an Rohstoffressourcen und erhöht dieses indirekt.

Grundlegend neue Lösungen einer komplexen Rohstoff- und Materialnutzung besitzen eine hohe Investitionsaufwendigkeit. Daher ist es in kurz- und mittelfristiger Sicht notwendig, alle sich ergebenden Möglichkeiten zur relativen Rohstoff-, Material- und Energieeinsparung zu nutzen.

Die Wege zur Ökonomisierung des Materialverbrauchs im Stufenprozeß der Produktion verlieren auch langfristig nicht an Bedeutung, da sich immer wieder neue Ansatzpunkte für einen höheren Wirkungsgrad materialökonomischer Prozesse ergeben. Infolge des hohen Anteils des Materialverbrauchs an den Aufwendungen der gesellschaftlichen Produktion führen auch viele kleine Schritte bei einer wirkungsvolleren Nutzung wissenschaftlich-technischer Ergebnisse zu beträchtlichen Effektivitätssteigerungen. Auf einige damit verbundene Fragen der Erschließung materialökonomischer Reserven soll nachstehend eingegangen werden.

Die Nutzung von Reserven aus der unmittelbaren Senkung des Materialverbrauchs pro Einheit der Produktion besitzt einen vorrangigen Stellenwert für die Erhöhung der Materialökonomie. Da infolge des hohen Verflechtungsgrades der Produktion Einsparungseffekte in einer Stufe oder in einzelnen Zweigen der Produktion sich für die Volkswirtschaft insgesamt vervielfältigen, weisen die möglichen Rohstoff-, Material- und Energieeinsparungen in ihrem absoluten Umfang eine beträchtliche Größenordnung auf. Dazu kommen indirekte Auswirkungen aus den materialökonomischen Einsparungsprozessen auf die Senkung des volkswirtschaftlichen Aufwandes von lebendiger Arbeit und an Produktionsgrundfonds.

Die Senkung des Rohstoff- und Materialverbrauchs pro Einheit der Produktion wird besonders durch die Entwicklung und Anwendung materialsparender Konstruktionen und Bauweisen und materialsparender Verfahren und Technologien gefördert. Das verlangt entsprechenden wissenschaftlich-technischen Vorlauf.

Bei der Erhöhung des materialökonomischen Wirkungsgrades wissenschaftlich-technischer Maßnahmen spielt die Produktionsvorbereitung eine entscheidende Rolle, das zeigt sich selbst bei länger eingeführten Verfahren der Verarbeitung, in denen eine Reduzierung der Verarbeitungsverluste angestrebt wird. So weisen Untersuchungen in Betrieben der Textil- und Bekleidungsindustrie aus, daß die

Qualität der Arbeit bei der Erzeugnisentwicklung, der unmittelbaren Produktionsvorbereitung und in den Vorstufenbetrieben etwa 80% der Verarbeitungsverluste im Konfektionsbetrieb beeinflußt.[95] Daß die Senkung der Verluste durch technologische Vervollkommnung volkswirtschaftlich bedeutsame Größenordnungen für die Verminderung der Rohstoff- und Materialanforderungen annehmen kann, ergibt sich besonders bei der Stahlverarbeitung. Da im Jahr etwa 500000 Tonnen Stahl zerspant, zersägt und zerschnitten werden, bedeutet eine um 1% höhere Materialausnutzung, bezogen auf die Volkswirtschaft, bei Zugrundelegung einer unmittelbaren Materialausnutzung in der metallverarbeitenden Industrie der DDR zwischen 75 und 85%, die Gewinnung eines Stahlvolumens für die Produktion von etwa 10 Hochseefrachtern.

Konstruktive Gestaltung von Maschinen, Anlagen und Ausrüstungen und Vervollkommnung der Technologien der Be- und Verarbeitung der Rohstoffe und Materialien stellen eine Einheit dar. Sie werden im Komplex verwirklicht, wobei den materialökonomischen Gesichtspunkten ein starkes Gewicht zukommt. Mit der

— Durchsetzung der Leichtbauweise,
— spanlosen Formung und Abfallarmut,
— Substitution von herkömmlichen Materialien, insbesondere Metallen, durch neue oder veränderte Materialien,
— Anwendung von Werkstoffkombinationen verschiedenster Art,
— Verstärkung des Einsatzes höher veredelter Metalle,
— fortschreitenden Standardisierung, Typisierung und Veränderung von Erzeugniseigenschaften,
— Verminderung von Ausschuß, Nacharbeit und Garantieleistungen,
— Verbesserung der Produktionsorganisation durch Sortimentseinschränkungen und vergrößerte Serien, durch Wegfall von Prozeßstufen und Verstärkung der Kontinuität der Abläufe,

um eine Reihe von Aspekten zu nennen, werden viele Möglichkeiten der Nutzung materialökonomischer Reserven eröffnet. Das zeigt sich beispielsweise an der Entwicklung der Materialausnutzungskoeffizienten in der metallverarbeitenden Industrie (vgl. Tabelle 8):

95 Vgl. G. REICHEL, Erhöhung der Materialökonomie — ein Erfordernis der Intensivierung der Textil- und Bekleidungsindustrie, in: Textiltechnik, 3/1976, S. 187.

*Tabelle 8*
Entwicklung der Materialausnutzungskoeffizienten in der metallverarbeitenden Industrie der DDR (in %)

| Erzeugnisse | 1965 | 1970 | 1975 | 1976 |
|---|---|---|---|---|
| Stahl | 75,9 | 77,7 | 78,7 | 79,0 |
| Gußeisen und Temperguß | 85,4 | 84,9 | 85,7 | 86,4 |
| Kupfer und Kupferlegierungen | 84,5 | 86,8 | 87,0 | 85,9 |
| Aluminium und Aluminiumlegierungen | 83,0 | 87,6 | 87,3 | 87,8 |

*Quelle:* Statistisches Jahrbuch der DDR 1977, a. a. O., S. 136.

Für die Senkung des Materialverbrauchs pro Einheit der Produktion spielt die Weiterentwicklung von Technologien und Verfahren eine bedeutende Rolle. Dabei ist zu beachten, inwieweit mit zukünftigen Beschränkungen zu rechnen ist, da Technologien der Rohstoff- und Materialbe- und Verarbeitung nicht beliebig veränderbar sind. Bei gleichbleibender Technik und Technologie sind die Einsparungsmöglichkeiten an Rohstoffen und Material zweifellos begrenzt; Investitionen zur Materialeinsparung sind dabei mit abnehmendem Effektivitätszuwachs verbunden. Zugleich ergeben sich auch Beschränkungen aus der Sicht zunehmender Investitionsaufwendigkeit. Zur Lösung dieser Probleme sind zunehmende Aufwendungen für die Entwicklung und Überführung rohstoff- und materialsparender Verfahren und Technologien in die Produktion notwendig, die beim zukünftigen Ausbau von Wissenschaft und Technik zu berücksichtigen sind. Auch eine industriezweigbezogene „technologische Schwachstellenforschung" gehört zu den Voraussetzungen schnellerer Entwicklung materialsparender Technologien.

## Effektiverer Materialeinsatz durch Veränderung von Materialverbrauchsstrukturen

Für die verstärkte Einführung neuer Werkstoffe, effektiverer Materialarten und Energieträger sowie für eine höhere Veredelung der Roh- und Werkstoffe in den Grundstufen der Produktion, die den Gebrauchswert der Materialien für die weiteren Prozesse der Materialanwendung erhöht, sind zahlreiche Ansätze gegeben, deren Weiterentwicklung auch zukünftig Rohstoff- und Materialeinsparungen, hohe Versorgungseffekte und einen überdurchschnittlichen Produktivitätszuwachs ermöglicht. Die Ausschöpfung des Spielraumes für Fortschritte in der Nutzung von Plasten und Elasten, synthetischen Fasern, Halbleitern, neuartigen Konstruktionsmaterialien und Verbundwerkstoffen auf der Basis von Erdöl, silikatischen Rohstoffen, aber auch Metallen und Holz ist dabei naturgemäß an die materiellen Möglichkeiten der Volkswirtschaft gebunden, den für den Ausbau der Produktionskapazitäten erforderlichen Investitionsaufwand zu übernehmen.

Bei der Entwicklung effektiver Materialverbrauchsstrukturen geht es vordringlich darum, das Verwendungsspektrum der Rohstoffe in der chemischen Industrie noch stärker und vielseitiger auszunutzen, andererseits aber auch für die breit entwickelte metallverarbeitende Industrie ein genügend großes Sortiment an metallurgischen Zwischenprodukten bereitzustellen. Weitere Anforderungen an die Entwicklung der Industriezweigstruktur sind unter dem Aspekt des Ausbaus der einheimischen Rohstoff- und Energiebasis, der Investitionsbeteiligungen im Rahmen der sozialistischen ökonomischen Integration, des Exports u. a. m. gegeben und erfordern eine Berücksichtigung.

Das soll an folgenden Beispielen veranschaulicht werden.

— In der *chemischen Industrie* hat eine besonders schnelle Entwicklung bei den Erzeugnisgruppen eingesetzt, die für die Substitution herkömmlicher Materialien, u. a. Metalle und Holz, geeignet sind und hohe Zuwachsraten bei der Steigerung der Arbeitsproduktivität sowie positive Entwicklungen bei der Materialintensität für die Volkswirtschaft insgesamt — unter Einbeziehung von Struktureffekten — ermöglichen (vgl. Tabelle 9).

*Tabelle 9*
Entwicklung der Produktion von Erzeugnissen der chemischen Industrie in der DDR (in 1000 t)

| Erzeugnisse | 1965 | 1970 | 1975 | 1976 |
|---|---|---|---|---|
| Synthetischer Kautschuk | 94,8 | 118,0 | 143,9 | 145,5 |
| Plaste und synthetische Harze | 218,6 | 370,2 | 604,5 | 678,8 |
| Synthetische Fasern | 19,0 | 47,3 | 111,8 | 117,6 |

*Quelle:* Statistisches Jahrbuch der DDR 1977, a. a. O., S. 19.

Die Fortsetzung dieser Prozesse ermöglicht auch anderen Industriezweigen quantitative und qualitative Weiterentwicklungen. Industriezweige, wie beispielsweise die Metallurgie, die Lebensmittelindustrie, die holzverarbeitende Industrie, auf deren Produktionstechnik und -technologie die Chemisierung einwirkt, werden in ihrer strukturellen Entwicklung positiv beeinflußt. Mit der Chemisierung zunehmender Prozesse der Ausweitung und Spezialisierung verarbeitender Zweige, der Ausbildung neuer Verarbeitungsstufen und Unterzweige auf chemischer Werkstoffbasis werden die Grenzen zwischen den Industriezweigen fließender. Für die relative Senkung des Rohstoff- und Materialverbrauchs gewinnt dieser Gesichtspunkt zukünftig immer mehr an Bedeutung. Nicht nur von Umfang und Effektivität des Einsatzes bestimmter Hauptwerkstoffe wie Plaste, Elaste und synthetischer Chemiefasern als Ausgangsmaterial für eine breite Weiterverarbeitung werden Auswirkungen materialökonomischer Art erzielt, auch der Gesichtspunkt einer hohen komplexen Stoffausnutzung über bestehende Industriezweiggrenzen hinweg, wie auf der Grundlage einer umfassenden Erschließung der Verwendbarkeit von Rohstoffen und Materialien, besitzt eine große Wirksamkeit für eine effektivere Rohstoff- und Materialnutzung.

— Die besondere Bedeutung der *Metallurgie* für die Erzielung ökonomisch vorteilhafter Strukturen des Rohstoff- und Materialverbrauchs beruht darauf, daß die metallverarbeitende Industrie als Hauptverarbeiter metallurgischer Erzeugnisse im Hinblick auf Produktionsumfang und Gewicht für den Export an erster Stelle steht. Verbesserungen in der Metallausnutzung, Qualitätsfortschritte bei den metallurgischen Erzeugnissen und höhere metallurgische Veredelungsgrade erlauben positive Weiterentwicklungen bei der Materialnutzung in der metallverarbeitenden Industrie, verbunden mit Produktivitätsfortschritten. Die bisherige Entwicklung der Metallurgie ist durch eine Umstrukturierung zugunsten einer höheren schwarzmetallurgischen Veredlung und Zunahme der NE-Metallurgie gekennzeichnet, die Spielraum für eine zukünftige Vervollkommnung der Materialnutzung in der metallverarbeitenden Industrie erschließt (vgl. Tabelle 10).

*Tabelle 10*
Entwicklung der Produktion von Erzeugnissen der Metallurgie in der DDR (1960 = 100)

| | 1965 | 1970 | 1975 | 1976 |
|---|---|---|---|---|
| Schwarzmetallurgie | 121 | 157 | 220 | 234 |
| darunter | | | | |
| metallurgische Erzeugnisse der | | | | |
| II. Verarbeitungsstufe | 147 | 340 | 561 | 605 |
| NE-Metallurgie | 124 | 187 | 256 | 268 |

*Quelle:* Berechnet nach den Statistischen Jahrbüchern der DDR 1974, 1976, 1977.

Mit den Aspekten höherer Materialausnutzung, Verringerung des spezifischen Materialverbrauchs und Verbesserung der Materialverbrauchsstruktur durch den Einsatz neuartiger moderner Werkstoffe wird die Notwendigkeit des komplexen Herangehens an die Nutzung materialökonomischer Reserven besonders deutlich.

## Erhöhung der Erzeugnisqualität und Materialökonomie

Erhöhung der Erzeugnisqualität und wachsender Veredlungsgrad bei der Rohstoff- und Materialbe- und -verarbeitung bedeuten eine effektivere Nutzung der verfügbaren Ressourcen und gestatten es teilweise, die Auswirkungen höherer Aufwendungen für die Rohstoff- und Materialbereitstellung bei der Finalproduktion aufzufangen. Mit der Orientierung auf eine weitgehende Rohstoffveredlung wird sowohl den zunehmenden Investitionsaufwendungen für die Ressourcenerschließung und -nutzung als auch in besonderem Maße den Exporterfordernissen und der Gestaltung günstigerer Relationen zwischen Importen und Exporten Rechnung getragen.

Das ist ein Prozeß, der nicht ohne Widersprüche verläuft. Es zeichnen sich im volkswirtschaftlichen Maßstab differenzierte Entwicklungen hinsichtlich des stofflichen und des wertmäßigen bzw. kostenmäßigen Rohstoff- und Materialverbrauchs ab. Pro Produkt werden mit der Gebrauchswerterhöhung, die in den meisten Fällen mit Veränderungen in der Art des Materials, in der Konstruktion, in Abmessungen und Dimensionierung, d. h. generell mit einer Verbesserung des Masse-Leistungs-Verhältnisses verbunden ist, beträchtliche stoffliche Rohstoff- und Materialeinsparungen erzielt. Besonders ersichtlich wird diese Entwicklungsrichtung an den Produkten der Mikroelektronik und des Gerätebaus, aber auch an Produkten der Petrolchemie und an langlebigen hochwertigen industriellen Konsumgütern. Das wachsende Ausmaß der Veredlung und Gebrauchswerterhöhung in den Zwischenstufen der Produktion wie z. B. die höhere metallurgische Veredlung (Walzstahl der zweiten Verarbeitungsstufe nahm beim Verbrauch der metallverarbeitenden Industrie der DDR 1976 gegenüber 1965 = 100 auf 366% zu, Walzstahl der ersten auf rund 178%)[96] wirkt in gleicher Weise ressourcensparend.

Die stoffliche Ressourcenersparnis kann bei höheren, gleichen oder geringeren Kosten eintreten. Gebrauchswertsteigerung und höhere Veredlung wirken sich jedoch infolge des höheren Verarbeitungsaufwandes überwiegend im Verlauf des Stufenprozesses der Produktion in einer Materialkostensteigerung pro Produkt aus, wobei es wesentlich ist, daß der Kostenzuwachs geringer ist als der durch die Veredlung erzielte Qualitätszuwachs. Durch progressive Veränderungen in der Art des Materials, wie etwa durch Anwendung leichterer Stähle, von Kunststoffen, vorteilhaften Werkstoffkombinationen, kann diese Tendenz unterstützt werden.

Zwischen der Bewertung der Gebrauchswertsteigerung im Preis der Produkte (Materialien, Zwischenprodukte, Finalerzeugnisse) und der relativen Steigerung der Kosten im Stufenprozeß besteht keineswegs eine zwangsläufige Proportionalität. Wird die preisliche Bewertung des im Produkt vergegenständlichten Qualitätsfortschritts so hoch vorgenommen, daß sie über dem Nutzen liegt, der mit der Anwendung des Produkts zu erzielen ist, wird der Einsatz beim Anwender gehemmt. Dabei wird auch der Gesichtspunkt vernachlässigt, daß Produktions-

96 Vgl. Statistisches Jahrbuch der DDR 1977, Berlin 1977, S. 136.

aufwendungen für eine Gebrauchswertsteigerung langfristig in der Regel eine sinkende Tendenz aufweisen. Ist dagegen die preisliche Bewertung des Qualitätszuwachses so niedrig, daß auch die langfristig zu erwartende Kostenentwicklung vernachlässigt wird, haben die Produzenten keine ökonomische Stimulierung, die wissenschaftlich-technischen Möglichkeiten der Gebrauchswerterhöhung praktisch zur Wirkung zu bringen. Beides bedeutet in stofflicher Sicht unzureichende Rohstoff- und Materialnutzung.

Die Fragen höherer Qualität und steigenden Veredlungsgrades betreffen auch die Beziehungen zwischen Zulieferern und Finalproduzenten. Die Produkte der Zulieferindustrie müssen nicht nur rationell produziert, sondern sollen auch hohen Anforderungen hinsichtlich Qualität, Funktionstüchtigkeit, Lebensdauer usw. gerecht werden. Wenn unterschiedliche Standardisierungsvorschriften — mit unterschiedlichen Fehlertoleranzen, unterschiedlichen Möglichkeiten der Abweichungen bei der Dimensionierung des Materials, unterschiedlichen Normierungen usw. — für die Zulieferer bzw. Vorstufen und die Finalproduzenten gelten, werden die Möglichkeiten der Erhöhung des materialökonomischen Wirkungsgrades durch Gebrauchswertverbesserung aber nicht voll genutzt. Anforderungen an eine einheitliche Güte oder höhere Qualität des Finalproduktes lassen sich auf die Dauer nur dann durchsetzen, wenn auch die Zulieferproduktion hohen Qualitätsanforderungen unterliegt.

In den Zusammenhang der Erhöhung der Erzeugnisqualität lassen sich auch zahlreiche Prozesse der Materialsubstitution einordnen, die für eine hohe Ökonomie der Rohstoff- und Materialnutzung ebenso wie für die Arbeitskräfte- und Fondsnutzung auch in langfristiger Sicht bedeutungsvoll sind. Bei der Beurteilung des volkswirtschaftlichen Qualitäts- und Effektivitätszuwachses muß berücksichtigt werden, daß bei einer produktbezogenen oder zweiglichen Entscheidung über eine durchzuführende Substitution oft nicht die gesamte Verflechtung über alle Stufen der Materialbe- und -verarbeitung erfaßt wird. Es werden somit vielfach nicht die gesamten volkswirtschaftlichen Aufwendungen, die die Substitution erfordert, und nicht der gesamte volkswirtschaftliche Nutzeffekt ausgewiesen.[97]

Zu den ökonomischen Vorteilen einer Substitution zählen neben der Qualitätserhöhung für den Anwender oder Verbraucher, der Überwindung von Rohstoffengpässen und der Nutzung von Kosten- und Investitionsvorteilen direkte Materialeinsparungen und eine effektivere Rohstoff- und Materialnutzung. Von volkswirtschaftlichem Gewicht sind die zusätzlichen Auswirkungen auf die Produktivitätssteigerungen bei den Rohstoffproduzenten und den weiteren Verarbeitern.

97 Hinweise zur Lösung dieses Problems vgl. Abschnitt 3.6. dieses Bandes.

Die mit der Substitution verbundene Gebrauchswerterhöhung stellt einen wesentlichen Effekt gegenüber Steigerungstendenzen der Materialkosten dar. Untersuchungen zeigen, daß es möglich ist, bei nur geringfügig steigenden Materialkosten eine sehr hohe Gebrauchswertverbesserung zu erzielen. Dabei spielen sowohl innere als auch äußere Materialsubstitutionen eine Rolle. Die innere Substitution besitzt eine steigende volkswirtschaftliche Bedeutung für eine effektivere Rohstoff- und Materialnutzung und Verbesserung der Materialökonomie, wenn beispielsweise statt Nadelschnittholz und Furnieren Holzspanplatten und Faserplatten verarbeitet werden oder auch wenn statt wenig veredeltem Ausgangsmaterial höher veredeltes Material verwendet wird. Grundlage für eine weitere Ausdehnung der äußeren Substitution, wie sie zum Beispiel durch den Einsatz von Glas-Keramik-Verbundstoffen oder Plastwerkstoffen anstelle von Metallen gekennzeichnet wird, bieten hohe Zuwachsraten in der Produktion von Kunststoffen, die Vervollkommnung der Qualitäts- und verarbeitungstechnischen Eigenschaften und die auch bei diesen Werkstoffen sich vollziehende innere Substitution zum höherwertigeren Material. Die mit den Kunststoffen ermöglichte absolute Verminderung des Rohstoff- und Materialverbrauchs für die Produktion beruht auf dem niedrigen spezifischen Gewicht und der hohen Materialausnutzung bei der Bearbeitung.

## Nutzung der sozialistischen Rationalisierung für die Materialeinsparung

Die Effekte der sozialistischen Rationalisierung werden in starkem Maße davon bestimmt, wie die Zusammenhänge von Grundfondsökonomie, Ökonomie der lebendigen Arbeit und Materialökonomie ausgenutzt werden. Dabei ergeben sich differenzierte Möglichkeiten für die Einsparungsprozesse. Jede Grundfondserneuerung auf höherem wissenschaftlich-technischem Niveau z. B. stellt zunächst bestimmte Anforderungen an die Bereitstellung von Rohstoffen und Material. Doch können bereits relative Verminderungen im Rohstoff- und Materialverbrauch auftreten, wenn durch die konstruktive Verbesserung der Maschinen und Ausrüstungen höhere Leistungsparameter bei niedrigerem Gewicht und geringeren Abmessungen erzielt werden. Hohe Funktionstüchtigkeit und Lebensdauer, geringere Störanfälligkeit stellen einen zusätzlichen Effekt nicht nur vom Standpunkt der Materialökonomie, sondern auch der zu verausgabenden lebendigen Arbeit dar. Zugleich muß auch die Erneuerung veralteter Grundfonds unter materialökonomischen Aspekten durchdacht werden.

Ein hoher Bestand an alten Grundfonds mit eingefahrenen Produktionstechnologien bei den Weiterverarbeitern des Materials wirkt auf die Produzenten in den Ausgangsstufen zurück. Es werden Anforderungen hinsichtlich einer zu großen Sortimentsbreite an diese gerichtet; das behindert materialökonomisch günstige Serien- und Losgrößen und beeinflußt damit den spezifischen Materialverbrauch für die Produktion ungünstig. Darüber hinaus führt die erforderliche Erhöhung der Umrüstzeiten bei Maschinen und Anlagen auch zu Produktivitätseinbußen und verlangt Mehreinsatz an Arbeitskraft. Aber auch nicht oder nur wenig genutzte Bestände an alten Grundfonds sind materialökonomisch nachteilig zu beurteilen, denn sie stellen eingefrorene Rohstoffe und Materialien, nicht mehr gesellschaftlich notwendige lebendige und vergegenständlichte Arbeit aus früheren Produktionsperioden dar.

Mit der verstärkten Aussonderung veralteter Maschinen und Ausrüstungen ergibt sich auch eine Vermehrung des wiederverwendungsfähigen Schrotts, während mangelnde Aussonderung diesen vermindert. Das heißt, daß die Formen und Richtungen der Grundfondsreproduktion den Anfall an Sekundärrohstoffen, der wiederverwendungsfähig ist, beeinflussen.

Im Zusammenhang mit der Kleinrationalisierung ist eine Reihe materialökonomischer Reserven zu erschließen, wenn Effektivitätsspielräume, die ältere Technologien durchweg aufweisen, ausgeschöpft werden. So wurden beispielsweise durch das Walzen und Ziehen im Minustoleranzenbereich in den metallurgischen Betrieben der DDR beträchtliche materialökonomische Effekte erzielt. Der Erfolg wissenschaftlich-technischer Maßnahmen im Rahmen einer begrenzten Rationalisierung hängt dabei auch davon ab, ob eine enge Zusammenarbeit zwischen den Produzenten in den Ausgangsstufen der Materialbearbeitung und den Weiterverarbeitern des Materials gewährleistet ist. Vielfach wird bei den Weiterverarbeitern eine Umstellung traditioneller Verarbeitungsgewohnheiten erforderlich.

Bei den Überlegungen hinsichtlich einer effektiveren Rohstoff- und Materialnutzung spielt die Frage, mit welchen Investitionsanforderungen zu rechnen ist, eine große Rolle. Bisherige Tendenzen in der Investitionspolitik, auf Grund der besonders spürbaren Knappheit an Arbeitskräfteressourcen bei Erneuerungs- und Rationalisierungsinvestitionen Verbesserungen in der Rohstoff- und Materialnutzung als zweitrangig gegenüber den bei den Grundfonds und im Arbeitskräfteeinsatz zu erzielenden Effekten einzuschätzen, bedürfen zumindest der Überprüfung. Untersuchungen in verschiedenen Industriezweigen haben gezeigt, daß zielgerichtete materialökonomische Investitionen eine hohe Effektivität aufweisen. Sie äußert sich zunächst direkt in beträchtlichen stofflich-materiellen Einsparungsquoten und in der Erhöhung von Materialausnutzungskoeffizienten, aber auch in der Senkung der Materialkosten pro Produkt. Zudem lassen sich kurze Rückflußdauern bei den Investitionsaufwendungen von etwa 1 bis 3 Jahren nachweisen. Da sich auch indirekte Effekte ergeben, ist der komplexe volkswirtschaftliche Effektivitätszuwachs stofflich-materiell sowie unter dem Gesichtspunkt der Kosten noch höher zu veranschlagen. Besondere Reserven für eine Erhöhung des Wirkungsgrades materialökonomischer Prozesse ergeben sich weiterhin durch den Eigenbau von Rationalisierungsmitteln in Verbindung mit der territorialen Rationalisierung, durch die Rationalisierung der Transport-, Verpackungs- und Lagerungsprozesse und des Instandhaltungs- und Reparatursektors. Die Entwicklung instandhaltungsarmer Anlagen und Ausrüstungen stellt ein Hauptziel in materialökonomischer Sicht dar, führt aber auch zu höherer Stundenproduktivität je Arbeiter, zu weniger Arbeitskräfteaufwand für die Instandhaltung und zu besserer Nutzung der Grundfonds infolge verminderter Stillstandszeiten der Maschinen. Volkswirtschaftlich wichtig ist darüber hinaus die Proportionalität in der Entwicklung der stofflichen Produktion und der Instandhaltungs- und Reparaturprozesse. Sie basiert auf einem planmäßig vorbeugenden Instandhaltungszyklus, bei dem Ausrüstungen und Instandhaltungsmaterial auf der Grundlage von Instandhaltungsnormativen geplant und für die Arbeitskräfte planmäßig bereitgestellt werden. Dafür stellt eine industriezweigbezogene Verschleißforschung die Grundlage dar.

Überlegungen über die Reparaturprozesse hinsichtlich der Typisierung und Normierbarkeit des Reparaturmaterials erfolgen nicht immer mit der gleichen Rationalität wie die material-ökonomische Durchdringung der Hauptprozesse. Bei zunehmender eigener Ersatzteilfertigung ermöglicht eine betriebliche Zentralisierung der Ersatzteilwirtschaft vielfach Rationalisierungseffekte und Umlaufmitteleinsparungen, die in Verbindung mit materialsparenden Instandhaltungs- und Reparaturverfahren beträchtlich zur volkswirtschaftlichen Effektivitätssteigerung beitragen können.

## Einbeziehung der Sekundärrohstoffe in die Rohstoff- und Materialnutzung

Auf die Einbeziehung der Sekundärrohstoffe in eine zukünftige komplexe Stoffnutzung wurde bereits im Abschnitt 1.3. dieses Bandes eingegangen. Hier soll deshalb lediglich auf einige Probleme aufmerksam gemacht werden. Probleme der Wiederverwendung von Sekundärrohstoffen liegen darin, daß einerseits bedeutende stoffwirtschaftliche Effekte für eine relative Senkung der Rohstoffanforderungen erzielt werden können, während anderseits die wissenschaftlich-technischen Lösungen und ihre Überführung Investitionen erfordern und auch bei den laufenden Aufwendungen Erhöhungen eintreten können, d. h. die Materialkosten steigen.

In Zusammenhang damit ergibt sich eine besondere Problematik bei der Verwertung von Sekundärrohstoffen, wenn sie nicht im Anfallsbereich ökonomisch sinnvoll erfolgen kann, sondern eine Nutzung in anderen Verarbeitungs- und Anwendungsbereichen in Frage kommt. Zusätzliche Aufwendungen des Gewinners sowie des Verarbeiters der Sekundärrohstoffe erfordern eine preisliche Berücksichtigung, wie es überhaupt darauf ankommt, mit der Gestaltung der Preisrelationen zwischen Primär- und Sekundärrohstoffen eine stimulierende Wirkung auf den Nutzer der Sekundärrohstoffe auszuüben. Bei der Bewertung der Aufwandsrelationen von Primär- und Sekundärrohstoffen und des für die Volkswirtschaft zu erzielenden Effektivitätszuwachses ergibt sich die Frage der Berücksichtigung der Aufwendungen für Deponie oder schadlose Vernichtung, da auch diese teilweise gegenwärtig noch eine Alternativlösung darstellen.

Wenn auch zur Zeit die Stahlproduktion der DDR zu etwa 75% auf der Grundlage von Metallschrott beruht, die Behälterglasproduktion zu etwa 60% Glasschrott zur Basis hat, bei der Papierproduktion etwa 43% Altpapier und bei der Textilfaserherstellung etwa 10% Alttextilien eingesetzt werden, sind doch die anfallenden Sekundärrohstoffe insgesamt noch längst nicht in dem Umfang genutzt, der volkswirtschaftlich wünschenswert und möglich ist. Beispielsweise erlaubt es der wissenschaftlich-technische Fortschritt, bei der Gewinnung von Eisenwerkstoffen und Walzstahl-Eisenerz die spezifischen Materialeinsatzmengen noch durch Erhöhung des Schrottanteils zu verändern, solange es für die Stahlqualitäten und zur Anwendung kommenden Produktionstechnologien zulässig ist.

Auch im internationalen Maßstab besitzt die Sekundärrohstoffnutzung ein beachtliches Gewicht. So liegt beispielsweise der Verwertungsgrad von Holzresten in Schweden bei 76%, in Finnland bei 65%. In der Papierindustrie Dänemarks bestehen rund 56% des Einsatzmaterials aus Altpapier. Das unterstreicht, daß eine steigende Nutzung von Sekundärrohstoffen auf Grund der Fortschritte bei den wissenschaftlich-technischen Lösungen keineswegs nur ein Fernziel für die Erhöhung des Wirkungsgrades der Rohstoff- und Materialökonomie darstellt.

Inwieweit den Voraussetzungen und Möglichkeiten rohstoff- und materialsparender Wege zur Produktivitätssteigerung der Volkswirtschaft entsprochen werden kann, hängt nicht zuletzt davon ab, wie die Rohstoff- und Materialökonomie als Faktor der komplexen volkswirtschaftlichen Effektivitätssteigerung in das System der Leitung und Planung eingeordnet wird, wie die Einbeziehung in die komplexe Effektivitätsplanung gesichert und die Verbindung materialökonomischer Ziele mit den Zielen der Grundfonds- und Investitionsplanung hergestellt wird.

Gegenwärtig stellt es vielfach noch ein Problem dar, einen höheren Grad von Planmäßigkeit in der Wechselwirkung von Wissenschaft und Technik und Materialökonomie zu erreichen und mit konkreten materialökonomischen Aufgabenstellungen die Einflußnahme auf den Plan Wissenschaft und Technik zu verstärken. Problematisch ist oft der Nachweis, wie Maßnahmen aus dem Plan

Wissenschaft und Technik tatsächlich materialökonomisch wirksam werden, wie die Übereinstimmung mit der wirtschaftlichen Rechnungsführung herzustellen ist und welcher Bezug zum nächsten Planjahr hergestellt werden kann. Infolge von Produktions- und Sortimentsveränderungen entstehen beispielsweise Abweichungen zu den im Plan ausgewiesenen positiven materialökonomischen Auswirkungen.

Daher ist es wichtig, eine enge Verbindung zwischen den planwirksamen materialökonomischen Aufgabenstellungen und der kontinuierlichen Überarbeitung von Materialverbrauchsnormen herzustellen. Es ist erforderlich, den durch wissenschaftlich-technische Arbeit erzielten höheren materialökonomischen Wirkungsgrad konkret in der Gestaltung der Materialverbrauchsnormen sichtbar zu machen. Obwohl in den letzten Jahren in der Normenarbeit große Fortschritte erzielt wurden, liegt in der Verbesserung der Qualität der Normen noch eine wichtige Effektivitätsquelle. Insbesondere für Hilfs-, Instandhaltungs- und Reparaturmaterial können unter Beachtung der Fertigungsspezifik noch Lücken in den Materialverbrauchsnormen geschlossen werden.

Der komplexe Charakter der materialökonomischen Fragen, die an den verschiedensten Stellen des Produktionsprozesses gelöst werden müssen, erfordert die Zusammenarbeit von Ökonomen, Technikern, Technologen, von Spezialisten der Material-, Arbeitskräfte-, Grundfondswirtschaft. Besonders kommt es aber auf die engere Verbindung zwischen Forschung und Entwicklung und Materialökonomie an.

## 2.9. Die Erhöhung der Effektivität des Stoffwechsels zwischen Gesellschaft und Natur

### Die veränderten Bedingungen der Umweltnutzung und die Probleme ihrer ökonomischen Widerspiegelung

Eines der großen Effektivitätsprobleme unserer Zeit stellen zweifelsohne die veränderten Bedingungen für den Stoffwechsel zwischen Mensch und Natur dar.

Das Schlüsselproblem ist hierbei die sprunghafte Zunahme des Stoff- bzw. Energieumsatzvermögens der Arbeit, die der beschleunigte wissenschaftlich-technische Fortschritt der Gegenwart ausgelöst hat und in der sich die gestiegene Produktivkraft der Arbeit stofflich ausdrückt. In einer vergleichbaren Zeit können immer größere Stoffmengen aus der Natur in die Sphäre menschlicher Bedürfnisbefriedigung umgesetzt werden.

Das hat eine *erste* wichtige Konsequenz: Die bisherigen Steigerungsraten des Aufwandes für die Reproduktion der Naturquellen entsprechen nicht mehr den wachsenden Anforderungen des Stoffumsatzvermögens der Arbeit. Letzteres hat in den industriell hochentwickelten Ländern einen Stand erreicht, daß bei den regenerierbaren Naturquellen die natürliche Selbstregeneration nur noch in wenigen Fällen zur Bedarfsdeckung ausreicht und immer mehr durch die gesellschaftlich gesteuerte Regeneration ergänzt werden muß. Bei den nicht-regenerierbaren Ressourcen haben sich die geologischen und technischen Bedingungen hinsichtlich Vorratshaltung, Aufschluß, Förderung und Qualität der Lagerstätten drastisch verschlechtert. Die Vorkommen natürlicher Ressourcen müssen daher in immer kürzeren Abständen ersetzt oder in ihrer Ergiebigkeit verbessert werden. Parallel dazu beschleunigt sich die Einbeziehung neuer und die Ablösung technisch-ökonomisch überholter Naturquellen, d. h. die Ressourcensubstitution. All das hat die Gesellschaft dazu gezwungen, einen ständig wachsenden Anteil ihres Arbeitsvermögens für die Sicherung der Rohstoff- und Energiequellen einzusetzen. Dabei ist nicht nur der absolute Aufwand gestiegen, sondern infolge abnehmender Naturgunst in vielen Fällen auch der spezifische Aufwand.

Eine *zweite* Konsequenz wachsenden Stoffumsatzvermögens ist die zunehmende Masse der Produktions- und Konsumtionsexkremente und die Problematik ihrer schadlosen Beseitigung. Das Stoff- bzw. Energieausnutzungsvermögen der Arbeit hat bis vor nicht allzu langer Zeit bei weitem nicht mit dem Fortschritt des Stoffumsatzvermögens Schritt gehalten. Die vorherrschenden Technologien nutzen in der Regel nur einzelne Gebrauchskomponenten der Naturquellen aus und arbeiten oft mit hohen Abfallquoten. Summiert man die Abfälle für die gesamte Stufenfolge der Veredelung eines Naturstoffes in ein gebrauchsfertiges Produkt, bleibt nur ein bescheidener Teil seines stofflich oder energetisch nutzbaren Gehalts für die Bedürfnisbefriedigung übrig. Die Abfallmengen sind in den hochentwickelten Ländern bereits so groß, daß die Naturpotentiale ihrer ökologischen Selbstrezirkulation, das sog. natürliche Selbstreinigungsvermögen, nicht mehr ausreichen, um sie schadlos zu beseitigen. Schnell zunehmender Stoffumsatz zwischen Gesellschaft und Natur bei stagnierender oder zurückbleibender Stoffausnutzung erfordert — abgesehen vom Mehraufwand an Ressourcen — progressiv wachsende Mittel, um durch gesellschaftlich gesteuerte ökologische Rezirkulation mit der ständig steigenden Flut von Abfällen fertig zu werden, die von den natürlichen Abbaupotentialen nicht mehr problemlos in die ökologischen Kreisläufe zurückgeführt werden können.

Wegen der großen Fortschritte bei der Stoffumwandlung haben sich das Spektrum und die Masse der Stoffverbindungen mit toxischen Wirkungen, die als Abfälle in die Umwelt immittiert werden, stark erweitert. Durch die Schadstoffimmission wurde die ökologische Rezirkulationsproblematik ökonomisch beträchtlich verschärft, da immer umfangreichere und kostspieligere Maßnahmen zum Schutz von Mensch und Natur ergriffen werden müssen.

Die *dritte* Konsequenz einer schnelleren Zunahme des Stoffumsatzes — im Vergleich zum Stoffausnutzungsvermögen der Arbeit — ist darin zu sehen, daß in den Stufenprozessen der Stoff- und Energieumwandlung immer mehr Arbeitskräfte und Ausrüstungen für die Erzeugung von Stufenprodukten gebunden werden, die bei ihrer Weiterverarbeitung nicht in Gebrauchswerte, sondern in Abfälle verwandelt werden. Diese „nichtproduktive" Bindung von vergegenständlichter Arbeit mindert die Effektivität der gesellschaftlichen Arbeit nicht nur im Hinblick auf den laufenden Aufwand, sondern vor allem im Hinblick auf überhöhte Anforderungen an die Akkumulation.

Die steigenden Aufwendungen für die Abfallbeseitigung und den Umweltschutz können ebenso wie die „nichtproduktive" Bindung von vergegenständlichter Arbeit nur vermieden werden, wenn der stofflich-energetische Wirkungsgrad der Produktionstechnologien in Größenordnungen erhöht wird. Abgesehen vom Stoffumsatzvermögen der Arbeit hat der wissenschaftlich-technische Fortschritt die Bedingungen des Mensch-Natur-Stoffwechsels auch durch den schnelleren Umschlag der längerlebigen Produktions- und Konsumtionsmittel verändert. Dadurch wird die produktive und konsumtive Bindungszeit der in diesen enthaltenen Stoffe weiter verkürzt.

In dem Maße, wie der moralische Verschleiß fortschreitet, werden für die Bedürfnisbefriedigung vergleichsweise mehr Ressourcen benötigt, wächst die produktionsbedingte Fremdstoffimmission und wird die Umwelt durch Müll belastet. Das aber erfordert zusätzlichen Aufwand für die Bereitstellung von Stoff- und Energieressourcen, für die ökologische Abfallrezirkulation und den Umweltschutz. Dem kann nur entgegengewirkt werden, wenn durch produktive Rezirkulation der Altstoffe die Gesamtzeit der Stoffbindung in Produktion und Konsumtion trotz schnelleren Umschlags der Stoffe verlängert wird. Der Aufbau einer Sekundärrohstoffwirtschaft ist demzufolge eines der grundlegenden Erfordernisse für die Verbesserung der Effektivität des Stoffwechsels zwischen Mensch und Natur. Das ist jedoch nur möglich, wenn die Wiederverwendbarkeit der Stoffe nach dem Ausscheiden langlebiger Güter aus der produktiven oder konsumtiven Nutzung bereits im Projektierungs- bzw. Entwurfsstadium zu einem Hauptkriterium für ihren Gebrauchswert gemacht wird.

Die Ressourcenreproduktion, die Entwicklung stoff- und energiewirtschaftlich effektiverer Produktionsverfahren, der Aufbau einer gesellschaftlichen Abfall- und Sekundärrohstoffwirtschaft, die schadlose ökologische Rezirkulation der Produktions- und Konsumtionsexkremente und nicht zuletzt der Umweltschutz — all diese neuen Momente im Stoffwechsel zwischen Mensch und Natur —

erfordern neuartige technische und technologische Lösungen, die einen höheren Stand der Naturbeherrschung repräsentieren. Die Herausbildung des für die entwickelte sozialistische Gesellschaft charakteristischen Stoffwechsels mit der Natur schließt eine technologische Substitution, eine Ablösung ressourcen-, stoff- und energiewirtschaftlich veralteter Technologien und technischer Lösungen größten Ausmaßes ein. In gewisser Weise gilt das auch für Konsumtionsformen und -gewohnheiten mit außergewöhnlich großer Umweltintensität, sofern jene nicht durch den technischen Fortschritt abgefangen werden kann.

Die generelle Neuorientierung der Technologie auf die veränderten Umweltbedingungen ist unumgänglich, wenn beim gegenwärtigen Niveau der Produktivkräfte ein Gleichgewicht zwischen dem Wachstum von Produktion und Konsumtion sowie der gesellschaftlichen Verfügungsgewalt über die dafür benötigten Umweltpotentiale gewahrt werden soll.

Um das zu erreichen, müssen die Verteilungsproportionen der gesellschaftlichen Arbeit im Vergleich zu früheren Reproduktionstypen, die wegen des für sie charakteristischen, relativ geringen Stoffumsatzvermögens vorwiegend auf der natürlichen Selbstregeneration der Naturquellen beruhten, grundlegend verändert werden. In erster Linie muß die Verteilung der Akkumulationsmittel zugunsten solcher Erzeugnisse, Technologien und Konsumtionsformen verschoben werden, welche die Ressourcen komplexer ausnutzen, die Wiederverwendung der Stoffe nach ihrem Gebrauch gewährleisten, eine Nutzung der Produktions- und Konsumtionsexkremente ermöglichen sowie nicht zuletzt geo- und humanökologische Schäden ausschließen.

Diese neue Intensitätsstufe in der Umweltnutzung zeichnet sich also dadurch aus, daß sich der Gesamtaufwand für die Reproduktion der Naturquellen, die Erzeugung und Verarbeitung der Rohstoffe auf eine vergleichsweise größere Masse von Endprodukten und materiellen Diensten verteilt.

Hier taucht aber die Frage auf, in welchem Grade das notwendig ist, wo ökonomisch also die Grenzen und damit der Spielraum für die technologische Substitution sowie die entsprechende Umverteilung der Mittel gezogen sind. Vom Prinzip her ist die Antwort auf diese Frage eindeutig: Die intensiven, ressourcensparenden und umweltgerechten Verfahren des Mensch-Natur-Stoffwechsels dürfen nicht mehr, sondern sollen möglichst weniger Arbeit binden als die extensiven Verfahren mit hohem spezifischem Ressourcenaufwand und starker Umweltbelastung.

Praktisch kann man aber bei den meisten Erzeugnissen bzw. Technologien, die zur Intensivierung des Stoffwechsels beitragen, nicht nachweisen, ob diese Bedingung eingehalten wird. Dafür gibt es eine ganze Reihe von Gründen. Folgende sind besonders erwähnenswert:

In den Wertbildungsprozeß bzw. in die Preisbildung der Produkte gehen nicht alle gesellschaftlichen Aufwendungen für die Reproduktion der Naturbedingungen ein. Ein Teil — wie die beträchtlichen Aufwendungen für die Erforschung neuer Stoff- und Energiequellen — wird aus gesellschaftlichen Fonds bestritten, ein anderer Teil ist unterlassener Aufwand, wenn die Normen der Umweltbelastung überschritten werden.

Ob eine komplexe stoffliche und energetische Ressourcennutzung ökonomisch zulässig ist, wird im allgemeinen nicht danach beurteilt, wieviel Gesamtaufwand für die Ressourcenreproduktion, die Förderung und Verarbeitung der Rohstoffe und Energieträger bis zur jeweiligen Stufe eingespart wird, sondern danach, wie hoch die Produktionskosten von Neben- und Sekundärrohstoffen im Verhältnis zu denen vergleichbarer Haupt- oder Primärrohstoffe sind. So gibt es eine Vielzahl von Verfahren zur Rauchgasentschwefelung, die als unrentabel gelten, weil ihre Rentabilität am Preis von Schwefelsäure gemessen wird. Die Rauchgasentschwefelung hat aber nicht nur diesen stoffwirtschaftlichen Effekt, sondern bisher nicht voll absehbare ökologische Effekte und könnte die großen Schäden durch Korrosion an Gebäuden, Metallkonstruktionen usw. mindern helfen. Hiermit hängt ein weiterer Grund für Mängel im Effektivitätsnachweis von Intensivierungsmaßnahmen der Umweltnutzung zusammen. Das ist die Schwierigkeit, in Anbetracht der oft hohen räumlichen Konzentration von Umweltnutzern und der vielfach noch wenig erforschten Umwandlungsprozesse bei emittierten Fremdstoffen einwandfrei die Beziehung zwischen technologischer Ursache und ökologischer Wirkung zu bestimmen. Hinzu kommt die Schwierigkeit, Umweltpotentiale und ökologische Wirkungen ökonomisch, das heißt im Geldausdruck, zu bewerten. Aus diesem Grunde wird ein Teil, vielleicht sogar der gesellschaftlich wichtigste Teil der Maßnahmen einer rationelleren Ressourcen-, Stoff- und Energiewirtschaft bei der Effektivitätsberechnung überhaupt nicht erfaßt.

Erschwerend wirkt sich in diesem Zusammenhang ein anderer Umstand aus. Eine komplexe Ressourcenwirtschaft wird durch eine ausgeprägte Koppelproduktion gekennzeichnet, wie überhaupt multiple Effekte für Eingriffe in den Naturhaushalt typisch sind. Mit ein und demselben Arbeitsprozeß werden mehrere Arten oft völlig unterschiedlicher Produkte erzeugt. Die Frage ist aber noch weitgehend ungelöst, nach welchen objektiven Wertbildungsrelationen der für den einheitlichen Arbeitsprozeß notwendige Gesamtaufwand den qualitativ unterschiedlichen Koppelprodukten bzw. sonstigen Effekten zugeordnet werden kann.

Unter diesen Bedingungen hängen Ausmaß und Tempo, in dem der Mensch-Natur-Stoffwechsel intensiviert werden kann, davon ab, ob die dafür relevanten Aufwand-Nutzen-Relationen ökonomisch richtig und vollständig zu erfassen sind. Da der Hauptanstoß zur Veränderung der ökonomischen Verhältnisse dieses Stoffwechsels vom Aufwand zur Reproduktion der natürlichen Umweltbedingungen ausgeht, ist es notwendig, vor allem seine Bestandteile und Entwicklungstendenzen zu untersuchen.

## Der Reproduktionsaufwand der Naturressourcen, seine Entwicklungstendenzen und die Rolle der Ressourcenwirtschaft für die Intensivierung der Umweltnutzung

Unter dem Reproduktionsaufwand der Naturressourcen wird hier die Gesamtheit der vergegenständlichten und lebendigen Arbeit verstanden, die verausgabt werden muß, um *langfristig* die zur Ausweitung der Produktion und zur Erhöhung des Wohlstandes der Menschen benötigten Stoff- und Energieressourcen und sonstigen Gratisdienste der Natur unter den Bedingungen bereitzustellen, daß die geo- und humanökologischen Grenzwerte für die Fremdstoffbelastung der Umwelt eingehalten und die Naturpotentiale bewahrt werden. Mit diesem Aufwand muß die Funktionsfähigkeit der natürlichen Umwelt für die Gesellschaft, insbesondere als Stoff- und Energiequelle, als Quelle für die Reproduktion der Arbeitskraft und die geistig-schöpferische Potenz der Gesellschaft, als Potential für die Rezirkulation der Produktions- und Konsumtionsexkremente, als Reservoir von konstruktiven Lösungen und technischen Wirkprinzipien sowie als Gen-Reservoir für die Pflanzen- und Tierzüchtung erhalten und ständig ausgeweitet werden. Es lassen sich verschiedene Arten von Reproduktionsaufwand der Naturressourcen und Naturpotentiale unterscheiden:

1. Aufwand für die Suche, Erkundung und Erschließung von Naturressourcen — *Erschließungsaufwand*

Dieser Aufwand tritt sowohl bei den nichtregenerierbaren als auch bei den regenerierbaren Ressourcen, beispielsweise von Grundwasser auf. Es kann sich dabei um Ersatzaufwand erschöpfter Naturressourcen sowie um Erweiterungsaufwand der Naturbasis handeln.

Hinzu kommt noch der Aufwand für infrastrukturelle (verkehrsmäßige, energetische) und andere Erschließung.

Ebenfalls eingeschlossen ist der anteilige Forschungsaufwand zum Auffinden neuer Naturressourcen (zum Beispiel Meeres-, Satellitenforschung) und zur Entwicklung neuer Anwendungsmöglichkeiten von Naturstoffen in der Produktion, so etwa von Tonen für die Aluminiumerzeugung.

2. Aufwand zur Erhöhung der Leistungsfähigkeit bzw. Ergiebigkeit von Naturpotentialen — *Potentialbildungsaufwand*

— durch Maßnahmen zur Verbesserung der natürlichen Ausstattung der Ökosysteme (z. B. Meliorationen, Düngung);

— durch landeskulturelle Maßnahmen (z. B. Flurneugestaltung, Erosions-, Wind-, Forstschutz, Sicherung des landschaftsnotwendigen Mindestabflusses der Gewässer);

— durch Ausschluß gegenseitiger Störungen und Beeinträchtigungen von

Funktionen auf der gleichen Fläche beim Übergang zur Mehrfach- und Mehrzwecknutzung der Naturpotentiale;

— durch die komplexe Umgestaltung ganzer Gebiete im Interesse spezieller Nutzungen (z. B. Umleitung von Flüssen, Talsperren-, Fernwasser-, Bewässerungssysteme).

3. Geo- und humanökologischer *Stabilisierungsaufwand*

Hierzu gehört die Stabilisierung der biotischen Stoffquellen (z. B. durch Herbizide, Fungizide, Insektizide, Halmstabilisatoren) ebenso wie die Stabilisierung der menschlichen Lebensbedingungen in der gebauten Umwelt (z. B. durch allgemeine Hygiene wie Abwasser- und Abfallbeseitigung, Seuchenschutz, Lärmbekämpfung).

4. Aufwand für die ökologische Rezirkulation der stofflichen und energetischen Produktions- und Konsumtionsabfälle in die natürliche Umwelt — *Rezirkulationsaufwand.*

5. Aufwand für die Freisetzung bereits genutzter Naturressourcen für effektivere Nutzungszwecke — *Ressourcenfreisetzungsaufwand*

Dies kann entweder durch Verringerung der Stoff- und Energieintensität, insbesondere in der Produktion (relative Naturressourcenfreisetzung) oder durch Umstellung der Technologie, etwa von Wasser- auf Luftkühlung (absolute Freisetzung), geschehen.

6. Aufwand zur Sanierung, Wiederurbarmachung und Rekultivierung der durch gesellschaftliche Eingriffe devastierten Landschaften — *Rekultivierungsaufwand.*

7. Aufwand zur Einschränkung und Verhinderung von Schadstoffimmissionen und zur Erhaltung der Natur — *Umweltschutzaufwand*

Beispiele hierfür sind der Schutz vor radioaktiver Strahlung, vor Staub- und Gasemissionen und die Abwendung von Schäden und von zerstörenden Einwirkungen der natürlichen Elementargewalten (Katastrophenschutz) auf die Naturpotentiale und die Menschen.

8. Aufwand für die Substitution der Naturressourcen — *Substitutionsaufwand*

Dieser Aufwand wird notwendig entweder infolge physischer Erschöpfung oder infolge moralischen Verschleißes von Naturquellen, wenn der Aufwand für die Gewinnung, Verarbeitung oder Rezirkulation der Naturressourcen progressiv steigt.

Drastisch tritt die Tendenz steigender Aufwendungen bei der *Erschließung* in Erscheinung, weil die oberflächennahen Vorkommen in den intensiv produzierenden Ländern bereits zum großen Teil erschöpft sind. Die geologische Erkundungstechnik und ihre Anwendung werden aufwendiger, da die Vorräte in größeren Tiefen erkundet werden müssen und die Erschließung immer mehr in klimatisch unwirtlichere Gebiete vordringt, die außerdem infrastrukturell wenig erschlossen sind und fernab von den Verarbeitungsstätten liegen. Außerdem werden die Meere für die Nutzung geologischer Ressourcen erschlossen. Die Meeres- oder Offshore-Technik entwickelte neue Verfahren und Wirkprinzipien.

So werden schon seit einiger Zeit, und verstärkt in den letzten Jahren, die Schelfe bis zu 200 m Tiefe für die Erdölgewinnung genutzt. Es gibt Bestrebungen, dafür auch die äußeren Randgebiete der Schelfe bis zu 2000 m Tiefe einzubeziehen.

Die Erschließung bisher unzugänglicher Ressourcen läßt vor allem den einmaligen Aufwand stark ansteigen. Dahinter verbirgt sich ein steigender spezifischer Aufwand an Energie, Metallen und anderem für die Forschung und Entwicklung sowie für die Erschließung von Lagerstätten, der die Effektivität des Endproduktes erheblich vermindert.

Der Anteil des spezifischen Aufwandes für die geologische Erkundung und Erschließung der Lagerstätten am Wert der Rohstoffe oder an den Selbstkosten der Produktion ist bei wichtigen mineralischen Ressourcen gegenwärtig bereits sehr hoch. Allein die geologische Erkundung beansprucht nach sowjetischen Angaben 40% und bei Blei 80 bis 85% des Aufwandes für die Produktion.[98] Die Selbstkosten bei Erdöl ergeben sich im Durchschnitt der UdSSR zu 25% und bei Erdgas sogar zu 50% aus den Kosten für die Erkundung und Erschließung.

Es ist leicht einzusehen, daß in Ländern mit einer geringen Fläche, mit einer im Vergleich zum Bedarf relativ geringen Naturausstattung und mit einer bereits starken Inanspruchnahme der mineralischen Ressourcen der Aufwand für die geologische Erkundung besonders hoch ist. Eine ausreichende Bevorratung der Volkswirtschaft mit eigenen mineralischen Ressourcen kann hier nur erreicht werden, wenn hohe und wachsende Ausgaben dafür vorgesehen werden. In der DDR stiegen die Ausgaben für die geologische Suche und Erkundung in erheblichem Maße (vgl. Tabelle 11):

*Tabelle 11*
Entwicklung der Ausgaben für geologische Suche und Erkundung in der DDR (in %)

| | |
|---|---|
| 1951—1955 | 100 |
| 1956—1960 | 222 |
| 1961—1965 | 510 |
| 1966—1970 | 721 |
| 1971—1975 | 1403 |

*Quelle:* H. Bachmann/G. Rütger, Ökonomie mineralischer Rohstoffe, Lehrmaterial, Teil 3, Bergakademie Freiberg, 1976, S. 22.

98 Vgl. M. I. Rostovcev/T. G. Runova, Dobyvajuscaja promyslennost' SSR, Moskva 1978, S. 20/21.

*Tabelle 12*
Kennziffern und Kostenentwicklung für den naturbedingten Reproduktiowsaufwand der Braunkohle in der DDR

| | 1965 | 1969 | 1973 | 1975 |
|---|---|---|---|---|
| Abraum-Kohle-Verhältnis (in $m^3/t$) | 3,45:1 | 3,86:1 | 3,87:1 | 4,06:1 |
| Index der Abraumkosten | 100 | 111 | 138 | 142 |
| Wasser: Kohle-Verhältnis (in $m^3/t$) | 4,9 :1 | 4,3 :1 | 5,1 :1 | 5,3 :1 |
| Index der Entwässerungskosten | 100 | 71 | 69 | 75 |
| Index der Grubenaufschlußkosten | 100 | 123 | 147 | 156 |

*Quelle:* B. HARNISCH, Der Einfluß der Naturbedingungen auf die Entwicklung der Arbeitsproduktivität und der Selbstkosten im Braunkohlenbergbau der DDR, 1977 (unveröffentlichtes Manuskript).

In der DDR gewinnt der Reproduktionsaufwand der mineralischen Rohstoffquellen besonders durch die ungünstiger werdenden Lagerstättenverhältnisse der Braunkohle zunehmende volkswirtschaftliche Bedeutung. So nimmt das Volumen des Abraums zum Volumen des Kohleflözes (Verhältnis von A:K) sowie das Volumen der geförderten Wasser- zur Kohlenmenge (Verhältnis von W:K) ständig zu und erfordert höhere Leistungen in der Erkundung, Erschließung, Wasserhaltung und Rekultivierung der Bergbauflächen, was sich teilweise in einem höheren Aufwand niederschlägt (vgl. Tabelle 12).

Ein deutlicher Anstieg ist auch bei dem Aufwand zu erkennen, der geleistet werden muß, um die Potentiale ergiebiger zu machen, beim *Potentialbildungsaufwand.*

In den Ländern mit intensiver Nutzung der regenerierbaren Naturressourcen, so auch in der DDR, zeigt sich das besonders bei der Reproduktion zweier Ressourcen: den Wasserressourcen und der Bodenfruchtbarkeit.

Um den vorgesehenen Zuwachs von über 1 Mrd. $m^3$ Stauraum in den nächsten Jahrzehnten realisieren zu können, müssen viele kleine Speicheranlagen errichtet werden. Dabei steigen aber die spezifischen Investitionskosten je $m^3$ gestauten Wassers wie auch der laufende Aufwand zur Unterhaltung dieser Anlagen.

Die Kostenprogression für den Bau von Talsperren mit sinkendem Wasservolumen zeigt die Tabelle 13.

In den nächsten Jahrzehnten ergibt sich die Möglichkeit, aus aufgelassenen Tagebauen 150 Mio $m^3$ wasserwirtschaftlich nutzbaren Speicherraum zu gewinnen. Im Vergleich zum vorgesehenen Zuwachs von 1 Mrd. $m^3$ Stauraum ist dies eine beachtliche Größenordnung. Da die Erschließungskosten von Tagebaurestlöchern als Speicherbecken mit 1,00 bis 2,50 $M/m^3$ wesentlich unter den

*Tabelle 13*
Index des Investitionsaufwands von Talsperren (der Klasse II; Erdstaudamm)

| Stauraum (in Mio $m^3$) | Aufwandsindex (je $m^3$) |
|---|---|
| 50 | 100 |
| 40 | 110 |
| 30 | 124 |
| 20 | 122 |
| 10 | 250 |
| 5 | 440 |

*Quelle:* Errechnet nach „Kennzahlen für wasserwirtschaftliche Investitionsvorhaben", Ministerium für Umweltschutz und Wasserwirtschaft, Berlin 1976.

*Tabelle 14*
Investitionskennziffern von Meliorationsvorhaben

| | Anteil der Meliorationen an den gesamten Investitionen (in %) | Meliorations-investitionen je ha (in 1000 M) |
|---|---|---|
| Obstbauanlage | 19 | 13 |
| Bewässerung der Feldgemüsekulturen | 43 | 10 |
| Meliorationen für die Grundfutter-versorgung von industriemäßigen Anlagen der Tierproduktion | 11 | 4 |
| Komplexmelioration | 25 | 8 |
| Melioration zur Steigerung und Stabilisierung der Zuckerrüben-, Kartoffel- und Getreideerzeugung | 30 | 9 |
| Schaffung von Zentren der Futter-erzeugung im Zusammenhang mit der technischen Trocknung | 24 | 6 |

*Quelle:* K. Reinhardt, Die langfristige Einordnung von Meliorationsvorhaben in den volkswirtschaftlichen Reproduktionsprozeß, Dissertation, Berlin 1977.

Werten für die übrigen Flachlandspeicher liegen, kann hier der Aufwandsprogression entgegengewirkt werden.

Bei den regenerierbaren Ressourcen wird die Entwicklung des Reproduktionsaufwandes wesentlich durch die Meliorationskosten für die Landwirtschaft bestimmt. Die folgende auf typischen Meliorationsvorhaben der DDR fußende Aufstellung (vgl. Tabelle 14) zeigt, wie hoch diese Aufwendungen sind. In den nächsten Jahrzehnten wird die Beregnung im Mittelpunkt der Meliorationen stehen. Hier betragen die Investitionsaufwendungen etwa 8000 M/ha einschließlich Wasserbereitstellung.

*Tabelle 15*
Erträge der Pflanzenproduktion und Melioration

| | 1960 | 1961/1965 | 1966/1970 | 1971/1975 | 1976/1980 |
|---|---|---|---|---|---|
| Erträge der Pflanzenproduktion | | | | | |
| Gesamtertrag (in dt GE/ha)* | 26,9 | 30,4 | 36,8 | 39,7 | 47,5 |
| Ertragsindex | 100 | 113 | 136 | 147 | 177 |
| Entwässerung | | | | | |
| Stand (in 1000 ha) | 728 | 993 | 1319 | 1840 | — |
| Index der Entwässerung | 100 | 136 | 181 | 253 | — |
| Entwässerungsintensität des Ertragszuwachses | 1,00 | 1,21 | 1,35 | 1,74 | — |
| Bewässerung | | | | | |
| Stand (in 1000 ha) | 740 | 794 | 1052 | 1375 | 1825—1895 |
| Index der Bewässerung | 100 | 107 | 142 | 186 | 247—256 |
| Bewässerungsintensität des Ertragszuwachses | 1,00 | 0,96 | 1,06 | 1,28 | 1,43—1,48 |

* GE = Getreideeinheiten.

*Quelle:* Vgl. H.-G. EWERT, Entwicklungsprobleme der landwirtschaftlichen Flächennutzung, in: Probleme der Flächennutzung bei der Entwicklung der Territorialstruktur, Leipzig 1971 (als Manuskript gedruckt); Statistisches Jahrbuch der DDR 1976, Berlin 1976, S. 188, Tab. 16; Direktive des IX. Parteitages der SED zum Fünfjahrplan für die Entwicklung der Volkswirtschaft der DDR in den Jahren 1976—1980, Berlin 1976, S. 69 u. 72.

Der Wertumfang der in der DDR vorhandenen Meliorationsanlagen (Ent- und Bewässerung einschließlich wasserwirtschaftliche Anlagen sowie Wirtschaftswege) für die landwirtschaftliche Produktion betrug 1970 rd. 10 Mrd. Mark und 1975 rund 14 Mrd. Mark. Das entspricht einem Wert von 1560 M/ha (1970) bzw. 2190 M/ha (1975).

Dieser hohe Aufwand wirft naturgemäß die Frage auf, wie dadurch die Erträge der Pflanzenproduktion beeinflußt werden. Dabei muß berücksichtigt werden, daß der einmalige Meliorationsaufwand nur in längeren Zeitreihen mit dem Ertragszuwachs in Beziehung gesetzt werden kann. Um diese Frage zu klären, wurde der Zuwachs an be- und entwässerter Fläche als Ausdruck des Reproduktionsaufwandes der Bodenfruchtbarkeit mit dem Ertragszuwachs in Verbindung gebracht.

Die Beziehungen zwischen den Erträgen der Pflanzenproduktion und diesen beiden Meliorationsarten sowie ihre Tendenzen sind in Tabelle 15 niedergelegt. Es ist ersichtlich, daß die Indexzahlen sowohl der Entwässerung als auch der Bewässerung schneller steigen als der Ertragsindex. Zu einem Teil beruht dies darauf, daß Meliorationen nicht sofort voll ertragswirksam werden.

*Tabelle 16*
Erträge der Pflanzenproduktion und Düngemitteleinsatz in der DDR

| | 1955 | 1960 | 1961/1965 | 1966/1970 | 1971/1975 | 1976/1980 Plan |
|---|---|---|---|---|---|---|
| *Erträge der Pflanzenproduktion* | | | | | | |
| Gesamtertrag (in Mio dt GE)* | 151,6 | 172,7 | 193,3 | 232,3 | 249,7 | 299,4 |
| Ertragsindex | 100 | 114 | 128 | 153 | 165 | 197 |
| *Düngung (Reinnährstoffgehalt)* | | | | | | |
| Stickstoff (in 1000 t N) | 204,7 | 243,8 | 397,1 | 461,3 | 626,9 | 940—970 |
| t N/10000 dt GE* | 13,5 | 14,1 | 20,5 | 19,9 | 25,1 | 31,4—32,4 |
| Index des spezifischen N-Einsatzes | 100 | 104 | 152 | 147 | 186 | 233—240 |
| Phosphorsäure (in 1000 t $P_2O_5$) | 128,8 | 210,2 | 334,4 | 356,2 | 428,3 | 530 |
| t $P_2O_5$/10000 dt GE | 8,5 | 12,2 | 17,3 | 15,3 | 17,2 | 17,7 |
| Index des spezifischen $P_2O_5$-Einsatzes | 100 | 144 | 204 | 180 | 202 | 208 |
| Kali (in 1000 t $K_2O$) | 399,7 | 528,6 | 545,3 | 604,8 | 634,4 | 650 |
| t $K_2O$/10000 dt GE | 26,3 | 30,6 | 28,2 | 26,0 | 25,4 | 21,7 |
| Index des spezifischen $K_2O$-Einsatzes | 100 | 116 | 107 | 99 | 96 | 82 |

* GE = Getreideeinheit.

*Quellen:* Vgl. H.-G. Ewert, Entwicklungsprobleme der landwirtschaftlichen Flächennutzung, in: Probleme der Flächennutzung bei der Entwicklung der Territorialstruktur, Leipzig 1971 (als Manuskript gedruckt); Statistisches Jahrbuch der DDR 1976, Berlin 1976, S. 189, Tab. 19; Direktive des IX. Parteitages der SED zum Fünfjahrplan für die Entwicklung der Volkswirtschaft in den Jahren 1976—1980, a. a. O., S. 71.

Aus dem Vergleich des Ertragsindexes mit den Indizes des Düngemitteleinsatzes wird bei Stickstoff und Phosphorsäure deutlich, daß deren Steigerung über jener der Erträge liegt, und daß mit der Steigerung der Erträge ein jeweils höherer Düngemitteleinsatz und damit Aufwand nötig wurde. Dies hat verschiedene Ursachen, u. a. Verluste durch Auswaschung der Düngemittel im Boden. Nur beim Einsatz von Kalidüngemitteln liegt die Steigerungsrate unter der der Erträge (vgl. Tabelle 16).

Die Reproduktion der biotischen Ressourcen auf immer höherer Stufenleiter macht es notwendig, daß insbesondere die entwickelten Industrieländer zu einer immer umfassenderen Steuerung der Biosphäre übergehen, um die vom Menschen geschaffenen oder umgestalteten Ökosysteme stabil zu halten. Deswegen spielt der *ökologische Stabilisierungsaufwand* eine wachsende Rolle im Rahmen des Reproduktionsaufwandes der Naturbedingungen.

RUTKEVIČ und SCHWARZ sehen in der Steuerung der Biosphäre eine der größten Aufgaben, die in Zukunft vor der Menschheit stehen werden. „Die dialektische Wechselwirkung zwischen Gesellschaft und Biosphäre verwandelt sich mit dem historischen Fortschritt der Menschheit allmählich in eine *Steuerung* — zunächst in die Steuerung einzelner Elemente der Biosphäre, später ihrer Teile und schließlich der gesamten Biosphäre im planetarischen Maßstab. Bis zur praktischen Lösung dieser letztgenannten Aufgabe steht der Menschheit noch ein langer Weg bevor, doch in theoretischer Hinsicht ist sie bereits jetzt aktuell."[99]

Die Stabilisierung der Biosphäre dient unterschiedlichen Zwecken. Einmal ist sie ein Mittel zur Stimulierung der Ergiebigkeit. Die Menschheit hat sich immer gleichzeitig auf zwei Arten von Gratisdiensten ihrer Biosphäre gestützt. Einmal liefert die Biosphäre ihr einen Teil der lebensnotwendigen Stoffe und Energien und beseitigt die Abfälle ihres Lebensprozesses. Das ist ihr stofflich-energetischer Gratisdienst. Zum anderen sorgt sie gleichzeitig dafür, daß ihr eigenes ökologisches Gleichgewicht aufrechterhalten wird. Hierbei handelt es sich um den umweltstabilisierenden Gratisdienst. Auf keinen von beiden kann der Mensch verzichten.

Welche Bedeutung dies hat, zeigt sich sofort, wenn die ursprünglich vorhandenen Gratisdienste nicht mehr ausreichen. Dann muß die Gesellschaft das gleiche tun wie die Natur und sowohl „produktivere" Ökosysteme schaffen, als auch für deren Stabilisierung sorgen. Beides ist aber mit Arbeitsaufwand verbunden. Die Land- und Forstwirtschaft der DDR bedient sich künstlicher Hochleistungssysteme. Diese Systeme werden bewußt extrem artenarm gehalten. Ihre Stabilität kann daher nicht, wie in natürlichen artenreichen Ökosystemen, durch eine große Anzahl von Verknüpfungen und Rückkopplungen aufrechterhalten werden,

99 N. M. RUTKEWITSCH/S. S. SCHWARZ, Probleme der Steuerung der Biosphäre, in: Wissenschaftliche Welt, 3—4/1973, S. 53.

sondern muß durch künstliche Maßnahmen (Bodenbearbeitung, Düngung, Pflanzenschutz) gewährleistet werden.

Ferner stellen beispielsweise Korrekturen an der naturgegebenen hydrologischen Ausstattung hohe Anforderungen an die ökologische Stabilisierung weiträumiger Gebiete. Diese reichen von Maßnahmen gegen die Erosion der Ufer, die Eutrophierung der Stauseen, die Versumpfung und sekundäre Versalzung der Böden bis zur Gewährleistung einer ausreichenden Reproduktion der Fischbestände. Der zweite Zweck einer Stabilisierung der Biosphäre hängt mit den großräumigen Ballungsprozessen von Bevölkerung, Industrie und Verkehr zusammen. Die für verstädterte Gebiete typische Überlagerung vielfältiger Funktionen auf engstem Raum wird mit wachsender Verdichtung der Wirtschafts- und Lebensprozesse weiter zunehmen. Sie zwingt dazu, den Naturhaushalt dieser Gebiete so intensiv und komplex wie möglich zu nutzen. Die Überbauung der Landschaft, die Absenkung des Grundwassers u. a. m. beeinträchtigen aber andererseits im Verein mit der Schadstoffkontamination der Biosphäre die natürlichen Potentiale und die ökologische Selbstregulation. Um dieses Problem zu lösen, muß in der gebauten Umwelt, insbesondere in den Ballungsgebieten, ein eigenes natürliches Milieu geschaffen und durch ständige Eingriffe künstlich aufrechterhalten werden.

Die Entwicklungstendenzen des ökologischen Stabilisierungsaufwandes zeigen sich wohl am deutlichsten beim Übergang zu industriemäßigen Methoden des Pflanzenbaus. Die Erträge des Pflanzenbaus konnten in der angegebenen Größenordnung nur gesteigert werden, weil nicht nur die Bodenfruchtbarkeit erhöht worden ist, sondern zugleich immer größere Mittel aufgewendet worden sind, um das ökologische Gleichgewicht der Kulturen aufrechtzuerhalten und sie vor Schädlingen zu schützen. Aus diesem Grund wuchs die Menge der an die Landwirtschaft (in geringerem Umfang auch an die Forstwirtschaft) ausgelieferten Pflanzenschutzmittel von 8219 t Wirkstoff im Jahre 1965 auf 23665 t 1976. Gegenwärtig wird bereits der überwiegende Teil der landwirtschaftlichen Kulturen und ein Teil der Forstfläche in ihrem ökologischen Gleichgewicht durch chemische Mittel stabilisiert. Im Jahre 1976 wurden auf 75,5% der Anbaufläche Pflanzenschutzmaßnahmen durchgeführt. Mit welch ungewöhnlichem Tempo der Pflanzenschutz in der DDR entwickelt wurde, zeigt die Zunahme der Unkrautbekämpfung in den Hauptkulturen (vgl. Tabelle 17).

Bei Kartoffeln, Zucker- und Futterrüben werden die Kulturen also fast auf der gesamten Anbaufläche stabilisiert. Außerdem wurden 1976 27,7% der Fläche mit Wachstumsregulatoren (1973: 17,1 %) behandelt. Diese Tendenz wird sich auch in Zukunft fortsetzen. So ist vorgesehen, den Aufwand für Pflanzenschutzmittel von 313 Mio Mark (1975) auf 428 Mio Mark (1980) zu erhöhen.

Die Stabilisierung der Biosphäre ist nicht zuletzt aus humanökologischen Gründen unabdingbar. Mit der Herausbildung von Großstädten mußten immer

*Tabelle 17*

Chemische Unkrautbekämpfung in der DDR (in % der Anbaufläche)

| | Getreide (ohne Körnermais) | Kartoffeln | Zucker- und Futterrüben |
|---|---|---|---|
| 1965 | 43,0 | 13,5 | 3,1 |
| 1970 | 60,1 | 55,0 | 38,6 |
| 1976 | 79,9 | 91,0 | 95,7 |

*Quelle:* Statistisches Jahrbuch der DDR 1976, Berlin 1976, S. 189, Tab. 18.

mehr Vorkehrungen getroffen werden, um dem Menschen in dieser selbstgeschaffenen Umwelt die elementaren Lebensbedingungen zu sichern. Sie reichen von der Wasserversorgung und Kanalisation über das Impfwesen, Sport- und Erholungswesen bis zu Abenteuerspielplätzen und Hometrainern. Ein wesentliches Element dieser Stabilisierung ist der Schutz des menschlichen Organismus vor Infektionen, schädigendem Streß usw., wozu Medikamente und andere chemische Wirkstoffe eingesetzt werden. Damit wird aber ein schwerwiegendes Problem hervorgerufen. Im menschlichen Organismus treffen diese mit anderen Fremdstoffen zusammen, die als Folge der Zwangsemission ständig zunehmender Mengen und Sortimente solcher Stoffe in die Umwelt gelangen. Sie werden über die Nahrungskette des Menschen (80%, davon 10% mit dem Wasser) eingeschleust oder gelangen über die Atemwege (20%) in den menschlichen Körper. Hierbei spielen auch die zur Stabilisierung der landwirtschaftlichen Kulturflächen notwendigen agrochemischen Erzeugnisse wie Mineraldünger, Wachstumsregulatoren, Pflanzenschutz- und Schädlingsbekämpfungsmittel (Pestizide) eine wachsende Rolle. Dazu gesellen sich noch die biologisch nicht abbaubaren Bestandteile von Wasch- und Reinigungsmitteln, Blei und Kohlenmonoxid der Kraftfahrzeugabgase, Schwermetallverbindungen und weitere Produkte der chemischen Stoffumwandlung.

Auch die über die Luft in den Körper gelangenden Fremdstoffe sind nicht zu unterschätzen. Um der Belastung der Menschen und der gesamten Umwelt entgegenzuwirken, wurden deshalb in der DDR alle Großemittenten von Rauchgasen und Stäuben mit Staubabscheideanlagen ausgerüstet. Jedoch wird im Dauerbetrieb aus technischen Gründen nur ein Abscheidegrad von etwa 80% erreicht. Die Möglichkeiten, diesen noch weiter zu erhöhen, sind sehr kostenaufwendig. Vom ökonomischen Standpunkt wesentlich problematischer ist die Entschwefelung von Rauchgas und Kohle. Bei einer bestimmten Anzahl der Fremdstoffe muß damit gerechnet werden, daß sie direkt oder durch Umwandlung im menschlichen Körper (Giftung) eine toxische Wirkung auf den Menschen ausüben. Besonders gefährlich sind die Stoffe mit kanzerogener, mutagener und teratogener (Mißbildung auslösender) Wirkung. Auch wenn die Fähigkeit des Menschen zur Adaption in Rechnung gestellt wird, gibt es für die Fremdstoffbelastung des Menschen eine Grenze. Das bedeutet aber nichts anderes, als daß die gegenwärtig angewandten Technologien und ökonomischen Stabilisierungsverfahren, sofern sie direkt oder über die Biosphäre den menschlichen Organismus mit Fremdstoffen belasten, im Grunde dessen Belastungsspielraum für Fremdstoffe ausnutzen. Sind die Grenzen dieses Spielraumes erreicht, kann die Konzentration der Produktion und der Bevölkerung auf die Dauer nur zunehmen, wenn zur Stabilisierung der Biozönosen und des menschlichen Lebensmilieus *auch* solche Mittel angewendet werden, die keine zusätzliche Fremdstoffbelastung des Menschen zur Folge haben. Darüber hinaus muß die Fremdstoffbelastung generell abgebaut werden.

Ernst zu nehmende Aufwandsprobleme entstehen nicht zuletzt durch die Notwendigkeit, wachsende Mengen von Fremdstoffen, die als Abfall aus dem Reproduktionsprozeß ausscheiden, in die natürliche Umwelt zurückzuführen. Als Medien dieser ökologischen Rezirkulation werden Luft, Wasser und Boden benutzt. Die Grenzen ihrer Belastungsfähigkeit sind jedoch gerade in den Ballungsgebieten zum größten Teil erreicht oder bereits überschritten. Die Übernahme von Funktionen der natürlichen Selbstreinigungspotentiale durch die technische Reinhaltung von Luft, Wasser und Boden und der Schutz der Lebensquellen der Menschen vor Verschmutzung wird immer mehr zu einer unausweichlichen Notwendigkeit, der wahrscheinlich nur durch eine generelle Umstellung vieler Technologien der Grundstoff- und Energieerzeugung genügt werden kann.

Den Tendenzen steigenden Reproduktionsaufwandes für die Naturbedingungen muß durch intensivere Nutzung dieser Bedingungen selbst begegnet werden. Im Mittelpunkt steht hierbei der Aufbau einer gesellschaftlichen Ressourcenwirtschaft, welche die Nutzung der Naturquellen den gesellschaftlichen Interessen unterordnet und aus ihrer oftmals betriebswirtschaftlichen Enge befreit. Hierfür gibt es eine Reihe von Möglichkeiten. Zunächst bietet sich an, die einheimischen Naturressourcen intensiver zu nutzen, um den Reproduktionsaufwand auf eine größere Zahl von Nutzanwendungen zu verteilen und ihn spezifisch zu senken. Diese Linie wird seit dem VIII. Parteitag der SED in der DDR konsequent beschritten. Die *Mehrfach- und Mehrzwecknutzung der Naturpotentiale* ist ein entscheidendes Mittel zur Intensivierung der Naturquellenreproduktion. Unter Mehrfachnutzung versteht man das zeitliche Nacheinandernutzen der gleichen Naturressource. Am deutlichsten ist dies bei der landwirtschaftlichen Fruchtfolge zu erkennen. Hier wird ein Stück Land innerhalb eines Jahres mehrfach für den gleichen Zweck genutzt. Die Mehrfachnutzung hat den gleichen Effekt, als wenn die Naturressourcen erweitert werden. Große Reserven gibt es für die Ausweitung der Mehrzwecknutzung der Ressourcen, weil die Naturpotentiale in der Regel eine ganze Reihe von Gratisdiensten bieten können, wie den Wald, der gegenwärtig zwar vornehmlich für die Holzproduktion benutzt wird, darüber hinaus aber eine ganze Reihe ökologischer Funktionen ausübt, deren wirtschaftliche Bedeutung wächst. Diese Effekte können jedoch nur erzielt werden, wenn die Nutzungen sich gegenseitig nicht stören, was besonders durch Schadstoffemissionen und Bebauung möglich sein kann.

Voraussetzung einer Mehrzwecknutzung von Ressourcen ist ferner, daß bestimmte Proportionen in den Nutzungsgraden eingehalten werden. So führt eine zu starke oder unzeitgemäß gegebene Düngung der Böden zu Auswaschungen in das Grundwasser, wodurch die Grundwassernutzung ungünstig beeinflußt oder sogar verhindert wird. Aus der Mehrzwecknutzung der Fläche (Land- und Wasserwirtschaft) wird dann wieder eine Einzwecknutzung (nur Landwirtschaft). Ein weiteres Prinzip intensiver Bewirtschaftung der Naturressourcen besteht in der Erhöhung der Komplexität der Nutzung der Naturressourcen, so bei der Gewinnung und Verarbeitung von mineralischen Ressourcen oder bei der Nutzung der Wertstoffbestandteile im Braunkohledeckgebirge. Auch bei diesem Prinzip geht es darum, den Reproduktionsaufwand der Naturquellen zu senken, indem dieser auf alle gewinnbaren Stoffkomponenten aufgeteilt wird. Die besondere Bedeutung dieses Prinzips besteht darin, daß es viele Lagerstätten gibt, deren Erschließung erst bei gleichzeitiger Nutzung der Nebenprodukte rentabel wird, die also erst bei einer komplexen Nutzung für den Abbau in Frage kommen.

## Die Bindung von vergegenständlichter Arbeit im Stoffwechsel zwischen Mensch und Natur

Eine bessere Ausnutzung der natürlichen Ressourcen zur Senkung ihres Reproduktionsaufwandes ist aber nur ein Weg, um die Effektivität des Stoffwechsels zwischen Gesellschaft und Natur zu erhöhen. Eine andere, kurzfristig sogar noch wirkungsvollere Möglichkeit besteht darin, den stofflich-energetischen Wirkungsgrad der Produktion durch Verminderung der Produktionsabfälle zu verbessern und auf diese Weise den Teil der vergegenständlichten Arbeit für eine produktive Verwendung freizusetzen, der bei einem vergleichsweise schlechteren Wirkungsgrad durch die Produktionsabfälle gebunden wird.

Da Abfälle keinen Gebrauchswert besitzen, bindet ihre Erzeugung einen Teil der gesellschaftlichen Arbeit, und zwar in dem Verhältnis, in dem auf einer Produktionsstufe die Ausgangsstoffe einmal in Gebrauchswerte und zum anderen in Abfälle verwandelt werden. Stoffe, die nicht in einen *neuen* Arbeitsprozeß eingehen, sind vom Standpunkt ihrer Nützlichkeit für die Bedürfnisbefriedigung verloren, sind Stoffverluste, ganz gleich, ob sie aus technologischen Gründen vermeidbar sind. Ein Stufenprodukt hat nach MARX nur einen Gebrauchswert „in bezug auf den Gebrauch, den die fernere Arbeit davon macht“[100]. Ohne sie wäre sein Gebrauchswert nach „Material und Form verhunzt: er wäre vernichtet, statt produziert worden“[101].

Daß die „nichtproduktive“ Bindung von Arbeit durch Stoff- und Energieabfälle eines der ernstesten Probleme der Intensivierung der Volkswirtschaft darstellt, ergibt sich allein aus dem volkswirtschaftlichen Gesamtaufwand für die Grundstofferzeugung. Der spezifische Grundfondseinsatz und damit auch Investitionsaufwand je Produktionswerteinheit in den Anfangsstufen der Rohstoffgewinnung und -aufbereitung sowie der Energieerzeugung ist um ein Mehrfaches größer als der in den Endstufen der Konsum- und Investitionsgüterindustrie. So umfaßten 1975 in der DDR die Grundstoffindustrie (einschließlich der Energie- und Wasserwirtschaft) und die Landwirtschaft zusammen rund 50% aller Produktionsgrundfonds, obwohl sie nur 27% des Gesamtprodukts erbrachten. Auf sie entfielen 45% aller von 1971 bis 1975 in der Volkswirtschaft der DDR getätigten Investitionen (einschließlich der nichtproduzierenden Bereiche) und 54% der Investitionen der materiellen Produktion.

Die Zweige der Rohstoffgewinnung und -aufbereitung sowie der Energieerzeugung sind selbst die größten Energieverbraucher und beanspruchen, indem sie höchst materialintensive Anlagen und Ausrüstungen anwenden, selbst auch den Hauptanteil der in den Investitionsgütern vergegenständlichten Rohstoffe, insbesondere Metalle. 1975 kamen 57% des gesamten Elektroenergieverbrauchs der DDR auf Grundstoffindustrie und Landwirtschaft, darunter allein 18% auf die Energie- und Brennstoffindustrie. Die die Rohstoffintensität anzeigenden Masse-Wert-Relationen der Bergbau-, Metallurgie-, Chemie- und anderen Ausrüstungen der Grundstoffproduktion liegen um ein Mehrfaches über denen von Ausrüstungen der verarbeitenden Industrie.

Hinzu kommt, daß die Roh- und Grundstoffe sowie Energieträger auch die größten Anteile des gesellschaftlichen Transportwesens beanspruchen, das ebenfalls außerordentlich grundfonds- und investitionsintensiv ist. Mehr als 80% der Gütertransportmenge der Eisenbahn sowie des Güterumschlages der Seehäfen der DDR wurden 1975 von diesen Güterarten eingenommen.

Die Größenordnung der möglichen Einsparung von gesellschaftlicher Arbeit durch Vermeidung oder produktive Verwendung der Produktionsabfälle läßt sich ermessen, wenn die bei den gegenwärtig angewendeten Technologien ent-

100 K. MARX, Grundrisse der Kritik der Politischen Ökonomie, Berlin 1953, S. 266.
101 Ebenda.

stehenden Abfälle quantifiziert werden. „Bezogen auf den *energetischen* Gehalt, erreichen die Verluste etwa 73% bei der Schweinefleischproduktion auf der Grundlage von Getreide- oder Kartoffelschnellmast und etwa 95% bei Jungrinder- oder Kälbermast.“[102] Damit werden beträchtliche Grundmittel und Arbeitskräfte in der Landwirtschaft und der ihr vorgelagerten Zweige durch die Stoffverluste der Tierproduktion gebunden.

Ein ähnliches Bild zeigt die Veredelung von Braunkohle zu Elektroenergie. Wenn man davon ausgeht, daß 1973 36,4% der Braunkohle für die Elektroenergieerzeugung eingesetzt wurden und allein der energetische Umwandlungsverlust etwa 71% betrug, wurden dadurch in der Braunkohlengewinnung 2,1 Mrd. Mark an Grundmitteln und 7825 Arbeitskräfte gebunden.

Indem versucht wird, die ökonomische Effektivität der Technologien, mit denen der Stoffwechsel zwischen Mensch und Natur gegenwärtig vollzogen wird, durch solche Kategorien wie den Reproduktionsaufwand der Naturbedingungen und die „nichtproduktive“ Bindung von Arbeitsvermögen und Grundfonds in den Stufenprozessen der Stoffumwandlung zu objektivieren, verschafft man sich quantifizierbare Kriterien für den technologischen Fortschritt. Diese Kenngrößen geben an, von welchem Punkt an die Ablösung stoffwirtschaftlich überholter Technologien notwendig wird, welche Anforderungen an den stofflich-energetischen Wirkungsgrad neuer Technologien gestellt werden müssen und wie groß der Spielraum sein kann, den man ihnen von der Akkumulationskraft der Volkswirtschaft her einräumen kann. Die Bestimmung des Reproduktionsaufwandes der Ressourcen sowie des Verhältnisses, in dem die vergegenständlichte Arbeit entsprechend dem Ausnutzungsgrad der Stoffe und Energien in Gebrauchswerten oder Abfällen gebunden wird, besitzt aber noch einen anderen wichtigen Gesichtspunkt. Dadurch kann die Diskussion um den *Aufwand und die Effektivität des Umweltschutzes* aus der Enge herausgeführt werden, in der sie sich bisher befand. Es kann überhaupt nicht die Frage sein, ob 1, 2 oder wieviel Prozent des Nationaleinkommens für den Umweltschutz aufgewendet werden müssen. Diese Frage geht am Kern der Sache vorbei. Da die Maßstäbe der Produktion und damit die Anforderungen an die Umwelt weiter zunehmen, würde sich bei unveränderten Technologien der Stoff- und Energieumwandlung der Widerspruch zwischen der Entwicklung des Stoffumsatzes und der Stoffausnutzung weiter verschärfen. Das hätte zur Folge, daß die Bedürfnisse nach materiellen Gütern und das Bedürfnis nach günstigen Umweltbedingungen in

102 K. Kutzschbauch, Stoff- und energiewirtschaftliche Aspekte der Umweltnutzung, in: Autorenkollektiv, Rohstoff und Energie im gesellschaftlichen Reproduktionsprozeß und ihr Wechselverhältnis zur materiell-technischen Basis, Berlin 1978, S. 82 (Forschungsberichte des Zentralinstituts für Wirtschaftswissenschaften der Akademie der Wissenschaften der DDR, Nr. 28).

einen Gegensatz geraten würden, und zwar um so mehr, wie Akkumulationsmittel aus anderen Verwendungszwecken abgezogen werden müßten, um sie für den Umweltschutz zu verwenden. Dann bedeutete Umweltschutz Abzug von den produktiven Fonds und Verlangsamung des Produktionswachstums. Saubere Umwelt *oder* materieller Wohlstand ist aber für den Sozialismus keine annehmbare Alternative. Es muß sich vielmehr die Erkenntnis durchsetzen, daß die modernen Umweltprobleme eine spezifische Oberflächenerscheinung nachlassender Effektivität des Stoffwechsels zwischen Mensch und Natur sind. Die stoff- und energiewirtschaftlich „nichtproduktive“ Bindung großer Teile der Wirtschaftskraft zeigt, wo die Mittel und Reserven liegen, um mit der Produktivität zugleich die Umweltbedingungen zu verbessern.

# 3. Probleme der Vervollkommnung der Messung, Planung und Stimulierung der Effektivitätssteigerung

## 3.1. Zur Messung und Planung der Effektivität der gesellschaftlichen Produktion

### Richtungen für die weitere Vervollkommnung der Effektivitätsplanung

Entsprechend den Beschlüssen des IX. Parteitages der SED ist die weitere Vervollkommnung der Planung vor allem darauf gerichtet, die Effektivität der gesellschaftlichen Produktion durch immer stärkeres Wirksammachen der qualitativen Faktoren des Wirtschaftswachstums wesentlich zu erhöhen und damit Voraussetzungen für die weitere Realisierung der Hauptaufgabe zu schaffen.

Dabei spielt die weitere Vervollkommnung der Effektivitätsplanung eine wichtige Rolle. Bekanntlich wurden mit dem Fünfjahrplan 1976 bis 1980 in stärkerem Maße als bisher qualitative Kennziffern zur Grundlage der Planung genommen und in diesem Zusammenhang u. a. der neue Abschnitt „Planung der Effektivität der gesellschaftlichen Produktion" in die methodischen Regelungen eingeführt. Die wachsenden Anforderungen an die Erhöhung der Effektivität und die bisher gesammelten Erfahrungen machen es erforderlich, weitere Vorschläge zur Vervollkommnung der Effektivitätsplanung auszuarbeiten und in die Praxis einzuführen.

Richtungen für die weitere Vervollkommnung der Effektivitätsplanung sind:

— die *Erhöhung der Funktion der Effektivitätsplanung in der Leitung und Planung;*

— die stärkere Einflußnahme der Planungsorgane auf *Effektivitätsfortschritte bei allen Ressourcen bzw. Aufwendungen in allen Verantwortungsbereichen* mit einem *ökonomisch begründeten und abgestimmten System von Leistungs- und Effektivitätskennziffern;*

— die *systematische, langfristig angelegte Analyse und planmäßige Nutzung von Reserven* zur wesentlichen Steigerung der Effektivität durch *Faktorenanalysen für alle entscheidenden Ressourcen bzw. Aufwendungen;*

— die Verknüpfung der Leistungs- und Effektivitätskennziffern mit den Faktorenanalysen zu einer *komplexen Leistungs- und Effektivitätsrechnung der Verantwortungsbereiche als Grundlage für ökonomisch begründete und abgestimmte Vorgaben* zur Leistungs- und Effektivitätsentwicklung.

Diese Richtungen zur Vervollkommnung der Effektivitätsplanung ergeben sich zwangsläufig aus der Veränderung der Reproduktionsbedingungen, den damit verbundenen erhöhten Maßstäben zur Effektivitätssteigerung und dem Stand der Realisierung dieser Maßstäbe bei den bisher erzielten Effektivitätsfortschritten.

In den folgenden Ausführungen wird zu aktuellen theoretischen und praktischen Problemen der weiteren Vervollkommnung der Effektivitätsplanung Stellung genommen:

- Kriterien und Maßstäbe wachsender Effektivität;
- Kennziffernsystem der Effektivität;
- Faktorenanalysen in der Effektivitätsplanung;
- Messung der Effektivität und Leistungsbewertung.

Die weitere Klärung der damit verbundenen Fragen ist zweifellos von wesentlicher Bedeutung, um die aktive Funktion der Effektivitätsplanung zu erhöhen.

## Kriterien und Maßstäbe wachsender Effektivität

Eins der aktuellsten und wichtigsten Probleme der Effektivitätsplanung ist die Entwicklung und Anwendung von Kriterien, mit deren Hilfe Effektivitätsfortschritte bewertet und normative Anforderungen an die Effektivitätssteigerung abgeleitet werden können. Dabei geht es um die Bestimmung des volkswirtschaftlichen Kriteriums der Effektivität als Grundlage für die allgemeine Wirkungsrichtung der Effektivität im Sozialismus und um Maßstäbe der Leistungs- und Effektivitätsentwicklung, die komplex und in einer der Planung zugänglichen Form die Erfordernisse der allseitigen Intensivierung widerspiegeln.

Die allgemeine Wirkungsrichtung der Effektivität drückt sich in der volkswirtschaftlichen Effektivität aus. Es handelt sich hierbei um den Wirkungsgrad der gesellschaftlichen Arbeit, der die volkswirtschaftlichen Erfordernisse und Möglichkeiten der Leistungs- und Effektivitätsentwicklung ausdrückt. Als *allgemeines volkswirtschaftliches Kriterium höherer Effektivität gilt die Vergrößerung der Produktion und der Leistungen in bedarfsgerechter Struktur bei gegebenen Ressourcen bzw. Aufwendungen, die zu einer ständig besseren Befriedigung der wachsenden materiellen und kulturellen Bedürfnisse und der allseitigen Entwicklung der sozialistischen Persönlichkeit führt.*

Dieses Kriterium wird volkswirtschaftlich im *Verhältnis von bedarfsgerecht strukturiertem Nationaleinkommen zum Gesamtaufwand lebendiger und vergegenständlichter Arbeit bei optimaler Akkumulationsrate ausgedrückt.*

Dabei wird das Nationaleinkommen nicht nur als einheitliches Ganzes betrachtet, sondern auch als Bestandteil des End- und Gesamtproduktes sowie seine innere Struktur als notwendiges und Mehrprodukt. Bedingung für die Zielrealisierung der sozialistischen Gesellschaft ist, daß das Mehrprodukt zumindest schneller als das notwendige Produkt wächst, da das Mehrprodukt das Substrat sowohl für die Erhöhung der gesellschaftlichen Konsumtion, die sich unter den Bedingungen der entwickelten sozialistischen Gesellschaft schneller als die individuelle Konsumtion entwickelt, als auch für die produktive Akkumulation ist.

Während das Nationaleinkommen im allgemeinen als der geeignetste Repräsentant des Ergebnisses der gesellschaftlichen Produktion betrachtet wird, obwohl damit nicht direkt die Bedürfnisbefriedigung zum Ausdruck gebracht werden kann, gibt es für die Bestimmung des Aufwands zahlreiche, zum Teil sehr unterschiedliche Auffassungen. Die Problematik besteht bekanntlich in der Verbindung von einmaligem und laufendem Aufwand bzw. von lebendiger und vergegenständlichter Arbeit.

Im Betrieb und im Kombinat wirken sich die wichtigsten Faktoren, die zur Erhöhung des Nationaleinkommens führen, im Endprodukt, der Eigenleistung und im Gewinn aus.

In den Bereichen der wirtschaftlichen Rechnungsführung spielt der Gewinn als Bezugsgröße für Effektivitätsfortschritte neben der Warenproduktion und Eigenleistung eine zentrale Rolle.

In der Leistungs- und Effektivitätsplanung ist es erforderlich, das einheitliche Effektivitätskriterium durch Teilkriterien und Maßstäbe zu untersetzen.[1]

Sie sind zusammen mit dem Gesamtkriterium der allgemeine Rahmen für die Bestimmung der Leistungs- und Effektivitätsentwicklung einschließlich der damit unmittelbar verbundenen Proportionen.

Es handelt sich dabei vor allem um folgende Maßstäbe:

*1. Zusammengefaßte Maßstäbe*

- stabiler Zuwachs der lebensstandardwirksamen Konsumtion pro Einwohner;
- Annäherung des Wachstumstempos des Ersatzfonds an das des gesellschaftlichen Gesamtprodukts;
- zunehmende Akkumulationskraft durch wachsende Akkumulationseffektivität bei allmählich ansteigender Akkumulationsrate;

1 Die folgenden Maßstäbe haben den Charakter von Tendenzen und Forderungen. Abweichungen in einzelnen Bereichen und bei einzelnen Ressourcen sind möglich.
Die Maßstäbe stützen sich auf die bisher durchgeführten Diskussionen in der wirtschaftswissenschaftlichen Literatur (vgl. hierzu insbesondere ANČIŠKIN, Die Hauptrichtungen der Intensivierung der gesellschaftlichen Produktion, Sonderinf. Ökonomisches Forschungsinstitut, 14/1975; Die erweiterte Reproduktion im entwickelten Sozialismus, PdSU, Nr. 48/1976, S. 15ff.) und teilweise auf vorliegende analytische Untersuchungen. An der Erweiterung und Präzisierung dieser Maßstäbe muß weitergearbeitet werden.

— Annäherung des Wachstumstempos der Abteilung II an das Tempo der Abteilung I;
— höherer Zuwachs des produzierten Nationaleinkommens gegenüber dem verwendeten Nationaleinkommen;
— schnelleres Wachstum bestimmter Zulieferproduktionen gegenüber der Finalproduktion.

2. *Maßstäbe für die Einsatzeffektivität der Ressourcen und Fonds insgesamt*

— Sicherung von Effektivitätsfortschritten bei allen Ressourcen und Aufwendungen in allen Bereichen und auf allen Ebenen der Volkswirtschaft, im einzelnen beim Einsatz

- des wissenschaftlich-technischen Potentials, der Ausgaben für Wissenschaft und Technik;
- des Arbeitsvermögens;
- der Grund- und Umlauffonds;
- der Investitionen;
- der Roh- und Werkstoffe;
- der Exporte und Importe;
- der laufenden Aufwendungen (Selbstkosten).

Dabei ist anzustreben, daß sich der Kreis der Verantwortungsbereiche erhöht, bei dem in zunehmendem Maße bei *allen* Ressourcen und Aufwendungen Effektivitätsfortschritte erzielt werden.

— Sicherung einer höheren Effektivität der Investitionsvorhaben sowie bei neuen und weiterentwickelten Erzeugnissen und Technologien gegenüber dem Durchschnittsniveau der Effektivität im Verantwortungsbereich (Mindestforderung) bei Annäherung an das internationale Spitzenniveau bzw. seine Mitbestimmung;

— Verringerung der nicht objektiv bedingten Niveauunterschiede in der Entwicklung der Effektivität innerhalb und zwischen den Verantwortungsbereichen (soweit eine Vergleichbarkeit hergestellt werden kann);

— Realisierung positiver Struktureffekte beim Einsatz von Ressourcen, d. h. von Effekten, die zur Leistungs- und Effektivitätssteigerung führen bzw. den Bedarf an Ressourcen verringern (unter Berücksichtigung der Bedarfsdeckung).

3. *Maßstäbe für die Einsatzeffektivität einzelner Ressourcen und Aufwendungen sowie ihrer Kombinationen*

*Wissenschaft und Technik*

— schnelleres Wachstum der Warenproduktion mit Gütezeichen Q gegenüber der gesamten Warenproduktion;
— schnelleres Wachstum der Warenproduktion neuer und weiterentwickelter Erzeugnisse gegenüber der Warenproduktion;
— schnelleres Wachstum der Ausgaben für Wissenschaft und Technik gegen-

über dem Zuwachs der Beschäftigten in Wissenschaft und Technik (Erhöhung des „Ausrüstungsgrades“);

— schnellerer Zuwachs der Ausgaben für die Entwicklung der Technologie gegenüber den Gesamtausgaben für Wissenschaft und Technik;

— schnellere Entwicklung der Effekte aus Wissenschaft und Technik (Abschluß von Forschungsthemen insgesamt, darunter mit Ergebnissen, die Spitzenniveau aufweisen; Erhöhung der Warenproduktion mit Gütezeichen Q, Senkung der Kosten für Ausschuß, Garantieleistungen und Nacharbeit; Erhöhung der Patentergiebigkeit) gegenüber den Ausgaben für Wissenschaft und Technik.

*Arbeitsproduktivität*

— Erhöhung des Anteils des wissenschaftlich-technischen Fortschritts an der Steigerung der Arbeitsproduktivität;

— schnellerer Zuwachs der Arbeitsproduktivität gegenüber dem Zuwachs an Warenproduktion in einer wachsenden Zahl von Betrieben und Kombinaten;

— schnellerer Zuwachs der Arbeitsproduktivität gegenüber dem Durchschnittslohn.

*Grundfonds/Investitionen*

— Stabilität bzw. Ansteigen der Grundfondsquote;

— schnelleres Wachstum der Arbeitsproduktivität gegenüber der Grundfondsausstattung;

— schnelleres Wachstum der Investitionen für Rekonstruktion und Modernisierung an den Gesamtinvestitionen.

*Material/Umlaufmittel*

— Erhöhung des Anteils des wissenschaftlich-technischen Fortschritts an der Senkung des Materialverbrauchs;

— schnellerer Zuwachs der Warenproduktion gegenüber den Beständen.

*Außenwirtschaft*

— schnellerer Zuwachs der Valutareinerlöse gegenüber dem Zuwachs des Exportvolumens;

— schnellere Entwicklung des Exports gegenüber der Produktion.

*Kosten/Rentabilität*

— schnellerer Zuwachs der Produktion gegenüber den Kosten, d. h. sinkender Kostensatz.

Die Berücksichtigung dieser Kriterien und Maßstäbe erfordert, in der Effektivitätsplanung sowohl von einem Gesamtausdruck der Effektivität (in Form einer zusammenfassenden Kennziffer bzw. von wenigen Kennziffern) als auch von einem System von Teilkennziffern auszugehen, die Bestandteile des Systems der Leistungs- und Effektivitätskennziffern sind.

## Kennziffernsystem der Effektivität

Das komplexe Wirksammachen der Intensivierungsfaktoren ist zweifellos die entscheidende Aufgabe, um die Kriterien und Maßstäbe wachsender Effektivität unter den gegenwärtigen Entwicklungsbedingungen der Volkswirtschaft der DDR erfüllen zu können. ERICH HONECKER erklärte dazu auf dem IX. Parteitag der SED: „Im Sinne der zehn Punkte der Intensivierung der Produktion, wie ich sie in der Beratung des Sekretariats des ZK mit den 1. Sekretären der Kreisleitungen dargelegt habe, besteht die Aufgabe darin, den inneren Zusammenhang aller mit der Intensivierung verbundenen Faktoren zu erkennen und — was vor allen Dingen wichtig ist — sie dann im Komplex wirksam zu machen.

Jetzt geht es darum, alle diese qualitativen Faktoren des Wachstums der Produktion, angefangen von der Beschleunigung des wissenschaftlich-technischen Fortschritts bis zur immer wirkungsvolleren Entwicklung der schöpferischen Fähigkeiten der Werktätigen, auf noch breiterer Basis und noch weitaus gründlicher vorbereitet und durchdacht als bisher in den Vordergrund der gesamten Arbeit zu rücken. Das heißt also, umfassend den Kampf um eine hohe Effektivität der gesamten wirtschaftlichen Tätigkeit zu führen.“[2]

Die qualitativen Maßstäbe, die sich vor allem in der Erhöhung der Arbeitsproduktivität und der Erhöhung der Effektivität verdeutlichen, sind daher keine abgeleiteten und indirekten Größen des Wachstums der Produktion und der extensiven Erweiterung der Fonds,[3] sondern Größen, die wegen ihrer Bedeutung systematisch und langfristig zu analysieren und zu planen sind, und deren unmittelbare Beziehung zum Wirtschaftswachstum in kombinierten Leistungs- und Effektivitätsrechnungen zum Ausdruck kommen muß. Deshalb zählen solche Kennziffern wie die Erhöhung der Produktion, der Eigenleistung, der mengenmäßigen Gesamterzeugung, des verteilbaren Endprodukts zu den Hauptkennziffern der Leitung, Planung und ökonomischen Stimulierung.

Um den Beziehungen zwischen dem Gesamtkriterium und den Teilkriterien der Effektivität sowie den veränderten Wechselbeziehungen zwischen Quantität und Qualität in der Effektivitätsplanung gerecht werden zu können, müssen objektiv bestimmte Richtungen in der Effektivitätsplanung eingeschlagen werden:

— die komplexe *Bewertung der Effektivität auf der Grundlage eines Systems von qualitativen Kennziffern,*

2 Bericht des ZK der SED an den IX. Parteitag, Berichterstatter: E. HONECKER, Berlin 1976, S. 70/71.

3 Vgl. hierzu: P. A. IGNATOWSKI, Der entwickelte Sozialismus, seine ökonomische Dynamik, Berlin 1975, S. 80; H. NICK, Höhere Wirksamkeit der qualitativen Faktoren des Wirtschaftswachstums, in: Einheit, 1/1975, S. 706ff.

— *die systematische Analyse und Vorausberechnung der Effektivität und ihrer Einflußfaktoren.*

Die Ansätze für ein System qualitativer Kennziffern, wie es gegenwärtig der Effektivitätsplanung zugrunde liegt, werden entsprechend den vorliegenden Erfahrungen vor allem in folgender Richtung weiter verbessert:

— stärkere Ausrichtung auf die Prozesse der allseitigen Intensivierung;
— bessere Berücksichtigung der spezifischen Anforderungen auf den einzelnen Ebenen der Planung und in den verschiedenen Bereichen der Volkswirtschaft bei Sicherung einer einheitlichen Grundstruktur;
— Ausbau der ökonomisch begründeten Kombinationen zwischen Leistung, Effektivität und Einflußfaktoren.

Für die einheitliche Grundstruktur der komplexen Leistungs- und Effektivitätsnachweise hat sich folgender grundsätzlicher Aufbau bewährt:

*1. Zusammenfassender Ausweis der Effektivität*

(z. B. im Rahmen der Volkswirtschaft insgesamt:
produziertes Nationaleinkommen pro Einwohner und pro Beschäftigten, Anteil des Ersatzfonds am gesellschaftlichen Gesamtprodukt usw.)

*2. Entwicklung der Effektivität nach Intensivierungsschwerpunkten*

— Beschleunigung des wissenschaftlich-technischen Fortschritts;
— Einsatz des Arbeitsvermögens und Ausnutzung der Arbeitszeit;
— Auslastung der Grundmittel, Modernisierung und Erneuerung der technischen Basis, Effektivität der Investitionen;
— Materialökonomie;
— Kosten/Rentabilität;
— Effektivität der Außenwirtschaft

*3. Wachstumsrelationen der Intensivierung.*

Um die Spezifik der einzelnen Leitungsebenen besser zu berücksichtigen, werden gegenwärtig Anwendungsbeispiele für komplexe Leistungs- und Effektivitätsrechnungen auf den Ebenen Betrieb — Kombinat — Ministerium geschaffen (vgl. Abbildung 1 und 2). Eines der noch nicht völlig geklärten Probleme besteht darin, mit Hilfe einer zusammenfassenden Kennziffer annähernd das Gesamtkriterium der Effektivität besser zu erfassen und der Planung zugänglich zu machen. Für die Lösung dieses Problems liegen verschiedene Ansätze vor. Mit einer zusammenfassenden Kennziffer sollte eine Konzentration auf die Lösung der Hauptfrage erfolgen: Wie sind unterschiedliche Entwicklungstendenzen zwi-

Abb. 1 Komplexer Leistungs- und Effektivitätsnachweis nach Ministerien

## I. Zusammenfassender Teil

Zuwachs industriell. Warenproduktion zum Vorjahr (IAP)

davon durch:
- Zuführung von Arbeitskräften
- Steigerung der Arbeitsproduktivität
- Arbeitszeiteinsparung aus Plan Wissensch. u. Technik
- Zentrale Investitionsvorhaben
- Veränd. in der Arbeitskräftestruktur
- Veränd. im Arbeitszeitfonds
- (andere Faktoren)
- Summe der Faktorenwirkungen insgesamt

## II. Entwicklung der Intensivierungsschwerpunkte

### 1. Beschleunigung des wiss.-techn. Fortschritts

Ausgaben für Wissenschaft u. Technik je 1000 Mark Warenproduktion
Anteil der neuen u. weiterentwickelten Erzeugnisse an der Warenprod.
Anteil der ind. Warenprod. mit Gütezeichen „Q" an der Warenprod. insges.
Anteil der ind. Warenprod. mit Gütezeichen „1" an der Warenprod. insg.
Mechan.-grad der Arbeit
Automat.-grad der Arbeit

### 2. Arbeitskräfte/Arbeitsproduktivität

Zuführung von Arb. u. Angestellten insgesamt
Anteil des Prod.-personals an den Arb. u. Angest. insgesamt
Arbeitsproduktivität (a. Basis IAP)
Arbeitsproduktivität (a. Basis Eigenleist.)
Arbeitsproduktivität (a. Basis KPP)
Stundenproduktivität (a. Basis IAP)

### 3. Grundfonds/Investitionen

Grundfondsquote
Grundfondsausstattung
Aussonderung der Grundfonds

Verhältnis freizusetzende Arbeitskräfte zu benötigte Arbeitskräfte durch Investitionen
Schichtkoeffizient des Prod.-Personals
Anteil der zentralen Investitionsvorhaben
- am Zuwachs Warenproduktion
- an der Steigerung der Arbeitsproduktivität
- an der Entwicklung der Grundfondsquote
- an der Entwicklung der Grundfondsrentabilität

4. Material- u. Bestandsökonomie

Materialkostenintensität
Umlaufmittelintensität
Senkung des spezif. Materialverbrauchs
Senkung der Roh- und Wirkstoffintensität

5. Kosten/Rentabilität

Kostensatz
Selbstkostensenkung
Zuwachs an Betriebsergebnis
durch: Zuführung von Arbeitskräften
Steigerung der Arbeitsproduktivität
Kostensenkung
Arbeitsrentabilität
Produktionsrentabilität
Fondsrentabilität

6. Außenwirtschaft

Exportrentabilität
Exportquote
Devisenertragskennziffer

Abb. 2 Komplexer Leistungs- und Effektivitätsnachweis für Kombinate

1. Produktionsergebnisse

Industrielle Warenproduktion
Eigenleistungen
Export
Betriebsergebnis
Endprodukt

2. Wissenschaftlich-technisches Niveau der Produktion

Anteil der neuen und weiterentwickelten Erzeugnisse an der ind. Warenpr.
Anteil der ind. Warenprod. mit dem Gütezeichen „Q" an der IWP gesamt
Anteil der ind. Warenprod. mit dem Gütezeichen „1" an der IWP gesamt

3. Faktorenanalyse Arbeitsproduktivität

Zuwachs an ind. Warenproduktion zum Vorjahr
davon Veränderung der Zahl der Arbeitskräfte
durch: Steigerung der Arbeitsproduktivität
Arbeitszeiteinsparungen aus Plan Wissensch./ Techn./Inv.
Gebrauchswert- u. Qualitätserhöhung bei neuen Erzeugnissen
Sortiments- und Kooperationsveränderungen

Veränderung des Arbeitszeitfonds u. seine effektive Nutzung
Veränderung der Arbeitskräftestruktur
Anteil der AP-Steigerung am Zuwachs der ind. Warenprod. ges.
Verhältnis der Steigerung der AP zum Wachstum der ind. Warenproduktion
Verhältnis der Steigerung der AP zur Entwickl. der Grundfondsausstattung
Verhältnis der Steigerung der AP zur Entwicklung des Durchschnittslohnes

4. Entwicklung der Material- und Bestandsökonomie

Senkungsrate der Materialkostenintensität
Senkung des Verbrauchs volkswirtsch. wichtiger Rohstoffe und Materialien
Senkung des Verbrauchs wichtiger Energieträger
Verhältnis der Entwickl. der ind. Warenprod. zur Entw. der materiellen Umlaufmittel
Zweigspezifische Festlegungen

5. Effektivität der Grundfonds und Investitionen

Grundfondsquote
Grundfondsausstattung der Arbeitskräfte
Investitionskoeffizient
Schichtkoeffizient
Einsparung von Arbeitsplätzen
Verhältnis von freizusetzenden zu erforderlichen AK durch Investitionen

6. Faktorenanalyse Gewinnzuwachs u. Selbstkostensenkung

Gewinnzuwachs insgesamt
davon Produktionszuwachs
aus: Selbstkostensenkung
Kostensatz nach Kostenarten
Senkung der ANG-Kosten
Nettogewinn
Fondsrentabilität
Produktionsrentabilität
Arbeitsrentabilität

7. Exporteffektivität

Exportrentabilität SW, NSW
Devisenertragskennziffer SW, NSW
Exporterlösentwicklung SW, NSW
davon Preisveränderungen
durch: Entwicklung des Exportvolumens

8. Weitere zweigspezifische Festlegungen

schen dem Aufwand an Ressourcen (Beschäftigte und Grundfonds), wie ist der Fondsaufwand zur Steigerung der Arbeitsproduktivität zu werten?

Von dieser Aufgabenstellung ausgehend, wurden auf dem II. Internationalen Seminar von Mitgliedsländern des RGW zur Planung der Effektivität der gesellschaftlichen Produktion zusammenfassende Kennziffern diskutiert, von denen die folgende als Beispiel angeführt wird:

$$E = \frac{P^t(1 - M^t - A^t F^t)}{L^t + \pi K^t} \text{ [4]},$$

wobei

$P^t$ = Brutto- (Waren)produktion im Jahr ($t$)
$M^t$ = Materialintensität im Jahr ($t$)
$A^t$ = Abschreibungen im Jahr ($t$)
$F^t$ = Fondsintensität der Produktion im Jahr ($t$)
$L^t$ = Zahl des industriellen Produktionspersonals im Jahr ($t$)
$K^t$ = Grundfonds im Jahr ($t$)
$\pi$ = Koeffizient der Austauschbarkeit von Arbeitskräften durch Fonds

Der Koeffizient der Austauschbarkeit wird nach der Formel

$$\pi = \frac{\left[\left(\frac{P}{L}\right)_1 : \left(\frac{P}{L}\right)_0\right]^{-1}}{K_1 - K_0}$$

berechnet,

wobei

$\left(\frac{P}{L}\right)_{1,2}$ = Arbeitsproduktivität zu Beginn und am Ende des Fünfjahrplanes

$K_{1,2}$ = Fondsausstattung je Beschäftigte zu Beginn und am Ende des Fünfjahrplanes

Der Koeffizient $\pi$ drückt die relative Freisetzung von Arbeitskräften je Einheit Grundfonds durch die Steigerung der Arbeitsproduktivität aus. Erste Rechnungen haben gezeigt, daß mit Hilfe dieser zusammenfassenden Kennziffer beim Vergleich ihrer Dynamik ökonomisch begründete Gesamtwertungen der Effektivitätsentwicklung möglich sind. Diese Wertung kann jedoch nur eine Groborientierung darstellen. Sie hat deshalb nur im Rahmen der Anwendung eines Kennziffernsystems ihre Berechtigung.

4 Vgl. Bericht über das II. Internationale Seminar der Mitgliedsländer des RGW zu Fragen der Effektivität, in: Wirtschaftswissenschaft, 1/1978.

Außerdem kann sie nur als eine der möglichen Varianten für eine integrale Kennziffer gewertet werden.

## Faktorenanalysen in der Effektivitätsplanung

Im Vordergrund steht gegenwärtig die Faktorenanalyse zur Kennziffer Arbeitsproduktivität, die bereits ab Planausarbeitung 1976 eingeführt wurde.

Gegenwärtig wird u. a. an der schrittweisen Entwicklung bzw. Einführung von Faktorenanalysen für die Grundfondsökonomie und -reproduktion, die Exportrentabilität sowie zur Entwicklung der Rentabilität gearbeitet. Experimentierte Lösungen liegen für die Begründung der Effektivitätsentwicklung für Verantwortungsbereiche durch Investitionsvorhaben vor.

Aus der Sicht dieser Arbeiten ergeben sich vor allem folgende Schwerpunkte für die weitere Arbeit:

— die Herstellung enger Verbindungen zwischen dem Plan Wissenschaft und Technik und den Faktorenanalysen. Es geht dabei um die Ausarbeitung von Methoden für eine reale und einheitliche Erfassung des Anteils des wissenschaftlich-technischen Fortschritts an der Effektivitätssteigerung in Form der Arbeitszeiteinsparungen;

— das tiefere Eindringen in die Einflußfaktoren (Art der Einflußfaktoren, Rangfolge, Stabilität des Zusammenhangs zur Leistungsentwicklung) durch Zahlenreihen, um bessere Grundlagen für die Vorausberechnung der Leistungsmöglichkeiten und für die Ausarbeitung von Effektivitätsnormativen zu schaffen;

— die Ausarbeitung bzw. Vervollkommnung von volkswirtschaftlichen Faktorenanalysen, d. h. die Qualifizierung von arteigenen Instrumenten für die zentrale staatliche Planung;

— die Entwicklung von komplexen Faktorenanalysen durch die Verknüpfung der Teilfaktorenanalysen zu einer kombinierten Leistungs- und Effektivitätsrechnung.

In diesem Zusammenhang ist die weitere Klärung der Funktion von Faktorenanalysen von Bedeutung.

Die Faktorenanalysen zur Leistungs- und Effektivitätsentwicklung nehmen bekanntlich deshalb eine Schlüsselstellung in der Effektivitätsplanung und den Effektivitätsrechnungen ein, weil sie eine systematische Analyse der Leistungs- und Effektivitätsreserven und ein tieferes Eindringen in den Grad und die Stabilität der Abhängigkeiten zwischen den Einflußfaktoren und der Effektivitätssteigerung ermöglichen. Das sind wesentliche Grundlagen für die Qualität der Planaufgaben und -auflagen zur Leistungs- und Effektivitätsentwicklung, die Ableitung von Schwerpunkten der Intensivierung sowie von Effektivitätsnormativen.

Mit der Faktorenanalyse wird die Wirkung technischer, technisch-ökonomischer, ökonomischer und sozialer Erscheinungen auf das Niveau und die Entwicklung der quantitativen (Nationaleinkommen, Warenproduktion, mengenmäßige Gesamterzeugung usw.) und qualitativen (Arbeitsproduktivität, Grundfondsquote, Materialintensität, Exportrentabilität, Kosten usw.) Kennziffern untersucht. Dabei hat die *qualitative Faktorenanalyse* die Bestimmung der Art und die Klassifizierung der Einflußfaktoren, des Grades und der Entwicklungstendenz der Einflüsse, ihre Verknüpfung untereinander und zu den Grundkennzahlen der Leistungs- und Effektivitätsentwicklung zum Gegenstand. Die *quantitative Faktorenanalyse* beschäftigt sich damit, Art und Rangfolge der Einflußfaktoren, ihre Verknüpfung untereinander und mit der Leistungs- und Effektivitätsentwicklung rechnerisch zu erfassen und damit den Planberechnungen zugänglich zu machen. Dabei wird berücksichtigt, daß nicht alle Einflußfaktoren (z. B. soziale Aspekte) rechnerisch ermittelt werden können.

Bei den Faktorenanalysen muß berücksichtigt werden, daß sie zur Erhöhung der Komplexität und Tiefgründigkeit bei der Bewertung der Effektivität wesentlich beitragen können. Deshalb wird es als notwendig erachtet, zumindest die Anschlußstücke der Faktorenanalysen in den komplexen Leistungs- und Effektivitätsnachweis aufzunehmen. Darüber hinaus haben aber die Faktorenanalysen eine eigenständige Funktion, die es in Zukunft besser zu nutzen gilt. Faktorenanalysen sind Instrumente der langfristig angelegten, systematischen und kontinuierlichen Analyse der Einflußfaktoren der Effektivitätsentwicklung, der Sichtbarmachung von Effektivitätsschwerpunkten, der Ableitung stabiler Abhängigkeiten zwischen den Einflußgrößen durch Konsistenzprüfung und damit zur Ableitung ökonomisch begründeter Zielstellungen und Maßstäbe (Normative) für die Effektivitätsentwicklung. Daraus folgt zweifellos, daß Faktorenanalysen vor allem auch im Rahmen der langfristigen Planung, der planvorbereitenden Prozesse eine bedeutende Rolle spielen müssen und daß auch organisatorische Voraussetzungen notwendig sind, um eine kontinuierliche, komplexe Analyse der Einflußfaktoren zu sichern.

## Messung der Effektivität und Leistungsbewertung

Die Rolle der Effektivitätsplanung bei der Leistungsbewertung und ökonomischen Stimulierung ergibt sich daraus, daß der Leistungsbewertung und ökonomischen Stimulierung vor allem qualitative Prozesse zugrunde liegen, die auch Gegenstand der Effektivitätsplanung sind. Damit hängt von der Qualität der Leistungs- und Effektivitätsrechnungen sowie der angewandten qualitativen Kennziffern weitgehend die Wirksamkeit der Leistungsbewertung und ökonomischen Stimulierung ab. Andererseits wird die aktive Funktion der Effektivitätsplanung sehr stark von der wirksameren Übereinstimmung zwischen Planung, Bewertung und Stimulierung der Effektivität beeinflußt.

Die Leistungsbewertung ist eine wichtige Grundlage für die Übernahme anspruchsvoller Ziele bei der Planausarbeitung, die Bewertung der Planentwürfe, die Mobilisierung und Stimulierung der Leistungssteigerung durch Nutzung von Leistungsreserven und zur Bewertung der tatsächlich erzielten Leistungen bei der Abrechnung der Pläne.

Grundsätze der Leistungsbewertung sind:

— Einbeziehung der Gesamtheit der Leistungen, wobei die qualitativen Aspekte der Leistungen unter den Bedingungen der allseitigen Intensivierung an Bedeutung gewinnen;

— Orientierung auf die komplexe Nutzung aller Intensivierungsfaktoren, insbesondere des wissenschaftlich-technischen Fortschritts;

— Sicherung stabiler, kontinuierlicher Leistungen, von den Ausgangsstufen des Produkts bis zur Endverwendung;

— Einbeziehung der Fortschritte in der bedarfsgerechten Produktion, der Einheit von Gebrauchswert und Wert;

— Berücksichtigung der Bedingungen, unter denen die eigenen Leistungen vorgesehen bzw. realisiert wurden.

Bei der Leistungsbewertung werden als Instrumente der Effektivitätsplanung der komplexe Effektivitätsnachweis, Faktorenanalysen und schrittweise auch Effektivitätsnormative genutzt. Durch die Orientierung der Leistungsbewertung auf höhere Effektivität mit Hilfe entsprechender Kriterien, die Anwendung des Preis-Leistungs-Verhältnisses für neue und weiterentwickelte Erzeugnisse sowie durch weitere Methoden der ökonomischen Stimulierung wird der Kampf um höhere Effektivität aktiv unterstützt.

Ein wichtiges, spezielles Problem der Leistungsbewertung besteht bekanntlich in der richtigen Auswahl, der Erhöhung der Aussagefähigkeit und in der ihrer Funktion entsprechenden Anwendung von Ergebnisgrößen (Warenproduktion, Eigenleistung, Gewinn, Endprodukt usw.).

Entsprechend den Beschlüssen zur Leistungsbewertung der Betriebe und Kombinate bleibt die Warenproduktion wichtiges Kontrollinstrument zur Planerfüllung. Die Warenproduktion umfaßt ein breites Spektrum an Leistungen. Sie spiegelt arbeitsteilige Prozesse wider und ist eine wichtige Bilanzgröße. Auf die Warenproduktion wirken einige Intensivierungsfaktoren (zumindest die Steigerung der Arbeitsproduktivität und die Nutzung der Arbeitszeit) ein. Diese Kennziffer hat von allen anderen Kennziffern das stabilste Wachstumsverhalten. Zeitweilige und sich überlagernde Effekte gleichen sich oft im Entwicklungstempo der Warenproduktion aus. Die Warenproduktion läßt sich gebrauchswertmäßig relativ gut untersetzen. Über Vorzüge und Schwächen dieser Kennziffer gibt es weitgehende Klarheit, so daß sie durchschaubar ist bzw. durchschaubar gemacht werden kann. Bekanntlich reagiert die Warenproduktion durch Veränderung der Kooperationsbeziehungen und die Veränderung des Sortiments (hinsichtlich der Materialintensität, ohne daß dies mit den eigenen Leistungen des betreffenden Bereichs zusammenhängt. Zusätzlich tritt ein Sortimentseffekt Gewinn auf, der aber bei der Warenproduktion gegenüber anderen Ergebnisgrößen vergleichsweise gering ist.

Bei der Anwendung von Nettoergebnisgrößen (Eigenleistung, Nettoproduktion usw.) fallen die Effekte aus Veränderung der Kooperationsbeziehungen und des Sortiments (Material) weg. Nettoergebnisgrößen reagieren auf höhere Materialökonomie positiv. Bei ihnen wächst aber wegen der geringeren Bezugsbasis der Anteil des Gewinns erheblich. Deshalb reagieren Nettokennziffern mit den Sortimentsveränderungen bei Gewinn empfindlich. Dieser Sortimentseffekt Gewinn wirkt sich teilweise stärker aus als der Sortimentseffekt Materialverbrauch bei der Warenproduktion.

Unter der Prämisse, daß Gewinnerhöhungen nicht immer mit der Bedarfsbefriedigung bzw. mit der eigenen Leistung parallel laufen, kaum bei Nettokennziffern der Vorteil aus der Beseitigung des Sortimentseffektes Materialverbrauch oft durch den Sortimentseffekt Gewinn mehr als aufgehoben werden.

Daraus ergibt sich die Schlußfolgerung, beide Arten von Kennziffern in der Effektivitätsplanung und Leistungsbewertung anzuwenden, um durch Vergleiche einen größeren Erkenntniszuwachs zu erhalten. Eine zweite Schlußfolgerung besteht darin, daß es offensichtlich nicht immer ausreicht, von einer Kennziffer zur anderen überzugehen, weil damit teilweise nur Teilprobleme gelöst werden können. Vielmehr muß an der Erhöhung der Aussagefähigkeit, der größeren Durchschaubarkeit der Ergebnisgrößen gearbeitet werden. Gerade darauf sind die Beschlüsse zur Leistungsbewertung gerichtet (Preis-Leistungs-Verhältnis, Berücksichtigung von Kooperations- und Sortimentseinflüssen usw.).

Darüber hinaus besteht bekanntlich eine dritte Richtung darin, quantitative Leistungskennziffern im Zusammenhang mit qualitativen Kennziffern anzuwenden.

In der Zwischenzeit ist in gewisser Hinsicht eine Veränderung in den Ausgangsprämissen eingetreten. Der Einfluß des Materialverbrauchs hat durch Preiserhöhungen bedeutend an Gewicht gewonnen, durch die systematischen Industriepreisveränderungen hat sich der Sortimentseinfluß Gewinn verringert.

Auf Grund dieser Situation gewinnen die Nettokennziffern für die Effektivitätsplanung und Leistungsbewertung an Bedeutung. Deshalb werden gegenwärtig Erprobungen durchgeführt, um die breitere Anwendung der Eigenleistung (bedingte Nettoproduktion) und des Endproduktes zu überprüfen.

## Zur Weiterentwicklung des Abschnittes „Planung der Effektivität der gesellschaftlichen Produktion“

Der Abschnitt Planung der Effektivität der gesellschaftlichen Produktion wurde erstmalig für die Jahre 1976 bis 1980 in die Ordnung der Planung aufgenommen. Es handelt sich dabei um eine Anfangslösung, bei der von vornherein klar war, daß sie weiter auszubauen ist.

Ausgehend von der Schlüsselstellung der Effektivität bei der weiteren Realisierung der Hauptaufgabe, wie sie in den Parteibeschlüssen zum Ausdruck kommt, und den zwischenzeitlich gesammelten Erfahrungen mit der Effektivitätsplanung wurde der Abschnitt in einem größeren Maße überarbeitet.

Der Überarbeitung des Abschnitts liegen folgende Richtungen zugrunde:

— Erhöhung der aktiven Funktion der Effektivitätsrechnungen im Leitungsprozeß, stärkere Nutzung für die Begründung der Leistungs- und Effektivitätsziele in den Plänen;

— Schaffung eines einheitlichen Rahmens für Effektivitätsrechnungen in allen Ebenen und Bereichen der materiellen Produktion bei stärkerer Berücksichtigung der Leistungserfordernisse der verschiedenen Ebenen und Bereiche;

— stärkere Konzentration auf die Schwerpunkte der Intensivierung, auf die Aufdeckung und planmäßige Nutzung von Effektivitätsreserven, die Sichtbarmachung und aktive Beeinflussung der Wege zur Erhöhung der Leistungen;

— rationellere Gestaltung der Effektivitätsrechnungen.

Diese Richtungen sollen wie folgt realisiert werden:

Die Effektivitätsrechnungen werden konsequenter in den Planungs- und Leitungsprozeß eingeordnet. Effektivitätsrechnungen sollen nicht nur im Rahmen der Ausarbeitung der Planentwürfe erfolgen, sondern bereits beim Planansatz. Außerdem sollen die Leistungs- und Effektivitätskennziffern bei der Plandurchführung und -abrechnung sowie im Rahmen der Wettbewerbsbewegung genutzt werden.

Der bisherige Effektivitätsnachweis für Verantwortungsbereiche wird zu einem Grundschema komplexer Leistungs- und Effektivitätsrechnungen weiterentwickelt. Das Neue dieses Grundschemas besteht darin, daß eine stärkere Verknüpfung zwischen Leistung (Warenproduktion, Eigenleistung, Gewinn), Effektivitätsentwicklung (Arbeitsproduktivität, Exportrentabilität, Kosten) und von Einflußfaktoren der Leistungs- und Effektivitätsentwicklung (wissenschaftlich-technischer Fortschritt, Struktureffekte usw.) erfolgt. Damit soll das komplexe Herangehen an die Analyse und Planung der Effektivität nach Intensivierungsfaktoren in und nach Verantwortungsbereichen vertieft werden, vor allem aber das systematische Aufdecken von Leistungs- und Effektivitätsreserven. Das Kennziffernsystem des

Grundschemas wird so aufgebaut, daß ein stärkerer Zuschnitt aller Überlegungen zur Effektivität auf die Erhöhung des Leistungszuwachses erfolgt.

Im Abschnitt wird eine Untersetzung der verantwortungsbereichsbezogenen Effektivitätsermittlungen durch Berechnungen über den Einfluß von Vorhaben, Maßnahmen und Aufgaben des wissenschaftlich-technischen Fortschritts sowie von Exportlinien für Haupterzeugnisse vorgenommen. Damit wird eine einheitliche Ausrichtung aller Effektivitätsrechnungen angestrebt.

Die im Abschnitt angeführten Nomenklaturen, Gliederungen und Rechnungen sind der Rahmen für die Effektivitätsplanung. Dabei wird das Recht eingeräumt, innerhalb dieses Rahmens die spezifischen Bedürfnisse der betreffenden Leitungsebene bzw. des betreffenden Leitungsbereiches zu berücksichtigen. So erhalten die Generaldirektoren der Kombinate das Recht, den Umfang der Rechnungen eigenständig festzulegen. Grundlage der Rechnungen sind ausschließlich Kennziffern der ökonomischen Planinformationen, von Titellisten und anderen im Planungsprozeß angewandten Planungsgrundlagen. Es handelt sich bei den Effektivitätsrechnungen im wesentlichen um eine spezifische Aufbereitung ökonomischer Planinformationen. Die komplexe ökonomische Planinformation soll einen Abschnitt „Qualitative Kennziffern der Effektivität" erhalten, wodurch die gesonderte Übergabe von Leistungs- und Effektivitätsnachweisen an die jeweils übergeordnete Ebene entfallen kann. Das Grundschema ist deshalb in erster Linie als Rahmen für die Effektivitätsrechnungen des jeweils eigenen Verantwortungsbereiches aufzufassen. Durch die Nutzung der in vielen Bereichen üblichen EDV-Aufbereitung kann der Planungsaufwand relativ gering gehalten werden.

Außerdem werden einige Kennziffern (Endprodukt, Erneuerungsgrad der Produktion, Freisetzung von Arbeitskräften, verallgemeinernde Effektivitätskennziffern) weiter erprobt, um sie bei einer entsprechenden erfolgreichen Erprobung in die Planungsordnung und die Rahmenrichtlinie für die Planung der Betriebe und Kombinate aufnehmen zu können.

## 3.2. Zu einigen Konsequenzen der stärkeren Orientierung auf das Endergebnis für die volkswirtschaftliche Effektivitätsbeurteilung

Die Wirtschaftseinheiten wurden bisher auf die Erschließung von Effektivitätsreserven vorwiegend über die Planung der Effektivität und ihrer Verbindung mit der Leistungsbewertung orientiert. Mit den neuen Regelungen zur Effektivitätsplanung wurde die komplexe Effektivitätsbeurteilung vor allem in folgenden Richtungen vervollkommnet:

— Leistungs- und Effektivitätsrechnung wurden unmittelbar miteinander verbunden;

— Faktorenanalysen zur Begründung der Entwicklung von wichtigen Effektivitätskennziffern wurden qualifiziert und erweitert (über die Arbeitsproduktivität hinaus sollen auch Selbstkostensenkung, Gewinnzuwachs und Exporterlösentwicklung nach Hauptfaktoren begründet werden, eine Faktorenanalyse der Grundfondsquote wird empfohlen);

— die Beziehungen zwischen den Effektivitätskennziffern sollen mit Hilfe von Wachstumsrelationen (ökonomisches Normal) stärker als bisher aus der Sicht der Gesamteffektivität beurteilt werden.[5]

Wie die Effektivitätsplanung ihrer aktiven Funktion gerecht wird, hängt hauptsächlich davon ab, ob und wie es mit ihrer Hilfe gelingt, die Wirkungsbedingungen für die Effektivitätssteigerung auf allen Ebenen der Wirtschaftstätigkeit zu erweitern. Deshalb geht es nach wie vor um weitere Vervollkommnungen der Effektivitätsplanung. Hierfür ist von Bedeutung, daß sich die Effektivitätsbeurteilung in der Praxis stärker auf die Aufwands-Ergebnis-Relation stützt. Das kann jedoch keineswegs allein auf die Effektivitätsrechnung reduziert werden. Welche Rolle die Effektivität faktisch spielt, wird wesentlich davon bestimmt, ob und wie die Entwicklung aller Faktoren des Reproduktionsprozesses auf die Effektivitätssteigerung ausgerichtet ist oder ob sie ihr tatsächlich entgegenwirkt. Deshalb muß die Effektivitätsplanung berücksichtigen, welcher Spielraum tatsächlich besteht, um effektiver zu wirtschaften. Das bedeutet, die Zusammenhänge zu beachten, wie sie bestehen zu den strategischen Richtungen der Verbrauchs- und Produktionsstruktur, der Entwicklung, Struktur und Bilanzierung der verfügbaren Ressourcen, der Stabilität, Realität und Konsistenz der Pläne und nicht zuletzt zu den jeweiligen Wechselbeziehungen zwischen zentraler staatlicher Planung und wirtschaftlicher Rechnungsführung der Kombinate und Betriebe.

Gegenwärtig kommt der weiteren Qualifizierung der Effektivitätsbeurteilung in der langfristigen Planung eine zentrale Bedeutung zu. Wie schnell schrittweise der Bewegungsspielraum für grundlegende Veränderungen von Technik und Struktur ausgedehnt werden kann, hängt letztlich von der Effektivitätssteigerung ab. Es geht deshalb um die bessere Nutzung kurzfristiger Quellen der Effektivitätssteigerung. Jedoch sind hierbei die Möglichkeiten des ersten Zugriffs weitgehend erschöpft. Die zweifellos vorhandenen Effektivitätsreserven sind kurzfristig im wesentlichen nur noch erschließbar, wenn von seiten der langfristigen

5 Vgl. Entwurf der Arbeitsgruppe Effektivitätsplanung: Planungsordnung 1981—1985, Teil I, 2. Planung der Effektivität der gesellschaftlichen Produktion vom 10. 8. 1978.

und Fünfjahresplanung dafür stabile Rahmenbedingungen geschaffen werden. Insbesondere die Effektivitätsbeurteilung im Rahmen der langfristigen Planung wird letztlich daran gemessen, wie sie dazu beiträgt, die notwendigen Voraussetzungen zu schaffen, damit Fünfjahres- und Jahresplan die Reserven zur Steigerung der Effektivität immer mehr ausnutzen können. Das bedeutet für die langfristige Planung unter anderem die Begründung von Bedürfnis- bzw. Bedarfspräferenzen für den Endverbrauch, die Bilanziertheit zwischen Produktions- und Konsumtionskraft der Volkswirtschaft, die generelle Verstärkung normativer Anforderungen an die Ergebnis-Aufwands-Relation.

Um mit Hilfe der volkswirtschaftlichen Effektivitätsbeurteilung zur Lösung dieser Aufgaben beizutragen, stehen gegenwärtig vor allem folgende Probleme im Vordergrund:

— die weitere Vervollkommnung der Aufwandsrechnung, insbesondere die Verbindung von einmaligem und laufendem Aufwand, die volle Einbeziehung der Reproduktionsaufwendungen für die Naturressourcen, die Berücksichtigung der Valutaaufwendungen für die Importe. Weiterhin geht es darum, die Gesamtheit der Aufwendungen auch in der wirtschaftlichen Rechnungsführung zu berücksichtigen;

— die präzisere Bestimmung der Ergebnisform der Effektivität, damit diese dem volkswirtschaftlichen Endergebnis näherkommt. Das bedeutet insbesondere, das Nationaleinkommen nicht nur nach der Entwicklung seines physischen Volumens, sondern auch nach seiner gesellschaftlichen Nützlichkeit (wie Gebrauchswertstruktur, Bedarfsgerechtheit, Konsumtionseffekte) zu beurteilen;

— die komplexe Ermittlung der Ergebnis-Aufwands-Relation und die Analyse aller Restriktionen und Faktoren, die langfristig den Spielraum für die Effektivitätssteigerung bestimmen.

Hierbei genügt es nicht, lediglich einzelne Seiten der Effektivitätsbeurteilung zu präzisieren, wie z. B. die Ergebnisgrößen. Zur Kennfrage für eine aktivere Funktion der Effektivitätsplanung ist gegenwärtig die komplexe Beurteilung und Beeinflussung der Steigerung der Effektivität, ihrer Faktoren und Bedingungen geworden. Kann mit Hilfe des volkswirtschaftlichen Endergebnisses hierfür ein Lösungsansatz gefunden werden?

Mit dem *volkswirtschaftlichen Endergebnis* wird letztlich die Frage nach dem Verhältnis von Gesamtaufwand und -ertrag gestellt, d. h. danach, was vom Brutto-Ergebnis abgesetzt werden muß, um die Mittel zu erhalten, die für die tatsächliche Verbesserung der Arbeits- und Lebensbedingungen im Inland verfügbar sind.[6]

6 Vgl. XXV. Parteitag der KPdSU. Rechenschaftsbericht des ZK der KPdSU und die nächsten Aufgaben der Partei in der Innen- und Außenpolitik. Berichterstatter: L. I. Breshnew, Berlin 1976, S. 73; vgl. Aus dem Bericht des Politbüros an die 8. Tagung des ZK der SED. Berichterstatter: E. Honecker, Berlin 1978, S. 27.

Diese Frage wird zur Zeit sehr unterschiedlich beantwortet. Repräsentative Vorschläge betrachten als Endergebnis

— das Endprodukt, speziell das Endprodukt der Produktionsvereinigung[7] bzw. die abgesetzte Warenproduktion für das Kombinat;[8]

— Volumen und Wachstumstempo des Nationaleinkommens bzw. der Nettoproduktion;[9]

— Gewinn bzw. Nettogewinn (u. a. als Resultat des Vergleichs von Gesamtergebnis und Gesamtaufwand mit Hilfe normativer Ressourcenbewertungen);[10]

— die rationelle Nutzung gesellschaftlicher Arbeit, ausgedrückt in Zeitkennziffern,[11] wie z. B. Normstunden und Normrubel im Komplex von Wert-, Natural- und Zeitgrößen;

— die Erfüllung der Pläne bei Einhaltung der Wirtschaftsverträge, wodurch auch die Stellung des Anwenders gestärkt werden soll, um den Hersteller zu volkswirtschaftlich effektiver Produktion anzuregen.[12]

Alle diese Definitionen charakterisieren jeweils bestimmte Seiten des Endergebnisses, ohne es jedoch umfassend zu berücksichtigen. Deshalb kann offenbar eine Lösung nicht gefunden werden, wenn einzelne Ergebnisformen gegeneinander abgewogen werden. Alle Ergebnisformen haben im System der komplexen Effektivitätsbewertung ihre jeweils spezifische Aussage.

Das eigentliche Problem besteht darin, vom Bruttoprodukt (in Form der produzierten oder abgesetzten Warenproduktion) ausgehend schrittweise immer mehr Aufwandsarten abzusetzen, um schließlich nach Abzug der Gesamtaufwendungen das volkswirtschaftliche Endergebnis zu erhalten. Hierbei muß von vornherein berücksichtigt werden, welche Ergebnisgrößen unmittelbar die Effektivität ausdrücken und welche dafür lediglich Vorstufen sind oder sich auf

7 Vgl. G. Kiperman/Ju. Muntjan/M. Poljakova, Metodologičeskie aspekty planirovanija i učeta konečnych rezul'tatov proizvodstva, in: Voprosy ėkonomiki, 2/1977, S. 35.

8 Vgl. I. Fuchs, Einige Probleme der Einbeziehung der Ergebnisse der Produktion in die Leistungsbewertung der Betriebe und Kombinate, in: Berichte und Mitteilungen, hg. vom Wissenschaftlichen Rat für Fragen der Vervollkommnung der Planung und wirtschaftlichen Rechnungsführung, 2/1978 „Zur Vervollkommnung der Leitung, Planung und ökonomischen Stimulierung", S. 114; H. Hesse, Zu einigen aktuellen Fragen der Leistungsbewertung der Betriebe, ebenda, S. 121.

9 B. Plyševskij, pokazatel' ėffektivnosti proizvodstva, in: Ėkonomičeskaja gazeta, 1/1977, S. 9; I. Abalkin, Konecnye narodnochozjajstvennye rezultaty, in: Voprosy ėkonomiki, 11/1976, S. 3.

10 Vgl. u. a. L. A. Vaag, Chozjajstvennyj mechanizm-kompleksnyj podchod, in: Ėkonomika i Organisazija promyšlenogo proizvodstva 4/1977, S. 15.

11 Vgl. Ja. A. Bachtin/E. Ja. Dašina, Soveršenstvovanie metodov ocenky ėffektivnosti proizvodstva, in: Buchgalterskij učet, 3/1977, S. 25.

12 Vgl. z. B. A. Aganbegjan, Ocenka na osnove konečnych rezul'tatov — ključevaja problema chozjajstva, in: Trud vom 26. 7. 1977.

bestimmte Verwendungszwecke beziehen. Klarheit über die Aussagekraft der jeweiligen Ergebnisgrößen der Produktion ist auch wichtig, um nicht in Illusionen darüber zu verfallen, daß allein durch Auswahl einer anderen Ergebnisgröße automatisch der Anreiz zur Erschließung von Effektivitätsreserven verstärkt werden könnte.

Welche Fragen im Hinblick auf das volkswirtschaftliche Endergebnis beantwortet werden müssen, soll am Beispiel der Aussagekraft des Nationaleinkommens für die Effektivitätsentwicklung gezeigt werden.

Gegenwärtig besteht weitgehende Übereinstimmung darüber, daß in der stärkeren Ausrichtung der Volkswirtschaft und aller Wirtschaftseinheiten auf den realen Zuwachs des produzierten Nationaleinkommens und seine tatsächliche Verfügbarkeit im Inland noch beträchtliche Möglichkeiten liegen, wenig effektive Produktionserweiterungen und faktische Orientierungen auf das Bruttoprinzip zurückzudrängen. Zugleich kann jedoch das physische Volumen des Nationaleinkommens noch keineswegs mit dem volkswirtschaftlichen Endergebnis identifiziert werden. Es werden nicht die Gesamtaufwendungen, sondern lediglich die laufenden Aufwendungen vergegenständlichter Arbeit berücksichtigt. Deshalb müssen noch weitere Fragen beantwortet werden.

1. Welche Fondsvorleistungen (einschließlich der einmaligen Aufwendungen zur Reproduktion von Naturbedingungen) sind aus dem Nationaleinkommen zu decken, damit dessen bereits erreichte Wachstumsdynamik fortgesetzt werden kann? Die einmaligen Aufwendungen beeinflussen, ob mit einem gegebenem Wachstum des Nationaleinkommens die Mittel für die Befriedigung konsumtiver Bedürfnisse sowie für die Erhöhung der Wachstumsdynamik mehr oder weniger erweitert reproduziert werden.

2. Wie wurde mit dem Zuwachs des Nationaleinkommens der jeweilige Spielraum für die Sozialpolitik erweitert? Ein gegebenes Wachstum des Nationaleinkommens erhöht das volkswirtschaftliche Endergebnis im unterschiedlichen Ausmaß in Abhängigkeit davon, inwieweit es dazu beiträgt, ein erreichtes Konsumtionsniveau aufrechtzuerhalten[13] und es zu erweitern. Von Einfluß hierauf ist ebenfalls das jeweilige Niveau bei der Befriedigung elementarer Lebensbedürfnisse.

3. In welchem Maße das im Inland produzierte Nationaleinkommen sich tatsächlich als Leistungszuwachs bestätigt, wird vom Außenhandelsergebnis beeinflußt. Das bedeutet, das im Inland produzierte Nationaleinkommen durch Gewinne

13 Hierbei muß auch der Einfluß der gebrauchswertmäßigen Zusammensetzung berücksichtigt werden. Höhere Lebensdauer und höhere Leistungsfähigkeit der Gebrauchswerte tragen beispielsweise dazu bei, daß das gegenwärtige Konsumtionsniveau mit einem niedrigeren Volumen des Nationaleinkommens gesichert werden kann.

bzw. Verluste infolge der Außenhandelstätigkeit zu ergänzen.[14] Jedoch heißt das nicht, daß auf volkswirtschaftlicher Ebene das verwendete Nationaleinkommen die Stellung des Endergebnisses einnehmen kann.[15] Das verwendete Nationaleinkommen wird auch durch Faktoren mit beeinflußt, die unmittelbar nicht die Leistungsentwicklung ausdrücken, wie z. B. Kreditvergabe und -aufnahme.

Die Theorie (und faktisch auch die Praxis) der Effektivitätsrechnung setzte lange Zeit eine hohe Nützlichkeit und freie Verfügbarkeit des Nettoprodukts für die Verbesserung der Arbeits- und Lebensbedingungen und die Akkumulation von vornherein als gegeben voraus.

Sie konnte sich dabei auf den bekannten Hinweis von ENGELS stützen, daß im Sozialismus „die Nutzeffekte der verschiedenen Gebrauchsgegenstände, abgewogen untereinander und gegenüber den zu ihrer Herstellung nötigen Arbeitsmengen . . den Plan schließlich bestimmen“[16] werden. Andererseits gibt es auch Auffassungen, daß das Nettoprodukt-Konzept einseitig auf quantitative Zeiteinsparungen in der Produktion zu Lasten hoher Effekte in der Konsumtion orientiere. Ausdruck dafür sind Vorschläge, das Nationaleinkommen durch die Leistungen des nichtproduzierenden Bereichs zu ergänzen oder durch die soziale Lebensqualität abzulösen.

Zweifellos bestehen noch Reserven, um mit einem gegebenen Nationaleinkommen durch bedarfsgerechtere Produktion höhere Konsumtionseffekte zu erreichen.

Hinweise darauf geben zum Beispiel Untersuchungen, inwieweit der materielle Nationalreichtum durch den Zuwachs des Nationaleinkommens vermehrt wird.

Wenn man Befragungsergebnisse des Instituts für Marktforschung zugrunde legt, dienten, um nur ein Beispiel herauszugreifen, Anfang der 70er Jahre rd. 50 Prozent der Kapazitäten für die Deckung des Inlandbedarfs an Wohnzimmermöbeln dem Ersatzbedarf. Verlängerung der Nutzungsdauer durch bessere Qualität der Erzeugnisse und stärkere Austauschbarkeit von Einzelteilen würde dazu beitragen, bei gleichem Nutzen für den Verbraucher Ressourcen in der materiellen Produktion einzusparen.

Verbesserte Qualität der Erzeugnisse ist aber auch ein wichtiger Faktor, damit die arbeitsfreie Zeit rationeller genutzt und damit stärker als Faktor zukünftiger Produktivitätssteigerung wirksam werden kann. Effektivitätsreserven zeigen sich

14 Ein Außenhandelsgewinn wird erreicht, wenn unter Einbeziehung aller Kosten bei ausgeglichener Handelsbilanz zu Auslandspreisen der Inlandsaufwand für den Export niedriger ist als der Inlandserlös für die importierten Waren.

15 Wie das z. B. ŠOKIN fordert. Vgl. N. A. ŠOKIN, Ob opredelenii ėkonomičeskoj ėffektivnosti socialističeskogo Proizvodstva, in: Vestnik Akademii nauk SSSR, Serija ėkonomičeskaja, 2/1977, S. 5.

16 F. ENGELS, Herrn Eugen Dührings Umwälzung der Wissenschaft (Anti-Dühring), in MEW, Bd. 20, Berlin 1962, S. 288.

z. B. darin, daß bei einer Reihe von hauswirtschaftlichen Arbeiten, wie Heimwerkertätigkeit, Anfertigung von Bekleidung u. a. der Zeitaufwand tendenziell steigt. So wenden z. B. 83% aller Männer und 35% aller Frauen einen Teil ihrer Freizeit für Reparatur- und Instandhaltungsarbeiten aller Art auf (ohne Arbeiten an Kraftfahrzeugen), wobei rd. 55% aller Malerarbeiten und mehr als 40% aller Tapezier- und Schlosserarbeiten von den Haushalten selbst ausgeführt werden.[17] Effektivitätsreserven lassen sich auch erschließen, indem die technisch-ökonomischen Parameter der Erzeugnisse überall auf eine hohe gesellschaftliche Nützlichkeit ausgerichtet werden. Das zeigt sich z. B. an der gegenwärtig zu geringen Ausnutzung von Universal-Küchenmaschinen im Haushalt. Etwa 84% der befragten Haushalte schätzten ein, daß der Reinigungsaufwand für diese Geräte höher oder gleich hoch wie bei manuellen Küchengeräten ist,[18] die Zeitersparnis demzufolge gering ist oder gänzlich fehlt. Diese Beispiele ließen sich fortsetzen.

Durch bedarfsgerechtere Struktur der Produktion Effektivitätsreserven zu erschließen, bedeutet jedoch keineswegs, das Nationaleinkommen als zentrale Ergebnisgröße der volkswirtschaftlichen Effektivitätsrechnung abzulösen. Das Nationaleinkommen stellt mengen- und wertmäßig eine echte Ergebnisgröße des volkswirtschaftlichen Reproduktionsprozesses dar. Es geht aber darum, welchen Beitrag das physische Volumen des Nationaleinkommens zur Befriedigung der Bedürfnisse der Gesellschaft leistet. Das bedeutet insbesondere, die Frage zu stellen, wie die objektive Nützlichkeit der Gebrauchswerte in der Effektivität ausgedrückt werden kann.

Es muß beantwortet werden,

— welche Konsequenzen sich aus dem Primat des Gebrauchswerts, das aus dem ökonomischen Grundgesetz des Sozialismus folgt, für die Effektivität ergeben;

— welche Stellung hierbei das Wertgesetz einnimmt;

— welche spezifische Form damit das Wirken des Gesetzes der Ökonomie der Zeit im entwickelten Sozialismus annimmt.

*Primat des Gebrauchswerts für die Effektivitätsbeurteilung* schließt ein, daß die Nützlichkeit der Gebrauchswerte für die Realisierung des ökonomischen Grundgesetzes des Sozialismus nachgewiesen werden muß. Allgemein reproduktionstheoretisch bestimmt sich die Nützlichkeit durch Art, Menge und Qualität verfügbarer Gebrauchswerte. Sie bezieht sich sowohl auf Produktions- als auch auf Konsumtionsmittel und realisiert sich grundsätzlich erst in der Anwendung.

17 Wobei es nicht darum geht, diese Arbeiten generell zu beseitigen, sondern nur die, die eine schöpferische Ausnutzung der arbeitsfreien Zeit behindern. Vgl. J. Schmutzler, Zu einigen Aspekten der Heimwerkertätigkeit in der DDR, Marktforschung, 1/1976, S. 30ff.

18 Vgl. W. Horn/R. Knopfe, Einflußfaktoren und Tendenzen der Entwicklung der Lebens- und Verbrauchsgewohnheiten im Sozialismus, in: Wissenschaftliche Zeitschrift der Handelshochschule Leipzig, 4/1976, S. 33.

## Beziehungen zwischen Nationaleinkommen und Endprodukt in der Effektivitätsbeurteilung

Analyse des Nationaleinkommens nach seiner gebrauchswertmäßigen Struktur bedeutet zwangsläufig, das *gesellschaftliche Endprodukt* heranzuziehen. Beim Endprodukt handelt es sich um Erzeugnisse, die tatsächlich in die Endverwendung als Produktions- oder Konsumtionsmittel eingehen können. Es enthält keinerlei Zwischenprodukte. Damit charakterisiert das *Endprodukt die allgemein reproduktionstheoretische Form des Endergebnisses*. Ohne die Verbindung zum Endprodukt und seinen Verflechtungen zu den Vorstufen kann schlechterdings keine Aussage getroffen werden, inwieweit das Nationaleinkommen bedarfsgerecht strukturiert ist. Es geht deshalb auch nicht um die Ablösung des Nettoprodukts durch das Endprodukt, sondern um die Präzisierung und Kontrolle der Ergebnisform Nettoprodukt durch das Endprodukt. Ansätze dazu bieten sich zum Beispiel, indem die Ermittlung der vollen Aufwendungen für Bedürfniskomplexe (einschließlich der Reproduktionsaufwendungen für Bereiche außerhalb der materiellen Produktion und das Naturpotential)[19] zu einer komplexen Effektivitätsbeurteilung weitergeführt wird. Das Endprodukt löst aber noch nicht voll das Problem der gesellschaftlichen Nützlichkeit der Gebrauchswerte.

Sein Wachstum charakterisiert z. B. nicht die Entwicklung der produktiven Konsumtionseffekte, die sich in der Bewegung der Fondsvorleistungen für die Steigerung der Nettoproduktivität niederschlagen. Es berücksichtigt auch nichtproduktive Konsumtionseffekte nur indirekt, gewissermaßen als Ergebnis der Ressourcenverteilung auf die Sphären der Reproduktion. Das bedeutet, daß das gesellschaftliche Endprodukt noch nicht mit dem volkswirtschaftlichen Endergebnis gleichgesetzt werden kann. Wenn gefordert wird, daß die Endprodukte das Maß für die Befriedigung der „jeweiligen gesellschaftlichen Bedürfnisse“[20] sein sollen, so muß dabei stets berücksichtigt werden, welche spezifischen Anforderungen die Bedürfnisse der sozialistischen Gesellschaft an das Endprodukt stellen.

Eine Reihe von differenzierten Aussagen zum volkswirtschaftlichen Endergebnis wird möglich, wenn das Endprodukt danach analysiert wird, welche *materiellen Bedingungen* für bessere Bedürfnisbefriedigung damit geschaffen worden sind. Das bedeutet beispielsweise, die Struktur des Endprodukts unter dem Aspekt der Reproduktionserfordernisse lebendiger und vergegenständlichter Arbeit weiter zu untergliedern. Den Ausgangspunkt hierfür bildet das *für die erweiterte Reproduktion verfügbare Endprodukt.*

19 Vgl. G. Knobloch, Abschnitt 1.5. dieses Bandes.

20 N. Fedorenko, Aus 4 Richtungen zu guten Finalerzeugnissen, in: Die Wirtschaft, 5/1978, S. 24.

Darauf wirken bei einem gegebenen gesellschaftlichen Endprodukt vor allem ein:

— das Verhältnis zwischen dem produzierten und verwendeten Nationaleinkommen, darunter auch das Austauschverhältnis im Außenhandel;

— die für die einfache Reproduktion veralteter Produktionskapazitäten notwendigen Investitionen. Dabei ist der anteilige Ersatz an den Erneuerungsinvestitionen desto niedriger, je höher die Effektivität der Erneuerungsinvestitionen und je größer deshalb auch der Einfluß der „intensiv einfachen Reproduktion";

— die für die einfache Reproduktion des Niveaus der Bedarfsdeckung bei nichtproduktiven Bedürfnissen notwendigen Konsumtionsmittel im weiteren Sinne (d. h. einschließlich der Investitionen für die nichtproduktiven Bereiche). Hierauf sind u. a. von Einfluß die Entwicklung von Gebrauchswert und Qualität der Konsumgüter sowie des Herstellungsaufwandes; die Entwicklung der Bevölkerung und ihrer altersmäßigen Struktur; der Anteil der Ersatzkäufe am Umsatz langlebiger Konsumgüter; der Anteil der faktischen Ersatzinvestitionen an den Investitionen des nichtproduktiven Bereichs.

Es muß jedoch zugleich darauf hingewiesen werden, daß bei einem angenommen gleich hohen Endprodukt, das für die erweiterte Reproduktion verfügbar ist, die tatsächlichen Fortschritte in der Bedürfnisbefriedigung sehr unterschiedlich sein können, wenn die gesellschaftliche Nützlichkeit der darin eingeschlossenen Gebrauchswerte sich unterschiedlich entwickelt. Diese Unterschiede in der gesellschaftlichen Nützlichkeit der Gebrauchswerte können aber anhand ihrer Auswirkungen auf volkswirtschaftlicher Ebene weitgehend berücksichtigt werden, wenn die *Struktur* des Endprodukts für die erweiterte Reproduktion untersucht wird.

Dazu gehören zunächst die *Bruttoinvestitionen* des produzierenden Bereichs. Sie charakterisieren die Fondsvorleistungen, erweitern damit die Bedingungen für die Produktivitätssteigerung und für progressive Arbeitsinhalte. Dabei muß besonders berücksichtigt werden, wieviel Bruttoinvestitionen erforderlich sind, um ein gleichbleibendes Wachstumstempo des Endprodukts zu sichern. Das sind in gewisser Weise von vornherein fixierte Aufwendungen für die Aufrechterhaltung der Wachstumsdynamik. Je billiger aber die Investitionsgüter hergestellt werden und je größer ihre gesellschaftliche Nützlichkeit ist, desto weniger Endprodukt wird benötigt, um die Investitionen für ein gleichbleibendes Wachstum des Endprodukts zu sichern, desto mehr von dem für die erweiterte Reproduktion verfügbaren Endprodukt verbleibt für andere Zwecke (insbesondere für den Zuwachs der Konsumtion im weiteren Sinne und für Akkumulation, die zur Beschleunigung der Wachstumsdynamik beitragen kann).

Dieses verbleibende Endprodukt könnte als „*intensiver Endproduktzuwachs*" bezeichnet werden. Es resultiert im wesentlichen aus der Steigerung der Produktivität der lebendigen Arbeit nach Abzug vergleichbar gemachter Fondsvorleistungen und kann vor allem dazu dienen, um auf einer höheren Stufenleiter die Arbeits- und Lebensbedingungen zu erweitern. Der intensive Zuwachs der Endproduktion muß berücksichtigt werden, wenn es um die Einschätzung des Beitrags geht, den ein bestimmtes Wachstum des Nationaleinkommens zur Entwicklung des volkswirtschaftlichen Endergebnisses leistet. Zugleich muß aber beachtet werden, daß damit zunächst nur eine *globale* Aussage über die materiellen Möglichkeiten getroffen wird, die den Spielraum für die Sozialpolitik und für eine höhere Stufenleiter bei der Entwicklung der materiell-technischen Basis erweitern. Es ist eine weitere Präzisierung notwendig, weil der intensive Zuwachs der Endproduktion in Abhängigkeit vom Effektivitätsniveau unterschiedliche Möglichkeiten für die bessere Befriedigung materieller sowie geistig-kultureller Bedürfnisse schafft.

Diese Präzisierung führt zum „*frei verfügbaren Endproduktzuwachs*". Ein gleich hoher intensiver Zuwachs der Endproduktion trägt unterschiedlich zur Verbesserung der Arbeits- und Lebensbedingungen bei, in Abhängigkeit insbesondere davon, welches Niveau bereits bei der Befriedigung elementarer Lebensbedürfnisse pro Kopf der Bevölkerung erreicht worden ist und welche gesellschaftliche Nützlichkeit die Erzeugnisse aufweisen. Je besser bereits die Bevölkerung mit Mitteln für die Befriedigung elementarer Lebensbedürfnisse versorgt ist (mit Nahrungsmitteln, Bekleidung, Wohnraum, elementaren hauswirtschaftlichen Gütern) und je höher die Nützlichkeit der Konsumgüter ist (z. B. bei einem hohen Gebrauchswert und niedrigen Aufwendungen für dessen Herstellung), desto mehr verbleibt vom intensiven Zuwachs der Endproduktion für den „*frei verfügbaren Endproduktzuwachs*". Frei verfügbar nicht in dem Sinne, daß er noch nicht durch Vorentscheidungen für eine bestimmte Verwendung gebunden ist, sondern in dem Sinne, daß er verfügbar ist für die freie Entfaltung persönlicher Fähigkeiten, für die Erweiterung von Bildung und Wissenschaft, für die Erhöhung des Akkumulationsniveaus zur Beschleunigung des Steigerungstempos der Arbeitsproduktivität.[21] Wenn berücksichtigt wird, daß noch etwa 75% der Bruttoproduktion der Befriedigung elementarer Lebensbedürfnisse dienen, dann wird deutlich, daß noch große Möglichkeiten bestehen, um über rationellere Produktion der Mittel für den unmittelbaren Lebensunterhalt die Mittel für die Befriedigung neuer materieller sowie der geistig-kulturellen Bedürfnisse zu erhöhen.

Grundsätzlich zeigen die genannten Zusammenhänge, daß generell das Endprodukt für die erweiterte Reproduktion eng mit dem volkswirtschaftlichen Endergebnis verbunden ist (vgl. Abb. 1):

21 Darin ist zwangsläufig nicht nur ihr Wirksamwerden als Produktionszuwachs, sondern auch die absolute Freisetzung von Arbeitszeitfonds aus der materiellen Produktion eingeschlossen.

Abb. 1 Beziehungen zwischen den verschiedenen Ergebnisformen der Produktion auf volkswirtschaftlicher Ebene

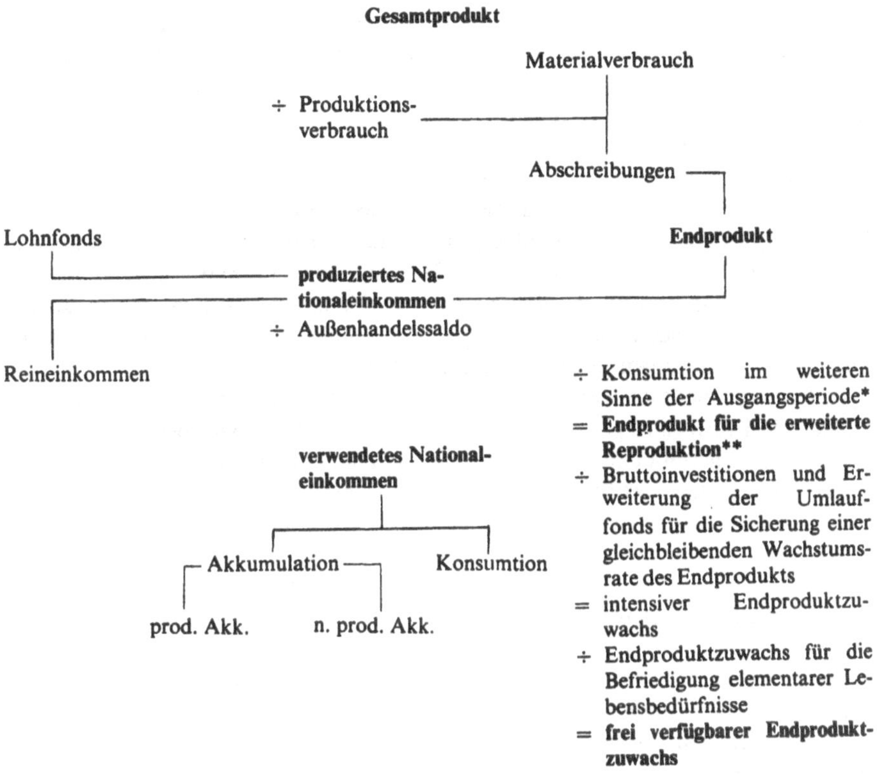


* Vereinfacht als Synonym für gleichbleibendes Konsumtionsniveau. Tatsächlich müßte noch die Entwicklung der Bevölkerung berücksichtigt werden. Von Einfluß ist ebenfalls, wieviel Nationaleinkommen notwendig ist, um ein gleiches Konsumtionsniveau bei Unterschieden in der Qualität und der Lebensdauer der Erzeugnisse zu sichern.

** Die realisierten Amortisationen sind einbezogen, da es immer mehr um die faktisch intensive Erweiterung bei wertmäßig einfacher Reproduktion geht.

Der „frei verfügbare Endproduktzuwachs" charakterisiert jedoch letztlich den eigentlichen Fortschritt in der Effektivität, den gegenwärtigen Beitrag zur Vorbereitung hoher Steigerungsraten der Effektivität auch in der Zukunft. In seiner Dynamik kommt hochaggregiert zum Ausdruck, inwieweit in der materiellen Produktion die Gesamtaufwendung pro Einheit Nutzeffekt gesenkt werden konnten. Zugleich muß aber auch beachtet werden, daß ein großer „frei verfügbarer Zuwachs der Endproduktion" ein hohes Niveau der materiell-technischen Ausstattung der Arbeit sowie der Befriedigung elementarer Lebensbedürfnisse voraussetzt. Er kann folglich nicht zu deren Lasten erweitert werden.

Das Endprodukt für die erweiterte Reproduktion und seine Struktur müssen noch weiter untersucht werden. Jedoch zeigen bereits die genannten Zusammenhänge, daß es dazu beitragen kann, die Beziehungen zwischen dem Wachstum des Nationaleinkommens und dessen Beitrag zur Verbesserung der Arbeits- und Lebensbedingungen zu analysieren. Dabei wurde versucht, vom Ansatz her entsprechend dem Ziel der sozialistischen Produktion in der volkswirtschaftlichen Effektivitätsrechnung das Primat des Gebrauchswerts mit zu berücksichtigen. Hieraus sind auch einige Methoden des Herangehens zu erklären, wie z. B.:

— Es wird grundsätzlich vom physischen Volumen der Produktion ausgegangen, wobei versucht wird, dessen gesellschaftliche Nützlichkeit indirekt, d. h. über ihre Auswirkungen beim Anwender zu berücksichtigen.

— Es wird deshalb versucht, die Gesamtaufwendungen vom Bruttoeffekt ebenfalls in Form eines physischen Volumens abzusetzen.[22] Das bedeutet, daß die Einsparungen gesellschaftlicher Arbeit sich letztlich in einem zusätzlichen physischen Volumen des Nationaleinkommens ausdrücken.

— Die planmäßige Gestaltung der Realisierungsbedingungen für die Effektivitätssteigerung erfordert, daß Beziehungen zu den finanziellen Kennziffern, wie z. B. Lohnfonds, Reineinkommen u. a. hergestellt werden, worauf aber in diesem Rahmen nicht eingegangen werden kann.

Mit den dargestellten Aspekten des gesellschaftlichen Endergebnisses wurde versucht, die Effektivitätsentwicklung komplexer zu beurteilen, indem Nationaleinkommen und Endprodukt als primäre Ergebnisformen der spezifisch sozialistischen Effektivität herausgearbeitet und mit der Aufwands-Ergebnis-Relation enger verbunden werden.

Mit komplexen Einschätzungen zum volkswirtschaftlichen Endergebnis ist jedoch lediglich ein erster Schritt getan. Damit diese Orientierungen die tatsächliche Erschließung von Effektivitätsreserven auslösen, müssen im weiteren daraus adressierbare Effektivitätsziele abgeleitet und planmäßig die materiellen Voraussetzungen für ihre Realisierung geschaffen werden. Auf einige wichtige Schritte hierbei, die vor allem bei Prognose und langfristiger Planung im Blickfeld stehen, soll im folgenden hingewiesen werden.

1. Das Primat des Gebrauchswertes drückt sich darin aus, daß ganz bestimmte Bedürfnis- bzw. Bedarfspräferenzen eingehalten werden müssen. In

22 Aufwands-Ergebnis-Relation kann grundsätzlich sowohl als Quotient als auch als Differenz ausgedrückt werden.

diesem Sinne bestimmt der Gebrauchswert, *was* produziert wird. Je mehr das ökonomische Grundgesetz des Sozialismus seinen Wirkungsbereich erweitert, desto mehr muß auch der spezifisch sozialistische Gebrauchswert in der Effektivitätsbeurteilung seinen Platz finden. Das bedeutet, daß die *gesellschaftlichen Bedarfspräferenzen* bei der Effektivitätsbeurteilung mit berücksichtigt werden müssen, *daß ihre Einhaltung sogar Bedingung dafür ist, daß Einsparungen gesellschaftlicher Arbeit* (die sich im Wachstum des physischen Volumens des Nationaleinkommens ausdrücken) *als Steigerung der volkswirtschaftlichen Effektivität anerkannt werden können.* Prognose und langfristige Planung haben also bereits einen wichtigen Beitrag zur Erweiterung der Wirkungsbedingungen für die Effektivitätssteigerung zu leisten, indem sie die Frage beantworten: *Welche Anforderungen an die zukünftige Effektivitätssteigerung werden von den Entwicklungstendenzen der Bedürfnisse hervorgerufen* (und wie müßte sich auf Grund dessen die Produktivitätssteigerung auf das Produktionswachstum, die Arbeitszeitverkürzung sowie die absolute Freisetzung von Arbeitskräften verteilen) und *welche Präferenzen* in der Befriedigung dieser Bedürfnisse setzt die Gesellschaft?

Das bedeutet aber, daß die Beurteilung der Effektivität mit davon ausgehen muß, wie die Bedürfnisse in Bedarfsforderungen an die Produktion umgesetzt werden, wie sich die bessere Befriedigung der Bedürfnisse in zusätzlichen Triebkräften für die Produktion niederschlägt, die u. a. ihren materiellen Ausdruck in einem höheren Grad von Kontinuität in der Effektivitätssteigerung finden. Daß es hierbei nicht um die Planung jedes einzelnen Gebrauchswertes bis zur letzten Schraube geht, sondern um Bedürfnis- und Bedarfskomplexe, wie z. B. Wohnungsbauprogramm, die strategische Positionen für die Effektivitätsbeurteilung setzen, versteht sich von selbst. Durch die langfristige Entscheidung, was produziert wird, wird die volkswirtschaftliche Effektivitätsentwicklung bereits zu einem großen Teil vorherbestimmt. Es geht deshalb darum, Überlegungen anzustellen, wie die Bedarfsgerechtheit der Produktion stärker in der Effektivitätsbeurteilung berücksichtigt werden kann. Das ist am wenigsten eine Frage der anzustellenden Rechnungen, sondern berührt den gesamten Mechanismus der Leitung und Planung. Für die Effektivitätsbeurteilung ergeben sich daraus jedoch bereits gegenwärtig einige Mindestforderungen.

— Als Bestandteil der Ergebnis-Aufwands-Rechnung auf volkswirtschaftlicher Ebene muß anhand der Struktur des Endprodukts nachgewiesen werden, wie die zentral festgelegten Präferenzen für Bedarfskomplexe gesichert werden.

— Die Bedarfspräferenzen sind noch stärker als gebrauchswertmäßige Restriktionen für die Planerfüllung der Kombinate und Betriebe durchzusetzen. Der Produktionsplan kann grundsätzlich nur dann als erfüllt anerkannt werden, wenn die geplante gebrauchswertmäßige Struktur der Produktion eingehalten wurde.

— Es gilt auch, die Kategorie der gesellschaftlich notwendigen Arbeit stärker auszunutzen, um eine bedarfsgerechtere Produktion zu fördern. Arbeit, die nicht entsprechend dem Bedarf und seinen Präferenzen verausgabt wird, ist letztlich verschwendete Arbeit, das heißt, sie kann nicht als Ergebnis abgerechnet werden, ist aber in den Aufwendungen enthalten. Nicht bedarfsgerechte Produktion muß sich auch in der Effektivitätsrechnung als das ausdrücken, was sie bewirkt, nämlich Verschlechterung des Verhältnisses von Aufwand und Ergebnis.[23]

2. Wie sich die Effektivität entwickelt, hängt nicht allein davon ab, was produziert wird, sondern ebenfalls, auf welche Weise und wieviel produziert wird. So kann sich z. B. bei einem gleichen Wachstum der Produktion die Effektivität sehr unterschiedlich entwickeln, je nachdem, welche Bedürfnisse auf welche Weise befriedigt werden sollen, welche Ressourcen genutzt werden und wie angespannt jeweils die Inanspruchnahme der Ressourcen ist. Deshalb ist es auch wichtig einzuschätzen, ob Widersprüche, die zum Teil beobachtet werden können, zwischen besserer Bedarfsdeckung und schlechterer Entwicklung der ökonomischen Effektivität oder zwischen verbesserten Gebrauchswertparametern und sinkenden Raten der Effektivitätssteigerung beim Anwender auf echte Effektivitätsreserven hinweisen oder ob sie nur scheinbare Widersprüche sind, weil die Komplexität der Einflußfaktoren der Effektivität noch unvollkommen beherrscht wird. Die Möglichkeiten der Effektivitätssteigerung bilden einen wichtigen Anhaltspunkt für die langfristig anzusteuernden Effektivitätsziele und hauptsächlichen wissenschaftlich-technischen Entwicklungsrichtungen. Das bedeutet *Vorausschätzungen der zukünftigen Entwicklung von Arbeitsproduktivität und anderen wichtigen Teilkennziffern der Effektivität* (Grundfondsquote, Investitionskoeffizient, Materialverbrauch, Außenhandelsrentabilität u. a.) sowie ihrer *Anforderungen an zusätzliche Aufwendungen* (Investitionen, Arbeitskräfte, Konsumgüter, Importe u. a. nach Volumen, Struktur und Qualität).

Hier spielen Faktorenanalysen eine große Rolle, die von ihrer gegenwärtigen Beschränkung auf Jahres- und Fünfjahresplan auf die Spezifik prognostischer Einschätzungen ausgedehnt werden müssen. Wichtig sind ebenfalls internationale Vergleiche und Expertenbefragungen in der Wirtschaftspraxis nach gegenwärtig vorhandenen Reserven in der Effektivitätssteigerung und den Voraussetzungen ihrer Erschließung.

3. Ein äußerst wichtiges Problem für die Erweiterung der Wirkungsbedingungen für die Effektivitätssteigerung durch die langfristige Planung besteht in der

23 Dabei ist klar, daß stärkere Berücksichtigung der Bedarfsgerechtheit der Produktion bei der Effektivitätsbeurteilung einschließt, daß die Stellung des Abnehmers gestärkt, die Verträge, die Beziehungen zwischen Industrie und Handel darauf ausgerichtet sind. Zugleich wird mit der konsequenteren Leistungsbeurteilung nach dem Verhältnis von Gesamtaufwand und -ergebnis zwangsläufig auch die Stellung des Abnehmers gestärkt.

*Abstimmung zwischen zukünftigen Anforderungen an die Bedarfsdeckung und der Effektivitätssteigerung*, der Ableitung von Grundrichtungen für die Verteilung der Ressourcen sowie der Ausarbeitung von Wegen, um Bedingungen für die Erschließung weiterer Effektivitätsreserven zu schaffen.

Für diese Abstimmung ist die Ausnutzung der wertmäßigen Komponente des Produktionsergebnisses von ausschlaggebender Bedeutung, d. h. die Entwicklung des Produktenwertes. Während der Gebrauchswert die qualitative Seite der Effektivität, ihr Ziel bestimmt, ist die Entwicklung des Tauschwerts für die quantitative Seite ausschlaggebend, d. h. dafür, wieviel Zeit verausgabt und relativ eingespart wird und wieviel Gebrauchswerte auf dieser Grundlage mehr produziert werden können. Ausnutzung des Tauschwerts bezieht sich also vor allem auf die Bestimmung der Aufwendungen, auf ihre Vergleichbarmachung. Die Minimierung der Aufwendungen bestimmt immer mehr, in welchem Ausmaß zusätzliche Gebrauchswerte bereitgestellt werden können.[24] Hierbei wird auch deutlich, welcher Zusammenhang zwischen gesellschaftlicher Nützlichkeit der Gebrauchswerte und den Aufwendungen gesellschaftlicher Arbeit für die Effektivitätsbeurteilung besteht. Allgemein anerkannt werden die Hinweise von MARX und ENGELS, wonach im Sozialismus die Nützlichkeit eines Gebrauchswertes nicht durch das zu seiner Herstellung notwendige Arbeitsquantum bestimmt wird.[25] Aus der Unterordnung des Tauschwerts unter das Ziel der sozialistischen Produktion folgt jedoch keineswegs, daß er für die Effektivitätsentwicklung ohne Bedeutung ist.[26] Nur wenn die relativen Einsparungen gesellschaftlicher Arbeit mit den geplanten Verbesserungen in der Endverwendung abgestimmt sind, kann vermieden werden, daß auf der einen Seite die verfügbaren Ressourcen überangespannt sind, auf der anderen Seite aber nicht ausgenutzte Effektivitätsreserven bestehen.

Auf volkswirtschaftlicher Ebene schließt die Vervollkommnung der Aufwandsseite ein, die Konzeptionen der Ressourceneffektivität (die letztlich mit dem physischen Volumen des Nationaleinkommens verbunden ist) und der Effektivität

24 Der Zusammenhang zwischen gesellschaftlicher Nützlichkeit der Gebrauchswerte und Aufwandsentwicklung widerlegt auch Auffassungen, wonach im Sozialismus die billigsten Produkte die nützlichsten sein müßten, womit dem Preis und damit faktisch dem Wertgesetz eine regulierende Funktion bei der Herausbildung von Bedarfspräferenzen zuerkannt werden würde.

25 Vgl. F. ENGELS, Herrn Eugen Dührings Umwälzung der Wissenschaft (Anti-Dühring), in: Bd. 20, a. a. O., S. 288; K. MARX, Das Elend der Philosophie, in: MEW, Bd. 4, Berlin 1959, S. 93.

26 Daß auch der Tauschwert mit beeinflußt, wie schnell das Ziel der sozialistischen Produktion realisiert wird, wurde bereits von LENIN gezeigt. So betrachtet er in einer Auseinandersetzung mit BUCHARIN den Gewinn als Konkretisierung der Bedürfnisse der sozialistischen Gesellschaft. Vgl. Leninskj Sbornik, Bd. X, Moskva — Leningrad 1929, S. 381/382.

der laufenden Aufwendungen (die auf der Entwicklung des Wertes beruht) miteinander zu kombinieren. Es geht hierbei darum, wie hoch die Aufwendungen für einen bestimmten Zuwachs des physischen Volumens des Nationaleinkommens sind und sein dürfen. Damit würden auch normative Ressourcenbewertungen begründet werden können.

4. Die für die geplante Endverwendung notwendigen Ressourcen sind zu sichern, indem die Bilanzierung zwischen geplantem Zuwachs der Endverwendung und der Effektivitätssteigerung mit einem System von Effektivitätsnormativen verknüpft wird. Für die langfristige Planung heißt das, zu gewissen Orientierungen für die Effektivitätsstrategien auf den verschiedenen Gebieten und Zweigen zu kommen. Das bedeutet letztlich *Ableitung von normativen Anforderungen an die Effektivität für wichtige Teilkriterien* auf Grundlage eines in den Grundzügen abgestimmten und proportionalen langfristigen Planprojekts, das weiterhin präzisiert und detailliert wird, jedoch immer *im Rahmen der Proportionalität im Grundsätzlichen.* (Diese normativen Anforderungen wären dann in den Fünfjahrplänen in Kategorien der wirtschaftlichen Rechnungsführung umzusetzen.) Diese Orientierungen müßten somit aus einer gewissen Gesamtsicht der zukünftigen Entwicklungsprobleme heraus deutlich machen: Welche Restriktionen für die Ressourcen gibt es aus volkswirtschaftlicher Sicht; um die Überwindung welcher Engpässe geht es unter den jeweiligen Bedingungen; welche Effektivitätsanforderungen müssen insgesamt erreicht werden und was heißt das für jeweils unterschiedlich kombinierte Teilkriterien?

Letztlich müßten Effektivitätsuntersuchungen für Prognose und langfristige Planung sicherlich so weit geführt werden, daß sie aussagefähiger werden hinsichtlich der möglichen Verbesserungen in der Bedürfnisbefriedigung und damit durch grobe Abstimmung zwischen Effektivität, Wachstum und Bedarf langfristig Grundlagen für eine bessere Ausbilanzierung der Ressourcen im Rahmen des Fünfjahrplanes gelegt werden. Das ist eine wichtige Voraussetzung, damit langfristige Effektivitätsnormative abgeleitet werden können, die über Leistungsbewertung und wirtschaftliche Rechnungsführung bei der laufenden Plandurchführung die Erschließung von Effektivitätsreserven stimulieren.

## 3.3. Das Effektivitätskriterium der Produktion in der wirtschaftlichen Rechnungsführung

### Zur Bestimmung des Effektivitätskriteriums der Produktion in der wirtschaftlichen Rechnungsführung

Das Kriterium für die Effektivitätsbeurteilung der Wirtschaftseinheiten, die nach der wirtschaftlichen Rechnungsführung arbeiten, muß vor allem als Ausdruck der Anforderungen des volkswirtschaftlichen Effektivitätskriteriums betrachtet werden. Es orientiert die Wirtschaftseinheiten auf die Erzielung volkswirtschaftlicher Endresultate. Sein Inhalt kann deshalb nur durch das volkswirtschaftliche Effektivitätskriterium bestimmt werden. Jedoch ist das kein Grund dafür, das Effektivitätskriterium für die Volkswirtschaft und für die nach der wirtschaftlichen Rechnungsführung arbeitenden Wirtschaftseinheiten gleichzusetzen. Unterschiedlich sind nicht nur die Faktoren, die bestimmen, wie das Effektivitätskriterium für die Volkswirtschaft und für die nach der wirtschaftlichen Rechnungsführung arbeitenden Einheiten gebildet werden und funktionieren, sondern auch die Sphären und Mechanismen ihres Wirkens.

Die Realisierung des Ziels der sozialistischen Produktion setzt die Vergrößerung des physischen Volumens des Konsumtionsfonds oder — bei Betrachtung eines einzelnen Produktionszyklus — des Nationaleinkommens pro Beschäftigten voraus.

Für den Betrieb nimmt diese Forderung eine *zweifache Form* an. Einerseits produziert er gemäß dem Plan bestimmte gesellschaftlich notwendige Gebrauchswerte. Dabei besitzt die Sortimentsstruktur der Produktion und ihre Übereinstimmung mit dem gesellschaftlichen Bedarf größte Bedeutung für die Bestimmung der Effektivität des nach der wirtschaftlichen Rechnungsführung arbeitenden Betriebes. Anderseits hängt die Effektivität des Betriebes vom Umfang der Produktionsressourcen ab, die er in Anspruch nimmt (Arbeitskräfte, vergegenständlichte Arbeit, Naturressourcen).

Die wachsenden Bedürfnisse aller Miglieder der Gesellschaft können besser befriedigt werden, wenn bei sonst gleichen Bedingungen mehr Gebrauchswerte pro Beschäftigten erzeugt werden, d. h. wenn bei jeder Fertigung von Erzeugnissen die Arbeitsproduktivität maximiert wird:

$$\frac{S_i}{T_i} = \max, \qquad (1)$$

wobei:

$S_i$ = Umfang der Produktion beim Erzeugnis *i* je Zeiteinheit,
$T_i$ = Anzahl der Arbeiter in der Produktion des Erzeugnisses *i*.

Die Formel (1) bildet den Ausgangspunkt für die Analyse des Effektivitätskriteriums der nach der wirtschaftlichen Rechnungsführung arbeitenden Wirtschaftseinheiten und kann als dessen elementare Form betrachtet werden. Darin sind die Anforderungen an den Einsatz der Hauptproduktivkraft, der Arbeitskraft, ausgedrückt.

Die Erzeugnisse der Betriebe werden nach dem Äquivalenzprinzip, d. h. nach der in ihnen enthaltenen gesellschaftlich notwendigen Arbeitszeit oder ihrer Modifikation (Wertgesetz im Sozialismus) ausgetauscht. Das bedeutet, daß der Ersatz der verbrauchten Produktionsmittel und die Befriedigung der Bedürfnisse der Produzenten von der gesellschaftlich notwendigen Arbeit abhängig gemacht wird, die in den Produkten des Betriebes enthalten ist. Dabei trägt der Betrieb um so mehr zur Zielrealisierung der gesellschaftlichen Produktion und zur Vergrößerung seiner Stimulierungsfonds bei, je größer unter sonst gleichen Bedingungen der pro Beschäftigten geschaffene Neuwert ist. Dementsprechend wird die Effektivität der betrieblichen Tätigkeit durch folgende Forderung ausgedrückt:

$$\frac{B - M}{T} \rightarrow \max, \qquad (2)$$

wobei:

$B$ = Bruttoproduktion,
$M$ = Produktionsverbrauch,
$T$ = Zahl der Arbeitskräfte.

Der unter (2) betrachtete Effektivitätsausdruck spiegelt nur den grundlegenden funktionellen Zusammenhang zwischen dem geschaffenen Neuwert und seinem Schöpfer, der lebendigen Arbeit wider. Damit wird jedoch das Effektivitätskriterium der Produktion in der wirtschaftlichen Rechnungsführung noch nicht umfassend ausgedrückt. Es muß berücksichtigt werden, daß die Resultate der Arbeit des Betriebes im Wert- und Naturalausdruck auch von der Verteilung der verschiedenen begrenzten Ressourcen auf die Betriebe abhängen. Ein wichtiger Faktor ist hierbei die *Akkumulation.*

Die gesamtgesellschaftlichen Interessen erfordern, daß in erster Linie auf die Nutzung der effektivsten Richtungen des technischen Fortschritts orientiert wird. Deshalb wird in der Volkswirtschaft die minimal zulässige Effektivität (notwendiger jährlicher Zuwachs an Nettoprodukt und Gewinn je Einheit Akkumulation) für jede Reproduktionsperiode bestimmt. Sie findet ihren Ausdruck im normativen Koeffizienten der relativen Effektivität der Investitionen. Dieser besitzt für die wirtschaftliche Rechnungsführung eine *doppelte* Bedeutung:

1. tritt er als Faktor der Preisbildung auf (durch die Berücksichtigung der Fondsintensität der Produktion in den Preisen). Das führt dazu, daß im Nettoprodukt und im Gewinn, die in jedem Zweig realisiert werden, ein Teil enthalten ist, der nicht durch die lebendige Arbeit des betreffenden Zweiges bedingt ist, sondern durch die Umverteilung eines Teils des Mehrprodukts der Gesellschaft unter Berücksichtigung der im gegebenen Zweig gesellschaftlich notwendigen Produktionsfonds. Daraus folgt, daß Meßgröße für die Menge und Qualität der im Zweig und in den Betrieben angewandten lebendigen Arbeit nicht der gesamte in ihnen realisierte Neuwert (Nettoprodukt), sondern nur ein Teil davon ist. Die Abgrenzung dieses Teils des Nettoprodukts und Gewinns setzt die Bestimmung eines anderen Teils in Form der Fondsabgabe (Kreditzins) voraus;

2. wird dadurch die Notwendigkeit begründet, die Fondsintensität in jedem Betrieb zu senken und die Betriebskollektive in Abhängigkeit vom erreichten Niveau nicht nur des Arbeitsaufwands, sondern auch der Fondsintensität der Produktion zu stimulieren. Eine solche Stimulierung wird gewährleistet, wenn die Effektivitätseinschätzung der Arbeit eines Betriebskollektivs anhand der Kennziffer des Nettoprodukts nach Abzug der Abgaben für alle eingesetzten Mittel und Produktionsfonds erfolgt.

Ein weiterer Faktor für die Konkretisierung des Effektivitätskriteriums für die nach der wirtschaftlichen Rechnungsführung arbeitenden Einheiten ist die Nutzung von Naturressourcen. Die Betriebe, die über bessere Naturressourcen verfügen, haben eine höhere Arbeitsproduktivität und erhalten ein zusätzliches Einkommen. Die Abführung dieses Einkommens als Rentenzahlung für die Naturressourcen sichert die Vergleichbarkeit ihrer Arbeitsergebnisse. Schließlich ist ein wichtiger Faktor für den Beitrag des Betriebes zur volkswirtschaftlichen Effektivität die Erfüllung aller zentral vorgegebenen Planaufgaben und in Wirtschaftsverträgen vorgesehenen Forderungen bezüglich der Qualität, des Sortiments und der Liefertermine der Produktion. Die Verletzung dieser Aufgaben und Forderungen wirkt sich auf die Entwicklung der Volkswirtschaft negativ aus und muß deshalb auch einen entsprechenden Niederschlag im Effektivitätskriterium des Betriebes finden. Deshalb müssen die vom Betrieb gezahlten Vertragsstrafen und Verzugszinsen (abzüglich der von anderen erhaltenen Vertragsstrafen) von dem durch den Betrieb geschaffenen Neuwert, dem Nettoprodukt, abgezogen werden.

Auf Grund der bisherigen Darlegungen kann das Effektivitätskriterium der Produktion für die nach der wirtschaftlichen Rechnungsführung arbeitenden Einheiten als Maximum folgender Beziehung definiert werden:

$$\frac{B - M - (gK + A) - J}{T}, \qquad (3)$$

wobei:

$A$ = Rentenzahlungen (und mögliche andere Zahlungen) für die Nutzung von Naturressourcen,
$J$ = Vertragsstrafen und Verzugszinsen, die gezahlt werden (nach Abzug der erhaltenen),
$g$ = Produktionsfondsabgabesatz,
$K$ = Umfang der Produktionsfonds.

Diese Kennziffer ermöglicht bei Beachtung notwendiger Voraussetzungen eine zusammenfassende Bewertung der Effektivität der Arbeit des Betriebes. Das Kriterium orientiert den Betrieb

1. auf eine Produktion in Übereinstimmung mit den Forderungen der staatlichen Pläne und der Wirtschaftsverträge nach ihrem Sortiment, ihrer Qualität und ihren Lieferterminen;
2. auf die Einsparung von Aufwendungen an lebendiger und vergegenständlichter Arbeit in der notwendigen Relation mit der Einsparung von Produktionsfonds und Naturressourcen.

Dabei dienen die Abgaben für die Ressourcen ($gK + A$) einerseits der Konzentration von Mitteln der Wirtschaftseinheiten im Staatshaushalt für die Befriedigung volkswirtschaftlicher Bedürfnisse und anderseits sind sie ein Mittel, um zur optimalen Nutzung der Ressourcen anzuregen. Letzteres wird durch planmäßige zentralisierte Festlegung der Abführungssätze erreicht.

Die Differenz zwischen dem Nettoprodukt und den Abgaben für die Ressourcen bildet eine Form des im Betrieb geschaffenen Nettoprodukts, die der wirtschaftlichen Rechnungsführung eigentümlich ist. Man kann sie als Nettoerlös bezeichnen.

Der Zusammenhang dieses Kriteriums mit der Effektivität der gesellschaftlichen Produktion ist offensichtlich. Das Maximum der Beziehung (3) gewährleistet bei gegebenen Abführungsnormativen für die Ressourcen die Maximierung des Nationaleinkommens pro Beschäftigten. Das bedeutet, daß mit der wirtschaftlichen Rechnungsführung die Ressourcennutzung im Betrieb unter das Ziel der Erhöhung der Arbeitsproduktivität (des physischen Volumens des Nationaleinkommens pro Beschäftigten) untergeordnet wird, was Voraussetzung für die vollständigere Bedürfnisbefriedigung der Werktätigen ist.[27]

Das Effektivitätskriterium für die nach der wirtschaftlichen Rechnungsführung arbeitenden Einheiten bezieht sich auf das komplexe Wirken aller Produktionselemente. Die Ausnutzung jeder Ressourcenart wird durch Teilkennziffern der Effektivität ausgedrückt, von denen die wichtigsten die Produktivität der lebendi-

27 Daraus ist ersichtlich, weshalb die Dynamik in der Produktivität der lebendigen Arbeit im Betrieb — sogar wenn sie als Durchschnittswert bei den einzelnen Produktionen berechnet wird — nicht verallgemeinert den Beitrag des Betriebes zur Erhöhung der gesellschaftlichen Arbeitsproduktivität ausdrücken kann.

gen Arbeit, die Materialintensität und die Fondsquote sind. Diese Kennziffern besitzen eine große praktische Bedeutung für die Analyse von Reserven und der Bedingungen für die Steigerung der Effektivität in der Produktion. Dabei muß man ihr ökonomisches Wesen berücksichtigen. Sie beruhen auf Eigenschaften der konkreten Arbeit, die spezifisch für die Produktion jeder Art von Gebrauchswerten sind. Deshalb kann eine Summierung dieser Kennziffern über den Betrieb, der eine Gesamtheit verschiedener Erzeugnisse herstellt, nicht objektiv begründet werden.[28]

Zu den Teilkennziffern der Effektivität der Produktion gehört auch die Rentabilität der Produktionsfonds. Dabei können die Forderungen des Kriteriums (3) und der Kennziffer Fondsrentabilität unter bestimmten Bedingungen zusammenfallen. Beide setzen voraus, daß zusätzliche Investitionen in der Produktion bei sonst gleichen Bedingungen einen höchstmöglichen Zuwachs an Gewinn sichern. Sie setzen ebenfalls voraus, daß Möglichkeiten für die Rentabilitätssteigerung genutzt werden, die keine Investitionen erfordern. Jedoch kann die Produktion unter bestimmten Bedingungen auch dann Quelle wachsenden Wohlstandes aller Mitglieder der Gesellschaft sein, wenn unter der Einwirkung objektiver Bedingungen die Fondsrentabilität sinkt. Deshalb kann die Fondsrentabilität nicht als Kriterium oder verallgemeinerte Effektivitätskennziffer für die Tätigkeit eines nach der wirtschaftlichen Rechnungsführung arbeitenden Betriebes angesehen werden. Es muß auch beachtet werden, daß die Maximierung der Rentabilität einzelner Betriebe nicht zur Maximierung der Rentabilität der gesamtgesellschaftlichen Produktion führt. Eine Vergrößerung des Umfangs der Fonds und der Rentabilitätsrate in den Betrieben mit einer unterdurchschnittlichen Rentabilität kann die Rentabilität der gesellschaftlichen Produktion senken und umgekehrt. Außerdem zeigen die Erfahrungen, daß die Anwendung der Fondsrentabilität als Stimulierungskennziffer häufig den technischen Fortschritt hemmt.

Das Effektivitätskriterium für die nach der wirtschaftlichen Rechnungsführung arbeitenden Einheiten hat auch wichtige Funktionen bei der wertmäßigen Verteilung des Produktes zu erfüllen. Unter Berücksichtigung der ökonomischen

28 Wenn z. B. die Materialintensität des Erzeugnisses A gleich 80%, des Erzeugnisses B gleich 40% ist, dann bedeutet das nicht, daß die Produktion des Erzeugnisses B effektiver ist, oder daß die summarische Materialintensität der Produktion des Betriebes von 60% als verallgemeinernder Kennziffer irgend eine Seite seiner Effektivität in der Produktion charakterisieren kann. Deshalb kann die Gesamtheit verschiedener Teileffektivitätskennziffern, berechnet für den Betrieb als Ganzes, nicht die verallgemeinerte Effektivitätsbewertung der Produktion ersetzen. In Wirklichkeit drückt das Effektivitätskriterium der wirtschaftlichen Rechnungsführung in der Produktion auch das notwendige gesamtbetrieblich zusammengefaßte und wechselseitig abgestimmte Wirken aller Effektivitätsfaktoren in der Produktion aus.

Bedürfnisse und der Interessen der Arbeiter bestimmt es, wie die Stimulierungsfonds (der Lohnfonds und der Fonds der kollektiven Stimulierung) in Übereinstimmung mit der Effektivität des Betriebes gebildet werden. Der Arbeitslohn und der Gewinn spielen dabei verschiedene Rollen.

Über den Lohnfonds wird ein Teil des neu geschaffenen Werts nach den individuellen Arbeitsleistungen der Werktätigen verteilt. Die Produktivitätssteigerung ihrer individuellen Arbeit findet ihren Ausdruck in der Vergrößerung des Nettoprodukts des Betriebes. Letzteres ist deshalb Quelle und Maß des Arbeitslohnes, Mittel zur Realisierung der persönlichen materiellen Interessen der Beschäftigten. Dabei müssen die konsequente Anwendung der Abgaben für Ressourcen und der Gesetzmäßigkeiten für die Preisbildung dazu führen, daß Kriterium für das Ergebnis der Arbeit der Beschäftigten und der Quelle ihres Arbeitseinkommens nicht das Nettoprodukt als solches ist (es enthält einen Teil, der nicht bedingt ist durch die lebendige Arbeit, sondern die Ressourcenintensität der Produktion im gegebenen Zweig), sondern der *Nettoerlös*.

Über die Fonds für die kollektive materielle Stimulierung wird ein Teil des geschaffenen Neuwerts des Betriebes (Gewinn abzüglich Abgaben für Ressourcen) nach den Arbeitsresultaten des Betriebskollektivs verteilt. Damit wird das kollektive Interesse unmittelbar auf die Maximierung des *Nettogewinns* pro Beschäftigten nach folgender Kennziffer orientiert:

$$\frac{P - (gK + A) - J}{T}, \qquad (4)$$

wobei:

P = Gewinn des nach der wirtschaftlichen Rechnungsführung arbeitenden Betriebes.

Die Kennziffer (4) charakterisiert die Effektivität und bestimmt das Maß der kollektiven materiellen Stimulierung im Betrieb.[29]

In der Praxis wirken die Kennziffern (3) und (4) weitgehend in die gleiche Richtung, beide sind auf die Erhöhung des Nettoerlöses gerichtet, auf die Einsparung laufender Aufwendungen lebendiger und vergegenständlichter Arbeit sowie die effektive Nutzung von Investitionen und anderer begrenzter Produktionsressourcen. Dabei setzt die Maximierung des Gewinns die Festlegung des Arbeitslohns auf der Grundlage ökonomisch begründeter Schranken voraus, während ein

29 Die Wirtschaftsreform in der UdSSR hat den Nettogewinn an die Erfüllung seiner objektiven Rolle herangeführt. Er wurde zur Quelle, in einigen Zweigen auch zum Kriterium für die Bildung der Fonds der kollektiven Stimulierung. Bei entsprechenden Voraussetzungen kann diese Kennziffer zum Hauptkriterium für die Bemessung dieser Fonds werden.

maximales Wachstum des Arbeitslohns von einer ökonomisch begründeten Festlegung des Gewinnanteils am geschaffenen Neuwert ausgeht. Dieser relative Widerspruch zwischen dem Wirken der kollektiven und persönlichen ökonomischen Interessen ist der Forderung nach der Maximierung des Nettoerlöses untergeordnet.[30]

## Einige Probleme der praktischen Anwendung des Effektivitätskriteriums der Produktion in der wirtschaftlichen Rechnungsführung

Die erfolgreiche praktische Anwendung des Effektivitätskriteriums der Produktion in der wirtschaftlichen Rechnungsführung erfordert, daß dieses Kriterium enger mit bestimmten Formen des Wirtschaftsmechanismus verbunden wird. Das ist an folgende wichtige Voraussetzungen gebunden:

*Erste Voraussetzung*: die zentrale Leitung der Wirtschaftseinheiten entsprechend den Anforderungen der planmäßigen Entwicklung der Volkswirtschaft. Dabei verändert sich das objektiv notwendige System der zentral festgelegten Kennziffern, Normen und Prinzipien der Wirtschaftsführung in Abhängigkeit von der jeweiligen Entwicklungsstufe des Sozialismus. Charakteristisch dafür ist die schrittweise Reduzierung des Umfangs und der Nomenklatur der zentral aufgestellten Kennziffern auf das notwendige Niveau, das die Verbindung der zentralen planmäßigen Leitung mit der wirtschaftlichen Selbständigkeit und Initiative der Wirtschaftseinheiten gewährleistet. Insbesondere setzt die bessere Befriedigung der gesellschaftlichen Bedürfnisse voraus, daß die faktische Orientierung der Betriebe auf die vorrangige Erhöhung der Brutto- (Waren- bzw. abgesetzten) Produktion überwunden wird. Diese Orientierung führt in vielen Fällen dazu,

30 Die gleichgerichtete Wirkung der Kennziffern (4) und (3) bedingt die Möglichkeit, die erste als Kennziffer für die Produktionseffektivität in einem Betrieb, der nach der wirtschaftlichen Rechnungsführung arbeitet, anzuwenden. Jedoch gestatten methodologische Überlegungen weder diese Kennziffer als verallgemeinerte Kennziffer noch als Kriterium der Effektivität zu bezeichnen, obwohl ein solcher Standpunkt eine Reihe von Anhängern hat. Die sozialistische Gesellschaft ist an der Vergrößerung des gesamten im Betrieb geschaffenen Neuwerts interessiert und nicht nur an seinem Gewinn, an der Wohlstandserhöhung aller Mitglieder der Gesellschaft auf der Grundlage des gesamten Nationaleinkommens, und nicht nur des Werts des Mehrprodukts. Die Realisierung des ökonomischen Grundgesetzes des Sozialismus wäre unmöglich, wenn darauf nicht die Tätigkeit der Betriebe gerichtet sein würde. In voller Übereinstimmung damit ist das Kollektiv eines Betriebes, der nach der wirtschaftlichen Rechnungsführung arbeitet, interessiert an der Erhöhung des gesamten Nettoprodukts, nicht nur des Gewinns, sondern auch des Lohns.

daß vorzugsweise materialintensivere Erzeugnisarten hergestellt werden, was im Widerspruch zur Erhöhung der Effektivität in der gesellschaftlichen Produktion steht. Eine wichtige Maßnahme in dieser Richtung kann der allmähliche Übergang zur Anwendung der Kennziffer Nettoproduktion bei der Planung der Produktion sein, die die Endresultate der betrieblichen Tätigkeit genauer widerspiegelt.

*Zweite Voraussetzung*: die bessere Übereinstimmung der Preise mit der gesellschaftlich notwendigen Arbeit. Ein ökonomisch begründetes Preissystem bildet die Grundlage für das Wirken des Effektivitätskriteriums in der wirtschaftlichen Rechnungsführung, da die Effektivität der Produktion u. a. durch den Vergleich der individuellen Ausgaben des Betriebes für jede Erzeugnisart mit den gesellschaftlich notwendigen Arbeitsaufwendungen bestimmt wird. Das Kriterium (3) entspricht einem Preisbildungssystem, das nicht nur die Aufwendungen an lebendiger und vergegenständlichter Arbeit im Zweig ausdrückt, sondern auch zwischenzweigliche Unterschiede in der Fondsintensität der Produktion, im Umfang und der Qualität der angewendeten begrenzten Naturressourcen.

Nur bei Übereinstimmung der Preise mit den gesellschaftlich notwendigen Arbeitsaufwendungen realisieren sich gleiche Aufwendungen an lebendiger Arbeit unter gesellschaftlich durchschnittlichen Bedingungen ihrer Verausgabung in einer gleichen Größe der Nettoerlöse. Die Anwendung des Nettoprodukts und des Gewinns zur Einschätzung der betrieblichen Tätigkeit ist also nur möglich, wenn die Preise mit den gesellschaftlich notwendigen Aufwendungen nicht nur im Durchschnitt übereinstimmen, sondern auch bei konkreten Arten von Gebrauchswerten.

Die grundsätzliche Bedeutung dieser Voraussetzung für die Effektivitätsmessung der Produktion in der Volkswirtschaft und den Betrieben wird durch die Erfahrung der UdSSR und der anderen sozialistischen Staaten bestätigt.[31]

Wenn die Preise den gesellschaftlich notwendigen Arbeitsaufwendungen nicht genügend entsprechen, dann wird der Zusammenhang des Nettoprodukts und des

31 „Gegenwärtig besitzen bei den noch anzutreffenden Abweichungen der Preise von den gesellschaftlich notwendigen Aufwendungen an Arbeit, die manchmal wesentlich und äußerst differenziert sind, der Gewinn und die auf ihn sich gründenden Kennziffern der Effektivität und Rentabilität begrenzte Bedeutung.“ (H. Steeger, Volkswirtschaftliche Effektivität und sozialistisches Sparsamkeitsprinzip, Berlin 1976, S. 17.) Analog ist die Meinung von L. Drechsler (UVR): „. . . die Veränderung des Systems der Preise und die Verminderung seiner Disproportionen ist eine der wichtigsten Voraussetzungen dafür, daß die Effektivitätsforderungen eine fühlbarere Rolle in der Entwicklung unserer Ökonomik spielen. Das Fehlen einer klaren Orientierung ist nicht nur deshalb schädlich, weil es manchmal zu unrichtigen Handlungen führen kann, es verursacht einen noch größeren Schaden dadurch, daß es unser gesamtes System der Volkswirtschaftsleitung nicht genügend sicher macht.“ (L. Drechsler, A katékonsàg mére's èstervézes kérdései, in: Kozgazdasagi szemle, 10/1977, S. 1135).

Gewinns mit den wirklichen Resultaten der Produktion abgeschwächt. In einem solchen Falle können sich diese Kennziffern nicht nur durch eine reale Erhöhung der Effektivität verbessern, sondern z. B. auch durch eine Veränderung des Produktionssortiments, die nicht den Bedürfnissen entspricht. Das erschwert den Vergleich der Effektivität zwischen den Betrieben sowie die Organisation des sozialistischen Wettbewerbs. Deshalb sind gegenwärtig die Möglichkeiten für die Anwendung der Effektivitätskriterien in der wirtschaftlichen Rechnungsführung relativ begrenzt. Um diese Begrenzungen zu überwinden, muß die Methodik zur Preisbestimmung sichern, daß der Gewinnanteil nicht proportional zu den Selbstkosten festgelegt wird, sondern entsprechend den gesamten gesellschaftlich notwendigen Arbeitsaufwendungen. Das bedeutet, daß im Preis die Einführung der Fondsabgabe und die Rentenzahlungen für Naturressourcen berücksichtigt werden müssen, der Nettogewinn muß proportional dem Arbeitslohn festgelegt werden. Ein Schritt in dieser Richtung wäre die Festlegung des Gewinns in Abhängigkeit von den Selbstkosten abzüglich des Wertes der verbrauchten Rohstoffe und Materialien. Natürlich müssen bei der Preisfestlegung auch andere preisbildende Faktoren in Betracht gezogen werden.

*Dritte Voraussetzung*: die stärkere Einflußnahme der wirtschaftlichen Rechungsführung auf die Nutzung der Produktionsfonds und Naturressourcen mit Hilfe der Fondsabgabe (Kreditzins) und der Rentenzahlungen. Voraussetzung dafür ist, daß Produktionsfondsabgabesatz (Kreditzinssatz) und Rentenzahlungen so festgesetzt werden, daß die Effektivitätssteigerung stimuliert und die Abführungen gesichert werden (unter Berücksichtigung der Qualität und Quantität der angewandten Naturressourcen). Damit Fondsabgabe, Kreditzins und Rentenzahlungen stärker ausgenutzt werden können, müssen sie zweckentsprechend mit der Verteilung des Gewinns verbunden werden. Notwendig ist eine normative Gewinnverteilung der Betriebe, bei der die Abgaben für die Ressourcen aus dem Bruttogewinn erfolgen und der verbleibende Nettogewinn zwischen dem Betrieb, dem Ministerium und dem Staatshaushalt nach stabilen ökonomischen Normativen, die im Fünfjahrplan festgelegt werden, verteilt wird. Dabei wäre es konsequent, diese Abgaben in die Produktionsaufwendungen des Betriebes einzubeziehen, damit die Notwendigkeit für die Anwendung von zwei Kennziffern für den Gewinn (Brutto- und Nettogewinn) entfällt und sich die Bildung des Stimulierungsfonds vereinfacht. Hierbei würden die Produktionsaufwendungen die Inanspruchnahme der Produktionsressourcen widerspiegeln.

*Vierte Voraussetzung*: Die Stimulierung der Produktion muß den Forderungen des Effektivitätskriteriums in der wirtschaftlichen Rechnungsführung entsprechen. Wichtig ist hierbei, daß jeder Arbeiter entsprechend seiner Leistung entlohnt wird. Das bedeutet, daß der Lohnfonds in Abhängigkeit von den realen Arbeitsresultaten des Betriebskollektivs festgelegt wird. Dafür gibt es in den sozialistischen Ländern keine einheitliche Methodik. In einigen Fällen wird der Lohnfonds entweder auf

Grundlage des Wachstumstempos der Bruttoproduktion oder der Arbeitsproduktivität (berechnet auf der Grundlage der Bruttoproduktion) bestimmt, d. h. von Kennziffern, die die Dynamik der Produktionseffektivität nicht adäquat widerspiegeln. Die Anwendung des Effektivitätskriteriums in der wirtschaftlichen Rechnungsführung erfordert, daß der Lohnfonds im breiteren Maße in Abhängigkeit vom Niveau und der Dynamik des Nettoerlöses gebildet wird. Damit wird das gesamte Kollektiv des Betriebes an der Erhöhung der Produktionseffektivität interessiert.

Zugleich geht es darum, auch den Einfluß der Fonds für die kollektive materielle Stimulierung auf die Effektivitätssteigerung der Produktion zu erhöhen. Wenn die Bildung dieser Fonds hauptsächlich mit Teilkennziffern der Effektivität (Produktivität der lebendigen Arbeit, Fondsquote, Rentabilität usw.) verbunden ist, welche die Forderungen der volkswirtschaftlichen Effektivitätskriterien und der wirtschaftlichen Rechnungsführung nicht adäquat widerspiegeln, wird die Steigerung der Effektivität unzureichend stimuliert. Solche Maßnahmen wie weitere Vervollkommnung des Preisbildungssystems, die Erhöhung der ökonomischen Verantwortung der Betriebe für die Produktion von Erzeugnissen im notwendigen Sortiment und in der erforderlichen Qualität gestatten es, bei der Bildung dieser Fonds sich stärker auf die Kennziffer des Nettogewinns zu stützen und — bei entsprechenden Voraussetzungen — zu Nettogewinn-Normativen für diese Fonds überzugehen.

Die Schaffung der genannten Voraussetzungen für die Vervollkommnung des Effektivitätskriteriums der Produktion in der wirtschaftlichen Rechnungsführung sichert die Festigung der zentralen planmäßigen Leitung der Produktion, die Unterordnung der Tätigkeit jeder Wirtschaftseinheit unter die Forderungen der Effektivitätserhöhung der gesellschaftlichen Produktion.

## 3.4. Zur ökonomischen Stimulierung der Erhöhung der Effektivität und der Beschleunigung des wissenschaftlich-technischen Fortschritts in den Betrieben und Kombinaten

### Stimulierung des wissenschaftlich-technischen Fortschritts und wirtschaftliche Rechnungsführung

Die Einheit von Intensivierung und Erhöhung der Effektivität der gesellschaftlichen Produktion stellt neue Anforderungen an die Vervollkommnung der Leitung, Planung und Stimulierung. Es geht darum, die Triebkräfte und Vorzüge der sozialistischen Ordnung noch besser zu nutzen, um auf der Grundlage des demokratischen Zentralismus die prinzipielle Übereinstimmung der Interessen der Arbeitskollektive und des einzelnen mit den gesellschaftlichen Erfordernissen zu realisieren und somit die schöpferische Aktivität der Werktätigen auf die Verwirklichung effektiver gesellschaftlicher Strategien zu konzentrieren. Über die enge Verbindung von Planung und wirtschaftlicher Rechnungsführung ist das Prinzip ständig zu vervollkommnen, daß Prozesse und Ergebnisse, die für die Gesellschaft von Nutzen sind, auch dem Betrieb und dem einzelnen zum Vorteil gereichen, wie aber auch andererseits für den Betrieb nur vorteilhaft sein darf, was für die Gesellschaft nützlich ist.

Die Sicherung dieses Prinzips setzt voraus, Aufwand und Ergebnis auf den verschiedenen Stufen aussagefähig gegenüberzustellen. „Die Kompliziertheit dieser Frage sowohl in theoretischer wie in praktischer Hinsicht besteht darin, daß es unter den Bedingungen des entwickelten Sozialismus objektiv notwendig ist, einmal die Aufwendungen und Ergebnisse der Produktion in zweierlei Form darzustellen — im Naturalausdruck und im Wertausdruck — und zum anderen die Wechselbeziehungen der Betriebe (Vereinigungen) mit dem Staat sowie untereinander nach der wirtschaftlichen Rechnungsführung in der Ware-Geld-Form darzustellen.“[32]

Da die Dynamik der Wirtschafts- und Sozialpolitik in ihrer Einheit vor allem vom wissenschaftlich-technischen Fortschritt abhängt, ist dessen Beschleunigung ein entscheidender Schwerpunkt des Wechselverhältnisses von wirtschaftlicher Rechnungsführung und Planung. Untersucht man die Stimulierung des wissenschaftlich-technischen Fortschritts, seine Handhabbarkeit über die wirtschaftliche Rechnungsführung, müssen zwei Problemkomplexe theoretisch und wirtschaftspolitisch ungeachtet ihrer Wechselbeziehungen zunächst auseinandergehalten werden:

1. wissenschaftlich-technischer Fortschritt, der sich als Verringerung des Arbeitsaufwandes für bereits gefertigte Erzeugnisse niederschlägt;
2. wissenschaftlich-technischer Fortschritt, der sich in qualitativ neuen Erzeugnissen niederschlägt.

Beiden Formen ist unter sozialistischen Bedingungen eigen, daß sie die Verbesserung der Arbeits- und Lebensbedingungen auch unmittelbar im Betrieb sowie die Entwicklung der Kader und die Ausschöpfung ihres wachsenden Bildungspotentials anstreben.

32 Vgl. E. Atlas, O sisteme i vzaimosvjazi faktorov ėffektivnosti proizvodstva, in: Voprosy ėkonomiki, Moskva, 8/1976, S. 15—25.

## Selbstkosten als Kategorie der politischen Ökonomie des Sozialismus

Die zentrale Stellung der Selbstkosten im System der wirtschaftlichen Rechnungsführung erfordert, Inhalt und Aussage dieser Kategorie für die Strategie der Intensivierung auf ihre politökonomische Substanz unter sozialistischen Bedingungen näher zu untersuchen. Das aber heißt, ihren völlig anderen sozialökonomischen Inhalt nicht nur zu deklarieren, sondern zu bestimmen.

Den Ausgangspunkt dafür liefern die aus dem jeweiligen ökonomischen Grundgesetz abgeleiteten Kriterien der Effektivität. Im Kapitalismus bildet — entsprechend dem Privateigentum an den Produktionsmitteln — die auf das einzelne Kapital bezogene Profitrate und deren langfristige Sicherung und nach Möglichkeit sogar Steigerung das Endziel des Wirtschaftens, das den Funktionsmechanismus prägt. Im Sozialismus dagegen wird Grundlage der Effektivität die durchgängige komplexe Ökonomie der Zeit, weil damit kontinuierlich „Frei"-Zeiten geschaffen werden, deren gesellschaftlich oder individuell verfügbare Nutzung der ständigen Erhöhung des Lebensniveaus und der Weiterentwicklung der Produktivkräfte dient. Zwar erfolgt die Durchsetzung der Ökonomie der Zeit planmäßig in juristisch verselbständigten Einheiten; deren Beitrag für die Gesellschaft ist jedoch nur unter der Blickrichtung dieses Gesamtzusammenhangs zu werten. Dabei muß im Mittelpunkt stehen, wie über die Nutzung der Ware-Geld-Kategorien, insbesondere von Preis und Selbstkosten „freie" Zeit als eine Grundbedingung gesellschaftlichen Fortschritts gewonnen werden kann.

Selbstkosten sind die Summe der aufgewendeten bezahlten lebendigen und vergangenen Arbeit als laufender Verbrauch. Im Kapitalismus handelt es sich um Kosten, die für die Herstellung des Produkts von Privateigentümern der Produktionsmittel gezahlt werden, um Formwandlungen des Kapitals als Bedingungen der Erzielung von Profit. Alle Elemente des Produktionsprozesses werden auf dem Markt gekauft und entsprechend ihrem Verbrauch dem Produkt zugerechnet.

Im Sozialismus enthalten die Selbstkosten zwar auch den materiellen Produktionsverbrauch und die Lohnkosten. Doch der materielle Verbrauch ist Formwandlung des gesellschaftlichen Eigentums; die Gesellschaft als Ganzes eignet sich das Produkt an. Noch schärfer ist der Gegensatz zum Kapitalismus hinsichtlich des sozialen Inhalts beim Lohn. Lohn entsteht, weil der Betrieb neben seiner Produktionsfunktion zugleich die gesellschaftliche Verteilungsfunktion für den Teil des gemeinsamen Produkts durchführt, den die bei ihm beschäftigten Werktätigen direkt erhalten. Der Betrieb übt diese Funktion aus, weil auf diese Weise das Prinzip der Entlohnung nach der Arbeitsleistung direkt und unbürokratisch verwirklicht werden kann.

Die Selbstkosten beruhen folglich im Sozialismus nicht durchgängig auf Warenpreisen, sondern nur zum Teil. Zum anderen Teil widerspiegeln sie das Ausmaß der über das Arbeitseinkommen verteilten Konsumtion. Sie sind ihrem Wesen nach keineswegs so homogen wie im Kapitalismus.

MARX hat wiederholt darauf hingewiesen, daß bei der Kombination der Elemente des Produktionsprozesses die Einsparung an Arbeit als wirklicher Kost gegenüber der bezahlten Kost das Kriterium gestiegener Arbeitsproduktivität darstellt. „Die kapitalistische Kost der Ware mißt sich an der Ausgabe in *Kapital*, die wirkliche Kost der Ware an der Ausgabe in Arbeit.“[33] Steht die Profitproduktion im Mittelpunkt, ist die Verringerung der bezahlten Kost entscheidend; steht die Gebrauchswertproduktion im Mittelpunkt, ist das Minimum an Arbeit als wirklicher Kost anzustreben. Im Zusammenhang damit begründete MARX die nur bedingte Gültigkeit des Gesetzes der Steigerung der Arbeitsproduktivität im Kapitalismus, ebenso die umfassendere Anwendung der Maschinerie im Sozialismus.

Über die Steigerung der Effektivität ist zu sichern, daß die erhöhten Einkommen in Geldform stofflich realisierbar sind. Sonst entstehen Spannungen zwischen der zahlungsfähigen Nachfrage und dem Angebot an Waren und Leistungen, die mit negativen Wirkungen auf die Intensivierung der Reproduktion verbunden sind, gleichgültig, ob diese Spannungen die produktive oder konsumtive Nachfrage betreffen. Die Betriebe werden objektiv dazu verleitet, Erzeugnisse von niedriger Qualität, mit unzureichendem technischem Niveau und in einem veralteten Sortiment zu liefern.[34]

## Zu den Relationen zwischen Nettoprodukt, Selbstkosten und Preis

Wissenschaftlich-technischer Fortschritt bewirkt neben der Veränderung der Selbstkosten in Abhängigkeit von den Regelungen der Preisbildung auch eine Veränderung der absoluten Höhe des Gewinns und der daraus abgeleiteten Beziehungen. Diese Kennziffern spielen in der wirtschaftlichen Rechnungsführung eine große Rolle. Als Verhältnis von Selbstkosten und Preis erscheint der Kostensatz; der auf die Fonds bezogene Gewinn ergibt die Kennziffer der Fondsrentabilität, und das Verhältnis von Gewinn und Arbeitskräften bzw. Lohnfonds wird durch die Arbeitsrentabilität gekennzeichnet.

33 K. MARX, Das Kapital, Dritter Band, in: MEW, Berlin 1964, S. 48; vgl. auch S. 290/291.

34 Vgl. ANTSCHISCHKIN, Erweiterte Reproduktion unter den Bedingungen des Sozialismus (Rundtischgespräch), in: Sowjetwissenschaft/Gesellschaftswissenschaftliche Beiträge, 3/1977, S. 237.
STARODUBROWSKIJ spricht von einem sogenannten Automatismus bei der Realisierung der Erzeugnisse unter den gegenwärtigen Bedingungen. Vgl. Rundtischgespräch über die Ausnutzung der ökonomischen Gesetze, in: Sowjetwissenschaft/Gesellschaftswissenschaftliche Beiträge, 7/1977, S. 766.

*Tabelle 1*
Fondsquote der Wirtschaftsbereiche in der DDR 1977 (Nettoprodukt: Preisbasis 1975: Grundmittel: Preisbasis 1966)

| | Nettoprodukt* (Mio Mark) | Grundmittelbestand (Mio Mark) | Fondsquote (je 1 Mio Fonds) | | |
|---|---|---|---|---|---|
| | | | M | 1977/1976 % | % vom Durchschnitt |
| Volkswirtschaft gesamt | 157770 | 411500 | 383350 | −0,9 | 100 |
| darunter | | | | | |
| Industrie und produzierendes Handwerk | 94530 | 261950 | 360780 | −2,3 | 94 |
| Bauwirtschaft | 11818 | 12310 | 960030 | −3,8 | 250 |
| Land- und Forstwirtschaft | 15900 | 52670 | 301880 | +4,5 | 79 |
| Verkehr, Post- u. Fernmeldewesen | 7960 | 61380 | 129680 | +0,4 | 34 |
| Handel | 22942 | 20430 | 1122960 | −0,5 | 293 |

* Das Nettoprodukt der Wirtschaftsbereiche enthält 2 520 Mio Mark Verrechnungen für den Produktionsverbrauch.

*Quelle:* Statistisches Jahrbuch der DDR, Berlin 1978, S. 74 und 81 (vorläufige Zahlen).

*Tabelle 2*
Nettoprodukt je Berufstätiger der Wirtschaftsbereiche in der DDR 1977 (Preisbasis 1975)

| | Nettoprodukt* (Mio Mark) | Berufstätige** | Nettoprodukt je Berufstätiger | | |
|---|---|---|---|---|---|
| | | | M | 1977/1976 % | % vom Durchschnitt |
| Volkswirtschaft gesamt | 157770 | 6484,5 | 24330+ | + 4,9 | 100 |
| darunter | | | | | |
| Industrie und prod. Handwerk | 94530 | 3341,8 | 28287 | + 4,2 | 116 |
| Bauwirtschaft | 11818 | 571,8 | 20668 | + 3,7 | 85 |
| Land- und Forstwirtschaft | 15900 | 873,5 | 18203 | +10,7 | 75 |
| Verkehr, Post- u. Fernmeldewesen | 7960 | 609,3 | 13064 | + 4,1 | 54 |
| Handel | 22942 | 844,1 | 27179 | + 4,9 | 112 |

* Das Nettoprodukt der Wirtschaftsbereiche enthält 2 520 Mio Mark Verrechnungen für den Produktionsverbrauch.

** Ohne Lehrlinge, Stand 30. September 1977.

\+ Die Abweichung vom Nationaleinkommen je Berufstätiger = 22615 M ergibt sich vor allem durch die Einbeziehung der Lehrlinge und die Ausschaltung der Verrechnungen.

*Quelle:* Statistisches Jahrbuch der DDR, Berlin 1978, S. 74 und 91 (vorläufige Zahlen).

*Tabelle 3*
Nettoproduktionsintensität des Bruttoprodukts der Wirtschaftsbereiche in der DDR 1977 (Preisbasis 1975)

| | Nettoprodukt* (Mio Mark) | Bruttoproduktion (Mio Mark) | Nettoproduktionsintensität des Bruttoprodukts | | |
|---|---|---|---|---|---|
| | | | % | 1977/1976 % | % vom Durchschnitt |
| Volkswirtschaft gesamt | 157770 | 408120 | 38,7 | +0,5 | 100 |
| darunter | | | | | |
| Industrie und prod. Handwerk | 94530 | 266370 | 35,5 | ±0 | 91,7 |
| Bauwirtschaft | 11818 | 34530 | 34,2 | −1,4 | 88,4 |
| Land- und Forstwirtschaft | 15900 | 44426 | 35,8 | +4,6 | 92,5 |
| Verkehr, Post- u. Fernmeldewesen | 7960 | 23479 | 33,9 | +1,2 | 87,6 |
| Handel | 22942 | 31515 | 72,8 | +0,1 | 188,1 |

* Das Nettoprodukt der Wirtschaftsbereiche enthält 2520 Mio Mark Verrechnungen für den Produktionsverbrauch. Infolgedessen ist die Nettoproduktionsintensität des Gesamtprodukts um 0,6% zu hoch ausgewiesen.

*Quelle:* Statistisches Jahrbuch der DDR, Berlin 1978, S. 75 (vorläufige Zahlen).

Mit diesen Kennziffern, die in verschiedener Weise Relationen zwischen materiellem Verbrauch und dem Produkt für sich einerseits und dem Produkt für die Gesellschaft anderseits sichtbar machen, stehen besonders jene Kennziffern im Zusammenhang, die die Relationen des Nettoprodukts zum Bruttoprodukt, zu den Fonds und zu den Arbeitskräften aufzeigen. Für die Wirtschaft der DDR ergeben sich die in den Tabellen 1—3 ausgewiesenen Zahlen.

Wie die Ausführungen zum Inhalt der Selbstkosten im Sozialismus erkennen lassen, ist die Entwicklung des stofflichen Nettoprodukts für die sozialistische Ökonomie die entscheidende Größe. Doch besteht zur langfristigen Sicherung des ökonomischen und sozialen Fortschritts die Notwendigkeit, daß das Produkt für die Gesellschaft absolut und auch relativ zunimmt. Von den produzierenden Bereichen sind solche Entwicklungsproportionen einzuhalten und durch die wirtschaftliche Rechnungsführung sichtbar zu machen, die eine effektive Gesamtentwicklung unterstützen. Die weitere Stärkung der Effektivitätsplanung und -rechnung macht notwendig, bei der Festlegung von Kennziffern für die Betriebe und Kombinate von volkswirtschaftlich anzustrebenden Erfordernissen auszugehen und dazu die Bewertung von Kennziffernkombinationen zu benutzen. Unter diesem Gesichtspunkt soll deshalb die unterschiedliche Wirkung des wissenschaftlich-technischen Fortschritts auf wesentliche Kennziffern der wirtschaftlichen Rechnungsführung untersucht werden. Dabei ist die bestimmende Frage, wie die Ökonomie der Zeit in ihren verschiedenen Formen sich in den Kennziffern widerspiegelt.

Natürlich produzieren Kennziffern als solche keinen wissenschaftlich-technischen Fortschritt. Aber ihre Auswahl und Bewertung bestimmen wesentlich, was für den Betrieb in seiner ökonomisch-technischen Politik vorteilhaft ist. Über ihre Festlegung, Einordnung in die Bewertung und entsprechende Stimulierung ist entscheidend zu sichern, daß ein Vorteil für den Betrieb nur dann eintritt, wenn mit seinen Leistungen bzw. Maßnahmen gesellschaftlichen Erfordernissen entsprochen wird. Die unterschiedliche Dynamik der Kennziffern, vor allem bei Formen des wissenschaftlich-technischen Fortschritts, verbietet, eine einzige Kennziffer aus dem Zusammenhang herauszulösen und sie überzubewerten.

## Ökonomisierung des Arbeitsaufwandes für bereits gefertigte Erzeugnisse

In der Regel besteht eine positive Korrelation zwischen der Verringerung des Arbeitsaufwandes und der Senkung der Selbstkosten, so daß die Selbstkosten ihre wichtige Funktion bei der Durchsetzung der Ökonomie der Zeit erfüllen können. Bei qualitativ neuen Kombinationen der Elemente des Arbeitsprozesses, die in der Regel mit der Substitution laufenden Aufwandes an lebendiger Arbeit durch Vermehrung des Fondsvorschusses verbunden sind, ist die Aussage der Selbstkosten als Indikator des vollen Aufwands beeinträchtigt; die Selbstkostensenkung kann nicht die gesamte Einsparung an Arbeit anzeigen, da sie nicht die Veränderung des vollen Aufwands beinhaltet. Der ausgewiesene Nutzeffekt ist geringer als der gesellschaftlich erzielte.

Zwar sind sowohl Preise als auch Lohnkosten Surrogate für gesellschaftlichen Arbeitsaufwand. Während aber die Preise mehr oder weniger angenähert den vollen Arbeitsaufwand widerspiegeln, liegt es in der Natur der Lohnkosten, daß sie nur das für individuelle Zwecke angeeignete Produkt aus der Primärverteilung umfassen. Wenn davon ausgegangen wird, daß in den Selbstkosten der gesellschaftliche Arbeitsaufwand erfaßt sei, verkörpert die Geldeinheit bei der verbrauchten vergegenständlichten Arbeit ein geringeres Quantum gesellschaftlicher Arbeit als die für Lohn gezahlte Geldeinheit bzw. die gleiche Menge gesellschaftlicher Arbeit hat im Preis für vergegenständlichte Arbeit einen wesentlich höheren Geldausdruck als im Lohn. Dieser Unterschied ist vom Verhältnis zwischen Produkt für sich und Produkt für die Gesellschaft abhängig und somit um so größer, je mehr das Lebensniveau bestimmende Leistungen aus gesellschaftlichen Fonds gezahlt werden. Die Menge an Arbeit, die in einer Einheit Selbstkosten ausgedrückt ist, hängt also von der Zusammensetzung der Selbstkosten nach vergegenständlichter und lebendiger Arbeit ab. Eine Verschiebung in der Struktur der Selbstkosten in Richtung eines höheren Anteils an vergangener Arbeit kompensiert einen Teil der Einsparungen an Arbeit insgesamt. Angenommen, das aus der Primärverteilung entspringende Verhältnis von Produkt für sich (einschl. der Leistungen aus dem Kultur- und Sozialfonds) und Produkt für die Gesellschaft sei 1:1, so muß das Doppelte an lebendiger Arbeit gegenüber dem zusätzlichen laufenden Aufwand an vergangener Arbeit eingespart werden, wenn die Selbstkosten gleichbleiben sollen. Erst was darüber hinausgeht, wird für die Rückflußdauer wirksam. Dieser Zusammenhang muß bei Nutzeffektsberechnungen berücksichtigt werden, da sonst das Tempo des wissenschaftlich-technischen Fortschritts verzögert werden könnte.

Besonders für die Mechanisierung der Arbeit in Hilfs- und Nebenprozessen, die ihrer Natur nach nicht unmittelbar zur Produktionssteigerung führt und somit die Tendenz zur Erhöhung der Fondsintensität enthält, ist die komplexe Effektivitätsbeurteilung unter Einbeziehung und Wertung der dadurch möglichen Einsparung von Arbeitsplätzen bedeutungsvoll. 1977 waren in der zentralgeleiteten Industrie der DDR 22,2% der Produktionsarbeiter für Transport- und Reparaturleistungen gebunden (5,6% und 16,6%). Im Maßstab der gesamten Industrie sind das rund 440000 Arbeitskräfte. Um diesen Anteil auf 21,2% zu verringern, wäre bei einem Freisetzungsaufwand in Höhe der durchschnittlichen Ausstattung mit Produktionsfonds (Industrie 1977 83246 Mark je Berufstätiger) über 1,6 Mrd. Mark Rationalisierungsinvestitionen erforderlich, mit denen bei isolierter Betrachtung zunächst keinerlei Zuwachs an Warenproduktion erzielt und die einen Rückgang der Fondsquote um 0,7% bewirken würde.

Der *Primäreffekt* bestünde in der Einsparung von rund 20000 Arbeitskräften für die gleiche Warenproduktion. Erst die Betrachtung im Zusammenhang, daß es auf diesem Wege möglich ist, die zeitliche Auslastung neuer oder anderer produktiver Ausrüstungen zu erhöhen, zeigt den Gesamteffekt. Nur wird dieser Produktionszuwachs eben nicht als Ergebnis von Rationalisierungsinvestitionen ausgewiesen. Es ist also einseitig, die Effektivität der Rationalisierungsinvestitionen als einer wesentlichen Form der Intensivierung nur daran zu messen, welchen Anteil sie *primär* an der Erhöhung der Warenproduktion haben. Das entbindet natürlich in keiner Weise davon, solche aus der Erstmechanisierung entspringenden Tendenzen der Erhöhung der Fondsintensität weitgehend durch fondssparende Reproduktionslösungen auszugleichen.

Die Tatsache, daß im Lohn nicht die vollen gesellschaftlichen Aufwendungen für die Reproduktion der Arbeitskraft enthalten sind und die Einsparung von Arbeitsplätzen und Arbeitskräften unterbewertet ist, wird von den Ökonomen allgemein anerkannt. So zum Beispiel, wenn gefordert wird, den gesellschaftlichen Konsumtionsfonds anteilig in den Selbstkosten zu erfassen, damit diese Aufwendungen strukturell den Aufwendungen für die Reproduktion der Arbeitskraft entsprechen.[35] Mit der Einsparung von lebendiger Arbeit bzw. der Freisetzung einer Arbeitskraft entfielen dann in den Selbstkosten nicht nur die entsprechenden Lohnkosten, sondern auch die anteiligen Aufwendungen aus gesellschaftlichen Fonds. Eine solche Prinziplösung würde jedoch den Selbstkosten ihren Charakter als Summe der *betrieblichen* laufenden Aufwendungen für das Produktionsergebnis nehmen, und die Ausdehnung der gesellschaftlichen Konsumtion würde zum Faktor steigender Selbstkosten. Andererseits ist aber nicht zu übersehen, daß hinsichtlich der Einsparung von Arbeitsplätzen die Harmonisierung gesellschaftlicher und betrieblicher Interessen in den gegenwärtigen Regelungen der wirtschaftlichen Rechnungsführung nicht befriedigend gelöst ist. Es wäre zu prüfen, ob über die Bindung einer betrieblichen normativen Bruttogewinnsumme an die Inanspruchnahme von gesellschaftlichem Arbeitsvermögen die Einsparung von Arbeitskräften für den Betrieb vorteilhafter gemacht werden könnte. Neben den Lohnkosten entfiele bei der Einsparung von Arbeitskräften bei einer solchen Regelung auch der entsprechende normative Gewinn.

Ähnlich komplex ist die Selbstkostenentwicklung bei der Vervollkommnung der Spezialisierung und Kooperation zu beurteilen. Werden Teilproduktionen, die bisher im eigenen Betrieb hergestellt wurden, in spezialisierte Betriebe verlagert und nunmehr von dort geliefert, so werden die Bezugspreise in der Regel über den bisherigen eigenen Selbstkosten liegen, weil sie bereits ein realisiertes Produkt für die Gesellschaft enthalten. Auch wenn der gesellschaftliche Arbeitsaufwand für das Endprodukt dadurch insgesamt verringert wird, kann der Kostensatz im beziehenden Betrieb steigen. Zu vergleichen sind in diesem Falle die Selbstkosten des Lieferbetriebes mit den Selbstkosten der bisherigen Eigenfertigung bzw. der Preis der bezogenen Produktion ist den bisherigen Selbstkosten zuzüglich eines anteiligen Gewinns gegenüberzustellen. Im beziehenden Betrieb werden bei gleicher Warenproduktion Arbeitskräfte und Produktionsfonds frei, die entweder zur Ausdehnung der Produktion genutzt oder umgesetzt werden können. Auch in diesem Fall würde ein Vergleich des tatsächlichen Gewinns mit einem aus Arbeitskräfte- und Fondsbindung ermittelten Normativ den Vorteil der Kooperation besser sichtbar machen und die Nutzung ihrer Vorzüge stimulieren.

35 Vgl. BRUTUS auf der Konferenz über wirtschaftliche Rechnungsführung und Nutzung des gesellschaftlichen Arbeitsvermögens, in: Sowjetwissenschaft/Gesellschaftswissenschaftliche Beiträge, 2/1977, S. 201.

Fassen wir die wesentlichsten Auswirkungen des wissenschaftlich-technischen Fortschritts auf die Effektivitätskennziffern zusammen:

— Einsparungen an lebendiger Arbeit wirken nur dann direkt auf die Selbstkosten, wenn Normänderungen damit verbunden sind;

— Einsparung an Zeit ist bei Einsparungen an lebendiger Arbeit größer als die Senkung der Selbstkosten;

— Einsparungen an vergangener Arbeit senken die Selbstkosten annähernd im Umfang der Einsparung von Zeit und verringern zugleich die Materialintensität. Sind diese Einsparungen von lebendiger und vergegenständlichter Arbeit mit Investitionen verbunden, so läßt sich ein Sinken der Fondsquote nur über die Erhöhung der Warenproduktion ausgleichen.

— Mechanisierung in den Nebenprozessen der Produktion bewirkt ebenfalls eine Steigerung der Arbeitsproduktivität, aber nur der Einsatz der eingesparten Zeit für die Hauptproduktion kann über die Erhöhung der Warenproduktion die damit verbundene Verschlechterung der Fondsquote ausgleichen.

— Zunahme der Kooperation begünstigt die Durchsetzung des wissenschaftlich-technischen Fortschritts, kann jedoch die Selbstkosten und damit den Kostensatz erhöhen. Dem stehen eine Steigerung der Arbeitsproduktivität sowie eine Erhöhung der Fondsquote gegenüber, die jedoch auf Basis Bruttoproduktion zu hoch ausgewiesen werden. Bessere Aussagen über die Effektivitätsentwicklung geben hier Berechnungen auf der Grundlage der Nettoproduktion bzw. der Kennziffern der Fondsrentabilität und der Arbeitsrentabilität.

## Erhöhung des Gebrauchswerts durch wissenschaftlich-technischen Fortschritt und Effektivität

Mit der Beschleunigung des wissenschaftlich-technischen Fortschritts werden zukünftig auch die Gebrauchseigenschaften der Produkte wesentlich stärker verändert, was die Bedeutung eines der schwierigsten ökonomischen Probleme bei der Durchsetzung des wissenschaftlich-technischen Fortschritts erhöht: Wie sollen die veränderten Gebrauchseigenschaften in der Effektivitätsmessung und in der Leistungsbewertung der Betriebe und Kombinate am wirksamsten berücksichtigt werden? Wesentliche Fortschritte in dieser Frage wurden mit den Regelungen über die Preisgestaltung neuer und weiterentwickelter Erzeugnisse nach dem Preis-Leistungs-Verhältnis geschaffen.[36]

36 Vgl. Abschnitt 3.5. dieses Bandes.

Die mit diesen Beschlüssen getroffenen Regelungen, die Erhöhung des Gebrauchswerts im Preis zu berücksichtigen, beseitigten die Situation, daß Betriebe für die Neu- und Weiterentwicklung von Erzeugnissen in den ihrer Bewertung zugrunde gelegten Parametern und den damit verbundenen Regelungen über die Fondszuführung benachteiligt waren. Die positive Wirkung ist offensichtlich. Die damit zusammenhängenden politökonomischen Probleme hinsichtlich Wert, Gebrauchswert und Preis bedürfen jedoch nach wie vor der weiteren Durchdringung.

Offensichtlich wird nicht immer genügend auseinandergehalten, daß die Forderung nach hochwertigen Gebrauchsgütern zugleich die Forderung nach Gebrauchsgütern mit niedrigem Wert im Sinne der Arbeitswerttheorie einschließt. Zwar steht im Mittelpunkt der sozialistischen Ökonomie die Erzielung eines hohen Volumens an Gebrauchswert, aber das ist nur zu realisieren, wenn jeder dieser Gebrauchswerte mit sinkendem Einsatz der Ressourcen hergestellt wird. Die Betriebe und Kombinate müssen sich beiden Aufgaben stellen, und beide Tendenzen, sowohl Erhöhung des Gebrauchswerts als auch Senkung des Werts, müssen die Leistungsbewertungen bestimmen. Dabei ist jedoch problematisch, die Senkung des Werts und die Erhöhung des Gebrauchswerts in *einem* Ausdruck, dem Preis, zu erfassen.

Da es der sozialistischen Gesellschaft noch nicht möglich ist, die „in einem Produkt niedergelegten Arbeitsquanta" durchgängig „in ihrem natürlichen, adäquaten, absoluten Maß der Zeit" statt „in einem nur relativen, schwankenden, unzulänglichen, früher als Notbehelf unvermeidlichen Maß, in einem dritten Produkt auszudrücken",[37] und es andererseits keinen mehr oder weniger gut funktionierenden Automatismus geben kann, der die Preise auf das gesellschaftlich begründete Maß reguliert[38], erfolgt die Festlegung von Preisen planmäßig durch juristischen Akt bzw. nach verbindlichen Prinzipien. Diese Prinzipien müssen den Anforderungen einer den gesamtwirtschaftlichen Interessen Rechnung tragenden Leistungsbewertung der Betriebe und Kombinate entsprechen.

Natürlich ist es hemmend für den wissenschaftlich-technischen Fortschritt in Fällen, wo der gleiche Gebrauchswert mit neuer Prinziplösung wesentlich billiger hergestellt wird, durch einen niedrigeren Preis das Volumen der Warenproduktion zu senken, solange — und das wird für wichtig gehalten — die Warenproduktion die mit Abstand dominierende Kennziffer der Leistungsbe-

37 F. ENGELS, Herrn Eugen Dührings Umwälzung der Wissenschaft (Anti-Dühring), in: MEW, Bd. 20, S. 288.

38 „Bedenkt der Ökonom denn gar nicht, daß, sowie die Konkurrenz aus dem Spiele gelassen wird, gar keine Garantie da ist, daß der Produzent seine Ware gerade zu den Produktionskosten verkauft?" (F. ENGELS, Umrisse zu einer Kritik der Nationalökonomie, in: MEW, Bd. 1, Berlin 1956, S. 506.)

wertung ist. Die Bewertung mit dem *alten* Preis ist als *Ergebnisbewertung* des Betriebes durchaus sinnvoll; weniger sinnvoll ist sie als *Aufwandsgröße* für den Anwender. Gerade durch die neue Prinziplösung wird dieses Erzeugnis doch volkswirtschaftlich vorteilhaft, ein Vorteil, den man dem Anwender durch einen niedrigeren Preis signalisieren sollte, wenn ein Maximum an Verringerung des Arbeitsaufwandes angestrebt wird. Jedes Lösen der Preise innerhalb des Produktionsbereiches vom gesellschaftlich notwendigen Arbeitsaufwand beeinträchtigt die Geldkategorien in ihrer Funktion, Mittel zur Durchsetzung effektivster Varianten zu sein.

Bei neuentwickelten Erzeugnissen mit höherem Gebrauchswert ist die Problematik die gleiche. Sicher wäre es falsch, die Erfolge, die die Neuregelung bei der Beschleunigung des wissenschaftlich-technischen Fortschritts gebracht hat, aus theoretischen Einwänden abzulehnen, denn das Kriterium ist die Praxis. Die Überlegungen sollten vielmehr in die Richtung gehen, die Vorteile zu erhalten und auszubauen und den Nachteil, das Lösen der Preise von den Relationen des gesellschaftlich notwendigen Arbeitsaufwandes, die in der DDR durch mehrere Preisreformen angenähert wurden, zu beseitigen. Das scheint auf zwei Wegen möglich:

1. Die Preise für neue Erzeugnisse und weiterentwickelte Erzeugnisse werden im zeitlichen Verlauf dem gesellschaftlich notwendigen Arbeitsaufwand wieder angenähert, entweder indem sie eine befristete Laufzeit haben oder jährlich um einen bestimmten Prozentsatz gesenkt werden. In diese Richtung zielen die Ausführungen verschiedener Autoren, wobei sie auf die mit dem Abweichen der Preis- von den Wertrelationen verbundenen Nachteile verweisen.[39]

2. Die Kennziffer Warenproduktion zu *konstanten* Preisen wird voll darauf eingestellt, Indikator der physischen Entwicklung des Gebrauchswertvolumens zu sein. Der Preis bleibt folglich konstant, selbst wenn der Arbeitsaufwand auf ein Zehntel zurückgeht, und er erhöht sich in vollem Umfang bei Zunahme der Gebrauchseigenschaften.

Demgegenüber behalten die *effektiven* Preise ihre Bindung an Kosten und Fondseinsatz, also an die Wertrelationen, wobei bei neuentwickelten Erzeugnissen der relative Gewinn zunächst durchaus etwas höher kalkuliert werden kann. Über eine Analyse ließe sich die Warenproduktion in ihrer Entwicklung nach dem Einfluß der Quantität, der Qualität und der Kooperationsveränderungen ausweisen.

Das Verhältnis zwischen der Summe der Warenproduktion zu konstanten Preisen und der Summe der Warenproduktion zu effektiven Preisen könnte zu

39 Vgl. u. a.: Zur weiteren Vervollkommnung der Leitung, Planung und ökonomischen Stimulierung der gesellschaftlichen Produktion. Die Entwicklung und Festigung der Kombinate in der sozialistischen Industrie (Thesen), in: Wirtschaftswissenschaft, 8/1977, S. 1129.

einem Maß für den wissenschaftlich-technischen Fortschritt entwickelt werden. Je größer dieser Koeffizient ist, um so höher ist der wissenschaftlich-technische Fortschritt im zugrunde gelegten Zeitraum. Erhält dieser Koeffizient ein entsprechendes Gewicht in der Leistungsbewertung, so besteht ein Interesse der Betriebe daran, sowohl neue Erzeugnisse zu entwickeln als auch Preissenkungen vorzunehmen. Es entfielen damit auch Gründe für das Bestreben der Betriebe, in Neuentwicklungen von vornherein Kostenreserven hineinzukonstruieren. Eine solche Kennziffer müßte in ein System eingebettet sein, in welchem vor allem auch die vertragsgerechte Erfüllung der Produktion hohes Gewicht hat.

## Vervollkommnete Leistungs- und Nutzensrechnung — wesentliches Leitungsinstrument zur Durchsetzung des wissenschaftlich-technischen Fortschritts

Die Festigung bestehender und die Bildung neuer Kombinate ist der gegenwärtig wichtigste Schritt der weiteren Vervollkommnung der Leitung, Planung und ökonomischen Stimulierung der Industrie und der Bauwirtschaft. Kombinate verkörpern eine dem erreichten Entwicklungsstand der Produktivkräfte und Produktionsverhältnisse entsprechende organische Verbindung zwischen zentraler staatlicher Planung, schöpferischer Initiative der Werktätigen und eigenverantwortlicher Tätigkeit; ihr qualitatives und quantitatives Wachstum ist somit auf eine weitere Stärkung des demokratischen Zentralismus gerichtet.

Bestimmender Gesichtspunkt bei der Bildung und Festigung der Kombinate ist die volle Entwicklung der Bedingungen und Voraussetzungen, die Verantwortung im Reproduktionsprozeß für einen abgegrenzten Bereich der gesellschaftlich geteilten Arbeit allseitig wahrnehmen zu können. Die Verantwortung für die Beschleunigung des wissenschaftlich-technischen Fortschritts bildet dabei den Schwerpunkt.

Die Komplexität der Aufgabenstellung der Kombinate stellt auch an die innerbetriebliche wirtschaftliche Rechnungsführung erhöhte Anforderungen. Alle Teile von Rechnungsführung und Statistik müssen dafür qualifiziertere Angaben liefern, wobei es vor allem darauf ankommt, endproduktbezogene Aussagen zu gewinnen. In ganz besonderem Maße gilt für die auf der Kosten- und Leistungsrechnung basierende Nutzensrechnung, Planung, Abrechnung und Kontrolle der Durchsetzung des wissenschaftlichen Fortschritts und der damit erzielten Ergebnisse zu sichern.

Die Vervollkommnung der Leistungsrechnung erfolgt vor allem in der Richtung, über eine schrittweise Präzisierung den Ausweis der Leistungs- und Effektivitätseinflüsse vergleichbar und somit aggregierbar zu machen. Die Aufgliederung nach Faktoren ermöglicht die Festlegung der Verantwortlichkeit und macht die Leistungs- und Effektivitätseinflüsse leitungsmäßig beherrschbar. Im VEB Schwermaschinenbau-Kombinat „Ernst Thälmann“ Magdeburg wurden dazu folgende bestimmenden Schritte unternommen[40]:

— Erarbeitung einer Konzeption über zu erschließende Quellen durch Marktbeobachtung und Einschätzung der voraussichtlichen wissenschaftlich-technischen Entwicklung unter Beachtung der Spezialisierungsabkommen im Rahmen des Rates für gegenseitige Wirtschaftshilfe;

— Quantifizierung der Faktoren der künftigen Leistungsentwicklung in der perspektivischen Leistungsrechnung;

— Erarbeitung von Maßnahmen, welche den Wirkungsgrad der drei Elemente des Produktionsprozesses erhöhen;

— Festlegung der Aktivitäten im Rahmen des Fünfjahrplanes und des Jahresplanes in einem komplexen Intensivierungsprogramm.

Im Mittelpunkt dieser Leistungsrechnung steht die Senkung des für die Produktion vergleichbaren Stundenaufwands durch produktionswirksame Ergebnisse des wissenschaftlich-technischen Fortschritts. Zusammen mit anderen in die Leistungsentwicklung eingehenden Faktoren (Veränderungen des Arbeitszeitfonds, Preiseinflüsse, Kooperationseinflüsse, sonstige Einflüsse) wird die Veränderung vom Ist der Basisperiode zum Ist der Berichtsperiode vollständig und kontrollfähig ausgewiesen.

Zu einem anderen Aspekt der Weiterentwicklung der Leistungsrechnung und zur Vervollkommnung der wirtschaftlichen Rechnungsführung liegen Erfahrungen vom Kombinat VEB Carl Zeiss Jena vor[42]. Ausgangspunkt war die Erkenntnis, daß die unterschiedliche Bewertungsbasis für Kollektive, die im wesentlichen innere Kooperationsleistungen vollbringen (betriebsinterne Verrechnungspreise) gegenüber den für Finalerzeugnisse fertigenden Einheiten (gesetzliche Preise) überwunden werden mußte, um die Durchsetzung einer einheitlichen ökonomischen Politik im Kombinat zu unterstützen. So wurden Rationalisierungsmaßnahmen im Kooperationsbereich oft erst im Finalbetrieb sichtbar; die Kostenrechnung zwang die Leiter der materiellen Prozesse nicht in ausreichendem Maße zur gezielten Einflußnahme auf die Kosten u. a. Ihre offensichtlichste Auswirkung fand die unterschiedliche Preisbasis darin, daß im sozialistischen Wettbewerb Kooperations- und Finalbetriebe in getrennten Wettbewerbsgruppen geführt wurden.

Schwerpunkt der eingeleiteten Maßnahmen war die Herstellung von Ware-

40 Vgl. D. LÜDDEKE, Komplexe Leistungsrechnung im SKET, in: Statistische Praxis, 5/1978, S. 197.

41 Vgl. H. SCHINKEL/D. SÄMANN, Durchsetzung und Weiterentwicklung der Anwendung der wirtschaftlichen Rechnungsführung — wesentliche Voraussetzung für die Leistungsbewertung in sozialistischen Industriekombinaten, in: Statistische Praxis, 5/1978, S. 193.

Geld-Beziehungen auf der Grundlage gesetzlicher Preise für alle Lieferungen und Leistungen auch bei juristisch *nicht* selbständigen Betrieben. Diese konnten nun ebenfalls vollständig nach der wirtschaftlichen Rechnungsführung arbeiten. Dafür waren etwa 80000 Preise zu bilden. Nach einer halbjährigen praktischen Arbeit lassen die Erfahrungen die Einschätzung zu, daß der eingeschlagene Weg sich als richtig erwiesen hat.

Während die Leistungsrechnung — aufbauend auf den Wirkungen der einzelnen Faktoren — als Ergebnis den saldierten Einfluß aller Faktoren ausweist, verfolgt die Nutzensrechnung die einzelnen Vorhaben und Maßnahmen von ihrer Konzipierung bis zur Produktionswirksamkeit. Die dabei auftretenden schwierigen Probleme haben zu einer gewissen Vernachlässigung der Nutzensrechnung bei der praktischen Durchsetzung von Rechnungsführung und Statistik geführt, handelt es sich doch beim ökonomischen Nutzen um eine vieldimensionale Kategorie, die wohl immer nur mit gewissen Unzulänglichkeiten über ökonomische Kennziffern erfaßbar ist. Ihre Erscheinungsformen reichen von der Selbstkostensenkung, der Erhöhung von Qualität, Quantität und Bedarsgerechtheit der Produktion, Rentabilität — und da wieder besonders des Exports — der Einsparung von lebendiger Arbeit, Material und Energie, der Ablösung von Importen bis hin zu Fragen des zeitlichen Wirksamwerdens, des Umweltschutzes, der Arbeitserleichterung und der Anreicherung des Arbeitsinhalts.

Im Fünfjahrplan 1981 bis 1985 ist ein entscheidender Schritt zur Erhöhung der Wirksamkeit der Nutzensrechnung vorgesehen, wofür in den Jahren 1979/1980 wesentliche Grundlagen zu schaffen und auswertbare Erfahrungen zu gewinnen sind. Folgende Ziele werden mit den Neuregelungen angestrebt:

— Einheitlichkeit der Methoden für Planung, Abrechnung und Kontrolle des ökonomischen Nutzens;
— Durchgängigkeit des Kennziffernsystems von der Vorbereitungsphase über die Realisierungsphase bis zur Nutzensphase;
— Einbindung des Nutzens in seiner Vielgestaltigkeit in alle Planteile und damit die Überwindung eines weitgehend losgelösten Nutzensnachweises, der getrennt von den Ergebnissen erfolgt;
— Aggregationsfähigkeit der einzelnen Kennziffern auf den verschiedenen Ebenen;
— Vermeidung von Mehrfachzählungen des Nutzens, wie sie besonders bei Forschungs- und Entwicklungsaufgaben in Verbindung mit Investitionsvorhaben auftraten;
— Einhaltung der vorgesehenen Aufwände, des geplanten Ergebnisses und wichtiger Zwischen- und Abschlußtermine.

Bereits die für 1979/1980 vorgesehenen Übergangsregelungen sehen vor, daß die Auswirkungen auf den Leistungszuwachs und die Reduzierung des Arbeitsaufwandes sowie des Material- und Energieeinsatzes normenwirksam gemacht und der Planung zugrunde gelegt werden.

Mit dem Ausbau der Nutzensrechnung wird das System von Rechnungsführung und Statistik besonders unter dem Aspekt der beschleunigten Durchsetzung des wissenschaftlich-technischen Fortschritts vervollkommnet und seine Brauchbarkeit für Leitungsentscheidungen, die Sicherung ihrer Durchführung und das Wirksammachen ihrer Ergebnisse in Leistungskennziffern weiter erhöht.

## 3.5. Zum Verhältnis von Qualität, Gebrauchswert und Preis bei der Stimulierung neuer Erzeugnisse

### Zum politökonomischen Zusammenhang zwischen Gebrauchswert und Preis

Die Realisierung des sozialpolitischen Programms auf der Basis von Produktivitäts- und Effektivitätsfortschritten erfordert, das Tempo der Qualitätsentwicklung in den Betrieben und Kombinaten unserer Volkswirtschaft wesentlich zu verstärken. Um Qualität und Effektivität zum entscheidenden Kriterium des Handelns zu machen, müssen die Betriebe mehr als bisher an der ständigen Vervollkommnung der Qualität ihrer Erzeugnisse, der Erneuerung ihres Sortiments auf hohem wissenschaftlich-technischen Niveau und der Entwicklung rationeller Fertigungsbedingungen interessiert werden. Mit dem Beschluß des Ministerrats vom 10. 6. 1976 über die Bildung der Industriepreise zur Durchführung des Beschlusses zur Vervollkommnung der Leistungsbewertung der Betriebe und Kombinate[42] wurde das materielle Interesse an der Erhöhung der Qualität der Erzeugnisse und der Senkung der Kosten vor allem über die Entwicklung der Warenproduktion als der gegenwärtig entscheidenden Kennziffer der Leistungsbewertung gefördert. Eine wie auch immer berechnete Kennziffer, z. B. die Warenproduktion, wäre jedoch überfordert, wollte man sie zum alleinigen Maßstab für die Leistungsentwicklung der Betriebe machen. Die noch zu lösenden Probleme bei der Stimulierung des wissenschaftlich-technischen Fortschritts zeigen, daß die eingeleiteten Veränderungen nur als erste Schritte bei der Vervollkommnung der Leistungsbewertung der Betriebe und Kombinate gewertet werden können. Die Qualitätsentwicklung über den Preis zu stimulieren und für den Betrieb materiell wirksam zu machen, wirft mindestens folgende Fragen auf:

42 Vgl. Gesetzblatt der DDR, Teil I, 24/1976, S. 317.

1. Wie kann ausgehend von der Einschätzung des volkswirtschaftlichen Bedarfs gesichert werden, daß die Arbeit so auf die Zweige und Bereiche verteilt wird, daß langfristig mit den vorhandenen Ressourcen eine höchstmögliche Befriedigung des Bedarfs der sozialistischen Gesellschaft erreicht wird? Dieser Prozeß kann nicht über den Preis der Erzeugnisse gesteuert werden. Er erfordert vielmehr die planmäßig proportionale Entwicklung aller Zweige und Bereiche und schließt die zentrale Planung und Leitung sowie die Bilanzierung volkswirtschaftlicher Proportionen in ihrer Verbindung mit der Eigenverantwortung der Betriebe ein.

2. Wie kann durch den Preis eine Erhöhung der Produktion in bedarfsgerechter Struktur stimuliert werden? Das heißt: Wie kann über den Preis gesichert werden, daß im Rahmen volkswirtschaftlich bilanzierter Proportionen solche Erzeugnisse in Menge und Qualität in den Betrieben und Kombinaten produziert werden, die dem volkswirtschaftlichen Bedarf entsprechen? Wie kann die Qualität oder der Gebrauchswert im Preis berücksichtigt werden? Ist für die Stimulierung des wissenschaftlich-technischen Fortschritts eine planmäßige Abweichung der Preise vom Wert erforderlich?

3. Wie muß sich das Verhältnis von Qualität und Aufwand (Preis) entwickeln, damit sowohl beim Anwender als auch Hersteller ein materielles Interesse besteht, d. h. ein ökonomischer Nutzen realisiert werden kann?

Das Finden von Lösungsrichtungen erfordert, sich stärker mit dem politökonomischen Inhalt und Zusammenhang von Qualität, Gebrauchswert, Wert und Preis zu beschäftigen.

— Der Gebrauchswert ist zunächst charakterisiert durch die konkreten, nützlichen Eigenschaften, die in ihrer Gesamtheit die gesellschaftliche Nützlichkeit, seine soziale und ökonomische Wirksamkeit, in der Anwendung bestimmen und allgemein als Qualität des Erzeugnisses bezeichnet werden. Qualität, als Grad der Eignung des Erzeugnisses je Verwendungszweck, ist jedoch mit der politökonomischen Kategorie Gebrauchswert nicht identisch. Qualität ist ein wesentlicher Bestandteil des Gebrauchswertes. Qualitätserhöhung ermöglicht —unter sonst gleichen Bedingungen — mit einer geringeren Menge an Erzeugnissen gesellschaftliche Bedürfnisse zu befriedigen. Aus der Qualitätserhöhung ergibt sich die entscheidende Möglichkeit, pro Einheit Arbeitszeit, Grundfonds und Material einen höheren Grad der Bedürfnisbefriedigung zu erreichen.

— Der Gebrauchswert des Erzeugnisses findet nicht allein sein Maß an den Gebrauchseigenschaften des Erzeugnisses, sondern, diese vorausgesetzt, am Bedarf in seinem gesellschaftlichen Umfang, also in der Einheit von Menge und Qualität. Der Gebrauchswert des Erzeugnisses schließt stets seine gesellschaftliche Nützlichkeit unter dem Aspekt der Sicherung der Einheit von Menge und Qualität der Produktion zur Befriedigung von Bedürfnissen in ihrem gesellschaftlichen Umfang ein. Besteht also für ein Erzeugnis kein gesellschaftlicher Bedarf, so besitzt auch das Erzeugnis keinen Gebrauchswert, unabhängig davon, in welchem Grade es sich für einen speziellen Verwendungszweck eignet. Damit ist auch die für die Produktion verausgabte Arbeit gesellschaftlich nutzlos. Diese Tatsache leitet sich nicht allein aus der Menge der produzierenden Erzeugnisse ab. Fehlender Qualitätsfortschritt oder geminderte Qualität ist ebenso ein Verlust an Gebrauchswert und mit der Vergeudung von gesellschaftlicher Arbeit identisch. Folglich besteht Übereinstimmung mit den Ökonomen, die den Gebrauchswert als gesellschaftliche Nützlichkeit der Erzeugnisse sowohl von der Qualität als auch von der Menge der Erzeugnisse her bestimmen, über die die Gesellschaft zur Befriedigung ihrer Bedürfnisse verfügt.[43]

— Der Gebrauchswert der Erzeugnisse, d. h. ihre Fähigkeit, materielle Bedürfnisse konkret und in einem gesellschaftlich erforderlichen Umfang zu befriedigen, ist wesentliche Voraussetzung für die Minimierung des gesellschaftlich notwendigen Arbeitsaufwandes.

a) Über die Erhöhung der Gebrauchseigenschaften der Maschinen und Anlagen und des verarbeiteten Materials wird die Entwicklung des Aufwandes an lebendiger und vergegenständlichter Arbeit pro Erzeugnis entscheidend beeinflußt.

b) Der gesellschaftlich notwendige Arbeitsaufwand findet, ausgehend von dem in der Herstellung des Gebrauchswertes notwendigen Aufwand, sein Maß am gesellschaftlichen Bedarf oder, wie Marx es nennt: „. . . an den Bedürfnissen des gesellschaftlichen Individuums“[44]. Erzeugnisse, die den gesellschaftlichen Erfordernissen in Menge und Qualität nicht oder nur ungenügend entsprechen, sind mit Effektivitätsverlusten im volkswirtschaftlichen Maßstab verbunden.

— Der Gebrauchswert bestimmt nicht die Wertgröße der Ware. Die Wertgröße wird bestimmt durch den gesellschaftlich notwendigen Arbeitsaufwand, d. h. den Aufwand an lebendiger und vergegenständlichter Arbeit, der unter der Voraussetzung eines bestehenden gesellschaftlichen Bedarfs für die Herstellung des Erzeugnisses notwendig ist. Die Erzeugnisqualität ist folglich nicht wert- und damit preisbildend. Der von den gesellschaftlichen Bedürfnissen abgeleitete Bedarf der sozialistischen Gesellschaft oder — wie Marx sagt — „der Gebrauchswert auf gesellschaftlicher Potenz“,[45] hat aber insoweit Einfluß, als er die Bedingung für die Verausgabung von Arbeit als gesellschaftlich notwendig darstellt. Er bestimmt die Proportionen der planmäßigen Verteilung der gesellschaftlichen Arbeit auf die einzelnen Bereiche, Zweige und Erzeugnisse.

Die Forderung, den Gebrauchswert und seine Entwicklung stärker als bisher über den Preis zu stimulieren, kann folglich nur heißen, den Gebrauchs-

43 Vgl. N. Schechet, Der gesellschaftliche Nutzeffekt der Produktion, in: Sowjetwissenschaft/Gesellschaftswissenschaftliche Beiträge, 6/1977, S. 583.

44 K. Marx, Grundrisse der Kritik der Politischen Ökonomie, Berlin 1953, S. 96.

45 K. Marx, Das Kapital, Dritter Band, in: MEW, Bd. 25, a. a. O., S. 649.

wert auf gesellschaftlicher Potenz planmäßig in die Preisbildung einzubeziehen. Alle Versuche, den Gebrauchswert einseitig bzw. teilweise bei der Preisbildung zu berücksichtigen, müssen damit rechnen, daß nicht immer mit den gegebenen Ressourcen eine Produktion stimuliert wird, die in Menge und Qualität dem gesellschaftlichen Bedarf am besten entspricht.

Die Sicherung des Erneuerungsgrades und der qualitativen Vervollkommnung der Produktion als ein wichtiger Bestandteil der bedarfsgerechten Struktur der Produktion erfordert, ständig einen Teil der gesellschaftlichen Arbeit zugunsten neuer und weiterentwickelter Erzeugnisse umzuverteilen. Hierfür sind von seiten der zentralen Planung und Bilanzierung materieller und finanzieller Proportionen die Voraussetzungen zu schaffen. Gleichzeitig müssen aber auch solche Preise planmäßig gebildet werden, mit denen diese Erfordernisse realisiert werden können, d. h. die es ermöglichen, einen größeren Teil der gesellschaftlichen Arbeit (im Vergleich zu veralteten Erzeugnissen) für die Produktion dieser Erzeugnisse zu realisieren und zu verwenden.

Der Preis als Geldausdruck des Wertes kann nur dann seine Meß-, Verteilungs- und Stimulierungsfunktion erfüllen, wenn er den gesellschaftlich notwendigen Arbeitsaufwand in seiner Dynamik widerspiegelt. Das schließt ein, daß über den Preis eine Stimulierung der Aufwandssenkung und der Entwicklung der Produktion in qualitäts- und bedarfsgerechter Struktur erfolgen muß. Hieraus ergibt sich das Problem, wie bei Sicherung der Preisstabilität der Preis planmäßig dem sich ständig verändernden gesellschaftlich notwendigen Arbeitsaufwand angenähert werden kann.

## Zur Stimulierung des wissenschaftlich-technischen Fortschritts über die Industriepreisbildung nach dem Preis-Leistungs-Verhältnis

Mit dem Beschluß über die Bildung der Industriepreise nach dem Preis-Leistungs-Verhältnis wird ein Schritt zur Verwirklichung dieser Erfordernisse in der Wirtschaftspraxis getan.[46]

Folgende Überlegungen liegen den 1976 eingeführten Methoden der *Industriepreisbildung nach dem Preis-Leistungs-Verhältnis* zugrunde.

46 Vgl. Beschluß über die Bildung der Industriepreise zur Durchführung des Beschlusses zur Leistungsbewertung der Betriebe und Kombinate vom 10. 6. 1976, in: Gesetzblatt der Deutschen Demokratischen Republik, Teil I, 24/1976.

Der Preis für das neue Erzeugnis wird in Abhängigkeit vom Preis des alten, abzulösenden Erzeugnisses, des sogenannten Vergleichserzeugnisses *und* der gegenüber diesem Erzeugnis eingetretenen Erhöhung der Qualität sowie der Teilung des dadurch möglichen Nutzens zwischen Hersteller und Anwender gebildet. Das beim Vergleichserzeugnis vorliegende Verhältnis von Industriepreis und Qualität wird zunächst auf das neue Erzeugnis unter Berücksichtigung seiner Qualitätsentwicklung übertragen. Dabei wird ein Realpreisindex von 1 angewandt.

$$\text{Realpreisindex} = \frac{P_1}{P_0} : \frac{Q_1}{Q_0} \qquad (1)$$

wobei:

$P_0$ = Industriepreis des Vergleichserzeugnisses,
$P_1$ = fiktiver Industriepreis für das neue Erzeugnis (Preisobergrenze),
$Q_0$ = Gebrauchseigenschaften des Vergleichserzeugnisses,
$Q_1$ = Gebrauchseigenschaften des neuen Erzeugnisses.

Der nach der Formel $P_1 = P_0 \cdot \frac{Q_1}{Q_0}$ ermittelte Preis ist jedoch noch nicht der endgültige Preis für das neue Erzeugnis. Der Preis $P_1$ stellt faktisch eine obere Grenze für die Entwicklung des neuen Preises dar. Dieser fiktive Preis, gegen dessen Bedeutung noch bestimmte Einschränkungen gemacht werden müssen, hat den Vorteil, daß er relativ einfach von der Wirtschaftspraxis ermittelt werden kann. Er stellt ein gesellschaftliches Normativ dar, das praktisch handhabbar ist und annähernd angibt, wo die Grenze zwischen volkswirtschaftlichem Effektivitätsgewinn oder -verlust liegt. Wären Qualitäts- und Preisentwicklung proportional, könnte kein größerer, sondern höchstens ein gleicher Nutzen bei der Anwendung des neuen Erzeugnisses entstehen. Damit ist zunächst vom Standpunkt des Herstellers eine Grenze für die Effektivität von Neu- und Weiterentwicklungen gegeben. Hierbei wird jedoch von der Voraussetzung ausgegangen, daß sich Qualitätszuwachs und Leistungszuwachs annähernd proportional verhalten.[47]

Für die Bestimmung des volkswirtschaftlich möglichen Nutzenszuwachses muß jedoch vor allem die Kostenentwicklung des neuen Erzeugnisses berücksichtigt werden. Aus der Differenz zwischen der nach dem Preis-Leistungs-Verhältnis bestimmten Preisobergrenze ($P_1$) und den Herstellungskosten des neuen Erzeugnisses läßt sich errechnen, in welcher Höhe ein volkswirtschaftlicher Nutzen eintreten könnte. Er wird entsprechend der gesetzlichen Regelung im Verhältnis 70:30 zwischen Hersteller und Anwender geteilt und geht so in den Preis

47 Auf die Unzulänglichkeit dieser Annahme wird im folgenden noch ausführlich eingegangen.

des neuen Erzeugnisses ein. Dieses Preisbildungsprinzip soll am Beispiel eines neuentwickelten Mähdreschers näher erläutert werden (vgl. Tabelle 4; die Zahlen wurden willkürlich gewählt):

*Tabelle 4*
Beispiel der Preisbildung für einen neuentwickelten Mähdrescher

| Gebrauchs-eigenschaften | | Vergleichs-erzeugnis | neues Erzeugnis | relative Qualitäts-kennziffer | Wich-tung | Qualitäts-erhöhung |
|---|---|---|---|---|---|---|
| Benennung | Dimension | $G_0$ | $G_1$ | $Q(G_0:G_1)$ | $G_i$ | $Q \cdot G_i$ |
| Leistung | ha/h | 0,70 | 1,30 | 1,8571 | 50 | 0,9285 |
| Ausfall | min/ha | 4,00 | 2,00 | 2,0000 | 20 | 0,4000 |
| Arbeitsstunden | Ak/h | 1,20 | 0,70 | 1,7143 | 10 | 0,1714 |
| Körnerbuch | % | 1,50 | 0,60 | 2,5000 | 10 | 0,2500 |
| Lärm | dB | 85,00 | 80,00 | 1,0625 | 10 | 0,1063 |
| | | | | | 100 | 1,8562 |

$$P_0 = 50000,\!-\ \mathrm{M}$$

$$P_1 = P_0 \cdot \sum_{i=1}^{n} Q \cdot G_i = 50000 \cdot 1{,}8562 = 92810,\!-\ \mathrm{M} \quad \text{(Preisobergrenze)}.$$

Die Kosten des neuen Erzeugnisses betragen: 70810,— M.

Es ergibt sich ein Nutzen von 22000,— M.
Dieser Nutzen wird im Verhältnis 70:30 geteilt:
15400,— M für den Hersteller
6600,— M für den Anwender.
Daraus ergibt sich der endgültige Preis des neuen Erzeugnisses von: 86210,— M (70810,— + 15400,— M).

Wie die praktischen Regelungen zeigen, geht es bei der Preisbildung für neu- und weiterentwickelte Erzeugnisse weder um eine einfache Preisbildung nach Gebrauchswertparametern noch um eine zeitweilige Abweichung der Preise vom Wert. Für die richtige Wertung und künftige Lösung dieses Problems ist es notwendig, davon auszugehen, daß der Preis mit seinen zwei Hauptbestandteilen, den gesellschaftlich notwendigen Kosten und dem gesellschaftlichen Reineinkommen, einer unterschiedlichen Dynamik unterliegt.

Hiervon ausgehend, gilt es folgendes zu berücksichtigen: Der Wert und damit Preis des Erzeugnisses wird in der Tendenz bestimmt durch den gesellschaftlich notwendigen und nicht den betriebsindividuellen Aufwand an lebendiger und vergegenständlichter Arbeit. Das trifft auch für neue und weiterentwickelte

Erzeugnisse zu. Hier gilt es als erstes zu berücksichtigen, daß die für ihre Herstellung aufgewandte Arbeit unter neuen Bedingungen (effektivere technologische und konstruktive Lösungen, verändertes Material, anderer Qualifikations- und Arbeitsaufwand usw.) und zweitens für ein qualitativ vervollkommnetes Erzeugnis verausgabt wurde. Diese Bedingungen, die zunächst einmalig sind, bilden den Ausgangspunkt für die Veränderung des durchschnittlich notwendigen Aufwandes für die Herstellung vergleichbarer Erzeugnisse. Daraus ergibt sich zunächst die Notwendigkeit, die gesellschaftlich notwendigen Kosten für die Herstellung des neuen bzw. weiterentwickelten Erzeugnisses dem Preis zugrunde zu legen und an die Kostenentwicklung bisher produzierter vergleichbarer Erzeugnisse anzuknüpfen. Bei der praktischen Durchsetzung dieser neuen Preisbildung ist jedoch wesentlich, daß nicht jeder beliebige Kostenaufwand im Preis des neuen Erzeugnisses anerkannt werden kann. Der für die Neuentwicklung verausgabte Arbeitsaufwand ist gesellschaftlich notwendig, wenn

— für das neue Erzeugnis ein gesellschaftlicher Bedarf vorhanden ist,
— zwischen Qualitätssteigerung und Kostenentwicklung ein solches Verhältnis gewahrt wird, daß ein höherer Nutzen für die Volkswirtschaft realisiert werden kann. Das erfordert internationale Kostenvergleiche, um Erzeugnisse mit vergleichsweise hohen Gebrauchseigenschaften und relativ niedrigen Kosten und Preisen herzustellen, so daß der gesellschaftlich notwendige Aufwand pro Gebrauchswerteinheit sinkt.

Die Neuentwicklung von Erzeugnissen erfordert und ermöglicht die Realisierung eines zusätzlichen Gewinns. In einer sozialistischen Wirtschaft besteht ständig die gesellschaftliche Notwendigkeit, die Herstellung neuer Erzeugnisse mit hohem wissenschaftlich-technischem Niveau zu stimulieren und veraltete Erzeugnisse rechtzeitig abzulösen. Damit ist die Arbeit, die für ein neues Erzeugnis aufgewandt wurde und deren Produktion zu Beginn nur in geringer Menge möglich ist, in einem höheren Grade wertbildend als die Arbeit für Erzeugnisse älterer bzw. veralteter Qualität. Dadurch kann bei Neuentwicklungen aus dem möglichen Nutzenszuwachs zwischen Qualitäts- und Kostenentwicklung ein zusätzlicher Gewinn pro Kosteneinheit realisiert und damit in den Preis einbezogen werden. Das widerspricht nicht der Werttheorie. Daraus ergibt sich jedoch die Konsequenz, daß dieser Zusatzgewinn nur so lange realisierbar ist, wie das Erzeugnis wirklich neu ist, also über dem bisher erreichten Niveau liegt. Wird es in einer bestimmten Menge produziert und angewandt, so wird es selbst Durchschnitt bzw. veraltet. Damit nimmt aber auch die wertbildende Substanz der Arbeit ab, und es kann dieser Zusatzgewinn nicht mehr realisiert werden. Daraus folgt die Notwendigkeit, wie das auch in den gesetzlichen Regelungen vorgesehen ist, nicht nur die Neuentwicklung von Erzeugnissen durch Preiszuschläge zu stimulieren, sondern gleichzeitig durch Preisabschläge das materielle Interesse der Betriebe an der Herstellung veralteter Erzeugnissortimente einzuschränken.

Nach den gesetzlichen Regelungen ist vorgesehen, die Herstellung neuer Erzeugnisse durch die Verteilung des Nutzens im Verhältnis 70:30 stärker zu stimulieren als die Anwendung. Für die unveränderliche Festlegung des Verhältnisses 70:30 sprechen sicher preispolitische Gesichtspunkte wie planmäßige Preisentwicklung und Preisstabilität. Geht man jedoch davon aus, daß es nicht um eine Steigerung der Qualität schlechthin geht, sondern um die Steigerung in bedarfsgerechter Struktur, und daß die Anwender an die Herstellung von Erzeugnissen in Menge und Qualität sehr unterschiedliche und wechselnde Anforderungen stellen, ergibt sich die Notwendigkeit, in bestimmten Fällen eine andere Teilung des Nutzens als 70:30 vorzunehmen. Berücksichtigt werden muß allerdings, daß je mehr die Regelungen differenziert werden, desto manipulierbarer werden die Preise. In jedem Falle ist es jedoch erforderlich, daß für technisch überholte bzw. veraltete Erzeugnisse die Preise reduziert werden (Preisabschläge). Erfolgt das nicht, führt das in der Tendenz zur Erhöhung des Preisniveaus. Gerade die Notwendigkeit der Preisabschläge stößt jedoch bei ihrer praktischen Verwirklichung auf erhebliche Schwierigkeiten, und die volkswirtschaftlichen Auswirkungen der nicht erfolgten Abschläge werden zunehmen, je mehr Erzeugnisse es betrifft.

Wie die praktischen Ergebnisse bei der Anwendung dieser neuen Formen der Industriepreisbildung zeigen, wurde vor allem das materielle Interesse der Betriebe und Kombinate an der Erschließung von Reserven zur Entwicklung und der Aufnahme neu- und weiterentwickelter Erzeugnisse mit hohen Gebrauchseigenschaften und relativ niedrigen Kosten in die Produktion verstärkt. Das kommt in der gewachsenen Anzahl neuer und weiterentwickelter Erzeugnisse zum Ausdruck. Diese höhere Erzeugnisqualität führte zu höheren Preisen und damit zu einer Steigerung der Warenproduktion, der Arbeitsproduktivität und des Gewinns beim Hersteller. Diese Maßnahmen trugen dazu bei, daß die gesellschaftlichen Erfordernisse zur Qualitätserhöhung sich in positiver Weise in den Leistungskennziffern der herstellenden Betriebe und Kombinate niederschlugen.

Es wurde mit dieser Art der Preisfestsetzung erreicht, daß der volkswirtschaftliche Nutzen, der sich für die Gesellschaft aus dem wissenschaftlich-technischen Fortschritt ergibt, auch dem Betrieb und dem einzelnen Werktätigen Vorteile bringt.

So wurde z. B. im Zeitraum vom 1. 1. bis 31. 10. 1977 für ca. 1200 vergleichbare neue und weiterentwickelte Erzeugnisse die umfassendere Berücksichtigung der Gebrauchseigenschaften so vorgenommen, daß die Anstrengungen der Betriebskollektive in einer um ca. 170 Mio Mark höheren Warenproduktion und in einem entsprechend höheren Gewinn sichtbar wurden. Gleichzeitig konnten für ca. 20% dieser Erzeugnisse wegen ihres hohen volkswirtschaftlichen Nutzens Zusatzgewinne bestätigt werden, die den Betrieben Zuführungen zum Leistungsfonds in Höhe von ca. 5 Mio Mark ermöglichen. Damit wird die Entwicklung und Produktion von Erzeugnissen, die dem wissenschaftlich-technischen Höchststand entsprechen, besonders stimuliert.

Der Schwerpunkt der Bildung der Industriepreise nach diesem Grundsatz der zentralen staatlichen Kalkulationsrichtlinie liegt in der metallverarbeitenden Industrie, d. h. dem Bereich der Volkswirtschaft, in welchem die größten Probleme der richtigen Bewertung der Leistungen der Betriebskollektive bestanden. Durch die konsequente Nutzung des Beschlusses zur Leistungsbewertung der Betriebe und Kombinate wurde bei den neuen und weiterentwickelten Erzeugnissen der metallverarbeitenden Industrie eine dynamische Leistungs- und Effektivitätsentwicklung erreicht.

In Plenarveranstaltungen des ZK der SED im Jahre 1978 wurde jedoch festgestellt, daß die bisher erzielten Ergebnisse, gemessen an den Anforderungen und Möglichkeiten, nicht ausreichen.

Es sind größere Anstrengungen erforderlich, um das Qualitätsniveau der Erzeugnisse zu erhöhen und zu erreichen, daß die Erzeugnisse in den maßgeblichen Gebrauchseigenschaften und dem Kostenniveau den internationalen Stand mitbestimmen. So ist zwar die Warenproduktion mit Gütezeichen „Q" schneller gewachsen als die Warenproduktion der Industrie insgesamt. Es wird jedoch deutlich, daß bei wichtigen Erzeugnissen, insbesondere aus dem Bereich der Elektronik und des Maschinenbaus, der internationale Stand nicht erreicht wird und zum Teil erhebliche Rückstände zur Weltspitze bestehen. Es zeigte sich außerdem, daß der für die Volkswirtschaft realisierbare Qualitätszuwachs und die technologischen Fertigungsbedingungen nicht immer den notwendigen Effektivitätszuwachs in der Anwendung und eine entsprechende Devisenrentabilität sichern.[48] Das tritt vor allem dann ein, wenn entweder der erreichte Qualitätszuwachs, gemessen am internationalen Niveau, zu gering ist oder zu hoch ausgewiesen wird, wodurch der entsprechende Leistungszuwachs beim Anwenderbetrieb nicht eintreten kann. Auch kann die Entwicklung der Kosten und der relativ hohe Nutzensanteil, der vom Hersteller realisiert wird, einer entsprechenden Steigerung der Effektivität in der Volkswirtschaft und der Erhöhung der Devisenrentabilität der neuen Erzeugnisse entgegenwirken.

Ein wichtiges Problem besteht gegenwärtig darin, das dem Preis für neu- und weiterentwickelte Erzeugnisse zugrunde liegende Leistungsverhältnis stärker als bisher in der Effektivitätsentwicklung beim Anwender bzw. im Außenhandel wirksam zu machen.

48 Vgl. R. Wahl/E. Häusler, Zur Preisbildung nach dem Preis-Leistungs-Verhältnis, in: Die Wirtschaft, 3/1978, S. 10.

In der Wirtschaftspraxis hat sich gezeigt, daß durch die neuen Prinzipien der Preisbildung die Betriebe nicht nur an einer Erhöhung der Gebrauchseigenschaften interessiert waren, sondern insbesondere am Ausweis eines hohen Qualitätszuwachses. Die Lösung dieser Probleme hängt

a) von der richtigen Bestimmung des Vergleichserzeugnisses und

b) der richtigen Auswahl der für den Gebrauch wesentlichen Gebrauchseigeneigenschaften, ihrer exakten Messung und Wichtung ab.

Es liegt auf der Hand, daß der Erfolg dieser neuen Maßnahmen entscheidend vom Qualitätsfortschritt und dem mit ihm erreichten Qualitätsniveau abhängen. Das setzt die Objektivität und Exaktheit bei der Bestimmung der Qualitätsentwicklung voraus. Je besser es gelingt, die Qualitätsbewertung zu objektivieren und die subjektiven Einflüsse bei der Auswahl der wesentlichen Gebrauchseigenschaften einschließlich ihrer Rangfolge sowie der Vergleichserzeugnisse einzuschränken, desto besser wird der volkswirtschaftliche Effekt von Qualitätserhöhungen ausgewiesen und der Preisbildung zugrunde gelegt, desto besser wird auch die Entwicklung weltmarktfähiger Erzeugnisse stimuliert. Wird jedoch umgekehrt der Qualitätszuwachs unreal, d. h. zu hoch ausgewiesen, dann führt er nicht zu einem entsprechenden Leistungszuwachs in der Anwendung und es wird ein Preis für das neue Erzeugnis gebildet, der dem Anwender nicht gestattet, einen ausreichenden ökonomischen Nutzen (planmäßige Selbstkostensenkung, Erhöhung der Devisenrentabilität) zu realisieren. Damit wird auch das ökonomische Interesse an der Anwendung von neuen Erzeugnissen gehemmt.

Rein formal läßt der Gesetzgeber eine Auswahl der Vergleichserzeugnisse nach dem Motto zu „Je älter das Vergleichserzeugnis — umso höher der Qualitätszuwachs und damit der Preis des neuen Erzeugnisses". Es kann der Fall eintreten, daß ein neues Erzeugnis in seinem qualitativen Niveau weit hinter dem fortgeschrittenen internationalen Stand (Gütezeichen „Q") zurückbleibt und trotzdem Motto zu „Je älter das Vergleichserzeugnis — um so höher der Qualitätsgleichserzeugnis hoffnungslos veraltet ist und einen extremen Rückstand zur Weltspitze aufweist. Solche Beispiele und Tendenzen gibt es in der Praxis. Das widerspricht jedoch den volkswirtschaftlichen Interessen, weil damit Rückstände zur Weltspitze noch honoriert werden und im wahrsten Sinne des Wortes ein Desinteresse am wissenschaftlich-technischen Fortschritt organisiert wird. Es darf deshalb nicht zugelassen werden, daß diese Rückstände auf den Preis abgewälzt werden und es für die Betriebe lukrativer ist, dem wissenschaftlich-technischen Höchststand ständig hinterherzulaufen, statt ihn kontinuierlich zu bestimmen.

Deshalb sind sowohl das neue wie auch das Vergleichserzeugnis am internationalen wissenschaftlich-technischen Höchststand zu messen. Bei Vergleichserzeugnissen, deren Entwicklung über Jahre vernachlässigt wurde und die einen hohen Rückstand zur Weltspitze aufweisen, hat das zur Konsequenz, daß der ermittelte Qualitätszuwachs nicht voll für die Preisbildung anerkannt werden kann.[49]

Der Ministerrat hat am 13. 10. 1977 als Ergänzung zum Beschluß über die Leistungsbewertung beschlossen: „Im Preis sind Leistungen, die auf die beständige Mitbestimmung des Weltstandes gerichtet sind, höher zu bewerten als die Aufholung von Rückständen. Der Stand der neuen und weiterentwickelten Erzeugnisse zum internationalen Niveau muß sich im Industriepreis auswirken. Alle Maßnahmen zur Industriepreisbildung müssen so angewendet werden, daß für qualitativ bessere Erzeugnisse auch entsprechend höhere Preise festgelegt werden. Die Grundorientierung muß darin bestehen, daß die Gebrauchswerterhöhung durch entsprechende Valutaerlöse auf dem Weltmarkt anerkannt wird."[50]

Je konsequenter dieser Beschluß vor allem bei der Bewertung des Qualitätszuwachses angewendet wird, desto

— realer wird der Qualitätszuwachs ausgewiesen und desto realer wird damit der Preis;

— mehr technisch überholte Erzeugnisse werden über Gebrauchswertminderungen und Preisabschläge abgewertet;

— besser stimmen Preis- und Qualitätszuwachs, also das Preis-Leistungs-Verhältnis im volkswirtschaftlichen Maßstab, überein (Qualitätszuwachs > Preiszuwachs) und desto besser stimulieren die neuen Preise aus volkswirtschaftlicher Sicht den wissenschaftlich-technischen Fortschritt.

Das größte Problem der Qualitätsbewertung — nicht nur beim Preis-Leistungs-Verhältnis — ist die exakte Messung der Gebrauchseigenschaften. Gewiß sind durch die 25jährige Praxis des Amtes für Standardisierung, Meßwesen und Warenprüfung der Erteilung von Gütezeichen große Erfahrungen vorhanden, aber sie liegen vorwiegend auf technischem Gebiet, d. h. in der technischen Darstellung und Messung von Eigenschaften (physikalische Einheiten). Hierbei können als gesicherte Erfahrungen bei der Messung der Erzeugnisqualität angesehen werden:

— möglichst wenig Kennziffern in die Qualitätsbewertung einzubeziehen (zu viele komplizieren die Berechnungen und öffnen dem Subjektivismus Tür und Tor);

— ausschließlich Kennziffern auszuwählen, die den Nutzen der neuen Erzeugnisse beim Anwender charakterisieren.

49 Vgl. Anordnung Nr. 2 über die zentrale Kalkulationsrichtlinie zur Bildung von Industriepreisen, in: Gesetzblatt der Deutschen Demokratischen Republik, Teil I, 30/1978, S. 336ff.

50 Ministerratsbeschluß vom 13. 10. 1977 über Maßnahmen zum Ausweis wachsender Leistungen und höherer Qualität im Ergebnis sozialistischer Rationalisierung.

So unbestechlich diese Messungen auch sind, sie werfen in dem Moment, wo sie entscheidende Grundlage der Preisbildung sind, doch einige Probleme auf, Probleme, die nur im Zusammenwirken mit Wissenschaftlern und mit Praktikern der Industrie zu lösen sind. So besteht die Frage: Wie kann die Wirkung von Gebrauchseigenschaften auf den Anwender bzw. Verbraucher wirklich erfaßt und exakt gemessen werden? Hierbei gilt es zu beachten, daß nicht jede Verbesserung von Gebrauchseigenschaften auch zu einer Erhöhung der Leistung des Erzeugnisses in der Anwendung führt, d. h. keine lineare Abhängigkeit zwischen der Veränderung der einzelnen technischen Qualitätsparameter und der Leistungssteigerung besteht. Es kommt hinzu, daß bei der Beurteilung der Erzeugnisqualität soziale Aspekte eine zunehmende Rolle einnehmen müssen.

Beim heutigen Erkenntnisstand kann z. B. davon ausgegangen werden, daß die Verdopplung der Laufleistung eines Reifens, der Zuverlässigkeit eines Elektromotors oder der ha-Leistung einer Landmaschine für den Anwender eine Verdopplung der Leistung oder des Nutzens bedeutet.

Diese Annahme berechtigt, den Preis in direkter Abhängigkeit von dieser Verdopplung nahezu zu verdoppeln. Es ergibt sich die Frage: Stimmt das immer? Ist die Steigerung der Leistung einer Maschine — ausgedrückt in m/Std. — von 30% für den Verbraucher tatsächlich 30% mehr Qualität bzw. Leistung und Nutzen? Hinter all diesen Fragen verbirgt sich das Problem der richtigen ökonomischen Bewertung von Qualitätsveränderungen, die sicher nicht überall so einfach ist wie bei Autoreifen, denn dort kann man mit ziemlicher Sicherheit sagen, daß doppelte Laufleistung gleich doppelte Ökonomie für den Anwender ist. (Es wird im Prinzip nur die Hälfte an Reifen benötigt.) Wie schwierig aber wissenschaftlich exakte Berechnungen, beispielsweise bei sogenannten ergonomischen Kennwerten, sind, zeigt sich am Beispiel von Landmaschinen. Dort kommt nämlich die Steigerung des Lärmpegels um 1—2 dB im Bereich von 80 dB fast einer Verdopplung der Lärmbelästigung beim Menschen gleich.

Zu ähnlichen Feststellungen gelangt U. Fischer. Er schreibt: „Häufig wird formal vorausgesetzt, daß der Verlust an Niveau (*N*) eines bestimmten Merkmals in gleichem Maß dem Verlust an Gebrauchswert (*G*) entspricht. Das Annehmen einer linearen Abhängigkeit ist jedoch nicht immer möglich, es bedarf in jedem Fall einer wissenschaftlichen Begründung. Werden z. B. die Merkmale der Zuverlässigkeit als Ausdruck des Anwendernutzens in den Vergleich einbezogen, so wird durch eine lineare Normierung dem Inhalt dieser Merkmale nicht entsprochen. Hier sind z. B. exponentielle Zusammenhänge zu berücksichtigen.“[51]

51 U. Fischer, Erfahrungen und Schlußfolgerungen zur Arbeit mit dem Erzeugnispaß im Bereich der VVB TAKRAF, in: Hebezeuge und Fördermittel, 18/78, S. 37.

All das ist jedoch für die Zwecke der Preisbildung wissenschaftlich nicht ausreichend geklärt. Forschungsarbeiten sollten hier ansetzen.

Eine weitere Frage der Qualitätsbewertung ist die objektiv richtige Bestimmung der Rang- und Reihenfolge der Eigenschaften, die in ihrer Gesamtheit die Qualität eines Erzeugnisses ausmachen. Das Bestimmen der Wichtungsfaktoren für die Einzeleigenschaften ist zur Zeit erheblichen subjektiven Einflüssen ausgesetzt. Dazu auch U. FISCHER: „Sicher ist, daß die Wichtungsfaktoren wesentlich das Bewertungsergebnis beeinflussen und man durch geschicktes Manipulieren durchaus in die Lage versetzt wird, für ein „schlechtes" Erzeugnis ein ‚gutes' Niveau hinzuzurechnen."[52]

Diesen Möglichkeiten wird gegenwärtig vor allem durch die Methoden der Expertenbefragung (Gutachterausschüsse) sowie des sukzessiven Vergleichs begegnet. Aber letztlich können diese Fragen auch nur mit Hilfe wissenschaftlicher Arbeiten gelöst und für die Praxis anwendbar beantwortet werden.

Damit eine Qualitätserhöhung zu einer volkswirtschaftlichen Effektivitäts- und Produktivitätssteigerung führt, ist die planmäßige Erhöhung und Sicherung der Qualität der Erzeugnisse stets im Zusammenhang mit dem zu ihrer Herstellung erforderlichen Aufwand zu betrachten. Aus betrieblicher Sicht würde es nicht den Realitäten entsprechen, die Forderung zu erheben: Die Erhöhung der Qualität von Erzeugnissen muß prinzipiell und in jedem Fall mit der Senkung des dazu erforderlichen Aufwandes verbunden sein. Das kann im Einzelfall sicher so sein. In der Praxis muß man in der Regel davon ausgehen, daß die Steigerung der Qualität meist mit höheren Kosten verbunden ist. Das ist nicht nur auf die steigenden Rohstoffpreise, sondern auch darauf zurückzuführen, daß höhere Erzeugnisqualität heute einen weitaus höheren Aufwand in Forschung und Entwicklung erfordert als früher.

Volkswirtschaftlich steht jedoch eindeutig die Prämisse: Qualitätserhöhung muß zu höherer Effektivität der gesellschaftlichen Produktion, d. h. zur Senkung des gesellschaftlich notwendigen Aufwands, führen.

Entscheidungen über das mit der Neu- oder Weiterentwicklung von Erzeugnissen zu erreichende qualitative Niveau der Gebrauchseigenschaften sind daher stets nach folgender Grundorientierung zu treffen: *Der Qualitätszuwachs muß größer sein als der Zuwachs an Aufwand, das heißt, Kosten und Preise je Gebrauchswerteinheit müssen sinken.* Davon ausgehend sind je nach den konkreten Bedingungen der Produktion und der Nutzung von Erzeugnissen, also den volkswirtschaftlichen Erfordernissen und Möglichkeiten, folgende Grundvarianten in der Entwicklung von Qualität und Kosten möglich[53]:

52 Ebenda, S. 38.

53 Vgl. S. MAIER, Das Verhältnis zwischen dem Gebrauchswert der Erzeugnisse und der Arbeitsproduktivität, in: Wirtschaftswissenschaft, 6/1968, S. 104ff.

— Erhöhung der Qualität bei gleichbleibenden Kosten;
— Erhöhung der Qualität bei sinkenden Kosten;
— Erhöhung der Qualität bei steigenden Kosten;
— gleichbleibende Qualität bei sinkenden Kosten.

Solche Entscheidungen sind in der Praxis mit vielen Problemen verbunden, weil die durch Neu- und Weiterentwicklungen von Erzeugnissen eintretende Qualitätserhöhung meist in unterschiedlicher Weise auf Hersteller und Anwender wirkt. Die Steigerung der Leistung und Zuverlässigkeit von Verarbeitungsmaschinen kann z. B. beim Hersteller zu einem höheren Kostenaufwand führen, während sie dem Anwender ermöglicht, die Arbeitsproduktivität zu steigern und die Kosten pro Stück der mit dieser Maschine hergestellten Erzeugnisse zu senken.

Hersteller und Anwender müssen jedoch gleichermaßen ein materielles Interesse an der Beschleunigung des wissenschaftlich-technischen Fortschritts und der Verbesserung der Erzeugnisqualität haben. Die dazu erforderlichen Regelungen müssen deshalb in der Wirtschaftspraxis — ausgehend von der Prämisse „Qualitätszuwachs > Kostenzuwachs" — sichern, daß Neu - und Weiterentwicklungen zu einem höheren Gewinn je Kosteneinheit sowohl beim Hersteller als auch beim Anwender führen. Das ist dann der Fall, wenn bei verbesserter Qualität der Kostenanstieg geringer ist als der Preisanstieg:

$$Q' > K' < P'$$

Wie die praktischen Erfahrungen zeigen, wird mit der Bildung von Preisen nach dem Preis-Leistungs-Verhältnis nicht gleichzeitig ausreichend auf die Sicherung minimaler Aufwendungen für den erreichten Qualitätszuwachs orientiert. „Mit der Preisbildung nach dem Preis-Leistungs-Verhältnis kann die Rentabilität wachsen, ohne daß die Selbstkosten gesenkt werden."[54] Deshalb reicht es nicht aus, nur an die Qualitätserhöhung und ihren realen Nachweis hohe Anforderungen zu stellen. Es ist gleichzeitig notwendig, auch bei der Entwicklung der Kosten und der Preise für neue und weiterentwickelte Erzeugnisse die gesellschaftlichen Erfordernisse durchzusetzen. Auch sie müssen sich am erreichten nationalen Stand messen und am internationalen Niveau orientieren. Daraus sind Anforderungen an die Kostensenkung bzw. an die Kostenentwicklung für neue Erzeugnisse abzuleiten und in einem stärkeren Maße als bisher bei der Preisbildung planmäßig durchzusetzen. Hierzu gehört — wie auch die gesetzlichen Regelungen vorsehen —, daß bereits bei der technisch-ökonomischen Aufgabenstellung für die Neuentwicklung von Erzeugnissen eine Abstimmung zwischen Hersteller und An-

54 Preisbildung erfordert Gemeinschaftsarbeit (Erfahrungen im VEB Carl Zeiss Jena), in: Die Wirtschaft, Nr. 15/1977.

wender über die zu erreichenden Gebrauchswerteigenschaften, die Kostenentwicklung und den Preis des neuen Erzeugnisses erfolgen muß.

Das bedeutet aber auch, daß den Entwicklungs- und Forschungskollektiven Kosten- und Preisvorgaben vor der Entscheidung zur Aufnahme des Forschungsthemas als verbindliche Normative vorgegeben werden müssen. Das ist eine entscheidende Bedingung, um bei ausschlaggebenden Produkten in den Leistungsparametern und den Kosten zur Weltspitze vorzustoßen und damit eine höhere Wirksamkeit von Wissenschaft und Technik zu sichern. Wenn 1977 für 85% der neu- und weiterentwickelten Erzeugnisse Preis- und Kostenvorgaben ausgearbeitet und bestätigt wurden, so darf nicht übersehen werden, daß sie in vielen Fällen erst zur Bestätigung vorgelegt wurden, als die Entwicklung des neuen Erzeugnisses bereits weit vorangeschritten war.[55]

Die Beschleunigung des wissenschaftlich-technischen Fortschritts und seine verstärkte soziale und ökonomische Wirksamkeit wird wesentlich davon abhängen, wie es künftig gelingt, das Tempo des Qualitätsfortschritts in einer bedarfsgerechten Struktur zu beschleunigen und zu gewährleisten, daß diese Erzeugnisse unter rationellsten Fertigungsbedingungen produziert werden. Je höher das erreichte Qualitätsniveau und die Qualitätsentwicklung im Vergleich zur Preisentwicklung ist, desto größer ist der zu erwartende volkswirtschaftliche Nutzen.

## 3.6. Effektivitätsbeurteilung wissenschaftlich-technischer Fortschritte anhand der Aufwand-Nutzen-Analyse

### Gegenstand der Aufwand-Nutzen-Analyse

Eine Aufgabe der marxistisch-leninistischen Effektivitätstheorie besteht darin, die im Zuge der Intensivierung der sozialistischen Volkswirtschaft steigende Qualität und Bedarfsgerechtheit der gesellschaftlichen Produktion und deren wachsenden Einfluß auf die Realisierung sozialer Ziele der entwickelten sozialistischen Gesellschaft bei der Bewertung ihrer Effektivität sichtbar zu machen. Hierbei handelt es sich um ein spezifisches Problem der Effektivitätsbewertung im Sozialismus, wo die Lösung nicht auf ein wie für das Kapitalverhältnis

55 Vgl. R. WAHL/E. HÄUSLER, Zur Preisbildung nach dem Preis-Leistungs-Verhältnis, in: Die Wirtschaft, 3/1978, S. 10.

vergleichbares einfaches Kriterium — Maximierung der Masse und Rate des Profits — reduziert werden kann.

Die Effektivität des Reproduktionsprozesses und einzelner seiner Bestandteile wird häufig vereinfacht als Verhältnis zwischen dem Produktionsergebnis — gemessen als Gebrauchswertvolumen — und dem dafür erforderlichen Aufwand an lebendiger und vergegenständlichter Arbeit betrachtet. Im Sozialismus muß das Effektivitätskriterium jedoch — dem ökonomischen Grundgesetz entsprechend — den Vergleich des Produktionsergebnisses mit den gesellschaftlichen Bedürfnissen einschließen, das heißt, der Aufwand an lebendiger und vergegenständlichter Arbeit muß auch nach dem Grad gemessen werden, in dem er zur Befriedigung der gesellschaftlichen Bedürfnisse beiträgt.

Hierbei ist es ein bisher ungenügend gelöstes Problem, wie alle Elemente, die das Verhältnis des Produktionsergebnisses zu den Bedürfnissen charakterisieren, kennziffernmäßig so bewertet werden können, daß ihre Vergleichbarkeit mit dem Aufwand an lebendiger und vergegenständlichter Arbeit hergestellt ist und eindeutige Aussagen über die Höhe oder Entwicklung der Effektivität abgeleitet werden können. Diese Problematik ist Gegenstand der Aufwand-Nutzen-Analyse. Wie an anderer Stelle bereits definiert, ist sie „ein Verfahren, in dessen Rahmen gesellschaftliche Aktivitäten, in Beziehung zur Befriedigung gesellschaftlicher Bedürfnisse gesetzt, untereinander sowie gegenüber den zu ihrer Realisierung nötigen Arbeitsmengen abgewogen werden, um die vom Standpunkt der Gesamteffektivität der eingesetzten Kräfte und Mittel besten Aktivitäten zu ermitteln[56]."

## Methodologische Grundlagen der Aufwand-Nutzen-Analyse wissenschaftlich-technischer Fortschritte

Die einfachste Lösung des genannten Problems würde die Existenz einer sog. synthetischen Effektivitätskennziffer bieten. Alle bisher unterbreiteten Vorschläge für eine solche Kennziffer kommen jedoch den gestellten Ansprüchen nur unzureichend nach. Vor allem berücksichtigen sie explizit kaum das Verhältnis von Produktionsergebnis und Bedürfnissen. Deshalb wird in der Wirtschaftswissen-

56 U. Ludwig/M. Heydt, Aufwand-Nutzen-Analysen in Forschung und Entwicklung, Berlin 1974, S. 40/41 (Forschungsberichte des Zentralinstituts für Wirtschaftswissenschaften der Akademie der Wissenschaften der DDR, Nr. 9).

schaft und -praxis oft auf Kennziffernsysteme zurückgegriffen.[57] Solche Systeme kommen insbesondere bei der Bewertung des wissenschaftlich-technischen Fortschritts zur Anwendung.

Kennziffernsysteme zur Bewertung der Effektivität wissenschaftlich-technischer Fortschritte werden zwar als Ganzheit der Komplexität des Effektivitätsproblems im Sozialismus mehr oder weniger gerecht, die Zusammenführung der Aussagen der einzelnen Elemente des Kennziffernsystems zu einer eindeutigen Gesamtaussage stößt jedoch auf eine Reihe von Schwierigkeiten:

— Es existiert eine Vielzahl von Kennziffern, die nicht alle von gleicher Wichtigkeit sein müssen.

— Die Kennziffern charakterisieren verschiedene Seiten des wissenschaftlich-technischen Fortschritts, werden dementsprechend in unterschiedlichen Maßeinheiten gemessen und sind deshalb nicht unmittelbar vergleichbar. In einigen Fällen kann gar nicht von einer Messung gesprochen werden, es sind nur verbale Beschreibungen möglich.

— Die einzelnen Errungenschaften bzw. Richtungen des wissenschaftlich-technischen Fortschritts erfüllen die genannten Kennziffern nicht in gleichem Maße. Es gibt deshalb keine eindeutig vorherrschende Errungenschaft bzw. Richtung.

— Einige Kennziffern entwickeln sich gegenläufig.

Solche Situationen treten z. B. auf, wenn im Zusammenhang mit Qualitätsverbesserungen auch die Kosten steigen. Es gibt aber auch Beispiele, wo die quantitative und qualitative Bedarfsdeckung auf Grund der Verschlechterung der Beschaffungsbedingungen von Produkten oder Ausgangsstoffen mit erhöhtem Aufwand verbunden ist. Bekanntlich konnte der Anstieg der Weltmarktpreise bei einigen Rohstoffen (Erdöl, Kohle, Holz, NE-Metall u. a.) nicht immer durch die Senkung der Verarbeitungskosten bzw. das Wachstum des Veredlungsgrades der Produktion kompensiert werden.

Die Effektivitätsbewertung wird in dieser Situation von der Art und Weise bestimmt, wie die vielfältigen Effektivitätskomponenten zu einer integralen Aussage hinsichtlich der Effektivitätsentwicklung zusammengefügt werden. Damit ist die Frage nach der Kommensurabilität der einzelnen Seiten der Effektivitätsproblematik gestellt.

In methodologischer Hinsicht läßt sich diese Problematik auf die Bestimmung der gesellschaftlich notwendigen Arbeitsmengen zur Produktion von Erzeugnis-

57 Das ist der Fall bei den vom Ministerium für Wissenschaft und Technik empfohlenen Hinweisen zur „Ermittlung und Beurteilung der Effektivität von wissenschaftlich-technischen Aufgaben und Investitionen". (Vgl. Die Wirtschaft vom 29. Januar 1976, Beilage 2.) Ein anderer diesbezüglicher Vorschlag wurde von Mitarbeitern des Ökonomischen Forschungsinstituts bei der Staatlichen Plankommission erarbeitet. (Vgl. dazu Abschnitt 3.1. dieses Bandes.)

sen und Leistungen, die Gegenstand der gesellschaftlichen und individuellen Bedürfnisbefriedigung sind, zurückführen.

Die einzelnen Seiten der gesellschaftlich notwendigen Arbeit unterstreichend, schrieb FRIEDRICH ENGELS anschaulich in Auseinandersetzung mit RODBERTUS' einseitiger Auffassung: „so wird die Arbeit doch ganz allgemein als ‚kostend', also wertmessend, angeführt, einerlei, ob sie unter den normalen gesellschaftlichen Durchschnittsbedingungen verausgabt wird oder nicht. Ob die Produzenten zehn Tage auf die Herstellung von Produkten verwenden, die in einem Tage hergestellt werden können, oder nur einen, ob sie die besten oder die schlechtesten Werkzeuge anwenden, ob sie ihre Arbeitszeit auf Herstellung gesellschaftlich nötiger Artikel und in der gesellschaftlich erheischten Quantität verwenden, oder ob sie ganz unbegehrte Artikel oder begehrte Artikel über oder unter Bedarf anfertigen."[58] Mit anderen Worten konstituieren der durch die Arbeitsorganisation, die Technik u. a. Faktoren bestimmte tatsächliche Aufwand an lebendiger und vergegenständlichter Arbeit unter durchschnittlichen Bedingungen und das dem Bedarf in Qualität und Quantität angemessene Produktionsergebnis den gesellschaftlich notwendigen Arbeitsaufwand. FRIEDRICH ENGELS konnte die gesellschaftlich notwendige Arbeit zusammenfassend definieren als Arbeit, die „notwendig (ist) für das einzelne Produkt sowohl gegenüber andern Produkten derselben Art wie auch gegenüber dem gesellschaftlichen Gesamtbedarf[59]."

Bezeichnet die Effektivität des Reproduktionsprozesses den Grad der Ergiebigkeit der gesellschaftlichen Arbeit ganz allgemein, so ist die Senkung der gesellschaftlich notwendigen Arbeit je Einheit gesellschaftlichen Gebrauchswert ein Kriterium der Effektivitätssteigerung.

Im Sozialismus erlangt die Dynamik der gesellschaftlich notwendigen Arbeit eine spezifische, endergebnisbezogene Dimension. Sie erstreckt sich von der Entwicklung und Überführung wissenschaftlich-technischer Errungenschaften in die Produktion bis zum Wachstum des Nationaleinkommens in seiner konkreten Gestalt, seiner Übereinstimmung mit Quantität und Qualität des gesellschaftlichen Bedarfs an Endprodukten.

Schließlich liegen der Dynamik der gesellschaftlich notwendigen Arbeit nicht nur ökonomische Wirkungen im unmittelbaren Produktionsprozeß zugrunde. Wissenschaftlich-technische Fortschritte können Wirkungen auslösen, die über den jeweils direkt beeinflußten Produktionsprozeß hinausgehen. Das betrifft sowohl solche sozialen Bereiche wie Arbeits- und Lebensbedingungen und die Umwelt als auch die Verflechtung einzelner Produktionsprozesse untereinander.

58 F. ENGELS, Vorwort zur ersten deutschen Ausgabe 1885, in: K. MARX, Das Elend der Philosophie, in: MEW, Bd. 21, Berlin 1962, S. 181.

59 Ebenda, S. 185.

So kann durch das Wachstum der Produktion in einem Zweig (z. B. in der Chemieindustrie) die Produktion in einem anderen Zweig (z. B. dem Fischfang durch Abwasserverschmutzung) zurückgehen. Die gesellschaftlich notwendige Arbeit schließt alle Aufwendungen an lebendiger und vergegenständlichter Arbeit ein, die bei der Abwendung negativer Folgen des wissenschaftlich-technischen Fortschritts entstehen.

## Aufwandsmessung

Der tatsächliche Aufwand an lebendiger und vergegenständlichter Arbeit zur Produktion von Erzeugnissen und Leistungen kann mehr oder weniger genau ermittelt werden. Seine Messung bei der Durchführung einer Aufwand-Nutzen-Analyse erfolgt anhand der Kennziffern, die durch das betriebliche und volkswirtschaftliche Rechnungswesen und die Statistik aufbereitet werden, angefangen bei Natural- und Zeitgrößen (Rohstoff- und Energiemengen, Arbeitszeit- und Maschinenstunden u. a.) über technisch-wirtschaftliche Kennzahlen (z. B. Materialausbeutekoeffizienten) bis hin zu Wertkennziffern (Preise, Selbstkosten, Material-, Verarbeitungskosten u. a.).

Nicht jeder betriebsindividuelle Aufwand an lebendiger und vergegenständlichter Arbeit ist gesellschaftlich notwendig. Entscheidend ist die gesellschaftliche Bestimmtheit des Aufwandes. In diese geht zunächst der Umstand ein, daß die Produktionsbedingungen in allen Betrieben, die ein und dieselbe Warenart herstellen, nicht gleich sind. Der gesellschaftlich notwendige Arbeitsaufwand ist in diesem Zusammenhang, zieht man nur die tatsächlich verausgabten Mengen an lebendiger und vergegenständlichter Arbeit in Betracht, eine Durchschnittsgröße. Diese Durchschnittsgröße wird bei sozialistischer Produktion aus dem überbetrieblichen Vergleich abgeleitet. Die Grundlage dafür bilden technisch-ökonomisch begründete Normen und Normative für den Verbrauch an lebendiger und vergegenständlichter Arbeit, wie Arbeitsnormen, Materialverbrauchsnormen, Abschreibungssätze, Grundmittelausnutzungsnormen. So wird der tatsächliche volkswirtschaftliche Aufwand mit Hilfe von Industriepreisen und Kostensätzen gemessen.

## Nutzensfindung

Gegenstand der Nutzensmessung im Rahmen der Aufwand-Nutzen-Analyse ist die Bewertung der Beziehungen zwischen Produktionsergebnis und Bedürfnissen, oder, um einen Ausspruch von FRIEDRICH ENGELS zu benutzen, das Abwägen der „Nutzeffekte der verschiedenen Gebrauchsgegenstände . . . untereinander[60]."

Es wäre allerdings rein technisch schon eine Illusion und soziologisch Ausdruck von ökonomischen Romantizismus, wollte man die dafür erforderliche Vergleichbarkeit des Nutzeffekts verschiedener Gebrauchsgegenstände auf naturalstofflicher Basis herstellen. Der Marxismus-Leninismus betrachtet die gesellschaftliche Nützlichkeit von Güterkombinationen[61] im engen Zusammenhang mit dem ökonomischen Grundgesetz des Sozialismus und sieht darin eine soziale Bewertung des Beitrages der Güterkombinationen zur Befriedigung der Bedürfnisse der Werktätigen, d. h. zur Realisierung des Ziels der sozialistischen Produktion.[62]

Die Bedeutung dieses Herangehens liegt vor allem in dem Versuch begründet, die Bedürfnisbefriedigung nicht nur in Abhängigkeit von der Befriedigung eines bestimmten einzelnen Bedürfnisses, sondern von der Befriedigung aller Bedürfnisse bzw. ganzer Bedürfniskomplexe zu bewerten. Erste Erfahrungen bei der modellmäßigen Abbildung und empirischen Verifizierung dieses Ansatzes zeigen, daß eine Lösung dieser Aufgabe auf mehreren Wegen angestrebt werden sollte.

Neben dem Abwägen des Nutzeffekts verschiedener Güterkombinationen untereinander steht im Rahmen der Effektivitätsbewertung das nicht weniger wichtige Problem des Abwägens des Nutzeffekts der verschiedenen Güterkombinationen „gegenüber den zu ihrer Herstellung nötigen Arbeitsmengen[63]." Die dazu erforderliche Vergleichbarkeit ist am ehesten gegeben, wenn beide Seiten der Effektivitätsproblematik auf einen gemeinsamen Nenner bezogen werden können. Ein Weg in dieser Richtung besteht in der Bewertung auch des Verhältnisses von Produktionsergebnis und Bedürfnissen mit Hilfe des Arbeitsaufwands. Anhand des tatsächlichen Aufwandes ist das allerdings nicht möglich, dafür bietet die Bestimmung des gesellschaftlich notwendigen Arbeitsaufwandes einen entsprechenden Ansatzpunkt.

Rein formal kann zunächst geschrieben werden:

$$B(a_{tat}) = a. \tag{1}$$

60 F. ENGELS, Herrn Eugen Dührings Umwälzung der Wissenschaft (Anti-Dühring), in: MEW, Bd. 20, a. a. O., S. 386.

61 Unter Güterkombinationen werden hier Sortimente von Konsumgütern und Dienstleistungen aller Art verstanden, die unter gegebenen sozialökonomischen Bedingungen zur Bedürfnisbefriedigung erforderlich sind.

62 Vgl. zum Beispiel K. K. WALTUCH, Entwicklungsproportionen und Befriedigung der Bedürfnisse, Berlin 1972.

63 F. ENGELS, Herrn Eugen Dührings Umwälzung der Wissenschaft (Anti-Dühring), in: MEW, Bd. 20, a. a. O., S. 386.

wobei:

$a_{tat}$ = tatsächlicher Arbeitsaufwand pro Ware einer bestimmten Art,
$a$ = gesellschaftlich notwendiger Arbeitsaufwand pro Ware derselben Art,
B = ökonomische Bewertung.

In dieser Form ist jedoch der gesellschaftlich notwendige Aufwand nicht bestimmbar. Die vom volkswirtschaftlichen Rechnungswesen und der Statistik gelieferten Angaben sind in der Regel Durchschnittsgrößen. So muß (1) umgeformt werden in (2):

$$B(a_{tat}) = \bar{a} + (a - \bar{a}), \qquad (2)$$

wobei

$\bar{a}$ = durchschnittlicher Arbeitsaufwand pro Ware einer bestimmten Art

ist.

Hier ist der erste Summand eine bekannte Größe, der zweite zeigt Abweichungen der gesellschaftlich notwendigen Arbeit vom durchschnittlichen Arbeitsaufwand an. Solche Fälle treten z. B. ein, wenn über oder unter dem Bedarf produziert wird. Hierbei gewinnt der Grenzaufwand bei der Bestimmung des gesellschaftlich notwendigen Arbeitsaufwandes an Bedeutung.[64]

$$\begin{array}{ll} a_{min}, & \text{wenn } M_{tat} > M, \\ \bar{a}, & \text{wenn } M_{tat} = M, \\ a_{max}, & \text{wenn } M_{tat} < M. \end{array} \qquad (3)$$

wobei:

$a_{min}$ = individueller Arbeitsaufwand einer unter den besten Bedingungen produzierten Ware,
$a_{max}$ = individueller Arbeitsaufwand einer unter den schlechtesten Bedingungen produzierten Ware,
$M_{tat}$ = tatsächliches Produktionsvolumen
$M$ = dem Bedarf entsprechendes Produktionsvolumen.

64 Karl Marx schrieb: „Die Warenmasse befriedigt nicht nur ein Bedürfnis, sondern sie befriedigt es in seinem gesellschaftlichen Umfang. Ist dagegen das Quantum kleiner oder größer als die Nachfrage dafür, so finden Abweichungen des Marktpreises vom Marktwert statt. Und die erste Abweichung ist, daß wenn das Quantum zu klein, stets die unter den schlechtesten Bedingungen produzierte Ware den Marktwert reguliert, und wenn zu groß, stets die unter den besten Bedingungen produzierte; daß also eines der Extreme den Marktwert bestimmt, trotzdem daß nach dem bloßen Verhältnis der Massen, die unter den verschiedenen Bedingungen produziert sind, ein anderes Resultat stattfinden müßte." (Vgl. K. Marx, Das Kapital, Dritter Band, in: MEW, Bd. 25, a. a. O., S. 211.)

Die Formeln (2) und (3) zeigen, daß durchschnittliche Aufwandsgrößen die Beziehungen zwischen Produktionsergebnis und gesellschaftlichem Bedarf nicht von vornherein adäquat reflektieren. Erst durch die Einbeziehung der Abweichungen zwischen durchschnittlichem und gesellschaftlich notwendigem Arbeitsaufwand in die Betrachtung entsteht eine Möglichkeit, diese Beziehung anhand einer ökonomischen Größe sichtbar zu machen und zu bewerten. Je stärker das Produktionsergebnis mit dem gesellschaftlichen Bedarf übereinstimmt, desto höher ist der Beitrag, den die entsprechende Güterkombination zur Realisierung des Ziels der sozialistischen Produktion leistet, d. h., desto höher ist das ihr entsprechende gesellschaftliche Nutzensniveau. Bezeichnet $U$ den gesellschaftlichen Nutzen, so kann für seine ökonomische Bewertung geschrieben werden:

$$B(U) = |a - \bar{a}| . \qquad (4)$$

Hier wird aus rein formalen Gründen der Betrag der Differenz im rechten Teil von Formel (2) als Ausdruck der ökonomischen Bewertung des gesellschaftlichen Nutzens betrachtet. Mögliche Abweichungen der Produktion vom Bedarf in zweierlei Richtung (Unter- oder Überproduktion) werden zu einer Erscheinung zusammengefaßt.

Der Grenzaufwand und der durchschnittliche Arbeitsaufwand sind wichtige Indikatoren für die planmäßige Gestaltung der sozialistischen Produktion. *Erstens* wirkt im Sozialismus das „Gesetz vom Anwachsen der Bedürfnisse"[65]. Im Vergleich zum Kapitalismus nehmen die Bedürfnisse der Bevölkerung besonders schnell zu, da die sozialistische Gesellschaft ein hohes Tempo der Produktion, die Anhebung des kulturellen Niveaus und die Entfaltung der Fähigkeiten der Menschen sichert. Sowjetische Wirtschaftswissenschaftler sprechen in diesem Zusammenhang vom „Widerspruch zwischen dem zum jeweiligen Zeitpunkt erreichten Produktionsstand und den ständig wachsenden Bedürfnissen ... Dieser Widerspruch wird durch schnelle Steigerung der sozialistischen Produktion ständig überwunden, aber genau so beständig entsteht er auf höherer Stufenleiter von neuem."[66] Der genannte Widerspruch ist nicht bei allen Bedürfnissen gleichstark ausgeprägt. In der Periode des Aufbaus der entwickelten sozialistischen Gesellschaft wird z. B. bei der Befriedigung elementarer oder Grundbedürfnisse bereits ein relativ hohes Niveau erreicht. Anders ist es bei der Befriedigung von Bedürfnissen, die durch den wissenschaftlich-technischen Fortschritt hervorgebracht werden, und durch die sich die Lebensweise allseitig entwickelter sozialistischer Persönlichkeiten auszeichnet. Da die Bedürfnisse im unterschiedlichen Grade befriedigt werden, ist es notwendig, Rang- und

65 W. I. Lenin, Zur sogenannten Frage der Märkte, in: Werke, Bd. 1, Berlin 1961, S. 98.
66 Autorenkollektiv (A. F. Rumjanzew u. a.), Politische Ökonomie des Sozialismus, Berlin 1973, S. 112.

Reihenfolgen ihrer Befriedigung festzulegen. Hierfür kann die ökonomische Bewertung der graduellen Unterschiede in Form der Abweichung des gesellschaftlich notwendigen vom durchschnittlichen Arbeitsaufwand eine wesentliche Ausgangsgröße sein.

*Zweitens* existiert im Sozialismus Warenproduktion. Deshalb gilt auch hier, wie KARL MARX schrieb: „Die Bedingungen der unmittelbaren Exploitation und die ihrer Realisierung sind nicht identisch. Sie fallen nicht nur nach Zeit und Ort, sondern auch begrifflich auseinander."[67] Für den Sozialismus verbirgt sich dahinter, wie FRED OELSSNER es einmal ausdrückte, das „leidige Problem der unabsetzbaren Überplanbestände"[68]. Eine Ursache solcher Überplanbestände bei Fertigerzeugnissen ist nichtbedarfsgerechte Produktion. Sie kann objektive Gründe haben. So zeichnen sich heute vor allem unter dem Einfluß des wissenschaftlich-technischen Fortschritts die Konsumtionsstruktur und die Sortimentserneuerung durch eine hohe Dynamik aus. „Das Lebensniveau hat", wie PROCHORENKO verallgemeinert, „die sogenannte Grenze der relativen Stabilität und geringen Flexibilität im Hinblick auf die Konsumtionsstruktur überschritten"[69]. Damit im Zusammenhang gewinnen Kaufentscheidungen nach Qualität, Mode und Komfort zunehmend an Bedeutung. So wächst objektiv die Gefahr von Divergenzen zwischen Produktion und Bedarf dort, wo die Ansprüche an die Produktion seitens der Bevölkerung schneller wechseln als die Vorlaufperioden der Planung lang sind.

Die Einfachheit der Formeln (2) und (4) ist Schein. Die Problematik rührt vor allem daher, daß der durchschnittliche Arbeitsaufwand zweiglich bestimmt ist, der gesellschaftlich notwendige dagegen nur volkswirtschaftlich. Für die Ermittlung der Differenzen zwischen ihnen liefern Kennziffern, welche die Entwicklung des Bedarfs in Abhängigkeit von Preis- und Einkommensentwicklungen reflektieren, sowie Angaben über das Verhältnis von Kauffonds und Warenfonds, Überplanbestände, Bevölkerungseinkommen und -ausgaben, Einzelhandelsverkaufspreise und wissenschaftlich begründete (rationelle) Verbrauchsnormen wichtige Ausgangsinformationen.

## Aufwand-Nutzen-Vergleiche

In einer Vielzahl von Fällen bringt der wissenschaftlich-technische Fortschritt neue und weiterentwickelte Erzeugnisse und Technologien hervor, durch die

67 K. MARX, Das Kapital, Dritter Band, in: MEW, Bd. 25, a. a. O., S. 272.

68 F. OELSSNER, Gesetze der sozialistischen Ökonomie, Berlin 1975, S. 311 (Sitzungsberichte der Akademie der Wissenschaften der DDR, Nr. 22).

69 I. PROCHORENKO, Zakon vozvyšenia potrebnostej i osobennosti eë realizacii v socialističeskom obščestve, Ėkonomičeskie nauki, 12/1976, S. 31.

Produkte und Verfahren der laufenden Produktion substituiert werden können. Für solche Situationen wird zur Berechnung der Effektivität von Richtungen und Maßnahmen des wissenschaftlich-technischen Fortschritts die Einsparung von lebendiger und vergegenständlichter Arbeit in Relation zu Vergleichserzeugnissen und -verfahren als Effektivitätskriterien verwendet und anhand von Kennziffern verifiziert, die den tatsächlichen Arbeitsaufwand charakterisieren.[70] Da der tatsächliche Arbeitsaufwand in der Regel normativ bestimmt wird, kann dieser Ansatz ohne Einschränkung der Allgemeinheit formal so dargestellt werden:

$$\bar{a}^1 - \bar{a}^0 \leqq 0. \tag{5}$$

Hierbei sind:
0 = Basisvariante der substituierbaren Produkte bzw. Technologien, zusammenfassend Technik genannt,
1 = Vergleichsvariante.

Der Grad der Bedarfsbefriedigung findet hier keine explizite Berücksichtigung. Es wird verbal davon ausgegangen, daß eine solche Formulierung des Effektivitätskriteriums dem Ziel der Produktion im Sozialismus nicht widerspricht. Denn mit der Einsparung von lebendiger und vergegenständlichter Arbeit werden im Sozialismus planmäßig Voraussetzungen für die immer vollständigere Befriedigung der materiellen und geistig-kulturellen Bedürfnisse der Menschen geschaffen.

Formel (5) basiert auf der Voraussetzung, daß der gesellschaftlich notwendige Arbeitsaufwand mit der durchschnittlichen Arbeitsmenge bei der entsprechenden Produktion zusammenfällt. Genauer formuliert muß diese Formel lauten:

$$a^1 - a^0 \leqq 0. \tag{6}$$

Durch Einsetzen der früher gewonnenen Ausdrücke (2) und (4) für die gesellschaftlich notwendige Arbeit und durch Umformen nimmt Formel (6) die Form (7) an:

$$\bar{a}^1 - \bar{a}^0 \leqq |a^0 - \bar{a}^0| - |a^1 - \bar{a}^1|. \tag{7}$$

70 Dieses Kriterium wird in der Regel als Differenz formuliert und geht z. B. als Selbstkostensenkung bzw. Gewinnzuwachs in die o. g. Hinweise vom Ministerium für Wissenschaft und Technik ein (siehe Fußnote 57). In der sowjetischen „Methodik (Grundsätze) für die Bestimmung der ökonomischen Effektivität der Anwendung der neuen Technik sowie von Erfindungen und Neuerervorschlägen in der Volkswirtschaft“ erscheint es als Differenz des reduzierten Aufwandes für alte und neue Technik. (Vgl. Ėkonomičeskaja gazeta, 10/1977, S. 11–14, Beilage.)

Ein Vergleich mit der bisher in der Praxis verwendeten Formel (5) macht deutlich, daß hier eine Präzisierung und Erweiterung des Effektivitätskriteriums vorliegt.[71]

Die Formeln sind identisch, wenn der rechte Teil von (7) verschwindet. Das bedeutet, daß Basis- und Vergleichsvariante der Technik z. B. denselben Grad der Bedarfsbefriedigung repräsentieren müssen. Diese Unterstellung liegt der Formel (5) implizit zugrunde.

Unterscheiden sich die Grade der Bedarfsbefriedigung, ändert sich auch das Effektivitätskriterium. Bei einer Steigerung der Bedarfsbefriedigung — der rechte Teil von Formel (7) wird dann positiv — erweitert Formel (6) den Auswahlbereich für effektivitätssteigernde Varianten wissenschaftlich-technischer Fortschritte. Anders ist es bei einer Verminderung des Grades der Bedarfsbefriedigung. Hier engt Formel (6) den Auswahlbereich für effektivitätssteigernde Varianten ein.

Anders formuliert ist, wenn der Aufwandsvergleich nach Formel (5) eine Effektivitätssteigerung ausweist, gemäß Formel (7) zusätzlich zu überprüfen, ob sich damit im Zusammenhang der Grad der Bedarfsbefriedigung nicht verringert. Weist der Aufwandsvergleich nach Formel (5) eine Effektivitätsminderung aus, so kann diese Aussage nach Formel (7) nur dann aufrechterhalten werden, wenn der Grad der Bedarfsbefriedigung sich damit im Zusammenhang nicht über ein bestimmtes Maß hinaus verbessert.

In allen betrachteten Fällen werden in Formel (6) der Grad der Bedarfsbefriedigung und die Ökonomie an tatsächlichem Arbeitsaufwand auf spezifische Weise miteinander verglichen und gegeneinander aufgerechnet. So muß eine mögliche Verschlechterung des Grades der Bedarfsbefriedigung durch entsprechend hohe Einsparungen an tatsächlichem Aufwand bzw. ein Mehraufwand an lebendiger und vergegenständlichter Arbeit durch einen entsprechend größeren Grad der Bedarfsbefriedigung aufgewogen werden.

## Praktische Anwendungen

Die praktische Anwendung dieses in den Grundzügen dargestellten Verfahrens der Effektivitätsbewertung auf volkswirtschaftlicher Ebene bzw. auf der Ebene eines Bedürfniskomplexes verlangt eine Reihe von partiellen Untersuchungen

71 Durch das Einsetzen von $\bar{a} + |a - \bar{a}|$ anstelle $a$ gemäß Formel (3) in Formel (1) wird das Effektivitätskriterium in einigen Fällen verschärft in anderen dagegen abgeschwächt. Aus den folgenden Betrachtungen werden deshalb jene ausgeschlossen, die eine Abschwächung zur Folge haben. Insbesondere betrifft das den Übergang von relativer Überproduktion bei alter Technik zu unvollständiger Bedarfsdeckung bei neuer Technik und den Fall, wo sich die relative Überproduktion durch die Einführung neuer Technik noch erhöht.

und ihre anschließende Verknüpfung zu einer integralen Effektivitätsaussage. Für den Fall, daß der wissenschaftlich-technische Fortschritt Erzeugnisse und Technologien hervorbringt, durch die Produkte und Verfahren der laufenden Produktion substituiert werden können, sind folgende Arbeitsschritte erforderlich:

1. Identifizierung, Ermittlung und Analyse der tatsächlichen Aufwandsmengen aller am Substitutionsprozeß beteiligten Ausgangsmaterialien, Produkte und Technologien;

2. Vergleich der Qualität der Ausgangsmaterialien und Produkte bzw. der Leistung der Technologien in bezug auf den Grad ihrer Eignung für denselben Verwendungszweck in der Produktion (Bestimmung von Qualitäts- bzw. Leistungsäquivalenten);

3. Umrechnung der tatsächlichen Aufwandsmengen pro Qualitäts- bzw. Leistungseinheit und Vergleich dieser kalkulatorischen Größen untereinander;

4. Identifizierung und Berechnung des Einflusses der Substitutionsprodukte bzw. -technologien auf den Aufwand in den nachgelagerten Produktionsstufen;

5. Ermittlung des Einflusses der verwendeten Ausgangsmaterialien, der Substitutionsprodukte und -technologien auf die Arbeitsbedingungen in den Herstellungs- und Anwendungsprozessen sowie auf die Umwelt und Bewertung dieses Einflusses, z. B. mit Hilfe von Aufwandskennziffern (abgewendete ökonomische Verluste);

6. Zusammenfassung der Auswirkungen der Substitution auf den tatsächlichen volkswirtschaftlichen Aufwand der entsprechenden Reproduktionslinien;

7. Identifizierung der Endprodukte, die aus oder mit Hilfe der am Substitutionsprozeß beteiligten Materialien bzw. Technologien gefertigt werden;

8. Ermittlung des Bedarfs bzw. Bedürfnisses an diesen Endprodukten und Vergleich mit dem (tatsächlichen oder geplanten) Produktionsausstoß;

9. ökonomische Bewertung der Divergenzen zwischen Bedarf bzw. Bedürfnissen und Produktion anhand der Abweichungen des gesellschaftlich notwendigen vom durchschnittlichen Arbeitsaufwand;

10. Zusammenfassung der Auswirkungen der Substitution auf den tatsächlichen volkswirtschaftlichen Aufwand der entsprechenden Reproduktionslinien mit ihrem ökonomisch bewerteten Einfluß auf den Grad der Bedarfs- bzw. Bedürfnisbefriedigung (Aufwand-Nutzen-Vergleich).

Diese 10 Arbeitsschritte sind zu durchlaufen, wenn das zu bewertende Ergebnis des wissenschaftlich-technischen Fortschritts seiner Stellung im Reproduktionsprozeß gemäß ein Zwischenprodukt ist. Bei Endprodukten kommt ein verkürzter Bewertungsalgorithmus zur Anwendung.

## Fallstudie Faserstoffsubstitution

Im Zentralinstitut für Wirtschaftswissenschaften der Akademie der Wissenschaften der DDR wurde der Versuch unternommen, diese Verfahrensweise auf einen realen Prozeß anzuwenden, der für die weitere Realisierung der Hauptaufgabe bei der Gestaltung der entwickelten sozialistischen Gesellschaft in der DDR von Bedeutung ist: die immer bessere Befriedigung des Bekleidungsbedürfnisses durch die Herstellung und den wachsenden Einsatz von Chemiefaserstoffen.

Die DDR zählt zu den klassischen Ländern der Chemiefaserstoffproduktion. Von den Naturfasern muß Baumwolle vollständig und Schafwolle zu großen Teilen importiert werden. Ihr Volumen und Anteil am Bekleidungsfaserstoffverbrauch der Volkswirtschaft der DDR ist seit den sechziger Jahren tendenziell zurückgegangen und hat sich in den letzten Jahren um die Ein-Drittel-Marke bewegt und diese unterschritten. Demgegenüber ist der Chemiefaserstoffverbrauch fast kontinuierlich angestiegen und hat jetzt einen Anteil von etwa zwei Drittel erreicht (vgl. Tabelle 5).

Wachsende Produktion und Verarbeitung von Chemiefaserstoffen dienen letztlich der Steigerung der Effektivität des gesamten Reproduktionsprozesses, der weiteren Erhöhung des materiellen und kulturellen Lebensniveaus des Volkes. In der Tat gehen von den Chemiefaserstoffen *einerseits* günstige Wirkungen auf die Effektivität der Produktion aus: Die Materialintensität in der Textilindustrie kann gesenkt werden, progressive textile Verarbeitungstechniken und -technologien können zum Einsatz kommen, die Bedarfsgerechtheit des Angebots an textilen Endprodukten kann quantitativ und qualitativ erhöht werden. Auf Grund der in der DDR bestehenden Faserstoffpreisrelationen steigen jedoch mit dem Vordringen der Chemiefaserstoffe *anderseits* die im textilen Bekleidungssektor durchschnittlich zu verausgabenden Materialkosten pro Mengeneinheit Faserstoffe. Die Situation wird insofern noch verschärft, als sich die Beschaffungsbedingungen von einigen Ausgangsstoffen der Chemiefaserstoffproduktion verschlechtert haben (steigende Weltmarktpreise, z. B. bei Erdöl) und der Bedarf an Bekleidungstextilien unter dem Einfluß eines Modetrends steht, der das naturfaserähnliche Aussehen hervorhebt.

Wie kann der Einfluß dieser gegenläufigen Effektivitätswirkungen auf die Effektivität des Gesamtprozesses sichtbar gemacht werden? Was die Entwicklung der Bedarfsgerechtheit der Produktion von Bekleidungstextilien durch den Einsatz von Chemiefaserstoffen angeht (Arbeitsschritte 7 bis 9), so konnte bei der Untersuchung auf Grund fehlender genauerer Daten nur eine globale Effektivitätsaussage getroffen werden.

Wie Tabelle 6 zeigt, wurden in den vergangenen Jahren in der DDR immer mehr Textilien und Bekleidungserzeugnisse produziert. Da der Anteil von Naturfaserstoffen am gesamten Bekleidungsfaserstoff-Fonds absolut und relativ

*Tabelle 5*
Umfang und Struktur der für den Inlandsverbrauch der Volkswirtschaft der DDR zur Verfügung gestellten Bekleidungsfaserstoffe

| Faserstoffe | 1960 | | 1965 | | 1970 | | 1975 | | 1976 | |
|---|---|---|---|---|---|---|---|---|---|---|
| | (in kt) | (in %) | (in kt) | (in %) | (in kt) | (in %) | (in kt) | (in %) | (in kt) | (in %) |
| Naturfasern | | | | | | | | | | |
| Baumwolle, entkernt* | 107,7 | 39,11 | 99,3 | 34,82 | 105,8 | 33,01 | 100,4 | 28,47 | 79,0 | 22,98 |
| Wolle, gewaschen** | 23,1 | 8,39 | 28,6 | 10,03 | 23,2 | 7,24 | 17,6 | 4,99 | 18,5 | 5,38 |
| Summe | 130,8 | 47,50 | 127,9 | 44,85 | 129,0 | 40,25 | 118,0 | 33,46 | 97,5 | 28,36 |
| *Chemiefaserstoffe* | | | | | | | | | | |
| Viskosefasern | 110,6+ | 40,16 | 110,5 | 38,74 | 111,5 | 34,79 | 107,3 | 30,42 | 110,7 | 32,20 |
| Viskoseseiden++ | 27,0 | 9,80 | 29,7 | 10,41 | 31,1 | 9,70 | 28,7 | 8,14 | 28,5 | 8,29 |
| Synthetische Fasern | 7,0+ | 2,54 | 9,1 | 3,19 | 22,3 | 6,96 | 42,3 | 11,99 | 48,0 | 13,96 |
| Synthetische Seiden | — | — | 8,0 | 2,81 | 26,6 | 8,30 | 56,4 | 15,99 | 59,1 | 17,19 |
| Summe | 144,6 | 52,5 | 157,3 | 55,15 | 191,75 | 59,75 | 234,7 | 66,54 | 246,3 | 71,64 |
| Insgesamt: | 275,4 | 100,00 | 285,2 | 100,00 | 320,5 | 100,00 | 352,7 | 100,00 | 343,8 | 100,00 |

* Einfuhrzahlen
** Import und staatliches Aufkommen
\+ Produktionszahlen
\+\+ Produktionszahlen von Kunstseide (Viskose-, Kuoxam- und Azetatseide)

*Quelle:* Statistisches Jahrbuch der DDR 1977, Berlin 1977, S. 135, 210, 277, 51*; Ebenda. 1978, S. 51*.

*Tabelle 6*

**Industrielle Produktion ausgewählter Textilien und Bekleidungserzeugnisse in der DDR**

| | ME | 1955 | 1960 | 1965 | 1970 | 1975 | 1976 | 1977 |
|---|---|---|---|---|---|---|---|---|
| Flächengebilde | | | | | | | | |
| — Baumwoll- und baumwollartige Gewebe | 1000 $m^2$ | 266672 | 382592 | 391854 | 385603 | 429364 | 426060 | 419135 |
| — Kammgarn- und Halbkammgarngewebe | 1000 $m^2$ | 67665 | 67323 | 65446 | 61465 | 65516 | 65435 | 65587 |
| — Streichgarngewebe | 1000 $m^2$ | 43106 | 56340 | 43779 | 32835 | 22235 | 21200 | 20106 |
| Gewebe aus Viskoseseide | 1000 $m^2$ | 52742 | 57237 | 54679 | 65876 | 58520 | 58321 | 53533 |
| — Gewirke | 1000 $m^2$ | — | — | — | — | — | 80799 | 97536 |
| — Gestricke | 1000 $m^2$ | — | — | — | — | — | 66265 | 71481 |
| — Nähwirk-, Faden- und Faserverbandstoffe | 1000 $m^2$ | — | — | — | — | — | 161180 | 166976 |
| Fertigerzeugnisse | | | | | | | | |
| — Strumpfwaren | 1000 Paar | 142108 | 151385 | 172682 | 198549 | 274314 | 291314 | 302133 |
| — Untertrikotagen | 1000 St. | 103587 | 137131 | 148909 | 144653 | 161538 | 163005 | 170417 |
| — Obertrikotagen | 1000 St. | 15816 | 25173 | 26938 | 41341 | 51895 | 54292 | 54255 |
| Oberbekleidung für Herren | Mio M | 398,3 | 520,9 | 655,0 | 755,5 | 822,4 | 897,1 | 921,6 |
| — Oberbekleidung für Damen | Mio M | 387,9 | 577,3 | 722,7 | 705,3 | 846,8 | 876,8 | 866,9 |
| — Oberbekleidung für Knaben und Mädchen | Mio M | 72,8 | 257,4 | 280,8 | 406,6 | 436,5 | 462,1 | 455,8 |
| — Leibwäsche | Mio M | 207,4 | 402,3 | 424,3 | 448,6 | 502,9 | 525,7 | 534,4 |
| — Arbeits-, Arbeitsschutz-, Dienst- und Hygienebekld. | Mio M | 221,4 | 297,4 | 317,4 | 380,2 | 416,5 | 414,0 | 424,8 |

*Quelle:* Statistisches Jahrbuch der DDR 1978, Berlin 1978, S. 120/121.

*Tabelle 7*

Prinzipschema der Aufwand-Nutzen-Analyse, dargestellt am Beispiel der retrospektiven Bewertung der Effektivität der Faserstoffsubstitution bei der Befriedigung des Bekleidungsbedürfnisses in der DDR

| Prozeßstufe/Reproduktionsphase | Bewertungskennziffern | Entwicklung des laufenden Aufwandes durch Faserstoffsubstitution insgesamt | | | |
|---|---|---|---|---|---|
| | | 1973 | 1974 | 1975 | 1976 |
| Aufwand (stufenbezogen) (in 1000 M) | | | | | |
| — Faserstoff (unverarbeitet) | Industrie- bzw. Importabgabepreise | 17790 | 35095 | 48850 | 12750 |
| — Fadenbildung | Verarbeitungskosten und | −12215 | −13620 | − 6245 | − 2710 |
| | Gewinn | 435 | − 5451 | 11047 | −26862 |
| Einfluß der Substitution auf tatsächlichen Aufwand über alle Stufen (endproduktbezogen) | | 6300 | 36200 | −56800 | −168500 |
| Nutzen (in 1000 M) | | | | | |
| — Bedarfsvolumen | Großhandelsabgabepreise | — | — | — | — |
| — Aufkommen (produziertes Endprodukt) Einfluß der Substitution auf Differenz zwischen Bedarf und Aufkommen | | | | | |
| — realisiertes Endprodukt Einfluß der Substitution auf Differenz zwischen Produktion und Realisierung | Großhandelsabgabepreise | — | — | — | — |
| Einfluß der Substitution auf Differenz zwischen tatsächlichem und gesellschaftlich notwendigem Aufwand | | — | — | — | — |
| Aufwand-Nutzen-Vergleich | | | | | |

zurückgegangen ist, basiert das Wachstum der erzeugten Menge an textilen Erzeugnissen für Bekleidungszwecke in stofflicher Hinsicht ausschließlich auf dem gestiegenen Einsatz von Chemiefaserstoffen.

Im gleichen Zeitraum ist auch der Einzelhandelsumsatz für Textilien und Bekleidung gestiegen. Er entwickelte sich von 419 M pro Kopf der Bevölkerung im Jahre 1960 auf 516 M im Jahre 1970 und 679 M im Jahre 1975 sowie 709 M im Jahre 1977. Das zeugt davon, daß nicht nur mehr Güter produziert, sondern auch mehr gekauft wurden.

Andere Berechnungen legen in diesem Zusammenhang den Schluß nahe, daß auch der Grad der Bedarfsgerechtheit bei dieser Gütergruppe insgesamt gestiegen ist. So hat im Zeitraum 1964 bis 1973 1% Zunahme der Nettogeldeinnahmen der Bevölkerung durchschnittlich zu einer Steigerung des Einzelhandelsumsatzes an Bekleidungs- und Wäschestoffen, konfektionierter Oberbekleidung um 1,23%, an Wirk- und Strickwaren, Leib- und Haushaltswäsche, Kurzwaren um 1,04% geführt, während bei anderen Gütergruppen wie Nahrungs- und Genußmitteln mit 0,86% bzw. 1,13% sowie bei Haushalts- und Wirtschaftswaren mit 1,05% solche Werte nicht erreicht wurden.

Diese Ergebnisse werden gestützt durch die Analyse des Verbrauchs der Arbeiter- und Angestelltenhaushalte. Einer Verbrauchssteigerung an Textilien und Bekleidung von 1,26% bei einem Wachstum der Haushaltsnettoeinkommen in Drei-Personen-Haushalten im Zeitraum 1966 bis 1973 um durchschnittlich 1% standen eine Verbrauchssteigerung von 0,52% bei Nahrungsgütern, 1,23% bei Genußmitteln, 0,82% bei Schuhen, 1,17% bei Möbeln, 1,12% bei Haushaltswaren und 0,83% bei Kosmetikartikeln gegenüber.[72]

Entsprechend dem Grundgedanken einer Aufwand-Nutzen-Analyse müssen solche Einschätzungen derart verläßlich sein, daß auf ihrer Basis und auf der Basis weiterer Daten die Dynamik der Abweichungen zwischen tatsächlichem und gesellschaftlich notwendigem Arbeitsaufwand gemäß den Formeln (3) und (7) gemessen werden kann. Diese Voraussetzungen waren bei der Untersuchung nicht gegeben. So muß in bezug auf diesen Teil der Effektivitätsuntersuchung von der Annahme ausgegangen werden, daß sich die Differenz zwischen den genannten Größen zumindest nicht vergrößert hat.

Was die Entwicklung des tatsächlichen Aufwandes an lebendiger und vergegenständlichter Arbeit unter dem Einfluß des wachsenden Einsatzes von Chemiefaserstoffen auf dem Bekleidungssektor betrifft (Arbeitsschritte 1 bis 6), so ergab die Analyse folgendes (vgl. Tabelle 7): Die wachsende Bereitstellung

72 Die Angaben wurden entnommen aus: E. Biebler/M. Wölfing, Probleme der mathematisch-statistischen Modellierung der individuellen Konsumtion, in: Wirtschaftswissenschaft, 1/1976, S. 47 u. 51.

von Chemiefaserstoffen hat im Faserstoffkomplex der Volkswirtschaft (Chemiefaserstoffindustrie, Landwirtschaft, Außenhandel) zu volkswirtschaftlichen Mehraufwendungen im Durchschnitt pro Mengeneinheit Faserstoff und insgesamt geführt. Aus der Sicht der damit verbundenen Faserstoffsubstitution in der Baumwoll-, Woll-, Seiden- und Maschinenwarenindustrie der DDR sind die Materialkosten für unverarbeitete Faserstoffe in diesem Industriezweigkomplex ebenfalls gestiegen. Nach unseren — allerdings sehr groben — Berechnungen betrug 1976 diese Steigerung etwa 12,8 Mio. Mark.

Dieses Ergebnis ist keine notwendige Erscheinung. Wesentlichen Einfluß darauf haben die Preisrelationen zwischen den Faserstoffen in der DDR, die sowohl von den Preisrelationen auf dem Weltmarkt als auch von den Qualitätsrelationen zwischen den Faserstoffen wesentlich abweichen. Die planmäßige Beseitigung ökonomisch wenig gerechtfertigter Preisunterschiede im Sinne der weiteren Verwirklichung der Grundsätze der Industriepreisbildung nach dem Preis-Leistungs-Verhältnis kann hier zur Erschließung von Effektivitätsreserven führen.

Die durch die Substitution gestiegenen Materialkosten für die unverarbeiteten Faserstoffe werden bei der Fadenbildung teilweise abgebaut. Bei der Untersuchung wurde ausschließlich die Aufwandseinsparung durch den Wegfall des Spinnprozesses bei der Substitution von Fasern durch Seiden in Ansatz gebracht. Sie betrug 1976 rund 2,7 Mio. Mark.

Für die Stufe der Flächenbildung gestatteten es die vorliegenden Daten lediglich, die Aufwandsentwicklung im Ergebnis der Substitution zwischen den unterschiedlichen Flächenbildungsverfahren zu ermitteln. Die Faserstoffsubstitution verhält sich aber zu diesem Prozeß wie der Teil zum Ganzen. Die Berechnungen zeigen, daß für diese Produktionsstufe keine eindeutige Tendenz der Aufwandssteigerung oder -einsparung im Ergebnis der Substitution festzustellen ist.

Sieht man von Unzulänglichkeiten des statistischen Materials ab, würde die Summe der Aufwandsentwicklung über alle untersuchten Prozeßstufen eher positive als negative Größen ergeben. Bei einem solchen Herangehen wird jedoch der Einfluß der unterschiedlichen Qualität der Faserstoffe auf die Ökonomie des Gesamtprozesses nicht genügend berücksichtigt. Bringt man den Umstand in Ansatz, daß sich die Qualität der synthetischen und z. T. auch der zellulosischen Chemiefaserstoffe im Vergleich zu Naturfaserstoffen, bedingt durch weniger Abfälle bei der Weiterverarbeitung und geringeres Flächengewicht, in einer höheren Endproduktausbeute niederschlägt, so kehrt sich das Bild um. Wie Tabelle 7 zeigt, hat die Substitution bei endproduktbezogener Betrachtung in den Jahren 1975 und 1976 in der Summe zur Einsparung an tatsächlichem volkswirtschaftlichem Aufwand geführt. Daraus folgt, daß Mitte der siebziger Jahre möglicherweise ein Umschlag in der Effektivitätsentwicklung bei der Faserstoffsubstitution eingetreten ist.

## Schlußfolgerungen

Im gegenwärtigen Stadium der Forschungen zur Aufwand-Nutzen-Analyse konnte ein Kriterium für die maßnahmebezogene Effektivitätsbeurteilung wissenschaftlich-technischer Fortschritte angegeben werden, das die zusammenfassende Bewertung von Veränderungen des tatsächlichen Arbeitsaufwandes und des Verhältnisses von Produktionsergebnis und Bedürfnisbefriedigung unter dem Einfluß des wissenschaftlich-technischen Fortschritts erlaubt. Jede kennziffernmäßige Beurteilung wissenschaftlich-technischer Fortschritte, die nur eine dieser Seiten oder einzelne Elemente derselben zum Gegenstand hat, kann nur dann den Ansprüchen genügen, wenn gleichzeitig die in Formel (7) formulierte Bedingung erfüllt wird. Das gilt in gleichem Maße für Kennziffernsysteme, wenn deren Ziel eindeutige Aussagen zur Effektivitätssteigerung der gesellschaftlichen Produktion durch Maßnahmen des wissenschaftlich-technischen Fortschritts sind.

Bei der Vervollkommnung der Effektivitätsmessung an konkreten Objekten mit Hilfe von Aufwand-Nutzen-Analysen müssen durch das betriebliche und volkswirtschaftliche Rechnungswesen und die Statistik vollständigere Datensätze bereitgestellt werden. Insbesondere betrifft das die exakte Erfassung von Bedarfsgrößen und deren Einflußfaktoren, die Differenzierung der Kostenrechnung nach Produktionseinheiten und Erzeugnisgruppen sowie ein höheres Maß der Ausrichtung von verbraucher- und erzeugerseitigen Berichterstattungen auf Endprodukte.

# Personenregister

# Sachregister

# Berichtigung

**Seite 146, Zeile 19/20 von oben**
statt: Effektivitätssteigerung ... Ressourcennutzung
**lies:** Steigerung der ökonomischen Effektivität der Ressourcen

**Seite 167, 8. Zeile von oben**
statt: 1975
**lies:** 1978

**10. Zeile von oben**
statt: 3%
**lies:** 3,4

**12. Zeile von oben**
statt: 8,8%
**lies:** 13,7 Prozentpunkte

**Seite 253, 19. Zeile von oben**
statt: kaum bei Nettokennziffern
**lies:** kann bei Nettokennziffern

**Seite 286, 16. Zeile von unten**
statt: als Indikator des vollen Aufwands
**lies:** als Indikator des Aufwands

FSC
www.fsc.org
MIX
Papier | Fördert gute Waldnutzung
FSC® C083411

Kolibri 360 GmbH
Ferdinand-Jühlke-Straße 7
99095 Erfurt, Deutschland
produktsicherheit@kolibri360.de